给以综合
财经支持来
贺教育部
重大攻关项目
成功立项

季羡林
二〇〇六

教育部哲学社会科学研究重大课题攻关项目
"十三五"国家重点出版物出版规划项目

民办教育分类管理政策实施跟踪与评估研究

RESEARCH ON FOLLOW-UP AND
EVALUATION OF THE PRIVATE EDUCATION CLASSIFIED
MANAGEMENT POLICY

周海涛
等著

中国财经出版传媒集团
经济科学出版社
Economic Science Press

图书在版编目（CIP）数据

民办教育分类管理政策实施跟踪与评估研究/周海涛等著.
—北京：经济科学出版社，2019.10
教育部哲学社会科学研究重大课题攻关项目 "十三五"
国家重点出版物出版规划项目
ISBN 978-7-5218-1020-2

Ⅰ.①民⋯ Ⅱ.①周⋯ Ⅲ.①民办学校-教育政策-研究-中国 Ⅳ.①G522.74

中国版本图书馆 CIP 数据核字（2019）第 221256 号

责任编辑：何　宁
责任校对：靳玉环
责任印制：李　鹏

民办教育分类管理政策实施跟踪与评估研究

周海涛　等著

经济科学出版社出版、发行　新华书店经销
社址：北京市海淀区阜成路甲 28 号　邮编：100142
总编部电话：010-88191217　发行部电话：010-88191522
网址：www.esp.com.cn
电子邮件：esp@esp.com.cn
天猫网店：经济科学出版社旗舰店
网址：http://jjkxcbs.tmall.com
北京季蜂印刷有限公司印装
787×1092　16 开　25.5 印张　500000 字
2019 年 10 月第 1 版　2019 年 10 月第 1 次印刷
ISBN 978-7-5218-1020-2　定价：90.00 元
(图书出现印装问题，本社负责调换。电话：010-88191510)
(版权所有　侵权必究　打击盗版　举报热线：010-88191661
QQ：2242791300　营销中心电话：010-88191537
电子邮箱：dbts@esp.com.cn)

课题组主要成员

首席专家 周海涛
顾　　问 钟秉林
主要成员 景安磊　刘永林　闫丽雯　胡万山
　　　　　　李　虔　张墨涵　史少杰　朱玉成
　　　　　　马艳丽　廖苑伶　郑淑超　施文妹
　　　　　　吕宜之　杨高伟　张利国　梁晶晶
　　　　　　李　彤　徐　珊　吴丽朦　王　倩

编审委员会成员

主 任 吕 萍
委 员 李洪波 柳 敏 陈迈利 刘来喜
　　　　 樊曙华 孙怡虹 孙丽丽

总　序

哲学社会科学是人们认识世界、改造世界的重要工具，是推动历史发展和社会进步的重要力量，其发展水平反映了一个民族的思维能力、精神品格、文明素质，体现了一个国家的综合国力和国际竞争力。一个国家的发展水平，既取决于自然科学发展水平，也取决于哲学社会科学发展水平。

党和国家高度重视哲学社会科学。党的十八大提出要建设哲学社会科学创新体系，推进马克思主义中国化、时代化、大众化，坚持不懈用中国特色社会主义理论体系武装全党、教育人民。2016年5月17日，习近平总书记亲自主持召开哲学社会科学工作座谈会并发表重要讲话。讲话从坚持和发展中国特色社会主义事业全局的高度，深刻阐释了哲学社会科学的战略地位，全面分析了哲学社会科学面临的新形势，明确了加快构建中国特色哲学社会科学的新目标，对哲学社会科学工作者提出了新期待，体现了我们党对哲学社会科学发展规律的认识达到了一个新高度，是一篇新形势下繁荣发展我国哲学社会科学事业的纲领性文献，为哲学社会科学事业提供了强大精神动力，指明了前进方向。

高校是我国哲学社会科学事业的主力军。贯彻落实习近平总书记哲学社会科学座谈会重要讲话精神，加快构建中国特色哲学社会科学，高校应发挥重要作用：要坚持和巩固马克思主义的指导地位，用中国化的马克思主义指导哲学社会科学；要实施以育人育才为中心的哲学社会科学整体发展战略，构筑学生、学术、学科一体的综合发展体系；要以人为本，从人抓起，积极实施人才工程，构建种类齐全、梯队衔接的高校哲学社会科学人才体系；要深化科研管理体制改革，发挥高校人才、智力和学科优势，提升学术原创能力，激发创新创造活力，建设中国特色新型高校智库；要加强组织领导、做好统筹规划、营造良好学术生态，形成统筹推进高校哲学社会科学发展新格局。

哲学社会科学研究重大课题攻关项目计划是教育部贯彻落实党中央决策部署的一项重大举措，是实施"高校哲学社会科学繁荣计划"的重要内容。重大攻关项目采取招投标的组织方式，按照"公平竞争，择优立项，严格管理，铸造精品"的要求进行，每年评审立项约40个项目。项目研究实行首席专家负责制，鼓励跨学科、跨学校、跨地区的联合研究，协同创新。重大攻关项目以解决国家现代化建设过程中重大理论和实际问题为主攻方向，以提升为党和政府咨询决策服务能力和推动哲学社会科学发展为战略目标，集合优秀研究团队和顶尖人才联合攻关。自2003年以来，项目开展取得了丰硕成果，形成了特色品牌。一大批标志性成果纷纷涌现，一大批科研名家脱颖而出，高校哲学社会科学整体实力和社会影响力快速提升。国务院副总理刘延东同志做出重要批示，指出重大攻关项目有效调动各方面的积极性，产生了一批重要成果，影响广泛，成效显著；要总结经验，再接再厉，紧密服务国家需求，更好地优化资源，突出重点，多出精品，多出人才，为经济社会发展做出新的贡献。

作为教育部社科研究项目中的拳头产品，我们始终秉持以管理创新服务学术创新的理念，坚持科学管理、民主管理、依法管理，切实增强服务意识，不断创新管理模式，健全管理制度，加强对重大攻关项目的选题遴选、评审立项、组织开题、中期检查到最终成果鉴定的全过程管理，逐渐探索并形成一套成熟有效、符合学术研究规律的管理办法，努力将重大攻关项目打造成学术精品工程。我们将项目最终成果汇编成"教育部哲学社会科学研究重大课题攻关项目成果文库"统一组织出版。经济科学出版社倾全社之力，精心组织编辑力量，努力铸造出版精品。国学大师季羡林先生为本文库题词："经时济世　继往开来——贺教育部重大攻关项目成果出版"；欧阳中石先生题写了"教育部哲学社会科学研究重大课题攻关项目"的书名，充分体现了他们对繁荣发展高校哲学社会科学的深切勉励和由衷期望。

伟大的时代呼唤伟大的理论，伟大的理论推动伟大的实践。高校哲学社会科学将不忘初心，继续前进。深入贯彻落实习近平总书记系列重要讲话精神，坚持道路自信、理论自信、制度自信、文化自信，立足中国、借鉴国外，挖掘历史、把握当代，关怀人类、面向未来，立时代之潮头、发思想之先声，为加快构建中国特色哲学社会科学，实现中华民族伟大复兴的中国梦做出新的更大贡献！

教育部社会科学司

前　言

民办教育分类管理政策实施跟踪与评估研究，既是重要理论问题，也是重大现实问题。在理论层面，积极研究民办教育改革发展的基础性、关键性、前沿性问题，探索民办教育发展特点、规律，力图为民办教育改革发展奠定理论根基；在政策咨询层面，坚持教育研究为国家战略需求和政策决策服务的原则，相关观点得到国务院领导同志和有关部门的重视，在涉及民办教育分类管理配套政策文件修订和起草中予以参考，为完善分类管理配套政策提供了重要支撑；在实践指导层面，坚持"研用结合"的思路，致力于研究分类管理政策实施后民办教育实践出现的重点、难点、痛点，并为化解难题提出政策建议。

鉴于民办教育分类管理政策实施跟踪与评估问题的复杂性，我们组织国务院研究室、北京师范大学、北京大学、浙江大学、中国人民大学、中央财经大学、国家教育行政学院、教育部考试中心、上海教育科学研究院、北方工业大学、大连民族学院、浙江越秀外国语学院、浙江树人大学、吉林华桥外国语学院、银川能源学院等院校与科研机构的教育、财政、法律、管理领域的专家学者和师生，综合运用政策学、社会学、教育技术学、管理科学、信息科学等多学科的理论和方法，协同攻关。先后在我国东部、中部、西部三地开展实地调研，问卷调查各利益相关者、深入访谈重点对象，将量化分析与定性分析相结合，分类汇编、整理访谈资料，结合相关理论进行综合论证。在数据资料分析的基础上深化认识、提出观点和政策建议，增强研究过程的系统性与深刻性，确保结论对策的科学性与有效性（见图1、图2）。

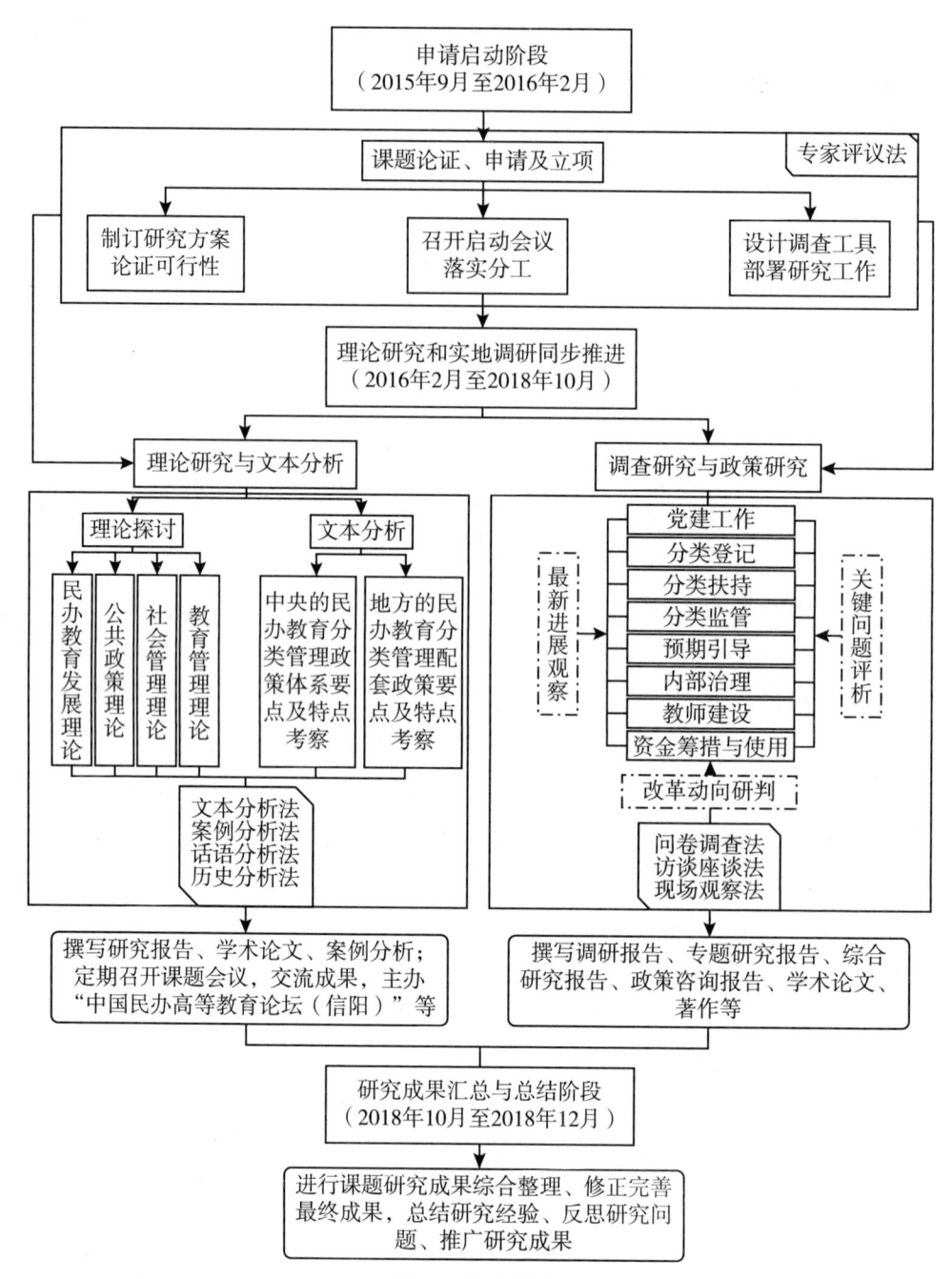

```
┌─────────────────────────┐
│      申请启动阶段         │
│ （2015年9月至2016年2月） │
└─────────────────────────┘
             │
             ▼
    课题论证、申请及立项                    专家评议法
   ┌────────┬────────┬────────┐
   ▼        ▼        ▼
制订研究方案  召开启动会议  设计调查工具
论证可行性   落实分工     部署研究工作
             │
             ▼
   理论研究和实地调研同步推进
   （2016年2月至2018年10月）
        ┌──────────┴──────────┐
        ▼                      ▼
  理论研究与文本分析        调查研究与政策研究
   ┌─────┴─────┐           ┌──────────────┐
  理论探讨    文本分析        党建工作
                             分类登记
  民  公  社  中央的民办  地方的民办    分类扶持
  办  共  会  教育分类    教育分类     分类监管     关键
  教  政  管  管理政策    管理配套     预期引导     问题
  育  策  理  体系要点    政策要点     内部治理     评析
  发  理  理  及特点      及特点       教师建设
  展  论  论  考察        考察        资金筹措与使用
  理              （最新进展观察）
  论                                   改革动向研判
  文本分析法                          问卷调查法
  案例分析法                          访谈座谈法
  话语分析法                          现场观察法
  历史分析法
        │                              │
        ▼                              ▼
  撰写研究报告、学术论文、案例分析；  撰写调研报告、专题研究报告、综合
  定期召开课题会议，交流成果，主办    研究报告、政策咨询报告、学术论文、
  "中国民办高等教育论坛（信阳）"等     著作等
             │
             ▼
      研究成果汇总与总结阶段
     （2018年10月至2018年12月）
             │
             ▼
  进行课题研究成果综合整理、修正完善
  最终成果，总结研究经验、反思研究问
  题、推广研究成果
```

图 1　研究过程

民办教育分类管理政策实施跟踪与评估研究总体构想

跟踪实施、跟踪服务、跟踪宣传、跟踪反响 ｜ 评估问题、评析困境、挖掘成因、研判动向

政策文件要点及主要特点考察 ｜ 实践最新进展及关键问题评析 ｜ 政策体系及实践探索动向研判

国家政策体系

- 演变阶段：试点探索、修法准备、政策配套
- 政策要点：分类登记、财政扶持、税收优惠、收费定价、土地供给、投融资、队伍建设、分类监管
- 政策特征：市场机制和政府管理相结合、法律法规和配套政策相结合、依法治教和改革创新相结合、先行先试和系统推进相结合
- 未来动向：加强党的建设、完善政策体系、明确主体责任、推进简政放权、激发市场活力、回应权益诉求、加强队伍建设、减轻税费负担、健全监管机制等政策改革方向

地方政策实践

- 最新进展：成立专项领导小组、深入开展专题调研、扩大法律政策宣传、制定地方配套政策、做好舆情监控
- 共性特征：全面加强党的领导、构建分类管理制度、筑牢公益导向底线、强调平稳过渡基调、加强内外监管
- 差异特征：分类改革预期存异、政策落实程度存异、改革推进方式存异、改革预期存异
- 未来动向：明确支持与规范并举导向、细化分类管理政策、普及分类管理知识、优化政策实施路径、建设联席会议制度、加强外部监管

分类管理政策体系

党建工作
- 最新进展：党的政治核心地位凸显、作用发挥机制完善、基层组织设置健全、工作制度规范、党建品牌形成
- 关键问题：党组织隶属关系多元、党建发展不平衡、党建工作有待规范、体制机制建设滞后、工作队伍差异较大
- 未来动向：加强党的领导、加大党组织组建力度、做好党员发展与管理工作、加强基层党建考核

预期引导
- 预期的要点：办学合法性、办学回报、资产保值增值、参与学校管理、自我实现、自主选择、兑现扶持政策等
- 预期的特点：适应性和理性预期并存、短期和长期预期并存、个体和群体预期并存、不同利益诉求之间的平衡与考量
- 未来动向：加强政策解读立场、完善奖补方案、维护和引导公共性、保障举办者合法权益

分类登记
- 实践进展：法律体系逐步形成、审批制度基本建立、具体制度日趋完善、登记原则逐渐明确
- 关键问题：法律法规亟待修订、审批制度仍需优化、具体制度尚未完善、登记规则还需细化
- 未来动向：健全分类登记法律体系、优化审批权配置、完善具体制度、消除选择制度阻碍

内部治理
- 理论基础：组织理论、法人理论、委托代理理论、博弈论、利益相关者理论
- 关键问题：治理主体单一、权力边界模糊、党组织作用不充分、民主监督机制不健全、学术组织功能乏力、利益主体参与治理激励机制与权益保障机制不完善
- 未来动向：理顺关系、优化结构、实现治理现代化

分类扶持
- 政策特征：土地供应、购买服务、基金奖励、捐资激励、政府补贴、税收优惠、分类收费、办学自主权
- 关键问题：政策操作性不强、支持力度与民办教育发展实际契合度不高、对特定发展阶段的关注度不高
- 未来动向：继续关注关键问题、进一步完善分类扶持体系、促进民办教育事业健康发展

教师建设
- 最新进展：落实同等待遇、健全专业发展制度、推行人事代理、保障同等权益、完善争议处理机制
- 关键问题：部门协同机制有待形成、队伍建设扶持力度不够、权益保障难以落实、专业发展受限等
- 未来动向：破解编制瓶颈、加强制度建设、健全福利保障制度、加大培养培训力度、健全评价机制

分类监管
- 政策特征：规范与监管机制、法人财产权规范、收费监管、退出监管、培训机构监管
- 关键问题：政策定位不清、规定不明、适应性不强
- 未来动向：回应关键问题、进一步开拓创新、促进民办教育事业进入规范发展、有序运行、依法治理新时代

筹资与使用
- 政策要点：举办者权益、学费收费、会计制度、财政扶持、学校管制
- 关键问题：财政资助、举办者投入、事业投入、学校产业、捐赠收入
- 未来动向：推动联合发力、民办学校提升筹资能力、政府创造公平发展环境、加强监管、社会释放活力

政策总体效果

- 正向效应：化解了民办教育发展难题、激发了办学活力、拓展了发展空间、回应了大众期盼、满足了社会需求、调动了社会参与积极性、顺应了世界私立教育改革发展趋势、促进了民办教育步入依法办学新阶段
- 关键问题：政策体系有待完善、教育产业化风险冲击加大、监管难度增大、营利性民办学校发展挑战增大、办学体制灵活性可能受到影响
- 未来动向：完善分类扶持体系、健全监督管理机制、完善治理制度体系、切实加强党的建设、强化教育质量保障

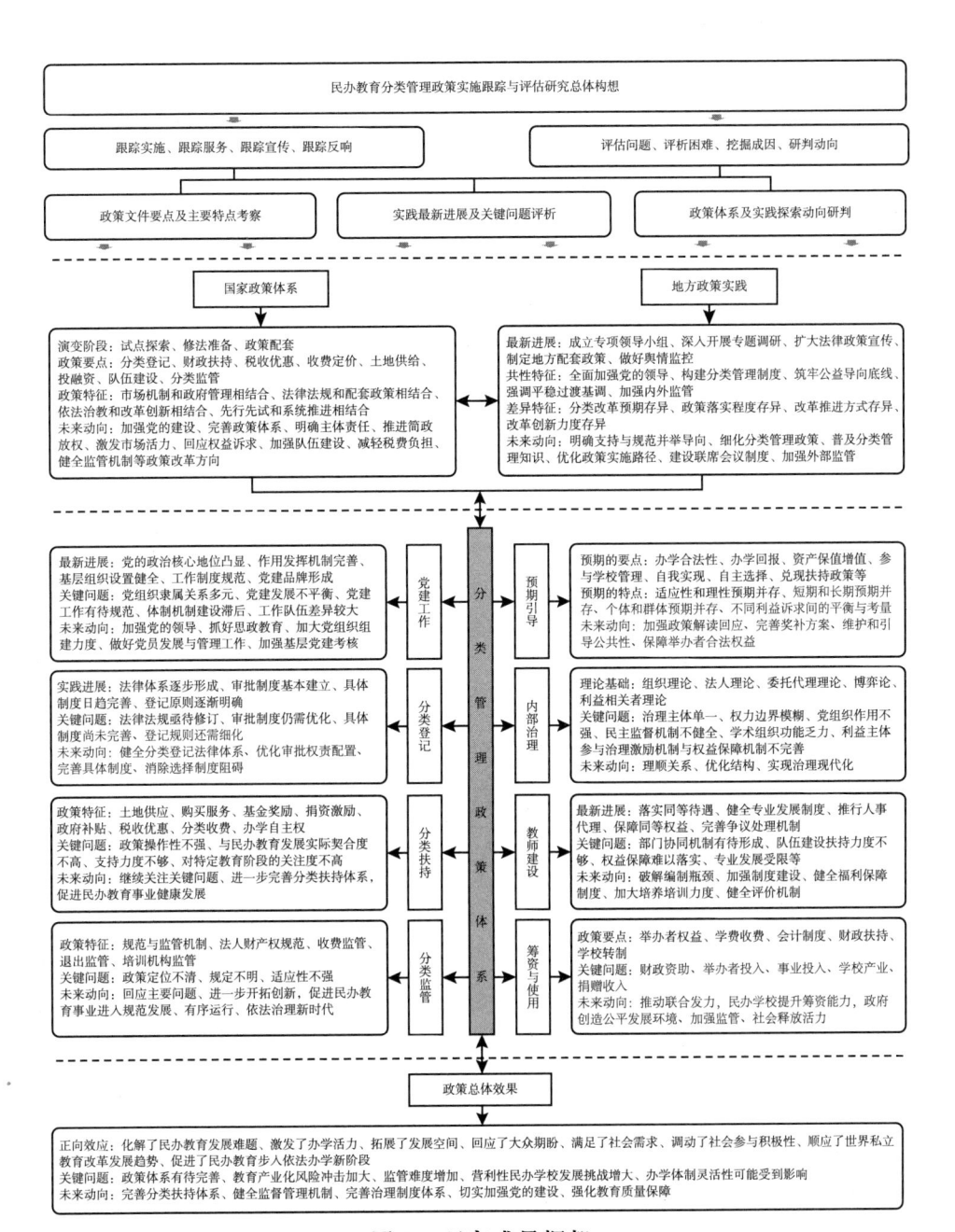

图 2　研究成果框架

摘 要

跟踪与评估分类管理政策实施情况，是判断民办教育分类管理政策效果与改革实践最新进展的基础措施，是把握民办教育分类管理改革关键问题的根本条件，是落实民办教育分类管理政策要求和完善相关制度体系的理性选择，是充分激发民办教育改革活力、唤醒发展动力、增强政策效能的重要举措。

本书始终坚持以政策跟踪与评估为主线，跟踪实施、跟踪服务、跟踪宣传、跟踪反响，评估问题、评析困难、挖掘成因、研判动向，努力回答当前民办教育分类管理改革中迫切需要关注的核心问题。重点剖析民办教育分类管理政策体系的要点和特点，评析分类管理改革实践取得的主要进展及存在的关键问题，研判分类管理政策改革和实践探索的未来动向。在明确政策要点、特点，把握政策实施新进展、新问题，明晰政策、实践改革新动向的基础上，科学评估民办教育分类管理政策效应，助力政策体系的完善和民办教育事业的持续健康发展。

本书始终围绕"以政策文本为重点、以改革进展为关键、以实践问题为核心、以未来动向为参照"的撰写思路，紧扣分类管理政策实施跟踪与评估任务，组织10余所高校和科研机构的教育、财政、法律、管理领域的40余名专家学者，扎实开展理论研究和实证调研，初有所得。本书共11章，各章内容要点如下：

第一章从中央政策层面考察了分类管理政策演变的试点探索、修法准备、政策配套三个阶段，剖析了政策体系中分类登记、财政扶持、税收优惠、收费定价、土地供给、投融资、队伍建设、分类监管等要点，评析了市场机制和政府管理相结合、法律法规和配套政策相结合、依法治教和改革创新相结合、先行先试和系统推进相结合等政策特征，研判了中央加强党建工作、完善政策体系、明确主体责任、推进简政放权、激发市场活力、回应权益诉求、加强队伍建设、减轻税费负担、健全监管机制等政策动向。

　　第二章从地方政策层面考察了分类管理改革中成立专项领导小组、深入开展专题调研、扩大法律政策宣传、制定地方配套政策、做好舆情监控等最新进展，剖析了分类管理政策中全面加强党的建设、构建分类管理制度、筑牢公益导向底线、强调平稳过渡基调、加强内外监管等共性特征，以及分类改革预期、政策落实程度、改革推进方式、改革创新力度等差异性特征，研判了地方政府明确支持与规范并举的改革导向、细化分类管理政策、普及分类管理知识、优化政策实施路径、建立联席会议制度、加强外部监管等政策动向。

　　第三章至第十章，深入剖析了分类管理政策实施之后，民办学校在党建工作、分类登记、分类扶持、分类监管、举办者预期引导、内部治理、教师建设、资金筹措与使用等方面的最新政策要求和改革进展，评析了其中存在的关键性问题，研判了未来相关政策调整和改革实践的新动向。基于对分类管理改革背景下，民办学校办学关键环节改革实践进展、问题及动向的评析，构建了民办教育分类管理政策实施跟踪与评估的理论框架与实践参照。

　　第十一章从分类管理政策整体效果上考察政策实施化解民办教育发展难题、激发办学活力、拓展发展空间、回应大众期盼、满足社会需求、调动社会参与积极性、顺应世界私立教育改革发展趋势、促进民办教育步入依法办学新阶段等正向效应，评析了政策体系有待完善、教育产业化风险冲击加大、监管难度增加、营利性民办学校发展挑战增大、办学体制灵活性可能受到影响等实践问题，研判了未来需完善分类扶持体系、健全监督管理机制、完善治理制度体系、切实加强党的建设、强化教育质量保障等动向。

　　本书是对前期所有研究成果的体系化呈现，其中关于"推进民办教育新法新政落地""独立学院改革发展报告""民办学校清产核资""降低办学成本""破解用地用房瓶颈"等建议，有幸得到了国务院领导及相关部门的重视，为完善和出台分类管理配套政策文件提供了重要支撑，直接服务于国家政策体系完善。相关观点也为宣导分类管理改革政策、凝聚改革共识、评析改革问题、完善相关政策体系提供了学理基础。

分类管理是民办教育政策调整和改革发展的重大举措，可以预见，未来的分类管理政策改革，必将朝着更加契合中国民办教育发展实际、更加贴合各地民办学校办学实际、更加关注民办学校发展诉求的改革方向奋力前行，构建更加完善的制度体系，为民办教育改革发展营造更为适合的制度环境。本书团队也将继续集聚力量、聚焦问题，重点开展分类管理背景下非营利性和营利性民办学校办学模式创新研究，竭尽所能为我国民办教育改革发展做新贡献。

Abstract

Research on follow-up and evaluation of the private education classified management policy is the fundamental measure to learn the policy effectiveness and the latest development, the basic condition to discover problems, the rational choice to meet the policy requirements and optimize the system, the important way to encourage the private education to reform and develop, and the important moves to promote policy efficiency.

With a commitment to taking follow-up and evaluation as our main task, this book focuses on the implementation, service, publicity, problem, cause and future trend of the policy. The study aims to make response to the core problems facing the classified management, analyze the outcomes and key problems of the reform and explore the future trend of the classified management. Based on this, the follow-up evaluation of policy efficiency can help to optimize the policy system and promote sustainable development of the private education.

This book is organized on the basis of policy paper, focusing on the reform, practical issues and future trend. The study is undertaken by more than 40 scholars and experts whose research areas cover education, finance, law and management. Through theoretical and empirical study, results have been achieved as follows within 11 chapters:

The first chapter focuses on the pilot exploration, preparation of the amendment, and policy package of classified management at the national level. The study analyzes classified registration, financial support, tax incentives, tuition fees, land supply, investment and finance, teacher faculty construction and classified regulation of private education. The policy is characterized by the combination of market mechanism and government management, law and policy, running school by law and innovative reform, pilot exploration and across-the-board advances. It is found that government implies its determination to strengthen party construction, build well-established system, clarify the responsibilities, streamline administration, energize market entities, response to rights and interests, reinforce the talent team construction, cut tax and improve regulation mechanisms.

The second chapter focuses on the provincial level. So far, notable achievements have been made. Leading groups were established to specially manage classification issues. Local government has stepped up to conduct intensive survey on the classification, make effort to publicize the law and regulation, lunch supporting policies and monitor public opinion. The study finds out that all the policies share some similarities: strengthen party construction, construct classified management regulations, stick to public service, provide smooth transition, strengthen internal and external regulation. They also differ from each other in expectation, effectiveness, working ways and innovation capacity. The local government is about to provide active support as well as tight regulation, specify the classification polices, popularize general knowledge about classification, optimize implementation route, establish joint conference and strengthen external governance.

From chapter three to chapter ten, the study tracks the latest policy requirements and reform development of party construction, classified registration, classified regulation, proper guidance of the founder's expectation, internal governance, teacher faculty construction and fund raising. After that, the study discusses the key problems concerning the classified management and proposes the future trend of the policy adjustment. The theoretical framework and practical pilot cases of the follow-up evaluation are constructed based on the classified management, the reform achievements, problems and future trends of school-running.

Chapter eleven mainly deals with the effectiveness and problems of policy implementation. The classified management can help private education to overcome some difficulties during the reform and development, unlock vitality, promote further development, meet the social needs, encourage active engagement of society, comply with the development trend of global private education and make private education run school by law. However, the policy system is still to be improved. The potential risk of education industrialization has increased. Regulation is harder than before. For-profit schools face big challenges. All these problems may hinder the efficiency of the private school system. So it is essential to improve the classified supporting system, construct sound regulation mechanism and governance system, effectively strengthen management over party construction and quality assurance.

This book collects a whole package of the research findings. Some of the findings have been adopted by the State Council and relevant offices to promote the further policy making, including "Facilitate implementation of the new law", "The development report of independent college", "The assets verification of private school", "Cut the school costs" "Cracking the formidable institutionalized bottlenecks of land and building". Besides, the findings have provided theoretical basis to support classified management, build consensus and analyze problems.

Classified management is major incentive for private education policy adjustment and school reform. We can expect that the future reform of classified management will be more compatible with China's private education practice and pay more attention to the school's needs so as to create a better institutional environment. Our research team will continue to engage in innovative school-running model research and try our best to make contribution to the reform and development of China's private education.

目 录

第一章 ▶ 国家民办教育分类管理政策的总体特征与推进轨迹　1

第一节　国家分类管理政策演进考察　1
第二节　国家分类管理政策内容述要　9
第三节　国家分类管理政策特征评析　27
第四节　国家分类管理政策动向研判　31

第二章 ▶ 地方民办教育分类管理的实践探索与基本趋向　38

第一节　地方分类管理改革最新进展观察　38
第二节　地方分类管理政策共性特征评析　43
第三节　地方分类管理政策差异特征评析　50
第四节　地方分类管理政策动向研判　58

第三章 ▶ 民办学校党建工作的跟踪与评估　71

第一节　民办学校党建沿革及新要求与新进展观察　71
第二节　民办学校党建工作的关键问题评析　88
第三节　民办学校党建工作改革与实践动向研判　92

第四章 ▶ 民办学校分类登记的跟踪与评估　97

第一节　民办学校分类登记改革最新进展观察　97
第二节　民办学校分类登记改革关键问题评析　111
第三节　民办学校分类登记制度动向研判　117

第五章 ▶ 民办学校分类扶持的跟踪与评估　125

　　第一节　国家的民办学校分类扶持政策要点评析　125
　　第二节　地方的民办学校分类扶持政策要点评析　131
　　第三节　民办学校分类扶持政策问题评析与动向研判　155

第六章 ▶ 民办学校分类监管的跟踪与评估　165

　　第一节　国家的民办学校监管评析　165
　　第二节　地方的民办学校监管考察　175
　　第三节　民办学校监管问题评析和动向研判　189

第七章 ▶ 民办学校举办者预期的跟踪与评估　201

　　第一节　民办学校举办者的主要预期考察　201
　　第二节　民办学校举办者预期的特征及形成机理评析　214
　　第三节　民办学校举办者预期引导的动向研判　221

第八章 ▶ 民办学校内部治理的跟踪与评估　225

　　第一节　民办学校内部治理的演化考察　225
　　第二节　民办学校内部治理实践问题评析　233
　　第三节　民办学校内部治理改革探索及动向研判　244

第九章 ▶ 民办学校教师建设的跟踪与评估　253

　　第一节　民办学校教师建设实践最新进展观察　253
　　第二节　民办学校教师建设实践关键问题评析　270
　　第三节　民办学校教师建设动向研判　276

第十章 ▶ 民办学校资金筹措与使用的跟踪与评估　284

　　第一节　民办学校资金筹措与使用实践的最新进展观察　284
　　第二节　民办学校资金筹措与使用实践的关键问题评析　298
　　第三节　民办学校资金筹措与使用动向研判　307

第十一章 ▶ 民办教育分类管理政策实施总体效果与展望　314

　　第一节　民办教育分类管理政策正向效应观察　314

第二节　民办教育分类管理政策实践关键问题评析　326

第三节　民办教育分类管理政策动向研判　335

附录　主要政策文件简称检索　349

参考文献　355

后记　369

Contents

Chapter 1 The General Features and Advancing Tracks of Private Education Classified Management Policy at National Level   1

   1.1   The Evolving Route of National Classified Management Policy   1
   1.2   The Content of National Classified Management Policy   9
   1.3   The Features of National Classified Management Policy   27
   1.4   The Future Trend of National Classified Management Policy   31

Chapter 2 Practice and Basic Trend of Private Education Classified Management at Provincial Level   38

   2.1   The Latest Development of Provincial Classified Management Reform   38
   2.2   The Similarities of Provincial Classified Management Policy   43
   2.3   The Differentiation of Provincial Classified Management Policy   50
   2.4   The Future Trend of Provincial Classified Management Policy   58

Chapter 3 Follow-up and Evaluation of Party Construction of Private School   71

   3.1   The New Requirements and Latest Development of Party Construction of Private School   71
   3.2   The Key Problems of Party Construction of Private School   88
   3.3   The Future Trend of Party Construction of Private School   92

Chapter 4　Follow-up and Evaluation of Classified Registration of Private School　97

4.1　The Latest Development of Classified Registration of Private School　97
4.2　The Key Problems of Classified Registration of Private School　111
4.3　The Future Trend of Classified Registration of Private School　117

Chapter 5　Follow-up and Evaluation of Classified Supporting Policy of Private School　125

5.1　The Key Points of National Supporting Policy of Private School　125
5.2　The Key Points of Provincial Supporting Policy of Private School　131
5.3　The Problem and Future Trend of Supporting Policy of Private School　155

Chapter 6　Follow-up and Evaluation of Classified Regulation of Private School　165

6.1　Private School Regulation at National Level　165
6.2　Private School Regulation at Provincial Level　175
6.3　The Problem and Future Trend of Regulation of Private School　189

Chapter 7　Follow-up and Evaluation of the Founder's Expectation of Private School　201

7.1　The Main Expectation of Founders of Private School　201
7.2　How the Expectation Formed and its Main Features of Private School　214
7.3　The Future Trend of the Founder's Expectation of Private School　221

Chapter 8　Follow-up and Evaluation of Internal Governance of Private School　225

8.1　The Evolving Development of Internal Governance of Private School　225
8.2　The Problems of Internal Governance of Private School　233
8.3　The Reform and Future Trend of Internal Governance of Private School　244

Chapter 9　Follow-up and Evaluation of Teacher Faculty Construction of Private School　253

9.1　The Latest Development of Teacher Faculty Construction of Private School　253

9.2 　The Problems of Teacher Faculty Construction of Private School　270

9.3 　The Future Trend of Teacher Faculty Construction of Private School　276

Chapter 10　Follow-up and Evaluation of Raising and Using Fund of Private School　284

10.1 　The Latest Development of Raising and Using Fund of Private School　284

10.2 　The Key Problems of Raising and Using Fund of Private School　298

10.3 　The Future Trend of Raising and Using Fund of Private School　307

Chapter 11　The Implementation Effect and Future Trend of Private Education Classified Management Policy　314

11.1 　The Positive Effect of Private Education Classified Management Policy　314

11.2 　The Problems of Private Education Classified Management Policy　326

11.3 　The Future Trend of Private Education Classified Management Policy　335

Appendix　The Abbreviation Index of Policy Paper　349

References　355

Postscript　369

第一章

国家民办教育分类管理政策的
总体特征与推进轨迹

改革开放以来，随着教育事业的恢复发展，我国民办教育也重新萌发并取得了快速发展。目前，我国已建成了世界上规模最大的民办教育体系，民办教育已从"国家办学补充"发展成为社会主义教育事业的重要组成部分，形成了从学前教育到高等教育、从学历教育到非学历教育，层次类型多样、充满生机活力的发展格局。2016年以来，我国民办教育改革取得了突破性进展，法律法规密集出台，配套政策逐步完善，营利性和非营利性民办学校分类管理全面发力、多点布局、纵深推进，民办教育改革的系统性、整体性、协同性不断增强，改革广度和深度也不断拓展，已进入"全面施工、内部装修"的分类管理新阶段。新时代，分类管理成为我国民办教育政策调整与实践创新的核心内容，本章主要跟踪国家层面民办教育分类管理政策演变脉络，研究分类登记、财政扶持、税收优惠、收费定价、土地供给、投融资政策、队伍建设、分类监管等方面的政策框架，总结分类管理政策的主要特征，评析现有政策及落实过程中的难点堵点，研判国家分类管理政策的未来走向。

第一节 国家分类管理政策演进考察

面对国际私立教育治理实践中的通行做法、国家规范和促进民办教育发展的战略部署以及民办学校健康可持续发展的现实诉求,分类管理是突破长期制约民办教育改革发展制度"瓶颈"的根本手段,是完善落实民办教育基本制度和扶持政策的关键环节。在2016年《中华人民共和国民办教育促进法》(2016修正)①(以下简称《民办教育促进法》)制定和实施过程中,我国民办教育分类管理的思路日益明晰,经过试点探索、修法准备、政策配套等发展阶段,基本建立了反映我国民办教育特点和实情的分类管理法律法规框架和政策体系。

一、试点探索阶段

探索对营利性和非营利性民办学校实行分类管理,是党中央、国务院把握教育发展大势,以民办教育为重要突破口,全面深化教育改革的重要战略部署。2010年7月,《国家中长期教育改革和发展规划纲要(2010-2020年)》②(以下简称《教育规划纲要》)提出要坚持教育公益性原则,健全政府主导、社会参与、办学主体多元、办学形式多样、充满生机活力的办学体制,形成以政府办学为主体、全社会积极参与、公办教育和民办教育共同发展的格局,要求调动全社会参与教育的积极性,进一步激发教育活力,满足人民群众多层次、多样化的教育需求,开启了我国教育改革发展的新征程。同时,《教育规划纲要》还进一步明确了政府对民办教育"大力支持"和"依法管理"的导向,一方面强调民办教育已经成为我国教育事业发展的重要增长点和促进教育改革的重要力量;另一方面要求加强政府对民办教育的统筹、规划和管理责任,积极探索营利性和非营利性民办学校分类管理。"分类管理"的正式提出,为我国民办教育发展提供了未来改革思路。

民办教育分类管理涉及面广、历史情况复杂,政府采取了先行试点、总结推广的改革推进方式,在控制潜在风险的同时,通过有效的推广机制使试点经验较快普及,成为渐进式改革的重要经验,为全国范围内推进分类管理探索提供了经验和路径。2010年12月,按照"教育规划纲要"的部署,国务院办公厅印发《国务院办公厅关于开展国家教育体制改革试点的通知》③,在上海市、浙江省、广东省深圳市、吉林华桥外国语学院,启动实施了营利性和非营利性民办学校分类指导、分类支持、分类管理的国家教育体制改革试点。

这些试点在探索中创新、在创新中推进,积累了分类发展的实践基础。到

---

① 《中华人民共和国民办教育促进法》(2016修正),中国人大网,2016年。
② 《国家中长期教育改革和发展规划纲要(2010-2020年)》,教育部门户网,2010年。
③ 《国务院办公厅关于开展国家教育体制改革试点的通知》,中央政府门户网,2010年。

2016年启动新一轮民办教育改革时，分类改革可能存在的困难、问题和风险都有了比较扎实的"试水"探索和政策储备。

二、修法准备阶段

为消除对营利性和非营利性民办学校实行分类管理的法律阻碍，从法律层面破解民办教育发展面临的法人属性、产权归属、扶持政策、平等地位等方面的突出矛盾和关键问题，2012年教育部启动了《民办教育促进法》的修改工作。2012年7月，教育部将《教育法律一揽子修订建议（草案）（送审稿）》[①] 报国务院审议。国务院法制办在广泛征求意见基础上，会同教育部等有关部门对送审稿进行了反复研究修改，形成了《教育法律一揽子修正案（草案）》[②]，经国务院第77次常务会议讨论通过后，2015年8月提交第十二届全国人大常委会第十六次会议进行初次审议。2015年12月27日，全国人大常委会第十八次会议审议《中华人民共和国教育法》[③]（以下简称《教育法》）、《中华人民共和国高等教育法》[④]（以下简称《高等教育法》）、《民办教育促进法》的修正案，通过了《教育法》《高等教育法》修正案，因各界对分类管理政策设计存有较多争议，《民办教育促进法》修订案暂缓表决。修改后的《教育法》删除了"任何组织和个人不得以营利为目的举办学校及其他教育机构"的规定，《高等教育法》同时删除了"设立高等学校不得以营利为目的"的规定，实现了民办教育的制度性突破，为分类管理背景下推进民办教育改革发展奠定了法源性基础。2016年1月，《民办教育促进法》修正案草案二次审议稿征求意见，民办学校的分类标准出台，民办学校的举办者可以自主选择设立非营利性或者营利性民办学校。

2016年11月7日，第十二届全国人大常委会第二十四次会议审议通过《全国人民代表大会常务委员会关于修改〈中华人民共和国民办教育促进法〉的决定》[⑤]（以下简称《民办教育促进法修法决定》），规定民办学校的举办者可以自主选择设立非营利性或者营利性民办学校，并以国家主席习近平签署的中华人民共和国主席令予以公布。本次修法的最大亮点是确立了分类管理的法律依据，明确实行非营利性和营利性民办学校分类管理，允许举办实施学前教育、高中阶段

[①] 《教育法律一揽子修订建议（草案）（送审稿）》，教育部门户网，2012年。
[②] 《教育法律一揽子修正案（草案）》，中国人大网，2015年。
[③] 《关于修改〈中华人民共和国教育法〉的决定》，中国人大网，2015年。
[④] 《关于修改〈中华人民共和国高等教育法〉的决定》，中国人大网，2015年。
[⑤] 《全国人民代表大会常务委员会关于修改〈中华人民共和国民办教育促进法〉的决定》，教育部门户网，2016年。

教育、高等教育以及非学历教育的营利性民办学校,但是不得设立实施义务教育的营利性民办学校,民办教育改革进入分类管理新时代,初步建立针对两类民办学校的差异化制度体系(见表1-1)。

表1-1 《民办教育促进法》修改前后主要变化

	修改前	修改后
党建工作	—	第一章增加一条,作为第九条:"民办学校中的中国共产党基层组织,按照中国共产党章程的规定开展党的活动,加强党的建设。"
分类管理	第十八条 民办学校取得办学许可证,并依照有关的法律、行政法规进行登记,登记机关应当按照有关规定即时予以办理。	民办学校的举办者可以自主选择设立非营利性或者营利性民办学校。但是,不得设立实施义务教育的营利性民办学校。 非营利性民办学校的举办者不得取得办学收益,学校的办学结余全部用于办学。 营利性民办学校的举办者可以取得办学收益,学校的办学结余依照公司法等有关法律、行政法规的规定分配。 民办学校依法取得办学许可证后,进行法人登记,登记机关应当依法予以办理。
举办者权益	第十九条 民办学校应当设立学校理事会、董事会或者其他形式的决策机构。	民办学校应当设立学校理事会、董事会或者其他形式的决策机构并建立相应的监督机制。 民办学校的举办者根据学校章程规定的权限和程序参与学校的办学和管理。
教师权益	第三十条 民办学校应当依法保障教职工的工资、福利待遇,并为教职工缴纳社会保险费。	民办学校应当依法保障教职工的工资、福利待遇和其他合法权益,并为教职工缴纳社会保险费。 国家鼓励民办学校按照国家规定为教职工办理补充养老保险。
分类收费	第三十七条 民办学校对接受学历教育的受教育者收取费用的项目和标准由学校制定,报有关部门批准并公示;对其他受教育者收取费用的项目和标准由学校制定,报有关部门备案并公示。 民办学校收取的费用应当主要用于教育教学活动和改善办学条件。	民办学校收取费用的项目和标准根据办学成本、市场需求等因素确定,向社会公示,并接受有关主管部门的监督。 非营利性民办学校收费办法,由省、自治区、直辖市人民政府制定;营利性民办学校的收费标准,实行市场调节,由学校自主决定。 民办学校收取的费用应当主要用于教育教学活动、改善办学条件和保障教职工待遇。

续表

	修改前	修改后
管理与监督	第四十条 教育行政部门及有关部门依法对民办学校实行督导，促进提高办学质量；组织或者委托社会中介组织评估办学水平和教育质量，并将评估结果向社会公布。	教育行政部门及有关部门依法对民办学校实行督导，建立民办学校信息公示和信用档案制度，促进提高办学质量；组织或者委托社会中介组织评估办学水平和教育质量，并将评估结果向社会公布。
扶持措施	第四十五条 县级以上各级人民政府可以采取经费资助，出租、转让闲置的国有资产等措施对民办学校予以扶持。	县级以上各级人民政府可以采取购买服务、助学贷款、奖助学金和出租、转让闲置的国有资产等措施对民办学校予以扶持；对非营利性民办学校还可以采取政府补贴、基金奖励、捐资激励等扶持措施。
税收优惠	第四十六条 民办学校享受国家规定的税收优惠政策。	民办学校享受国家规定的税收优惠；其中，非营利性民办学校享受与公办学校同等的税收优惠。
教育用地	第五十条 新建、扩建民办学校，人民政府应当按照公益事业用地及建设的有关规定给予优惠。教育用地不得用于其他用途。	新建、扩建非营利性民办学校，人民政府应当按照与公办学校同等原则，以划拨等方式给予用地优惠，新建、扩建营利性民办学校，人民政府应当按照国家规定供给土地。教育用地不得用于其他用途。
偿债顺序及剩余财产分配	第五十九条 对民办学校的财产按照下列顺序清偿： （一）应退受教育者学费、杂费和其他费用； （二）应发教职工的工资及应缴纳的社会保险费用； （三）偿还其他债务。 民办学校清偿上述债务后的剩余财产，按照有关法律、行政法规的规定处理。	对民办学校的财产按照下列顺序清偿： （一）应退受教育者学费、杂费和其他费用； （二）应发教职工的工资及应缴纳的社会保险费用； （三）偿还其他债务。 非营利性民办学校清偿上述债务后的剩余财产继续用于其他非营利学校办学。营利性民办学校清偿上述债务后的剩余财产，按照《中华人民共和国公司法》的有关规定处理。

续表

	修改前	修改后
奖励或补偿	—	2016年11月7日前设立，选择登记为非营利性民办学校的，根据依照本决定修改后的学校章程继续办学，终止时，学校财产依照本法规定进行清偿后有剩余的，根据出资者的申请，综合考虑在本决定施行前的出资、取得合理回报的情况以及办学效益等因素，给予出资者相应的补偿或者奖励，其余财产继续用于其他非营利性学校办学；选择登记为营利性民办学校的，应当进行财务清算，依法明确财产权属，并缴纳相关税费，重新登记，继续办学。

三、政策配套阶段

为推进民办教育分类管理及民办教育新法新政（指《民办教育促进法》及其配套政策）落地，国务院及相关部门颁布了配套法规政策，标志着我国民办教育全面进入分类管理的新发展时期，开启了民办教育发展的新征程。民办教育新法新政明确了分类管理的合法性，确定了营利性学校与非营利性学校的划分标准以及营利性民办教育准入领域，初步构建了营利性与非营利性民办教育分类扶持、分类监管的政策体系，为彻底破解长期困扰民办学校发展的法人属性不清、财政扶持不足、税收优惠难以落实、办学自主权不到位等问题奠定了法源性基础。

2016年12月，中共中央办公厅印发《关于加强民办学校党的建设工作的意见（试行）》[①]，为民办学校党建工作提出明确要求，各级党委（党组）要充分认识做好民办学校党建工作的重要性、紧迫性，按照全面从严治党要求，加强党对民办学校的领导，确保学校按照党的要求办学立校、教书育人。

2017年1月18日，国务院对外发布《国务院关于鼓励社会力量兴办教育促进民办教育健康发展的若干意见》[②]（以下简称《鼓励社会力量兴办教育若干意见》），全面部署了民办教育改革发展的各项政策措施，为民办教育分类管理政策的落地提供改革行动方案。《鼓励社会力量兴办教育若干意见》再次强调，民办教育已经成为社会主义教育事业的重要组成部分。同时，《鼓励社会力量兴办教育若干意见》明确了"育人为本，德育为先""分类管理，公益导向""优化环

[①] 《关于加强民办学校党的建设工作的意见（试行）》，北大法律信息网，2016年。
[②] 《国务院关于鼓励社会力量兴办教育促进民办教育健康发展的若干意见》，中国政府网，2017年。

境、综合施策""依法管理、规范办学""鼓励改革、上下联动"五个基本原则，要求加强党对民办学校的领导、创新体制机制、完善扶持制度、加快现代学校制度建设、提高教育教学质量、提高管理服务水平。此后，相关部委及全国各省级政府纷纷出台配套政策和各地实施意见，建立了民办教育分类管理政策体系。

为贯彻落实《鼓励社会力量兴办教育若干意见》，推动民办教育分类管理，2017年1月，教育部、国家人社部、中华人民共和国民政部、中央机构编制委员会办公室、国家工商行政管理总局五部委印发《民办学校分类登记实施细则》[①]（以下简称《分类登记实施细则》），进一步明确了两类民办学校的设立审批、登记机关、事项变更和注销登记、现有民办学校分类登记等相关内容。同时，教育部、国家人社部、国家工商行政管理总局印发《营利性民办学校监督管理实施细则》[②]（以下简称《监督管理实施细则》），建立了营利性民办学校监督体系，涉及营利性民办学校的设立条件、组织机构、教育教学、财务资产、信息公开、变更与终止、监督与惩罚等方面。此外，2017年8月，国家工商行政管理总局和教育部印发《关于营利性民办学校名称登记管理有关工作的通知》（以下简称《名称登记管理通知》），进一步规范营利性民办学校名称问题。

2017年7月，为贯彻落实《鼓励社会力量兴办教育若干意见》，推动相关部门形成工作合力，推进民办教育分类管理，教育部等十四部门联合印发《中央有关部门贯彻实施〈国务院关于鼓励社会力量兴办教育促进民办教育健康发展的若干意见〉任务分工方案》[③]，明确各部门职责和分工。在此基础上，2017年8月，国务院办公厅发布《关于同意建立民办教育工作部际联席会议制度的函》[④]，同意建立由教育部牵头的民办教育工作部际联席会议制度，主要职能是：在国务院领导下，统筹协调推进民办教育改革发展相关工作，健全社会力量兴办教育的政策制度。

为将民办教育分类管理及民办教育新法新政中的部分内容、原则、规定体现为新"民办教育促进法实施条例"中的法规、法条，教育部启动了《中华人民共和国民办教育促进法实施条例》[⑤]（以下简称《民办教育促进法实施条例》）的修订工作。2018年8月，中华人民共和国司法部公布《中华人民共和国民办教育促进法实施条例（修订草案）（送审稿）》[⑥]（以下简称《民办教育促进法实施

---

① 《民办学校分类登记实施细则》，中国政府网，2017年。
② 《营利性民办学校监督管理实施细则》，中国政府网，2017年。
③ 《中央有关部门贯彻实施〈国务院关于鼓励社会力量兴办教育促进民办教育健康发展的若干意见〉任务分工方案》，教育部门户网，2017年。
④ 《关于同意建立民办教育工作部际联席会议制度的函》，中国政府网，2017年。
⑤ 《中华人民共和国民办教育促进法实施条例》，中国政府网，2004年。
⑥ 《司法部关于〈中华人民共和国民办教育促进法实施条例（修订草案）（送审稿）〉公开征求意见的通知》，中国政府法制信息网，2018年。

条例（修订草案）（送审稿）》），征求社会各界意见。《民办教育促进法实施条例（修订草案）（送审稿）》以强化支持政策、加强规范管理为主线，重点对民办学校党建、支持措施、学校设立与审批制度、办学行为和内部治理、办学自主权、集团化办学行为、教育培训机构、举办者合法权益、教师权益保障、监督管理机制十个方面进行修改。

至此，我国民办教育分类管理领域有"一个决定""一部新法""一个条例""一个制度""两个意见""两个细则""两个通知"，形成了以新修订的《民办教育促进法》及其《民办教育促进法实施条例（修订草案）（送审稿）》为上位法律法规、以国务院《鼓励社会力量兴办教育若干意见》为指导意见、以相关部委配套政策相支撑的、较为完整的顶层设计，分类管理正在进入法律法规和政策落地新阶段（见表1-2）。

表1-2　　2016年来我国民办教育法律法规及配套政策体系

文件名	发文单位	发文时间
《全国人民代表大会常务委员会关于修改〈中华人民共和国民办教育促进法〉的决定》	全国人大常委会	2016年11月7日
《中华人民共和国民办教育促进法》	主席令	2016年11月7日
《关于加强民办学校党的建设工作的意见》	中共中央办公厅	2016年12月29日
《国务院关于鼓励社会力量兴办教育促进民办教育健康发展的若干意见》	国务院	2017年12月29日
《民办学校分类登记实施细则》	教育部等五部门	2016年12月30日
《营利性民办学校监督管理实施细则》	教育部等三部门	2016年12月30日
《中央有关部门贯彻实施〈国务院关于鼓励社会力量兴办教育促进民办教育健康发展的若干意见〉任务分工方案》	教育部等十四部门	2017年7月7日
《民办教育工作部际联席会议制度》	国务院办公厅	2017年8月5日
《工商总局　教育部关于营利性民办学校名称登记管理有关工作的通知》	国家工商行政管理总局、教育部	2017年8月31日
《中华人民共和国民办教育促进法实施条例（修订草案）（送审稿）》	司法部、教育部	2018年8月10日

第二节 国家分类管理政策内容述要

根据非营利性与营利性民办学校的不同法人属性，政府建立了以分类管理、分类发展为主线，以差别化政策支持体系和监管机制为抓手，打造了升级版的民办教育支持和监管体系。在支持政策方面，坚持政策类型全面、支持机制灵活、身份地位平等、政策落实精细，做大做好支持保障；在监管体系方面，从财产、行为、风险、信息等多维度，织好织密监管网。① 具体来说，建立了营利性和非营利性民办学校的分类登记制度，构建了差别化的政策支持体系与分类监管机制，同时也明确了对集团化办学、在线教育、关联交易等新模式、新业态的监管制度。

一、分类登记

2016年修订的《民办教育促进法》规定，营利性和非营利性民办学校在取得办学许可证后，需要进行法人登记，登记机关应当依法予以办理。《鼓励社会力量兴办教育若干意见》也明确提出，非营利性民办学校和营利性民办学校，应依法依规办理登记。同时，对现有民办学校按照举办者自愿原则，通过政策引导，实现分类管理。2017年1月28日，教育部、国家人社部、民政部、中央机构编制委员会办公室、国家工商行政管理总局印发的《分类登记实施细则》，涉及登记机关、准入条件、登记程序等方面，为分类登记提供了具体办法。

（一）分类登记机关和性质

民办学校分类管理的首要问题是分类登记，即明确不同类型的法人属性。从登记机关和程序看，民办学校分类登记主要涉及办学许可审批机关和法人登记机关，需先从教育部门获得办学许可证，然后到相应部门办理登记证或营业执照。

从政府部门分工和职责看，民办学校分类登记的审批机关为教育行政部门，教育部门应该依据《民办教育促进法》等法律法规和国家有关学校设置标准对民办学校设立和分类登记申请进行审批，符合条件的民办学校发给办学许可证，进

---

① 周海涛：《大力支持和规范民办教育促进民办教育健康发展》，载于《中国高等教育》2018年第5期，第49页。

而可以分类到登记管理机关办理登记证或者营业执照。民办学校法人登记机关一般是民政部门和市场监管部门，有的学校可能涉及事业单位登记部门，如非营利性民办学校，符合民办非企业单位登记管理有关规定的可以到民政部门登记为民办非企业单位；符合事业单位登记管理有关规定的可以到事业单位登记管理机关登记为事业单位；而营利性民办学校，依据法律法规规定的管辖权限到市场监督管理部门办理登记。

此外，在审批和管理权限上体现了"放管服"改革的趋势，实施本科以上层次教育的非营利性民办高校可由省级政府相关部门办理登记，专科以下层次的非营利性民办学校，可由县级以上政府相关部门办理登记；营利性民办学校，依管辖权限到工商行政管理部门办理登记。

（二）现有民办学校分类登记

2016年，全国共有各级各类民办学校17.1万所，即这些现有学校需要在未来一段时间内作出分类登记的选择。《分类登记实施细则》对现有民办学校的分类登记情况提出了明确要求。

（1）登记为非营利性民办学校的，已经有相应的办学许可证，需要修改学校章程后继续办学，可以与许可证到期换发相结合，然后办理新的登记手续。但是，考虑到现有民办学校均为非营利性法人，为保持学校办学持续性和稳定性，可先根据相关政策规定修改学校章程，继续办学，在现有办学许可证到期换发时一并办理变更手续。非营利性民办学校根据不同的情况可选择到民政部门等办理新的法人登记。

（2）登记为营利性民办学校的应明确资产权归属后办理新的登记手续，营利性民办学校到市场监管部门办理登记。申请登记为营利性民办学校的，须经省级以下政府有关部门和相关机构依法明确土地、校舍、办学积累等财产的可能性并缴纳相关税费，重新履行审批登记程序，办理新的办学许可证、营业执照。

二、财政扶持

从社会公共利益看，民办教育为学生提供了接受多样性、选择性教育的机会，为社会提供了大量有效的教育公共产品和公共服务，是社会主义教育事业的重要组成部分，是社会公益性事业。从国际经验和国内各地实践看，政府对民办教育给予财政扶持是通行做法和普遍共识。因此，政府财政扶持民办教育既是政府职责所在，也是民办教育公益属性使然。此外，财政扶持还是促进民办教育健康发展的重要举措和必要监管手段。但是，在分类管理之前，允许民办教育可以

"获得合理回报"的规定让财政资金无法放心进入,政府对财政资金进入民办学校有顾虑,担心财政资金被变相转移。分类管理之后,营利性民办学校可以通过办学光明正大地获得合法收益,而政府对非营利民办学校也可以毫不顾忌地加大财政扶持和投入。当前,在分类管理制度确立并实施的政策背景下,公共财政对民办教育的扶持政策必须进行相应的转变,需要探寻公共财政对民办教育分类扶持的合理路径,提高财政扶持效率,促进民办教育健康发展。①

(一) 政策变化

民办教育新法新政在财政扶持方面作出了较大调整,进一步明确了政府责任和差异化扶持举措,主要体现在三个方面:

1. 明确政府扶持民办教育发展的责任,加大民办教育财政扶持力度

《民办教育促进法实施条例(修订草案)(送审稿)》专门单列"支持和奖励"部分,要求健全对民办学校的支持政策,但是应优先扶持办学质量高、特色明显、社会效益显著的民办学校。如县级以上政府根据经济状况和教育发展实情,设立民办教育发展专项资金,用于支持民办学校提高教育质量和办学水平、奖励举办者等;设立民办教育发展基金,支持成立相应的基金会,组织开展各类有利于民办教育事业发展的活动。《鼓励社会力量兴办教育若干意见》也要求调整优化政府教育支出结构,加大对民办教育的扶持力度。但是,财政扶持民办教育发展的资金要纳入预算,需要接受审计和社会监督,提高资金使用效益。

2. 创新财政扶持民办教育改革发展的方式和类型

如《鼓励社会力量兴办教育若干意见》规定政府可以通过建立健全政府补贴制度,明确补贴民办学校的项目、对象、标准、用途;可以完善政府购买服务的标准和程序,采用购买服务的方式向民办学校购买就读学位、课程教材、科研成果、职业培训、政策咨询等教育服务;可以通过助学贷款、奖助学金等国家资助政策,建立民办学校助学贷款业务扶持制度、奖助学金评定制度,用于奖励和资助民办学校学生;可以通过出租、转让闲置的国有资产等措施对民办学校予以扶持。

3. 建立了非营利性和营利性民办学校的差异化财政扶持政策体系

在政府补贴、政府购买服务、基金奖励、捐资激励、土地划拨、税费减免等方面,加大力度向非营利性民办学校倾斜。如要求政府按照同级同类公办学校生均经费标准的一定比例,确定对非营利性民办学校的生均经费补贴标准,对非营利性民办学校还可以采取政府补贴、基金奖励、捐资激励等扶持措施,各地政府

---

① 王纾然、何鹏程:《分类管理背景下民办教育财政扶持政策的转向》,载于《教育发展研究》2018年第7期,第16~20页。

出租、转让闲置的国有资产应当优先扶持非营利性民办学校。

（二）调整思路

调整民办教育财政扶持政策的基本思路是坚持民办教育的公益性导向，对非营利性和营利性民办学校采取不同类型、不同力度的财政扶持，对非营利性民办学校更多采用财政补贴、基金奖励等直接扶持的方式，对营利性民办学校主要实行税收优惠等间接扶持的方式。①

1. 强调民办教育的公益属性，更多扶持非营利性民办学校

无论是非营利性民办学校还是营利性民办学校都要始终把社会效益放在首位，但由于二者在收益权和所有权等关键领域存在差异，非营利性民办学校表现出更强的公益性，是公共财政扶持的主要对象。

2. 对非营利性民办学校更多采取直接扶持方式

非营利性民办学校的性质决定其举办者不能取得办学收益，办学结余也不能用于出资人或其他相关利益主体分配，必须全部用于学校持续的投入和发展。因此，在落实法人财产权、将校舍和土地等主要办学资产过户到学校名下的前提下，公共财政资金投入非营利性民办学校的合理性和安全性得到了保障，政府在未来一段时期内将会调整优化财政资金支出结构，采取更多方式直接支持非营利性学校的教育教学基础设施和教师队伍建设等。

3. 对营利性民办学校主要采取间接扶持方式

从调研情况看，目前对于政府是否对营利性民办学校提供财政扶持、提供什么形式、什么力度的财政扶持，在国家和省级层面一直是一个有较大争议的问题，仍然没有达成共识。在分类管理的框架下，营利性民办学校同样是坚持公益属性、提供教育公共服务的机构，因此民办教育新法新政对营利性民办学校的财政扶持主要体现在土地、税收政策的优惠上。选择登记为营利性的民办学校应享有一定的税收优惠政策，同时要规范和建立对营利性民办学校购买服务的政策，明确公共财政可以购买营利性民办学校提供的学位、课程和各种形式的教育服务和教育产品。②

三、税收优惠

税收政策对于一个行业的发展有着较强的调节、促进和引导作用。有研究者

---

①② 王纾然、何鹏程：《分类管理背景下民办教育财政扶持政策的转向》，载于《教育发展研究》2018年第7期，第16~20页。

认为,在民办教育新法新政中,税收政策不仅是政府支持鼓励、指导引领和监督管理民办教育发展的重要工具,同时也是影响民办学校举办者选择营利性或非营利性法人属性的重要砝码。因此,民办学校的税收政策受到各级教育行政部门领导和民办学校举办者们的高度关注。

(一) 民办学校涉及的税收优惠政策

我国历来高度重视教育事业,近年来政府将税收优惠政策落到实处,产生了积极效果,助推教育事业的改革发展。2017 年,教育领域的全国固定资产投资首次突破万亿元大关,达 11 084 亿元,同比增长 20.2%,比全国固定资产投资增长率高 13%。[①] 总体看,我国税收政策环境对公办、民办教育均一视同仁,基本体现公平公正。民办学校作为一个法人主体,民办教育新法新政前所涉及的主要税种有营业税(增值税)、企业所得税、房产税、契税、印花税、城市土地使用税和耕地占用税。特殊的教育项目和教育教学活动还会涉及农业税、农业特产税和关税等税种(见表 1-3)。

(二) 政策调整

民办学校按照国家有关规定统一享受相关税收优惠政策。2016 年修订的《民办教育促进法》及《民办教育促进法实施条例(修订草案)(送审稿)》再次明确,民办学校享受国家规定的税收优惠政策。其中,非营利性民办学校适用国务院财政部门、税务部门发布的关于公办学校的税收政策,减免相应税负;营利性民办学校适用国家鼓励发展的相关产业政策,享受相应的税收优惠,并要求国务院财政部门、税务主管部门会同国务院相关部门制定具体办法。

《鼓励社会力量兴办教育若干意见》也明确要求,各级政府可根据经济社会发展需要和公共服务需求,通过税费减免对非营利性民办学校给予扶持,通过税收优惠方式对营利性民办学校给予支持。如对企业办的各类学校、幼儿园自用的房产、土地免征房产税和城镇土地使用税。对企业支持教育事业的公益性捐赠支出,按照税法有关规定,在年度利润总额 12% 以内的部分,准予在计算应纳税所得额时扣除;对个人支持教育事业的公益性捐赠支出,按照税收法律法规及政策的相关规定在个人所得税前予以扣除。非营利性民办学校与公办学校享有同等待遇,按照税法规定进行免税资格认定后,免征非营利性收入的企业所得税。捐资建设校舍及开展表彰资助等活动的冠名依法尊重捐赠人意愿。

---

① 《2017 年全国固定资产投资(不含农户)增长 7.2%》,http://www.stats.gov.cn/tjsj/zxfb/201801/t20180118_1574955.html,2018 年 9 月 10 日。

表1-3　　民办学校新政前所涉及的主要税种、税率及优惠政策

税种	说明	税率	优惠政策
营业税（自2016年5月1日起国家全面实施营业税改为增值税）	1. 营业税征收范围：针对中国境内的应税劳务（非员工为单位或者雇主提供的劳务）、转让无形资产或销售不动产所取得的营业额 2. 增值税征收范围：商品生产、流通、劳务服务中多个环节的新增价值或商品的附加值	3%~6%	1. 从事学历教育的学校提供的教育服务收入免征营业税（增值税）。指对列入规定招生计划的在籍学生提供学历教育劳务取得的收入，具体包括：经有关部门审核批准并按规定标准收取的学费、住宿费、课本费、作业本费、考试报名费收入，以及学校食堂提供餐饮服务取得的伙食费收入。除此之外的收入，包括学校以各种名义收取的赞助费、择校费等，不属于免征增值税的范围。《财政部　国家税务总局关于全面推开营业税改征增值税试点的通知》 2. 对托儿所、幼儿园提供的保育和教育服务取得的收入免征营业税（增值税）。其中，民办托儿所、幼儿园免征增值税的收入是指，在报经当地有关部门备案并公示的收费标准范围内收取的教育费、保育费。超过规定收费标准的收费，以开办实验班、特色班和兴趣班等为由另外收取的费用以及与幼儿入园挂钩的赞助费、支教费等超过规定范围的收入，不属于免征增值税的收入。《财政部　国家税务总局关于全面推开营业税改征增值税试点的通知》 3. 非学历教育服务和教育辅助服务可以按3%征收增值税
企业所得税	中国境内的企业（居民企业及非居民企业）和其他取得收入的组织的生产经营所得	25%	1. 对学校经批准收取并纳入财政预算管理的或财政预算外资金专户管理的收费不征收企业所得税；对学校取得的财政拨款，从主管部门和上级单位取得的用于事业发展的专项补助收入，不征收企业所得税 2. 捐资举办和不要求取得合理回报的学校依法享有公办学校同等的税收及其他优惠政策 3. 民办学校要依法申请免税资格认定，才能免征企业所得税

续表

税种	说明	税率	优惠政策
房产税	以房屋为征税对象，按房屋的计税余值或租金收入为计税依据，向产权所有人征收的一种财产税。范围限于城镇经营性房产	房产原值减去10%~30%后的1.2%，减值幅度由省级政府决定	1. 对国家拨付事业经费和企业办的各类学校、托儿所、幼儿园自用的房产、土地，免征房产税、免征城镇土地使用税 2. 对于高校学生公寓免征房产税
契税	以所有权发生转移变动的不动产为征税对象，范围包括：土地使用权出售、赠与和交换，房屋买卖、房屋赠与、房屋交换等	3%~5%省级政府可以在此范围内调整	对取得《社会力量办学许可证》的、由企业事业组织、社会团体及其他社会和公民个人利用非国家财政性教育经费面向社会举办的学校及教育机构，其承受的土地、房屋权属用于教学的，免征契税。《财政部 国家税务总局关于社会力量办学契税政策问题的通知》
印花税	对经济活动和经济交往中设立、领受具有法律效力的凭证的行为所征收的一种税。包含经济合同、各种专项权证等	根据项目分0.05%、0.3%、0.5%、1%几档或按件固定金额等	1. 对财产所有人将财产赠给学校所立的书据，免征印花税 2. 对于高校学生签订的公寓租赁合同免征印花税
城镇土地使用税	以开征范围的土地为征税对象，以实际占用的土地面积为计税标准，按规定税额对拥有土地使用权的单位和个人征收的一种资源税	地区差别定额税率	对国家拨付事业经费和企业办的各类学校、托儿所、幼儿园自用的房产、土地，免征城镇土地使用税
耕地占用税	是国家对占用耕地建房或者从事其他非农业建设的单位和个人，依据实际占用耕地面积，按照规定税额一次性征收的一种税	地区差别定额税率	对全日制大、中、小学校（包括部门、企业办的学校）、幼儿园经批准征用的耕地，免征耕地占用税。享受免税的学校用地的具体范围是：学校的教学用房、实验室、操场、图书馆、办公室及师生员工食堂宿舍用地

续表

税种	说明	税率	优惠政策
农业税 农业特产税	1. 国家对一切从事农业生产、有农业收入的单位和个人征收的一种税 2. 国家对从事农业特产生产经营并取得收入的单位和个人征收的一项税收	1. 地区差别税率 2. 农业特产税视具体项目而定	1. 对农业院校进行科学实验的土地免征农业税 2. 对农业院校进行科学实验所取得的农业特产品收入，在实验期间免征农业特产税
关税	指一国海关根据该国法律规定，对通过其关境的进出口货物课征的一种税收	由国家最高行政管理机关指定税率	1. 对境外捐赠人无偿捐赠的直接用于各类职业学校、高中、初中、小学、幼儿园教育的教学仪器、图书、资料和一般学习用品，免征进口关税和进口环节增值税 2. 对教育部承认学历的大专以上全日制高等院校以及财政部会同国务院有关部门批准的其他学校，不以营利为目的，在合理数量范围内进口国内不能生产的科学研究和教学用品，直接用于科学研究或者教学的，免征进口关税和进口环节增值税、消费税（不包括国家明令不予减免进口税的20种商品）

四、收费定价

民办教育是改革开放的产物，由市场调节收费、按市场机制运作是其应有之义。但民办教育新法新政之前，各地民办教育收费政策约束依然过多，很大程度上制约了社会力量兴教办学的积极性和民办学校自主发展的生机活力。根据《民办教育促进法》和《民办教育促进法实施条例（修订草案）（送审稿）》有关规定，民办学校对接受学历教育的受教育者收取费用的项目和标准，须报价格主管部门批准并公示；对其他受教育者收取费用的项目和标准，报价格主管部门备案并公示。按此，目前绝大部分省（区、市）对民办学历教育收费实行了政府定价管理，定价原则是补偿成本。具体定价部门一般为，民办高等教育收费由省级价格部门制定，民办中小学教育收费由市县价格部门制定。

(一) 政策变化

从未来趋势看，更大限度放宽政府对民办学历教育收费审批的管制，加快推进市场化改革，鼓励和引导更多民间资本进入教育领域，将有助于拉动教育消费、扩大内需，加快形成民办教育与公办教育共同发展的局面。2017年之前，山东、广东、湖北等少数省份已经对民办高等教育收费标准实行市场调节价管理；近日，湖北省政府还发文放开了其他阶段民办学历教育收费管理，社会反应比较平稳。因此，民办学历教育收费放开是深化教育综合改革的必然要求，也是落实和扩大学校办学自主权的创新举措。

2014年，国务院印发《关于创新重点领域投融资机制鼓励社会投资的指导意见》[①]规定：营利性民办学校收费实行自主定价，非营利性民办学校收费政策由地方政府按照市场化方向根据当地实际情况确定。2016年以来，新修订的《民办教育促进法》《民办教育促进法实施条例（修订草案）（送审稿）》《鼓励社会力量兴办教育若干意见》规定，民办学校应建立办学成本核算制度，基于办学成本和市场需求等因素，遵循公平、合法和诚实信用原则，考虑经济效益与社会效益，合理确定收费项目和标准。其中，非营利性民办学校收费，可以通过市场化改革试点，逐步实行市场调节价，具体政策和收费办法由省级政府根据办学成本以及本地公办教育保障程度、民办学校发展情况等因素确定；营利性民办学校的收费标准，实行市场调节，具体收费标准和项目由学校自主决定。但是，政府需要依法加强对民办学校收费行为的监管，如对非营利性民办学校收取费用、开展活动的资金往来，应当使用在主管部门备案的账户；营利性民办学校收入应当全部纳入学校开设的银行结算账户。此外，对公办学校参与举办、使用国有资产或者接受政府生均经费补助的民办幼儿园、义务教育学校，地方政府可以适时调整其收费范围和幅度。

(二) 保障举措

放开民办学历教育收费，实质是把民办教育进一步推向市场，倡导公平竞争和优胜劣汰法则。一些地方和学校可能会出现学费水平涨跌、政府监管困难等风险。因此，一是需要建立多部门定期协调机制，保障收费权放开后对收费行为的监管，确保民办学校将学费收入主要用于教育教学，适当抑制营利冲动。二是可以通过对民办学校财务、招生、就业、教学、安全等日常信息进行数据挖掘，建立民办学校风险预警机制，制定风险防范措施。三是当市场价格机制不能有效分

---

① 《国务院关于创新重点领域投融资机制鼓励社会投资的指导意见》，中国政府网，2014年。

配教育资源时，为防止因供需矛盾产生的群体性事件，维护社会稳定，政府应该制定价格临时性管制措施，包括采取政府价格补贴、政府强制定价等临时性措施。

五、土地供给

用地用房作为民办学校的基本办学条件，涉及生均占地面积和校舍建筑面积的刚性标准，在新设民办学校和现有民办学校分类选择登记过程中，已成为关键政策之一。当前，全国各地在统筹公办教育与民办教育用地规划方面，实施进度不一、效果各异，需要将民办学校用地纳入教育用地总体规划。

（一）政策变化

民办教育新法新政明确规定，政府应统筹土地等相关政策，营造有利于民办教育发展的制度环境。新修订的《民办教育促进法》及《民办教育促进法实施条例（修订草案）（送审稿）》已经明确要求，民办学校建设用地将按照科教用地管理。各地政府在制定闲置校园综合利用方案时，应当考虑当地民办教育发展需求。

对于新建、扩建非营利性民办学校，政府应当按照与公办学校同等原则，以划拨等方式给予用地优惠；对于新建、扩建营利性民办学校，政府应当按照国家规定供给土地。只有一个意向用地者的，可按协议方式供地。土地使用权人申请改变全部或者部分土地用途的，政府应当将申请改变用途的土地收回，按时价定价，重新依法供应。此外，实施学前教育、学历教育的民办学校使用土地，地方政府可以依法以招拍挂或者协议方式供应土地，也可以采取长期租赁、先租后让、租让结合的方式供应土地，土地出让价款和租金，可以给予适当优惠并在规定期限内按合同约定分期缴纳。

（二）调整思路

民办教育新法新政对民办学校的用地扶持政策主要体现在教育用地统筹规划中，政策调整思路进一步明确了政府职责和民办教育的公益属性。一是各地政府的相关部门应改革创新土地利用、规划、管理方式方法，适应教育行业发展的新要求和新趋势，以实现城乡教育统筹和区域均衡发展为目标，在土地利用总规划和年度计划中，合理安排教育用地指标，优先支持教育项目等民生用地。二是充分考虑和平衡民办教育用地需求，统筹规划、合理配置公、民办教育用地的规模、布局、结构和时序安排，编制教育资源（教学设施）布点专项规划，并纳入控制性详细规划。三是建立健全有效的民办学校的用地用房分类扶持政策体系，把新设立营利性民办学校、非营利性民办学校、现有民办学校分类登记尤其是转为营利性民办学校的用地用房难题一并统筹解决。四是在分类管理框架下，明确营利性民办学校和非营利性民办学校的教育用地属性，在给予非营利性民办学校划拨用地优惠的同时，需要对营利性民办学校作出更清晰的用地政策，合理界定划拨用地与完全市场化有偿用地之间的范围，并设计非营利性和营利性两套用地扶持的具体措施。五是新建民办学校用地应当严格遵循引进特色、优质办学资源等要求，对于扩建民办学校，实行民办学校评估分级，对民办学校办学条件、管理水平和办学规模等方面进行综合评价，按优质、优良、发展、限制等分级认定，在供地时综合考虑民办学校的评价。六是可以推进规划引导下的"项目引资"工作，在落实制度保障，明确项目学校类别、规划条件等基础上，通过公开招标、项目比选、协议引资等多种方式，遴选确定合适的举办者。七是探索通过土地、校舍等要素低租金或者零租金等方式，交由品牌学校通过品牌化管理输出等方式按民营机制办学，建设优质民办学校。

六、投融资政策

建设教育强国，办好公平优质教育，完全依赖政府投入是不可能的，利用市场机制和社会力量把教育办大做强是必然趋势。民办学校是由社会力量利用非国家财政性经费举办的，因此经费短缺问题长期困扰其持续健康发展。民办教育新法新政要求建立健全教育投融资机制，多渠道吸引和扩大民办学校办学资金来源、鼓励金融机构为民办学校提供多样化的金融服务、鼓励营利性民办学校建立股权激励机制。总体看，两类民办学校都将获得更多的政策红利。

（一）政策变化

《民办教育促进法实施条例（修订草案）（送审稿）》规定，民办学校及其举办者可以依法募集资金举办营利性民办学校，但不得向学生、学生家长收取或者变相收取与入学关联的赞助费，即不允许向在读学生及其家长募集资金。此外，民办教育新法新政鼓励、支持保险机构设立适合民办学校的保险产品，探索建立行业互助保险等机制，为民办学校重大事故处理、终止善后、教职工权益保障等事项提供风险保障，即金融机构可以在风险可控前提下开发适合民办学校特点的金融产品，而民办学校可以以未来经营收入、知识产权等进行融资，非营利性民办学校还可以利用自身资产或者向学校提供的服务等合法权益，通过建立基金会进行融资。

《鼓励社会力量兴办教育若干意见》也明确规定，鼓励金融机构在风险可控前提下开发适合民办学校特点的金融产品，探索办理民办学校未来经营收入、知识产权质押贷款业务，提供银行贷款、信托、融资租赁等多样化的金融服务。

（二）调整思路

民办教育新法新政期望通过政策引导，解决长期困扰民办教育的"钱袋子"难题，为民办学校的发展提供更为宽松的投融资环境。一是创新教育投融资机制，拓宽办学筹资渠道，扩大办学资金来源，鼓励和吸引社会资金进入教育领域举办学校或者投入项目建设。二是探索多元主体合作办学，调动多种社会力量积极性，推广政府和社会资本合作（PPP）模式，鼓励社会资本参与教育基础设施建设和运营管理、提供专业化服务。三是尊重多种形式的产权要素，积极鼓励公办学校与民办学校相互购买管理服务、教学资源、科研成果。探索举办混合所有制职业院校，允许以资本、知识、技术、管理等要素参与办学并享有相应权利。四是探索营利性民办学校合法经营方式，教育越来越受到资本的青睐，营利性民办教育机构上市问题需要引起高度重视。五是遏制教育过度逐利行为，减少逐利资本对教育公益性的冲击，尤其是义务教育阶段和学前教育阶段。目前义务教育阶段的民办学校不能选择成为营利性民办学校。在学前教育阶段，《中共中央　国务院关于学前教育深化改革规范发展的若干意见》[①]指出社会资本不能通过兼并收购、受托经营、加盟连锁、利用可变利益实体、协议控制等方式控制国有资产或集体资产举办的幼儿园、非营利性幼儿园；民办幼儿园一律不准单独或作为一部分资产打包上市，且上市公司不得通过股票市场融资投资营利性幼儿园，不得通过发行股份或支付现金等方式购买营利性幼儿园资产。

七、队伍建设

民办教育新法新政颁布实施以来，民办学校教师队伍建设面临新机遇。《民办教育促进法实施条例（修订草案）（送审稿）》为提高民办学校教师的身份地位，把保障教师权益、督查和引导民办学校重视师资队伍建设作为重要内容，专设一章予以明确规定，完善待遇提升保障机制，畅通专业发展通道，让民办学校的专任教师获得同样的职业认同感、岗位幸福感、育人责任感、事业成就感、社会荣誉感，消除公办、民办学校教师职业差别的改革目标得到法律认可，政府支

[①]《中共中央　国务院关于学前教育深化改革规范发展的若干意见》，新华网，2018年。

持民办教育改革发展责任和义务更加于法有据。

（一）政策变化

《民办教育促进法实施条例（修订草案）（送审稿）》鼓励民办学校创新教师聘任方式，依法签订合同，明确双方的权利和义务等，如岗位职责要求、师德和业务考核办法、福利待遇、培训和继续教育、权利保障等事项，要求学校建立教师培训制度，依法保障教职工待遇，鼓励民办学校为教职工建立职业年金等补充养老保险制度，可从学费收入中提取一定比例建立专项资金或者基金，用于教职工职业激励或者增加待遇保障。此外，要求教育部门建立民办幼儿园、中小学专任教师聘任合同备案制度，建立统一档案，在培训、考核、专业技术职务评聘、表彰奖励、权利保护等方面，统筹规划、统一管理。

《鼓励社会力量兴办教育若干意见》也明确要求完善学校、个人、政府合理分担的民办学校教职工社会保障机制，探索建立民办学校教师人事代理制度和交流制度，促进教师合理流动；强调民办学校教师在资格认定、职务评聘、培养培训、评优表彰等方面与公办学校教师享有同等权利；非营利性民办学校教师享受当地公办学校同等的人才引进政策。同时，要求各级政府和民办学校把教师队伍建设作为提高教育教学质量的重要任务，将民办学校教师队伍建设纳入教师队伍建设整体规划。

（二）调整思路

民办教育新法新政在营利性和非营利性分类管理的框架下，从民办学校教师队伍的特点出发，重申了薪酬待遇、社会保障、专业发展、职称聘任等一体化的保障体系，贯穿教师职前、职中和职后发展全过程，涉及举办者、个人、政府和社会等多个利益相关群体，有助于系统性推进民办学校教师队伍建设。一是重申了民办学校教师依法享有福利待遇、社会保障、业务培训、职务聘任、教龄和工龄计算、表彰奖励、科研立项等方面的权利，明确了民办学校教师权利保障的具体内容。二是完善了举办者、个人、政府合理分担民办学校教师社会保障的责任分工机制。明确民办学校（举办者）的主要责任是保障教师待遇，为教职工缴纳社会保险费和住房公积金，并要求从学费收入中提取一定比例的经费用于教师待遇保障。三是明确了政府责任，要求县级以上地方政府将分担非营利性民办学校教职工社会保障的资金纳入预算，依法采取财政补贴、基金奖励、费用优惠等方式，支持、奖励民办学校为教职工建立职业年金制度，采取政府补贴等方式鼓励、支持民办学校保障教师待遇。该规定为政府支持民办学校教师队伍建设提供了明确法律依据。

八、内部治理

2016年以来的民办教育新法新政构建了分类管理框架，从法律上破解了困扰民办教育发展的学校法人属性不清、财产归属不明、支持措施难以落实等"瓶颈"问题，也为民办学校完善内部治理结构奠定了法治基础。

（一）政策变化

对民办学校内部治理方面的相关要求主要体现在新《民办教育促进法》《鼓励社会力量兴办教育若干意见》《民办教育促进法实施条例（修订草案）（送审稿）》中。具体如下：

新《民办教育促进法》明确规定举办者根据学校章程规定的权限和程序参与学校办学和管理，要健全民办学校治理机制，规定民办学校应当设立理事会、董事会或者其他形式的决策机构并建立相应的监督机制；学校理事会或者董事会由举办者或者其代表、校长、教职工代表等人员组成，其中1/3以上的理事或者董事应当具有5年以上教育教学经验；教育行政部门及有关部门依法对民办学校实行督导，建立民办学校信息公示和信用档案制度，促进提高办学质量；组织或者委托社会中介组织评估办学水平和教育质量，并将评估结果向社会公布。

《鼓励社会力量兴办教育若干意见》对完善学校法人治理提出了具体的要求。一是民办学校要依法制定章程，按照章程管理学校。二是健全董事会（理事会）和监事（会）制度，明确董事会（理事会）和监事（会）成员组成要求，董事会（理事会）应当优化人员构成，由举办者或者其代表、校长、党组织负责人、教职工代表等共同组成；监事会中应当有党组织领导班子成员；探索实行独立董事（理事）、监事制度；董事会（理事会）和监事（会）成员依据学校章程规定的权限和程序共同参与学校的办学和管理。三是强调健全党组织参与决策制度，积极推进"双向进入、交叉任职"，学校党组织领导班子成员通过法定程序进入学校决策机构和行政管理机构，党员校长、副校长等行政机构成员可按照党的有关规定进入党组织领导班子。四是完善校长选聘机制，依法保障校长行使管理权；民办学校校长应熟悉教育及相关法律法规，具有5年以上教育管理经验和良好的办学业绩，个人信用状况良好；学校关键管理岗位实行亲属回避制度。五是要求完善教职工代表大会和学生代表大会制度。

《民办教育促进法实施条例（修订草案）（送审稿）》进一步明确民办学校内部治理规范。一是要求民办学校应当加强党的领导，坚持社会主义办学方向，发挥党组织的政治核心作用，参与学校重大决策并实施监督；明确党组织负责人参与学校决策机构,党的基层组织代表进入监事会,并要求学校章程中规定学校党组织负责人进入学校决策机构和监督机构的程序,将加强党的领导的要求落细落实。二是要求着力完善民办学校内部治理结构,明确民办学校决策机构负责人、法定代表人的条件;规定决策机构的人员组成,增强决策机构组成人员的多元性、开放性、公共性;对民办学校监事机构的设立提出明确要求。三是同时要求加强教学与课程管理,明确民办学校及教育培训机构开设课程、使用教材的要求;完善招生规则,明确民办学校应与公办学校同期招生等。

(二) 调整思路

完善民办学校内部治理体系需要进一步加强党的领导,发挥党组织的政治核心作用;健全外部制度体系,保障民办学校办学自主权;完善法人治理结构,提高办学法治化水平;强化多方共同参与治理。

一是加强民办学校党建工作,充分发挥民办学校党组织政治核心作用。加大民办学校党组织组建力度,实现党组织和党的工作全面覆盖;把党组织书记队伍建设作为抓好民办学校党建工作的重中之重,加强选拔培养、教育培训和管理监督,努力提高党员干部整体素质和履职能力;坚持党的领导与依法治校有机统一,推动民办学校把党组织建设有关内容纳入学校章程,明确党组织在学校法人治理结构中的地位,保证党组织在重大事项决策、监督、执行各环节有效发挥作用。

二是健全外部制度体系,建立民办学校、政府、市场、社会"四位一体"的良性互动关系,保障民办学校办学自主权。科学界定政府与学校的权力边界,落实权力清单制度,明晰政府在学校内部治理过程中的职责,改变直接管理学校的单一方式,减少不必要的行政干预,转向宏观管理,细化相关规定,增强可操作性。在保证学校办学自主权的同时,明确相关主体应该承担的义务及法律责任。健全外部监督机制,建立"政府主导、部门配合、社会参与"的监督机制。引入和遵循市场化机制,更加注重办学效率和经济效益,力求在保证教育教学质量的前提下,降低成本、减少浪费、提高效率,实现教育资源的最优化组合,用最经济的消耗获得最佳的教育效果。[①] 强化社会参与,优化社会参与环境,强化社区参与学校管理,学校与社区单位挂钩,与社区进行全方位的互动;社区中知名人士、家长代表联合组成教育委员会,提供教育咨询;由家长选举成立家长工作委员会,直接参与学校管理。

---

① 杨炜长:《完善民办高校法人治理结构的现实思考》,载于《高等教育研究》2005年第8期,第51~56页。

三是完善法人治理结构,提高办学法治化水平。进一步促进学校端正办学指导思想、健全内部管理体制、规范办学行为,引导和监督学校遵守法律法规,督促决策机构和校长依法治教、规范管理,确保民办学校在遵循教育规律、依法规范办学、认真履行办学责任的前提下,实现又好又快的发展。

四是建立健全多方共治机制。完善信息公开披露制度,按时向学生、家长和社会公示学校办学、收支等情况,接受社会的监督。推进教(职)代会参与校园管理决策,利用网络化参与机制允许学生、家长、校友、社会公众参与指导学校事务,构建扁平化、多中心共同参与的互动体系,保障所有相关主体充分表达自身利益诉求。建立相关群体权利救济制度,如申诉制度、复议制度、听证制度和信访制度等,全方位保障利益相关者的权益。建立问责机制,由学校内外部利益相关者组成的问责小组评议、监督、考察学校办学行为,学校主动应对和接受利益相关群体的问责。

九、分类监管

为促进民办教育规范、健康发展,即保障受教育者、教职工和学校的合法权益,民办教育新法新政同步构建了营利性和非营利性分类监管体系,目前出台了《监督管理实施细则》,正在研究出台《非营利性民办高校财务监督管理办法》①。在此基础上,各地政府正在探索通过多种方式规范民办学校办学行为、防范办学风险。例如,加强民办学校党的工作,充分发挥政治核心和监督保障作用;健全完善民办学校行政审批与备案等事前审批及相关的信息公开工作;健全完善民办学校事中监督检查工作,加强办学督导与各类检查、促进第三方机构发展,做好民办学校多方监督与多方评价等工作;健全完善民办学校办学行为的事后处理与处罚工作,通过信息公开、表彰奖励、行政处罚等方式,促进民办学校规范办学;健全完善民办学校各类保险制度和协作机制,建立健全民办学校及其师生的救济渠道。

(一)营利性民办学校监管政策

在学校设立程序和条件上,严格进入教育领域的条件要求。"监督管理实施细则"要求设立营利性民办学校需要参照同级同类学校设置标准,且要求学校在筹设期内不得招生。此外,举办营利性民办学校的社会组织和个人,应当具备若干条件,例如,中华人民共和国法人资格和国籍、信用状况良好、无犯罪记录、

---

① 《非营利性民办高校财务监督管理办法》,教育部门户网,2017年。

有政治权利和完全民事行为能力等。

在教育教学方面，注重立德树人主业。要求营利性民办学校应当以培养人才为中心，遵循教育规律，注重教育教学质量，同时要抓好思想政治教育和德育工作。实施学历教育的营利性民办学校应当按照国家规定设置专业、开设课程、选用教材，招生简章和广告应当报审批机关备案。同时，学校应当按照法律法规和有关规定与教职工签订劳动合同，应当加强教师师德建设和业务培训，依法保障教职工工资、福利待遇和其他合法权益。

在财务资产方面，提高监管能力和水平。一是要求独立设置财务管理机构，统一学校财务核算，不得账外核算。建立健全财务内部控制制度，按实际发生数列支，不得虚列虚报。二是学校收入全部纳入学校财务专户，由学校财务部门统一核算、统一管理，保障学校的教育教学、学生资助、教职工待遇以及学校的建设和发展。三是强调学校的法人财产权，存续期间，学校所有资产由学校依法管理和使用，任何组织和个人不得侵占、挪用、抽逃。四是建立健全学校风险防范、安全管理制度和应急预警处理机制，保障学校师生权益、生命财产安全，维护学校安全稳定。

在监督与处罚方面，明确管理职责和部门分工。要求教育、人力资源和社会保障部门依据管理权限，对营利性民办学校实施年度检查制度，市场监管部门对学校实施年度报告公示制度。如教育部门应加强对办学行为和教育教学质量的监督管理，依法依规开展督导和检查，组织或者委托社会组织定期进行办学水平和教育教学质量评估，并向社会公布评估结果。此外，营利性民办学校违反相关法律法规，应由相关行政部门依法责令限期改正、警告、责令停止招生、吊销办学许可证等处罚，构成犯罪的，依法追究刑事责任。

（二）非营利性民办学校监管政策

民办教育新法新政给予了非营利性民办学校更大更多的"政策红利"。可以预见，大多数民办学校将在政策引导下选择登记成为非营利性民办学校。尽管教育行政部门还没有正式出台非营利性民办学校监管政策，但调研发现，不少举办者反映，应像教育部等3部委印发的《监督管理实施细则》一样，同步建立健全非营利性民办学校监督管理机制，防范可能出现的潜在风险，提高扶持政策的正向效应和财政资金使用效益，确保民办教育分类管理的效率和公平。

1. 建立跨部门监管体系，加强专业队伍建设

多个省级教育行政部门管理者反映，选择登记成非营利性民办学校之前，个别举办者看到监管主体不明、队伍力量薄弱的现状，会在利益驱动下"钻空子"，通过弄虚作假、恶意负债的方式，恶意转移学校资产，把学校变成"空壳子"，然后再让政府接盘。调研中,已发现类似案例,例如,有举办者恶意串通他人,伪造借款凭据,通过诉讼败诉的方式,向假债权人转移资金,从而逃避真实债务。另有,由于新修订的《民办教育促进法》中"不得设立实施义务教育的营利性民办学校"的规定,部分管理者担心,一些涵盖不同学段的民办学校(教育集团)也可能在学校未来拆分时,故意抽干义务教育阶段的学校资产,把包袱甩给政府。

针对上述可能出现的风险,未来政策需要:一是加强民办教育监管机制建设,考虑在国家"民办教育工作部际联席会议制度"基础上,要求各省级政府对接建立相应机制,明确监管主体责任、运行机制,制定合理分权、规范用权的具体措施,从源头上避免"九龙治水"。二是加强管理服务力量,目前省级教育行政部门民办教育管理处室中多为2~3人的配备,有的省(区、市)没有单独处室编制,管理服务力量较弱,建议各地各级教育行政部门单独设置"民办教育管理处室",配强专业人员队伍,让好的政策落到实处。

2. 规范财政资金申报审批程序,确保政策资金真正用于非营利性办学

有管理者提出,在非营利性民办学校申请获得财政资金扶持时,一方面,需要防范那些无教师队伍、无办学设施的"皮包学校"骗取专项资金。另一方面,也要防范部分非营利性学校在申请到财政资金后暗箱操作、变相处置,非法挪用扶持资金,以非营利性之名行营利之举的行为,如个别举办者通过代理人向自己的亲属发放"超高额"工资、向所属企业支付"超高额"项目咨询费等关联交易,变相套取财政扶持资金。此外,如果监管力度过大,部分民办学校担心经费使用权限受限,不愿意申请财政资金或申请后干脆让财政资金长期"趴在账上",这些与政策目标相悖的现象也需要重视并防范。

充分释放非营利性民办学校扶持政策的效应,一是需要规范民办学校申请财政资金的基本条件、主要环节、所需材料、办理规程,结合自主申报、联合评审、现场考查、不定期督查等方式,有效约束自由裁量权,防止权力寻租和非法钻营。二是建立信息管理系统,完善档案管理制度,对民办学校申请资金用途、办学状况、从业人员、教育教学等实行全过程跟踪监管。三是建立财政资金、学费专用账户监管制度,保障专项资金专款专用,收取的学杂费主要用于教育教学活动。同时,加强定期检查督导,盘活沉睡的财政资金。四是探索建立民办学校风险保证金专户制度,将是否设立风险保证金作为财政资金申请的条件和依据。保证金及相应收益归学校所有,施行专户管理、先行赔付制度。

3. 加强事中事后监管,规范非营利性办学行为

在原有法律框架下,尽管民办学校一直从事公益性办学,但其营利性行为也客观存在,这种趋利追求在一定程度上体现出了民办学校体制机制特色,但内部治理体系不健全，规章制度形同虚设，也影响了民办教育质量的提升。更有甚者，部分举办者有权任性，不尊重教育教学规律，对学校实行企业式的"家族管理"，把董事会变成董事长的"一言堂"，决策主观随意，过度控制学校。调研中还发现，新法颁布以后，部分举办者由于担心失去学校的管理权，加快了安排子女接班的步伐。

建立分类监管体系，需要同步建立非营利性民办学校监管机制。一是要加快现代学校制度建设，完善学校法人治理结构，严格落实法人财产权，健全学校财务会计制度、内部控制制度、审计监督制度，并将其作为获得财政资金扶持的前提条件。二是尊重民办学校的发展历史和特色，明确民办学校党组织及相关工作的目标任务，党组织依法依规参与决策，支持学校决策机构和校长依法行使职权，并督促其依法治教、规范管理。通过修改学校章程，明确举办者参与学校治理的方式和手段。三是构建以信息互联共享为基础，以信息公示为手段，以信用监管为核心的过程监管制度。建立各省（自治区、直辖市）统一的民办教育信用信息共享交换平台和信用信息公示系统。

第三节　国家分类管理政策特征评析

民办教育分类管理改革是坚持中国特色教育发展道路的实践探索。这条道路，既不是对旧中国传统私学的简单恢复，也不是对外国私立教育模式的盲目借鉴，而是立足不同阶段的国情教情，尊重各地发展差异实情，保护社会力量办学热情所形成的独特理论与实践探索。

一、市场机制和政府管理相结合

推进民办教育分类改革发展，既离不开政府在教育服务供给中的主导地位，也离不开社会力量的积极参与。调动社会力量参与办学积极性，需要进一步发挥市场机制在民办教育资源配置中的重要作用。近年来，政府在增强社会投资信心、健全民办学校融资机制、创新办学模式等方面逐渐受到重视并积极利用市场机制的作用，如民办学校收费制度的市场化改革。在中共十八大以后，一方面积极鼓励新增教育服务和产品由社会力量提供，鼓励社会力量参与境外办学；另一方面积极扩大教育对外开放，分领域逐步减少、放宽、放开对外资的限制。当前，民办学校分类收费政策正在推进，引导非营利性民办学校收费，通过市场化改革试点，逐步实行市场调节价，而营利性民办学校收费可以实行市场调节价。

民办教育的规模体量较大，如果在办学方向和办学行为方面出现问题，将对我国教育事业及经济社会发展产生重大影响。因此，民办教育改革在发挥市场机制作用的同时，也需要政府管理这只"有形的手"进行监督管理。从改革实践看，我国民办教育发展也始终是在政府主导下进行的，"鼓励支持"和"规范管理"是民办教育管理的主线，在法规政策更加倾向于"鼓励支持"的时期，民办教育的地位和作用也会备受重视，发展规模和速度也会明显增加；在法规政策更加倾向于"规范管理"的时期，政府对民办学校办学行为的监督管理会更加严格，发展规模和速度也会受到影响。

总的来看，民办教育改革发展需要稳定社会力量对教育未来发展前景的积极预期，最大限度减少政府对教育资源的直接配置，通过实现产权有效激励、要素自由流动、学费反应灵活、竞争公平有序、学校优胜劣汰，让各类办学主体有更强活力和更大空间去发展教育，推动教育资源配置依据教育规律、行业规则、市场价格、公平竞争实现效益最大化和效率最优化。对于非营利性学校应由政府发挥宏观调控作用，保障教育供给的公平公正，对于营利性民办学校等适宜由市场配置的教育资源，要让市场机制有效发挥作用，提高教育配置效率和效益。

二、法律法规和配套政策相结合

目前，民办教育领域已经建立了一整套的法律法规和制度体系。改革初期，民办教育一直遵循"边改革、边发展、边规范"的治理模式，不少改革举措是以红头文件的形式部署落实，没有上升到法律层面，预期效果不理想。但是，随着改革不断向纵深推进，民办学校依法自主办学和体制机制创新，迫切需要更大范围内法律法规的统筹性，不仅包括教育战线上中央和地方性法规，而且涉及教育外部法律法规，需要集聚教育系统内外的合力，发挥各层次配套政策体系的外溢效应和综合效应。

2012~2016年，《教育法》《高等教育法》《民办教育促进法》等"教育一揽子修法"为新一轮民办教育改革奠定了法律基础。2016年以来，新修订的《民办教育促进法》《民办教育促进法实施条例（修订草案）（送审稿）》将分类管理、差异化扶持落实到法律条文，民办教育改革目标得到法律认可，国务院《鼓励社会力量兴办教育若干意见》及相关部委的规章制度为民办教育新法新政的落地提供了行动准则，政府支持民办教育改革发展的责任和义务更加于法有据，配套政策不与现行生效的相关法律相抵触，法律法规与制度政策保持一致。

三、依法治教和改革创新相结合

依法治教是我国民办教育法制建设的指导方针，也是推动民办教育健康发展的重要保障；改革创新是激发民办教育体制优势的强大动力，改革创新中出现的一些新情况和新问题，需要更多地运用法律手段予以调整、规范和解决。近年来，民办教育充分发挥体制机制的优势，不断推进法制建设，创新民办教育发展模式与治理机制，探索建立具有中国特色的民办教育发展道路。

改革创新是培育和释放民办教育主体活力、推动民办教育健康发展的强大动力。一方面，政府不断从加强领导、创新体制机制、完善扶持力度、加快现代学校制度建设、提高教育教学质量等方面创新民办教育管理方式，同时鼓励各地政府结合本地实际制定民办教育相关法规政策；另一方面，鼓励民办学校举办者与管理者不断更新教育理念，创新办学形式，激发了民办教育的活力和竞争力。有些民办学校举办者提出的"企业的行销理念与行为""校无大小、教无高下、学无长幼、育无国界"等新办学理念与思想，有效扩大了民办学校的招生与就业市场，使得学校在公、民办学校竞争以及民办学校之间的竞争中占据优势位置。还有些民办学校结合经济社会发展趋势，不断探索、更新学校办学定位，充分把握发展时机。

四、先行先试和系统推进相结合

我国民办教育分类管理改革始终坚持重点突破和整体推进相结合。按照《教育规划纲要》的部署，经国务院批准，在上海市、浙江省、广东省深圳市、吉林华桥外国语学院，启动实施了营利性和非营利性民办学校分类指导、分类支持、分类管理的国家教育体制改革试点。这些试点在探索中创新、在创新中推进，积累了分类发展的实践基础。到2016年启动新一轮民办教育改革时，分类改革可能存在的困难、问题和风险都有了比较扎实的"试水"和把握。

从改革推进方式看，民办教育改革同样注重统筹协调、系统推进。民办教育领域的许多政策，涉及多个部门的职责。长期以来，各部门因着眼点、站位不同，政策依据不一，但多头管理、条块分割的传统体制，在具体问题上，各地各部门仍存有分歧，许多对民办教育的支持政策执行和落地效果不够明显。新一轮民办教育改革在方向和原则上形成了共识，但在具体操作和细节问题上，仍存有分歧。因此，民办教育分类管理改革跳出教育领域之外，更加注重部门之间的协同配合及政策配套，尽可能寻找部门之间的最大"公约数"，增强民办教育"获得感"。目前，分类管理改革的主体正在由教育行政部门的一元推动向强化部门协调转变，注重加强民办教育制度建设、标准制定、政策实施等领域的统筹协调工作，在国务院及各省级政府层面上建立了由教育部牵头，其他各部门参加的民办教育联席会议制度。2017年8月，为统筹协调推进民办教育改革发展工作，凝聚国务院各部门改革合力，加强部门之间的协调配合，共同破解民办教育发展中的重点难点问题，国务院在工作推进层面上建立了由教育部牵头的"民办教育工作部际联席会议制度"。2018年6月，民办教育工作部际联席会议围绕分类管理、内涵发展的主线，印发了《民办教育工作部际联席会议2018年工作要点》①，要求加快构建配套制度体系，积极健全扶持和监管机制，推动分类管理改革平稳有序推进，促进民办教育持续健康发展。

五、中央统筹和地方探索相结合

与已往改革逻辑不同，民办教育分类管理改革顺应简政放权新要求，将民办学校的分类登记、收费办法、财税扶持、用地优惠、队伍建设等自主权都留给了地方政府，赋予省级地方政府，并为其预留更大政策探索空间。

从中央层面看，这将有力激活各地区推进民办教育改革发展的积极性和主动性，形成上下联动、顶层设计与基层创新相结合的改革方式，探索适合本地发展实情的民办教育分类发展道路。②

从地方层面看，受改革涉及面广、牵扯部门多、操作性办法少等影响，部分省份反映，对改革思路和具体举措有迷惑、困惑之处，有些地区持观望、等待态度，存在"情况看不透，思路理不清，办法找不准"的问题；有些民办学校和举办者找不到期待的答案，对民办教育新法新政仍不理解，有焦灼、悲观的态度；还有些部门、举办者对民办教育新法新政的具体表述存在误解。为有效推进民办教育改革发展，消除放权和用权的暂时性"恐慌"，激发各级政府的担当精神和实干本领，迫切需要对新修订的法律条文作出具体细化和操作性要求。因此，修订《民办教育促进法实施条例》具有"定分止争"和"示范带头"作用，有助于打通分类管理改革落地的最后一公里。③

---

① 《民办教育工作部际联席会议2018年工作要点》，中国政府网，2018年。
②③ 景安磊、周海涛：《民办学校教师队伍建设改革的法规保障》，载于《教育与经济》2018年第3期，第20~37页。

第四节 国家分类管理政策动向研判

当前，我国民办教育制度顶层设计基本成型，分类管理改革导向得到法律确认。调研发现，民办教育分类管理政策进一步拓宽了民间资本进入教育领域的渠道，对促进社会办学释放了政策利好，获得了广泛认可。从目前我国民办教育分类管理改革实践来看，改革在政策落地、部门协调、优化服务、规范管理等方面仍存在一些"难点""堵点""痛点"。未来的民办教育分类改革实践，将进一步贯彻落实好相关法律法规及配套政策，针对实践中出现的新情况新问题，坚持目标、问题导向，统筹兼顾、早做准备，尽量把基础工作做在前头，把政策措施细化实化，持续发力，打好"组合拳"，同步破除改革阻碍和发展"瓶颈"，走好政策落地的最后一公里。

一、加强党的建设工作，保障正确办学方向

调研发现，面对党的十九大报告强调坚持党对一切工作的领导的总要求，民办学校党建工作仍然面临一些新情况、新问题、新挑战，有些民办学校在具体办学过程中存在方向偏差，尤其是一些基础教育阶段的民办学校党组织设置不全、覆盖率比较低，基层党建工作薄弱；有的学校党组织和内部机构不融合，党的领导弱化，党委书记可以"派进去"但"管不住"；还有些民办高校党委书记抓党建"底气不足"，党组织保证监督作用发挥不到位；有些学校办学定位不清、办学方向迷失、办学思想滞后封闭，对思想政治工作重视不够，培养目标脱离发展需求。

民办学校应同步加强党建工作，坚定正确办学方向。一是加强党对民办学校的领导。牢牢掌握党对学校的领导权，充分发挥党委对教育的领导核心作用，把党的领导、党的建设贯穿始终，坚守教育公益属性和立德树人根本任务。二是改进党的领导方式，完善党的领导体制。选优配强民办学校党组织书记，并作为民办学校党建工作的重中之重。全面推行民办高校党组织书记选派制度，确保党建和思想政治工作全覆盖。三是发挥民办学校党的基层组织的政治核心作用。推动党建工作要求写入学校章程，理顺学校党组织、理事会（董事会）和校长间的关系，学校党组织负责人要进入学校决策机构、监督机构，依法参与学校重大决策并实施监督。

二、完善法规政策体系，正向引导发展预期

民办教育新法新政赋予了省级政府很大的政策探索空间，把民办学校的分类登记、收费办法、财税扶持、用地优惠等自主权都留给了地方政府，但缺少比较明确的、相对统一的指导意见。部分省份反映，对民办教育分类管理改革有迷惑，持观望、等待态度，存在"情况看不透，思路理不清，办法找不准"的现象；一些民办学校和举办者在政策文件中找不到期待的答案，对于政策仍不理解，有焦灼，也有悲观；有些政府部门、举办者对民办教育新法新政的表述有误解，将"不得设立实施义务教育的营利性民办学校"误解为"义务教育不能由民办学校提供""义务教育阶段的民办学校不能收学费或不能收较高学费"，再加上一些所谓的法律专家片面夸大、过度解读民办教育新法新政的负面效应，引起举办者群体恐慌。

困惑不能回避、矛盾必须面对，上述问题需要在落实执行中解决。一是细化完善配套政策体系。在依法治教框架下，对应新修订的《民办教育促进法》及《民办教育促进法实施条例（修订草案）（送审稿）》，以分类登记、分类支持、分类监管为重点突破领域，注重加强民办教育制度建设、标准制定、政策实施等领域的统筹协调，推动整体配套政策完善，清晰传递政府强化支持民办教育健康发展的政策信号。二是重视政策宣传解读，凝聚改革共识和合力。组织各地遴选相关管理人员、知名教育从业者、专家学者，开展权威、准确、充分的政策解读与舆论宣传工作，维护民办教育行业秩序，防范群体性的违法违规事件发生，为政策落地营造良好氛围。三是积极引导民办教育发展预期。积极推进差异化扶持政策落地，尊重举办者合理诉求，明确举办者奖励和补偿标准及比例，用真正的政策红利打动举办者、引导其作出正确选择。

三、明确部门主体责任，强化政策督导落地

2016年以来，中央及各地出台支持民办教育发展的法规政策措施很多，但具体政策尤其是一些扶持优惠政策没有落地，且各省份改革进度不同、力度不一，民办学校没有得到实实在在的优惠；有些部门和地方对党和国家鼓励、支持、引导民办教育发展的大政方针认识不到位，工作中存在不应该有的政策偏差；有些政策制定过程中前期调研不够，没有充分听取民办学校意见，对政策实际影响考虑不周，没有给学校留出必要的适应调整期；有些政策相互不协调，政策效应同向叠加，或者是工作方式简单，导致一些初衷是好的政策产生了相反的

作用。例如，如果选择成为营利性民办学校，在依法财务清算、明确财产权属、缴纳相关税费后，市场竞争和风险太大、税费负担太重。

民办教育分类管理改革需要尽可能寻找部门之间的最大"公约数"，增强民办教育"获得感"。一是尽快完善和通过《民办教育促进法实施条例》，为分类管理提供明确的时间表和路线图。对接中央全面深化改革领导小组第三十四次会议通过的《对省级人民政府履行教育职责的评价办法》[1]，探索建立民办教育政策评估机制，密切跟踪、动态监测政策落实和改革效果。二是将改革的主体由教育部门的一元推动向强化部门协调转变。考虑在国家层面落实民办教育工作协调机制，各地也应建立相应的部门协调机制，重点就涉及民办教育改革发展的重大问题进行沟通，加大协调力度，确保税收、土地、金融等方面的支持政策能够真正落地。重点明晰现有民办学校选择分类的过渡政策，细化操作路径，稳定各方预期。三是解放思想、积极探索，因地制宜强化制度创新和实践创新。针对性地指导和督查各地各校政策落实，重视政策落地调研，及时总结推广成功做法和先进经验，为各地改革提供更加具体、可操作的指导，解决各地各校的困惑，避免省际改革方案差异过大。

四、推进教育简政放权，提高管理服务水平

面对教育领域简政放权的新形势，有些政府部门对民办教育的地位和作用认识不到位，仍存在"民办教育是权宜过渡、拾遗补缺，可多可少"的观念；有的地方政府和学校反映，当前束缚民办教育发展的体制机制障碍还没有根本破除，对民办学校的歧视行为仍然存在；有些地区教育部门对民办教育具体办学环节、教育教学行为、具体审批事项等方面的直接管理过多、直接干预过多。

推进民办教育分类管理，需要进一步给学校松绑减负，激发两类民办学校的办学主体活力。一是转变政府职能和服务理念。树立有限、责任、法治、服务政府的观念，由过去以审批为主向以监管和服务为主转变。用减权、限权激发学校办学活力，增强教育发展内生动力。二是减少政府对教育资源的直接配置。尊重行业市场作用和学校主体地位，对于营利性民办学校等适宜由市场配置的教育资源，要让市场机制有效发挥作用，整合各类教育资源交易平台，建立教育资源目录清单，完善教育市场交易机制，提高教育配置效率和效益。三是优化政务服务，完善服务流程。创新民办教育工作领域的服务方式，深入推进"互联网+政务服务"，建立民办教育管理信息系统，逐步实现日常管理事项网上并联办理，

---

[1] 《对省级人民政府履行教育职责的评价办法》，中国政府网，2017年。

及时主动公开行政审批事项，提高服务效率，接受社会监督。

五、引导社会资本进入，促进教育持续发展

调研发现，在分类管理政策的衔接过渡期，社会资本多在观望等待，进入教育的积极性不高，担心政策稳定性不够，尤其是规定义务教育阶段的民办学校不得设立为营利性民办学校，导致以义务教育阶段为主体的民办学校举办者反响强烈，原计划的后续投资也处于停滞观望状态；部分地区在民间资本进入教育的行业准入、审批管理上设置"玻璃门""弹簧门"，社会力量进入教育的"隐形门槛"、身份歧视仍然存在，民办教育发展空间受到压抑，例如，国家规定的学校占地面积及建筑面积设置标准过于刚性，原则上又不允许通过租借土地和校舍办学解决达标问题，不少投资者难以获用地指标或怯于高额贷款征地，不得不放弃投资机会。多数学校存在办学经费融资困境，部分企业深受"不让投""不能投""不愿投"困扰，教育领域一些政府和社会资本合作项目的门槛设置过高、审批时限太长，融资难、融资贵等现象普遍。

推进民办分类管理，不能影响社会资本进入教育领域的积极性。面对利用社会资本把教育办好做大的新期盼，需要引导社会力量积极参与。一是加快研究出台配套的引导政策和操作办法。制定社会力量（包括外资）进入教育的具体方案，明确工作目标和评估办法，放宽对民办教育办学层次和办学硬件的不合理限制。二是搭建教育产业融资、担保、信息综合服务平台。鼓励金融机构拓宽教育服务领域，依法依规审慎授信管理，设计符合国家政策与战略的教育类金融服务产品。研究出台教育专项债券发行指引，支持社会力量联合学校设立教育基金。三是积极探索发展股份制、混合所有制学校。研究制定混合所有制学校的指导意见，允许各类主体以资本、知识、技术、管理等要素参与办学并享有相应权利。四是发挥省级政府统筹作用，一省一策、因地制宜，调整学校设置的校园占地面积标准，兼顾长期租赁、先租后让、租让结合方式供应土地，降低民办学校用地门槛。探索允许营利性民办学校以有偿取得的土地、设施等财产进行抵押融资。

六、回应合法权益诉求，消除分类改革阻力

我国民办教育有明显的"自持"特色，举办者及其代理人是民办学校实际控制者，在相当程度上影响着分类管理改革的稳步推进。从调研情况看，在政策引导下，现有大部分民办学校将会选择非营利性办学，也有相当数量的举办者对选择成为非营利性民办学校仍心存顾虑，主要担心财产权、办学管理权被削弱。在

财产权益方面，尽管新修订的《民办教育促进法》规定，现有民办学校登记为非营利性的，在办学终止时，可以给予出资者相应的补偿或者奖励。但目前不少地方对如何确定补偿或奖励的标准和比例、什么时段兑现等问题，仍无定见，徘徊观望。

有序推进民办教育分类管理，需要最大限度地消除改革阻力，解除举办者的后顾之忧。一是充分重视举办者财产权益和管理权益诉求，明确释放保护举办者合法权益的政策信号，避免举办者产生"被剥夺感"。二是落实新法对于选择成为非营利性民办学校的举办者，在办学终止时给予补偿和奖励的规定。原则上，该类学校在终止办学时兑现补偿和奖励；将原有出资（原值）作为补偿的依据，适当考虑资产增值问题；将办学效益或办学结余作为奖励的依据，可以根据年检结果等综合评判。省级政府尽快明确补偿或奖励的具体标准和比例范围。三是保护非营利性民办学校举办者的管理权和决策权，尊重民办学校的发展历史、现状和特色，通过制定或修订学校章程，明确举办者参与学校治理的方式和手段，健全非营利性民办学校董事长的年龄、任期、退出，以及接班者的选择办法，探索董事长连任、允许符合条件的家族成员通过正常程序参与管理等。①

七、加强教师队伍建设，夯实学校发展实力

民办学校教师权益保障及队伍建设问题长期困扰民办教育健康发展。当前，民办学校教师社会地位较低，法律身份不平等，分类管理后民办学校承担更多教师队伍建设的压力；薪酬待遇保障不足，民办学校教师与公办学校教师"双轨制"社保体系区别较大，鲜有民办学校为教师缴纳职业年金（企业年金）、补充养老保险，大部分教师担心退休后的养老金领取过少；民办学校教师在职称职务评聘、表彰奖励、申请科研项目、交流培训等方面，存在渠道不畅或者明显歧视，民办学校校长及教师培训机会较少等。

面对"努力提高教师政治地位、社会地位、职业地位""让广大教师享有应有的社会声望"的新要求：一是提高民办学校教师的职业吸引力。明确非营利性民办学校法人属性，确保教师编制比例与本地同级同类公办学校大体平衡，按照公办学校教师标准参加社会保险，享受同等退休待遇。二是保障教师薪酬待遇。将分担非营利性民办学校教职工社会保障的资金纳入县级以上政府预算，依法采取财政补贴、基金奖励、费用优惠等方式，支持、奖励民办学校为教职工建立职

---

① 周海涛、景安磊、刘永林：《助力支持和规范民办教育发展》，载于《教育研究》2017年第12期，第38~41页。

业年金制度。① 三是健全"一体化"发展机制。将民办学校教师队伍建设纳入教师队伍建设整体规划，建立健全教育、宣传、考核、监督与奖惩相结合的师德建设长效机制，全面提升教师师德素养。

八、减轻教育税费负担，助力学校转型升级

面对现行教育税收政策法规改革的新进展，由于一些规定过于原则化以及法规内部不衔接，民办教育有关税收优惠政策系统性不强；民办学校事实上还难以享受到与公办学校同等的税收优惠待遇，部分普适性的税收政策并未真正惠及民办学校，有些学校需要缴纳企业所得税，办学负担过重；针对一些营利性民办学校的税收政策，尽管民办教育新法新政规定民办学校享受优惠待遇，但未明确民办学校尤其是营利性民办学校享受哪些税种优惠、何种程度的优惠；调研发现，各地对民办学校在征收税费方面执行标准不统一，有些地方为完成征税指标，存在乱收费、乱收税的现象，各地民办学校税负不均问题普遍。公平促进公办、民办学校协调发展，需要切实落实民办学校税费减免政策。

一是落实税收优惠政策。国务院财政部门、税务主管部门会同国务院有关行政部门，抓紧清除登记为非营利性民办学校税收减免的制度性障碍，落实非营利性民办学校与公办学校的同等税收待遇。简化资格认定程序，明确营利性和非营利性民办学校减免税种，与教育部门管理系统打通管理，登记为非营利性的学校直接认定并适用公办学校的税收政策，落实免税政策。二是鼓励企业和个人资助教育。对企业和个人支持教育事业的公益性捐赠支出，允许在计算应纳税所得额或在个人所得税前予以扣除。三是落实对营利性民办学校的税收优惠。营利性民办学校适用国家鼓励发展的相关产业政策，享受相应的税收优惠。对营利性民办学校，切实完善税收优惠扶持政策，综合现行法律和相关政策作出对营利性民办学校免征或减按3%的征收率征收增值税，免征或减按15%税率征收企业所得税等税收优惠规定。四是切实降低制度性交易成本。清理废除地方自行制定的影响统一市场形成的限制性规定，制定准入负面清单，列出禁止和限制的办学行为，消除公办、民办教育之间的歧视性待遇。

---

① 景安磊、周海涛：《民办学校教师队伍建设改革的法规保障》，载于《教育与经济》2018年第3期，第20~37页。

九、健全同步监管机制，防范潜在办学风险

多个省级教育行政部门反映，个别举办者在选择登记为非营利性民办学校之前，可能会在利益驱动下通过弄虚作假转移学校资产，把学校变成"空壳子"，然后再让政府接盘。此外，一些涵盖不同学段的民办学校（教育集团）也可能在学校未来拆分时，故意抽干义务教育阶段的学校资产，把包袱甩给政府。有教育部门管理人员提出，要规范财政资金申报审批程序，防范个别学校通过"面子工程"骗取专项资金，同时也防范专项资金到账后的非法使用。

站在新时期民办教育发展高位，从守牢底线、规范办学的角度，应同步建立健全营利性和非营利性民办学校监督管理机制，防范可能出现的潜在风险，提高扶持政策的正向效应和财政资金使用效益，确保民办教育分类管理的效率和公平。一是要加强民办学校资产财务管理，严厉查处恶意套取、抽逃、转移资金和资产的事件。二是要规范民办学校申请财政资金的基本条件、主要环节、所需材料、办理规程，结合自主申报、联合评审、现场考察、不定期督查等方式，有效约束自由裁量权，防止权力寻租和非法钻营。三是要建立财政资金、学费专用账户监管制度，保障专项资金专款专用，收取的学杂费主要用于教育教学活动。[①]四是要完善档案管理制度，建立各省级统一的民办教育信用信息共享平台和信用公示系统。对民办学校申请资金用途、办学状况、从业人员、教育教学等实行全过程跟踪监管。并以信息公示为手段，将不良信用信息记入征信档案，通过构建双向告知机制、数据比对机制，把握监管风险点。

[①] 周海涛、景安磊、刘永林：《助力支持和规范民办教育发展》，载于《教育研究》2017年第12期，第38~41页。

第二章

地方民办教育分类管理的实践探索与基本趋向

2017年1月18日,《鼓励社会力量兴办教育若干意见》明确要求地方各级政府抓紧制定并出台符合地方实际的实施意见和配套措施,推进我国民办教育进入分类管理新时代。自此伊始,各地积极响应中央政府号召,陆续出台了当地的配套实施政策。截至2018年10月30日,全国共有24个省(自治区,直辖市)出台了实施意见。究竟各地如何回应中央分类管理政策?省际分类管理政策的总体样貌是什么?有何共性和个性?未来动向是什么?本章将以24个省份颁布的实施意见及配套性文件为分析对象,在总结地方政府分类管理政策的共性和差异化特征的基础上,深入剖析地方分类管理政策的未来动向。

第一节 地方分类管理改革最新进展观察

2016年11月7日第十二届全国人民代表大会审议通过的《民办教育促进法修法决定》之后,各地认真贯彻落实《民办教育促进法》及配套文件的总体要求,坚持支持和规范民办教育发展的主线,建立分类管理改革领导小组,注重专题研究,突出宣传引导,抓好贯彻落实,稳步推动分类管理改革。

一、成立专项领导小组，分解分类管理改革任务

修法决定之后，不少省份成立了民办教育或分类管理改革领导小组，统筹本地分类管理的政策调研、制定、出台及监督等工作，确保分类管理改革的平稳落地。

贵州省将省教育体制改革领导小组作为民办教育分类改革协调机构，定期研讨、解决分类管理改革推进中的难点问题，协同推进各项改革任务的落实，推动建立相应的工作机制。天津市建立了涉及当地多个部门的民办教育政策和管理专项工作联络员队伍，定期召开联络员工作会，还成立了市教委主任领导的工作班子，扩充《天津市人民政府关于鼓励社会力量兴办教育促进民办教育健康发展的实施意见》[1]（以下简称《天津民办教育实施意见》）和配套措施的工作队伍。福建省成立民办教育制度文件编制工作领导小组，分管民办教育的副厅长担任组长，相关职能处室（单位）主要负责人为成员，负责民办教育制度文件编制的领导、组织、协调和指导工作。重庆市成立了国家教育改革领导小组重点推进改革事项。吉林省委办公厅将制定《省委省政府关于鼓励社会力量兴办教育促进民办教育健康发展的实施意见》[2]（以下简称《吉林民办教育实施意见》）列入《吉林省2017年全面深化改革任务台账》，完成时限为2017年11月末，并列入省政府督办事项。陕西省将"实施民办教育'营利性、非营利性'分类改革"列入该省60项重点改革事项，省政府《政府工作报告》中把"支持民办教育健康发展"作为重点工作。省教育厅及时向各市、各校传达了民办教育新法新政策精神，研究制定了《贯彻落实新民促法及1+2配套文件的实施方案》，从加强领导、分级分类宣传、开展专题调研、研究起草文件、推进民办教育协会工作等方面确定了贯彻落实工作的主要任务、时间表和路线图。四川省成立领导小组，健全工作机制。迅速成立了由教育厅主要负责人任组长，分管厅领导任副组长，相关处室主要负责人为成员的领导小组，制订工作方案，明确教育厅相关处室工作重点和工作任务，强化分类管理的责任落实。黑龙江省成立了研制工作领导小组及办公室，组建了起草小组，制发了"研制工作方案"和"研制工作日程表"，印制了"参考资料选编"。

---

[1] 《天津市人民政府关于鼓励社会力量兴办教育促进民办教育健康发展的实施意见》，天津政务网，2017年。

[2] 《省委省政府关于鼓励社会力量兴办教育促进民办教育健康发展的实施意见》，人民网，2018年。

二、深入开展专题调研,广泛征求各方意见

多地开展了覆盖各级各类民办学校的专题调研活动,做好分类管理政策制定前期的摸底调查工作,不少省份重点开展了民办教育分类管理改革、民办学校党的建设、营利性民办学校监督管理等领域的课题研究。如将"支持和规范民办教育发展对策研究"推荐列为2017年重点调研课题选题,以重大攻关和专项课题的形式,委托有关高校和研究机构开展分类管理制度下民办教育发展研究等。

具体而言,黑龙江省开展了厅领导班子成员调研活动,下发了《关于开展全省民办教育发展情况调研工作的通知》,由厅领导带队到地市和学校基层深入调研,全面了解本省民办教育发展基本情况,各级各类民办学校选择意向,民办教育发展与改革面临的政策壁垒、主要问题及意见建议。针对调研梳理出的问题,组织相关专家坚持以问题为导向,以分类管理为切入点,深入分析问题成因,形成了解决问题的思路、方案和重大举措,为稳步推进民办教育分类管理改革、建立健全地方法规及政策体系奠定了工作基础。如对产权归属、扶持政策等难点问题、平等地位等重点问题进行专题研究,确定工作重点,制定相关措施。天津市根据民办教育新法新政精神,按照办学层次开展了高校、中小学、幼儿园和培训机构的实地调研与座谈,为修改本地分类管理政策做好充分准备。重庆市委教育工作委员会、市教委坚持问题导向、课题牵引,把搞好专题研究、澄清理论和法律政策问题作为推动民办教育分类管理的前提。组织开展《重庆市人民政府关于促进民办教育发展的意见》[①]贯彻落实情况专项调研,3次组织召开民办教育改革发展政策需求座谈会,形成40个区县分报告、3个专题报告、1个综合报告,研究起草了《重庆市人民政府关于进一步促进民办教育健康发展的实施意见》[②]送审稿,依托市教育科学研究院、市教育评估院和市民办教育协会,重点收集市内外民办教育改革发展动态,围绕5个类别17个课题展开研究,形成了一批研究成果,为推进全市民办教育分类管理改革奠定了理论基础。广西壮族自治区下发了《关于开展民办教育调研的通知》和《关于开展民办高校工作调研的通知》,研究制定推进民办教育分类管理的政策,促进民办学校平稳健康发展。

[①] 《重庆市人民政府关于促进民办教育发展的意见》,重庆市政府网,2018年。
[②] 《重庆市人民政府关于进一步促进民办教育健康发展的实施意见》,重庆市政府网,2018年。

三、扩大法律政策宣传,消除利益主体改革困惑

不少省份注重扩大分类管理改革的法律政策宣传,积极组织与筹办各级各类民办学校参加"民办教育新法新政宣讲会"和专家座谈会。

陕西省制定了民办教育分类管理调研工作方案,针对民办高校及中等以下层次民办学校的不同情况,制定下发了《关于开展落实新民促法及配套政策专题调研的通知》[①] 等两个文件,采取分层次、分类别调研的办法,分别对高等教育、中等及以下层次的民办学校进行实地考察,并召开座谈会。重庆市通过六个举措加强分类管理改革的宣传引导:一是邀请全国人大常委会委员、全国人大法律委员会副主任委员李连宁到重庆作"民办教育促进法"专题辅导报告会;二是召开了全市贯彻落实"民办教育促进法"和"1+3"文件工作会;三是举办了民办高校举办者、管理者"新民办教育促进法"专题宣讲会;四是市、区县民办教育协会分别组织了多场"新民办教育促进法"座谈会;五是走进民办学校进行了多场专题宣讲;六是开展了举办者思想动向和学校选择意向两项专题调研。让每一名民办学校举办者知晓民办教育新法新政,为分类选择打下良好基础。贵州省政府领导安排部署全省民办教育分类改革工作,省教育厅厅长通报了全省民办教育改革发展情况。黑龙江省要求各地、各校结合实际加强宣传引导,建议因地制宜地采取专家辅导、集中上课、新闻媒体等各种形式,搞好宣传教育和学习培训,加大对分类管理改革政策的解读力度,增强对民办教育改革任务的艰巨性、紧迫性和责任性的思想认识,充分认清民办教育分类管理改革的重大意义,增强依法行政、依法办学、依法治学的自觉性。

四、制定地方配套政策,做好政策衔接

《民办教育促进法修法决定》之后,各省份立足于民办教育发展历程与现实情况,及时部署各市、县级教育行政部门和省(区、市)属民办高校认真组织学习民办教育新法新政,组织相关力量研制地方性的实施意见及配套性文件,紧紧围绕"破解民办教育发展的制度性障碍"这一主线,进行深入研究、科学研判,促使本省(区、市)民办学校分类管理改革取得实效。

河北省在结合该省民办教育发展实际的基础上,力图细化落实《鼓励社会力量兴办教育若干意见》,重点对以下几个方面内容进行了细化和扩展:一是区分

---

① 《关于开展落实新民促法及配套政策专题调研的通知》,陕西省教育厅,2017 年。

不同学历层次、学段、领域等情况，落实相应的鼓励措施。二是提出各级政府对各类民办学校参照当地同级同类公办学校的标准按照一定比例给予生均办学经费补贴。三是给予民办学校若干用地优惠，如占补平衡指标和增减挂钩指标优惠；征地按实际利用面积计算；并在城市配套费、建设费等方面给予优惠。四是提出落实教师平等待遇、完善社会保障机制、提高教职工工资待遇、推行人事代理和教师交流制度、促进教师专业发展五条具体措施，并制定可量化标准。五是着重保障学校的法人财产权、出资者及学生的合法权益。六是增加了促进京津冀协同发展等相关内容。江苏省根据新《民办教育促进法》和配套文件的精神，研制该省的具体贯彻落实方案和现有民办学校过渡办法，研制民办高校章程修订的指导意见，确保分类管理改革平稳实施。

五、做好舆情监控，确保分类管理改革平稳推进

民办学校分类管理改革是一项涉及多方利益、多个领域的综合性改革，不能仅靠教育行政主管部门的一己之力，还需要调动工商、发改、民政等非教育行政部门的参与积极性；不仅需要各级各类民办学校的广泛共识，更需要公办教育系统的大力支持；分类管理改革不仅是新制度的贯彻落实，更需要打破现有的利益格局，按照新的利益组合方式重塑各方关系，构建新的利益互动结构。因此，掌握当地分类管理改革的舆论动向，监测各方对分类管理改革的态度，直接攸关分类管理改革的平稳性和实效性。

山东省通过报纸、电视、网站、QQ 工作群等传播媒介进行宣传，加强舆论监控和反馈机制，做好应急预案工作。新疆维吾尔自治区密切关注《民办教育促进法》和国家《鼓励社会力量兴办教育若干意见》印发后教育系统舆情态势，会同宣传、网信、公安等部门，做好舆情监控，及时处置突发舆情，确保舆情平稳。黑龙江省主动与新闻部门联系，组织有关专家、行业协会代表做好正向的舆论引导，全面解读民办教育新法新政，引导社会正面理性认识分类选择问题，协调公安、网监部门加强监控，关注微博、论坛、微信及互联网动态，注意舆情动向，及时处理不良信息。安徽省在省教育厅门户网站开辟学习《民办教育促进法》新法专栏，主动约请《安徽日报》对民办教育处负责人访谈，成立民办教育 QQ 群等多种形式对《民办教育促进法》新法进行解读，加强舆情监管，积极应对突发事件。明确要求各级教育行政部门全面理解、准确把握中央决策，与中央保持一致；帮助全省民办高校的举办者解疑释惑、打消顾虑。努力让全省教育系统和广大举办者认识到，分类管理是中央关于民办教育改革的顶层设计，符合教育发展规律，必须毫不动摇坚持改革，让捐资办学的民办学校得到政策性资源

的最大支持，非营利性民办学校获得清清白白的政府奖励，营利性民办学校坦然地获取经济利益。

第二节 地方分类管理政策共性特征评析

各地的《民办教育实施意见》秉持"育人为先、公益导向、综合施策、依法办学、上下联动"的基本导向，在加强党的领导、明确分类改革思路、筑牢公益底线、强调平稳过渡、加强内外部监管等方面呈现出了鲜明的共性特征。

一、全面加强党的领导，细化分解思想政治工作要求

各地普遍将党的领导作为落实民办教育新法新政、推进分类管理改革的首要原则。

（一）全面加强党的领导，始终坚持社会主义办学方向

各地的实施意见都将加强党的领导放在首位，明确了党的领导在分类管理改革中的政治核心作用，强化党的思想引领、政治引领、组织引领、作风引领、纪律引领作用，牢牢把握党对民办学校意识形态工作的领导权。各地的实施意见普遍将党对民办学校的领导作为民办学校年度检查及学校章程的重要内容，有的省份还将其作为评选表彰的重要指标。

（二）改进民办学校思想政治教育的工作要求

各地普遍要求民办学校将思政教育和德育工作纳入学校事业发展规划，将之融入学校人才队伍培养规划之中。第一，要求民办学校加强思政工作，全面加强班主任、辅导员、思想政治课教师等队伍建设，要求进一步促进民办高校辅导员队伍的专业发展，打通职业发展和专业晋升通道。有的省份规定思政课教师平均收入应不低于学校其他专业教师平均工资水平。第二，加强民办学校教材建设，将社会主义核心价值观与各级各类民办学校的教育教学活动相匹配，让学校的人才培养工作真正体现社会主义核心价值观的要求，让民办学校学生在学习实践活动中领悟习近平新时代中国特色社会主义思想。第三，创新思想政治教育方式，通过线上和线下相结合的方式，不断提高思想政治教育工作的针对性和实效性，

增强思想教育产品的吸引力和感染力,全面提升思想政治教育工作水平。

(三) 明确民办学校党组织设置和参与决策的具体举措

各地的实施意见大多明确将党组织负责人作为董(理)事会(或其他形式决策机构)的参与人,要求民办学校党组织书记通过法定程序进入学校董(理)事会(或其他形式决策机构),党组织班子成员按照学校章程进入行政管理层。要求民办学校成立由党组织领导班子成员及相关人员参加的监事会,发挥对学校管理和办学活动的监督作用。

二、以分类管理为指引,构建分类管理制度

各地在领会中央政策文件要求的基础上,认真贯彻落实分类管理改革的基本要求,构建了各地的分类管理制度。

(一) 贯彻落实分类管理改革的基本思路

分析发现,分类改革成为各地实施意见的核心要义。以"分类"为关键词,对24个省份的实施意见进行词频分析,发现"分类"的词频在4~16次之间,"分类"在《省政府关于鼓励社会力量兴办教育促进民办教育健康发展的实施意见》[1](以下简称《江苏民办教育实施意见》)中出现4次,在陕西、山东、浙江、湖北等地的实施意见中出现了6次,《上海市人民政府关于促进民办教育健康发展的实施意见》[2](以下简称《上海民办教育实施意见》)、《海南省人民政府关于鼓励社会力量兴办教育促进民办教育健康发展的实施意见》[3](以下简称《海南民办教育实施意见》)中"分类"的词频高达16次。"分类"的词频,体现出地方对分类管理改革的贯彻落实程度,分类管理无疑成为当前和今后民办教育机构改革发展的总指针。总之,各地都对民办学校实行营利性和非营利性分类管理,界定了两类民办学校的内涵和外延:营利性民办学校举办者可以取得办学收益,办学结余依据国家有关规定进行分配;非营利性民办学校举办者不得取得办学收益,办学结余全部用于办学。有的地区进一步拓展了营利性学校的内涵,

---

[1] 《省政府关于鼓励社会力量兴办教育促进民办教育健康发展的实施意见》,江苏省人民政府网,2018年。

[2] 《上海市人民政府关于促进民办教育健康发展的实施意见》,上海市人民政府网,2017年。

[3] 《海南省人民政府关于鼓励社会力量兴办教育促进民办教育健康发展的实施意见》,海南省人民政府网,2018年。

如青海省营利性学校的办学结余依照《中华人民共和国公司法》①（以下简称《公司法》）等有关法律法规处理。

（二）构建分类管理相关制度

各地都将"建立分类登记、扶持、税费、监督、奖补、退出等制度"作为民办教育体制机制创新的重要内容，回应了中央《鼓励社会力量兴办教育若干意见》中关于"建立分类管理制度"的提法。在阐释分类管理制度时，多数地区以"建立"或"构建"为修饰词，要求"建立分类管理制度"，体现地方政府构建系统、稳定体制的意志与信念，也充分体现了地方分类管理政策的承接性，有的地区提出要"落实分类管理政策""严格实行分类管理"，从而体现出各地分类管理改革的坚定性（见图2-1）。

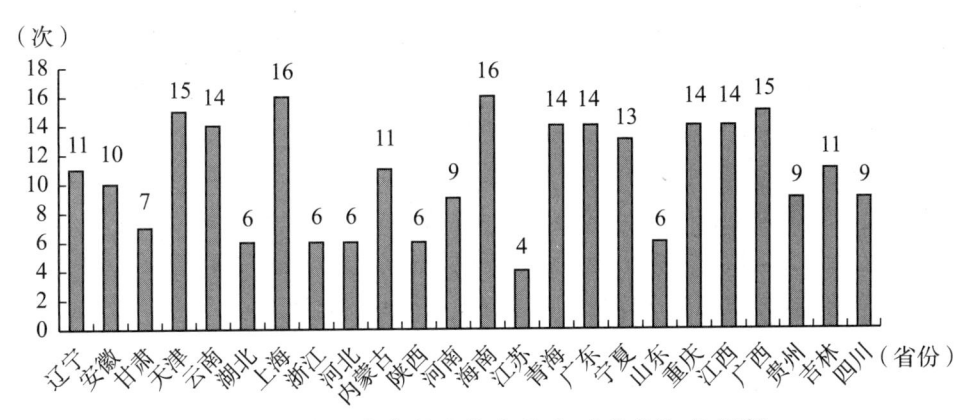

(次)

省份	辽宁	安徽	甘肃	天津	云南	湖北	上海	浙江	河北	内蒙古	陕西	河南	海南	江苏	青海	广东	宁夏	山东	重庆	江西	广西	贵州	吉林	四川
次数	11	10	7	15	14	6	16	6	6	11	6	9	16	4	6	14	14	13	6	14	14	15	9	11	9

图2-1　24个省份实施意见中"分类"的词频

部分省份"分类"词频出现不高的原因多是后续出台了分类管理的配套性文件，实施意见是各地分类管理改革的总纲领，其他精细化的政策文件也是分类管理改革的重要支撑。以江苏省为例，该省政府在出台《江苏民办教育实施意见》3个月之后，省物价局、教育厅等四部门便出台了《关于推进民办教育收费改革的指导意见》②。确立了分类指导民办学校收费的政策导向，强调根据民办学校的营利、非营利及学段差异，实施分类分级收费管理，有序推进民办教育的收费改革，如在营利性民办教育、非营利性民办非学历教育、民办中等职业教育的收费标准方面，民办学校享有收费自主权，可自主确定收费标准；对于非营利性民办幼儿园和中小学的收费标准，必须由区市、县（市）价格主管部门制定；非营

---

① 《中华人民共和国公司法》，中国人大网，2013年。
② 《关于推进民办教育收费改革的指导意见》，江苏省人民政府，2018年。

利性民办普通高等学校收费标准由省价格主管部门制定。

三、筑牢公益性底线，加大对非营利性民办学校的支持力度

各地出台的实施意见都将"教育的公益属性"作为分类管理改革的首要原则，明确要求无论是营利性还是非营利性的民办学校，都要将"公益性和社会效益"放在首位。

（一）加大对非营利性民办教育的财政支持力度

各地《民办教育实施意见》普遍强调财政对民办教育的扶持，包括加大财政投入力度，明确财政补贴项目、对象、用途等方面，但分析比对发现，两类民办学校所能获得的财政扶持力度有所差异，公共财政的公益属性决定了非营利性民办学校及师生的优势地位。如浙江省2018年4月9日颁布的《浙江省公共财政扶持民办教育发展的实施办法》，直接明确了政府补贴、政府购买服务等公共财政对非营利性民办学校的倾斜，第三条指出"公共财政主要对非营利性民办学校给予支持，逐步建立以'经费标准化'为主要内容的公共财政扶持体系"；限定了对营利性民办学校的支持力度，各地可结合当地经济社会发展需要和教育服务实际对营利性民办学校给予支持，并未提出明确的强制性要求。

（二）明确非营利性民办学校与公办学校的同等法律地位

赋予非营利性民办学校和公办学校同等法律地位，保障非营利性民办学校师生与同级同类公办学校师生的同等权益。第一，在学校用地方面，多地实施差别化用地政策，在确保"民办学校建设用地按科教用地管理"的前提下，着重强调非营利性民办学校的同等用地政策，各地政府按划拨等方式供应土地。相比之下，营利性民办学校的土地政策则有所收紧，其通过划拨方式取得的用地，应按规定办理协议出让土地手续，缴纳土地出让金。第二，明确了民办学校退出时，非营利性民办学校出资者的补偿奖励。如大多数省份规定，非营利性民办学校终止时，财产依法清偿后有剩余的，出资者可按国家有关规定获得相应的补偿或奖励，其余财产继续用于其他非营利性学校办学；与之形成鲜明对比的是，营利性民办学校则必须按照法律规定进行财务清算、明确财产权属。

公益，是公共利益的简称，是独立于个人利益之外的一种社会利益。教育的本质是一种培养人的社会活动，无论是民办学校还是公办学校都肩负着教书育人

的社会职责，营利性民办学校也必须坚守教育的公益性，而从实践意义上看，公益性与营利性的关系依然面临质疑，政界和学界质疑营利性民办学校是否真正坚持教育的公益性，认为营利性民办学校不利于保持教育的公益性，实施意见也鲜明体现出鼓励选择登记为非营利性的政策导向。实际上，公益性和营利性属于不同的学科领域，公益性指向社会伦理领域，强调教育的价值取向是公益性；营利性指向经济领域，遵循市场逻辑。二者之间没有必然联系，因此不存在绝对冲突，营利性民办学校也能够保持教育的公益性。习近平总书记在党的十九大报告中重申了"支持和规范社会力量兴办教育"的总体要求，释放出激发社会力量兴办教育的政策信号，促进民办学校分类发展，推进我国教育事业的快速发展成为当下教育综合改革的应然之举。

四、强调平稳过渡的总基调，确保分类改革有效推进

对24个省份的实施意见进行文本分析，发现有15个省份将"平稳过渡"或"平稳推进"作为分类管理政策的基本原则（见表2-1），9个省份的实施意见中未见直接的"平稳"字眼。其中，海南省、江西省将"平稳过渡"作为民办教育发展的总体要求或基本原则，统领民办教育分类改革总方向；青海、宁夏、四川3省份在"体制机制创新"中提到平稳推进，以平稳有序为基调，逐步推进分类管理改革；吉林、贵州、上海等地直接明确了分类管理改革的平稳落地，具有明显的政策要求的稳妥性意味。

表2-1　　　　14个省份实施意见中关于"平稳"的相关规定

省份	政策内容
海南	一、基本要求。统筹协调，稳步推进。顶层设计与基层创新相结合，省抓统筹，市县、省直部门协同推进，确保平稳过渡，良性健康发展
江西	一、总体要求（三）基本原则。按照"平等、平稳，自愿、自主，公开、公正"的原则……维护和保障民办学校、举办者、教师、受教育者的合法权益
辽宁	二、主要任务（二）推进民办学校分类管理改革。各市、县（市、区）政府和省直有关部门应当……确保民办学校分类管理改革平稳有序推进
青海	三、创新体制机制（十）健全学校退出机制。各级人民政府……确保民办学校分类管理改革平稳有序推进
宁夏	三、创新体制机制（八）推进平稳过渡。各市、县（区）人民政府及自治区……确保民办学校分类登记管理改革平稳有序推进

续表

省份	政策内容
四川	三、创新体制机制（四）落实分类管理制度。各地各有关部门（单位）……确保民办学校分类管理改革平稳有序推进
吉林	三、构建民办学校分类管理体制（七）平稳推进现有民办学校的分类过渡
贵州	三、推进民办学校分类管理改革（四）建立现有民办学校登记机制。各地应指导现有民办学校开展资产清查、清算和章程修订工作，按"一校一策"原则制定工作方案，平稳有序实行分类管理
广东	三、实施分类管理（四）建立平稳过渡机制。各地、各有关单位要认真指导现有民办学校开展财务清查、清算和章程修订工作，按"一校一策"原则制定过渡工作方案，平稳有序推进分类管理
云南	三、积极稳妥推进分类管理改革（五）建立分类管理制度。在推进分类管理改革中，充分考虑历史和现实情况，保障民办学校受教育者、教职工和举办者的合法权益，确保改革平稳有序推进
重庆	三、创新体制机制（五）建立分类管理制度。按照依法稳妥、先行先试、一地（校）一策、先易后难原则，在2022年9月1日前全部实现分类管理
湖北	三、建立分类管理制度（八）确保平稳安全过渡。保障各方合法权益，严禁举办者以"非营利"之名行"营利"之实
上海	三、推进分类管理改革（一）落实分类管理制度。制定《上海市民办学校分类许可登记管理办法》。对民办学校（含其他民办教育机构）实行非营利性和营利性分类管理，确保已设立的民办学校实现平稳过渡
内蒙古	二、推进民办学校分类管理改革（三）平稳推进分类过渡

实际上，自2010年《教育规划纲要》颁布实施之后的较长时间内，各地教育行政部门、民办教育专门负责人、民办教育研究专家、民办学校举办者及管理者，围绕"民办教育分类管理"积极发声、广泛研讨，地方的分类管理政策大多经历了较为充分的前期酝酿与研讨论证，分类管理政策的平稳性特征已开始显现。

从笔者亲历的10余场专题研讨或座谈会看，不少教育行政部门负责人尤为关注分类管理改革的平稳性，主张通过平缓方式推进分类管理改革，对分类管理改革的标准、现有民办学校如何过渡、如何确保民办学校的补偿和奖励、如何将分类管理落到实处等引发社会舆论的问题关注有加，确保分类管理政策的价值导向、标准制定、改革成效等平稳落地。如西部某省民办教育处处长指出"我们省在民办教育新法新政出台以后，按照教育部、省委省政府的要求做了调研，推动建立了工作机制。省教育体制改革领导小组作为民办教育分类改革协调机构，基本一个季度开一次会以解决遇到的困难。"某直辖市的教育行政人员认为"我们在积极制定分类管理政策，分类主要看分类的标准，但我市在制定分类管理政策时遇到了一些难题，我最关心的是存量民办学校怎么过渡、过渡期长短、要办什么手续，其中最困难的是税费缴纳问题，需要缴什么税？怎么缴纳？因为地方税务部门自由度有限，直接决定了这条路能不能走通。""我关心校外培训机构，怎么界定培训机构，哪些纳入《民办教育促进法》的管辖范围或者哪些纳入许可范围"；某省教育厅政策法规处管理人员指出"推进分类管理改革最大的问题和困难是对现有举办者既得利益的合法保护问题，不是9月1日之后学校再批问题。必须解开当前法律框架下非营利学校举办者利益实现延迟的死结。"[①]

访谈结果也证实：各地分类管理政策的制定并非一蹴而就，而是认真学习领会了中央政策文件精神，开展多轮直接调研或间接调查研究，深入了解各级各类民办学校（含教育培训机构）利益相关者对分类管理改革的态度、诉求及建议，整理汇总出利益主体对分类管理改革的态度与预期，力争最大限度地体现分类管理政策的公平性和有效性。与此同时，不少民办教育研究者也采用量化研究方法，调查了利益相关方对分类管理政策功能、政策内容、推进方式的认可度，及各地民办学校的分类选择意向，[②③④] 为各地分类管理政策的出台提供了有益参考及借鉴。

五、加强内外部监督保障，坚持依法办学的基本原则

各地的实施意见及配套文件都积极回应了国家的《鼓励社会力量兴办教育若干意见》的总体要求，坚持依法办学，强化分类管理改革的内外部监管，加强对两类民办教育机构尤其是非学历教育培训机构的监管。

（一）建立健全分类管理的外部监管和执法机制

各地普遍建立健全了分类管理的外部监管和执法机制，包括强制性的信息公开制度、失信惩戒机制、"黑名单"制度。各地的实施意见构建起严格的外部督

---

① 根据2017年1月10日，某分类管理改革研讨会资料整理。
② 李虔：《民办高校分类管理政策的可接受性研究》，载于《现代教育管理》2018年第9期，第129页。
③ 陈建超：《分类管理背景下福建民办教育发展研究》，载于《教育评论》2016年第12期，第50～53页。
④ 郑雁鸣：《重庆市民办教育地方法规的需求情况调研报告》，载于《重庆工商大学学报》（社会科学版）2018年第2期，第83～90页。

导机制，加大对违法违规行为的惩戒力度，大大增加了民办学校的违法违规成本。有的省份明确实行"零容忍"制度，将违法违规学校和个人纳入"黑名单"，确保民办学校严格依法依规办学，保障民办学校教育教学工作的有序开展。同时，面对一些民办学校擅自提高学费标准、自立或分解项目收费、违规收取学生补课费、未经公示收费等侵犯学生财产权的行为，各地的实施意见大多明确了各教育行政部门在依法监管民办学校收费行为方面的主体责任。如 2018 年 8 月 31 日，苏州市物价局、苏州市教育局《关于进一步规范民办中小学收费行为的通知》，要求各民办中小学严格依法执行教育收费政策，提出"非营利性民办中小学学费、住宿费实行政府指导价，由各市、区价格部门负责核定。营利性民办高中学费、住宿费实行市场调节价，由民办学校自主制定。"并规定了民办中小学的收费项目，要求民办中小学认真落实收费公示制度，列明学费、住宿费、服务性收费和代收费等项目的内容与明细，不得跨学期一次性收取学费和住宿费，给民办中小学敲响了警钟。

（二）规范营利性民办教育机构的办学行为

与《鼓励社会力量兴办教育若干意见》一脉相承，多数省份的实施意见同样提出要"完善财务会计制度、内部控制制度、审计监督制度"，最大限度地杜绝民办学校内部治理中的诸多风险点，降低民办教育分类管理改革的风险指数。访谈发现，对于营利性民办学校能否将公益性放在办学首位，不少地方教育行政部门的态度并不乐观，甚至持怀疑态度，各地普遍明确了对非营利性民办学校的支持力度，强化了对营利性民办学校办学行为的规范与制约。例如，为规范重庆市教育培训机构的发展，重庆市于 2014 年便出台了《重庆市民办非学历办学机构的暂行管理办法》①，以政府规章的形式规范教育培训机构的违法失信行为。重庆市教育行政主管人员认为，该规章的出台有力地解决了培训机构存在的一些问题，尤其是规范管理和遏制卷款跑人、不签订合同等问题。因此，法律法规成为各地落实分类管理改革的主要政策工具，也是确保分类管理改革稳定推进的根本性手段。

第三节　地方分类管理政策差异特征评析

不可否认，各地的实施意见多是对中央分类管理政策的简单复制、相似度极

---

① 《重庆市民办非学历办学机构的暂行管理办法》，重庆市人民政府网，2014 年。

高，但仔细分析发现，省际分类管理政策在出台时间、细化程度、推进方式、创新程度、权责划分等方面依然存在一定的差异（见表2-2）。

表2-2　　　　　　　24个省份实施意见的基本信息

省份	颁布时间	是否过渡期	过渡时间（年）	过渡要求	是否明确责任单位	是否有配套政策
辽宁	2017年9月30日	—	—	—	是	—
安徽	2017年10月17日	是	分学段	民办高校须在2022年底前完成分类登记；其他学段的民办学校由各市、省直管县决定	是	—
甘肃	2017年11月8日	—	—	—	—	—
天津	2017年12月8日	—	—	—	是	—
云南	2017年12月18日	是	3	到2021年11月7日前，全部实现分类登记	—	—
湖北	2017年12月20日	是	3	分校施策，1~3年的过渡期	—	—
浙江	2017年12月26日	是	5	2022年底前完成分类登记	—	是
上海	2017年12月27日	是	分类、分学段	选择登记为非营利性民办学校的，2019年12月31日前完成；经营性民办培训机构，2019年12月31日前完成；主要实施高等学历教育的营利性学校，2021年12月31日前完成；其他学校应当在2020年12月31日前完成	—	是
内蒙古	2018年1月2日	是	5	2023年8月31日前，自愿作出非营利性或营利性选择。过渡期内未做出选择的，默认为非营利性学校	—	—
河北	2018年1月3日	是	5	2022年9月1日前，全部实现分类管理；过渡期内，现有民办学校仍实行原管理办法	—	—
陕西	2018年1月14日	是	5	现有民办学校按《民办学校分类登记实施细则》规定重新登记，过渡期限为2017年9月1日至2022年9月1日前	—	—

续表

省份	颁布时间	是否过渡期	过渡时间（年）	过渡要求	是否明确责任单位	是否有配套政策
河南	2018年2月2日	是	分学段	民办高校须在2022年底前完成分类登记。其他学段的民办学校分类登记时限由各省辖市、省直管县（市）决定	—	—
海南	2018年2月9日	是	5	在过渡期内不进行分类登记的，原则上不得再登记为营利性民办学校；确有特殊情况的，延期进行分类登记时间最长不超过2年	—	—
江苏	2018年2月22日	是	3	现有民办学校，可自主选择为非营利性或者营利性民办学校，原则上在2020年12月31日前完成分类登记，如有需要可延期至2022年12月31日	是	是
青海	2018年3月28日	—	—		是	—
广东	2018年4月24日	是	5	2017年9月1日前设立的民办学校，原则上应于2022年9月1日前完成分类登记工作	—	—
宁夏	2018年5月21日	是	5	2022年12月31日前完成分类登记，具体时间由各级教育、人力资源社会保障部门确定	是	—
山东	2018年5月30日	是	5	现有民办学校，原则上应于2022年9月1日前完成分类登记	是	—
重庆	2018年6月1日	是	3	从许可证到期换发之日起3年内完成学校分类登记，且登记时间不能晚于2022年9月1日	—	—
江西	2018年6月29日	是	5	5年过渡期（2017年9月1日至2022年9月1日），鼓励民办学校尽早进行分类选择	是	—

续表

省份	颁布时间	是否过渡期	过渡时间（年）	过渡要求	是否明确责任单位	是否有配套政策
广西	2018年7月2日	是	5	2022年12月31日前全部完成分类登记，分类登记之前，根据其法人属性予以管理	是	—
贵州	2018年7月16日	—	—	2017年9月1日以后重新选择登记或新设立的非营利性民办学校不得转设为营利性民办学校	是	—
吉林	2018年8月17日	是	5	原则上须在2022年9月1日前完成分类登记，分类登记办法另行制定	—	—
四川	2018年9月17日	是	分学段	选择为非营利性民办学校的，应当在2021年9月1日前完成相关手续。选择为营利性民办学校的，其中实施高等学历教育的民办学校，应当在2023年9月1日前完成登记手续；其他学校应当在2022年9月1日前完成登记手续	是	是

一、政策出台时间不同，分类管理改革的预期各异

截至2018年10月30日，全国已有24个省份出台实施意见（见表2-2），尚有7个省份未出台实施意见。以2017年9月1日新《民办教育促进法》的颁布实施为时间观测点，仅有辽宁省是在此之前出台的，其他23个省份都是在新《民办教育促进法》生效之后密集出台，彰显出各省份教育行政部门不同程度的观望态度。

访谈中得知，民办教育分类管理政策的模糊点、冲突点，影响了地方教育行政主管人员、民办学校举办者及管理者等核心利益相关者的改革预期，最终影响了各地实施意见的总体方向、出台时间、文本内容。有举办者指出：分类管理政策如何才能充分尊重利益相关方的利益诉求和内在关切，能否切实保障民办学校

举办者的合法权益，尊重举办者的人、物、财力付出，保持并增强举办者继续办学信心，激发社会资本进入教育领域的积极性。还有学校指出，分类管理政策的导向明显有利于非营利性民办学校，若选择营利性民办学校，除了要补缴巨额税费之外，是否会使学校陷入边缘化境地。分类管理改革是一项系统性工程，涉及多个教育行政主管部门、多利益主体，只有破除对民办教育的思想偏见、寻求各方利益的最大公约数，才能形成分类管理改革的共识，集聚分类管理改革的合力，有力推动分类管理改革政策的集中研讨、科学制定及完全落地。

二、分类管理政策贯彻落实程度有别，配套性方案亟待出台

总体而言，省际分类管理政策的细化程度不高，多数省份尚未出台分类管理的配套性政策。由表2-3可见，截至目前，上海市、浙江省、江苏省、陕西省、四川省、河北省、海南省已出台了分类管理改革的配套方案，多数地区尚未出台配套政策，直接影响分类管理政策的可操作性。

表2-3　　　　　　　　地方分类管理的配套性政策汇总

省份	配套性文件
上海	1. 上海市人民政府关于印发《上海市民办学校分类许可登记管理办法》的通知 2. 上海市人民政府办公厅关于转发市教委等四部门制订的《上海市民办培训机构设置标准》《上海市营利性民办培训机构管理办法》《上海市非营利性民办培训机构管理办法》的通知
浙江	1. 浙江省教育厅、浙江省物价局关于印发《落实民办学校办学自主权实施办法》的通知 2. 浙江省教育厅、浙江省机构编制委员会办公室、浙江省财政厅、浙江省人力资源和社会保障厅关于印发《浙江省民办学校教师队伍建设实施办法》的通知 3. 浙江省教育厅关于印发《民办学校信息公开和信用管理办法》的通知 4. 浙江省财政厅、教育厅关于印发《浙江省民办学校财务清算办法》 5. 浙江省财政厅　浙江省教育厅关于印发《浙江省公共财政扶持民办教育发展实施办法》 6. 浙江省财政厅　浙江省教育厅关于印发《浙江省民办学校财务管理办法的通知》
江苏	《省物价局　省教育厅　省人力资源和社会保障厅关于推进民办教育收费改革的指导意见》
陕西	陕西省教育厅等五部门关于印发《陕西省民办学校分类登记实施办法》的通知
四川	四川省教育厅等五部门关于印发《四川省民办学校分类登记实施办法》的通知
……	……

以上海市为例,《上海民办教育实施意见》和《上海市民办学校分类许可登记管理办法》[①] 同时发布,及时细化了分类管理改革,将分类管理制度推向法制化轨道,按"公开、公平、公正、便民"的总体要求,对两类民办学校的设立原则、审批权限、设立条件、学校名称、学校筹设、正式设立、法人登记、证件管理、内部治理结构、变更终止等环节进行精细化规定,如明确了各类新设学校的设立流程,民办高校、民办中学、幼儿园、文化教育类培训机构、民办职业技能类培训机构的对口管理及登记部门。而细究其他多数省份,其实施意见中的若干条款与《鼓励社会力量兴办教育若干意见》相似度极高,虽是贯彻落实中央政策精神的直接体现,但作为一项直接指导地方分类管理改革的重要法规,过于概括抽象的政策法规无法释放出分类管理改革的红利,反而无形中增加了下级教育行政部门的政策解读和执行难度,更会让民办学校不知所措、陷入改革困境。有的省份实施意见虽出现了"分类登记办法另行制定"的提法,但至今未出台分类管理的配套性政策。

三、分类管理改革的推进方式不同

总体而言,各地实施意见具有明显的渐进性,给予了民办教育机构足够的缓冲时间。具体来看,各地分类管理改革的推行方式可分为以下三种类型。

(一) 强基础—突破型

以上海市、浙江省、陕西省为代表,这些省份大多出台了分类管理改革的配套性措施,明确不同类型民办教育机构的分类选择期限,以上海市为例,该市规定"选择登记为非营利性民办学校的,2019 年 12 月 31 日前完成;经营性民办培训机构,2019 年 12 月 31 日前完成;主要实施高等学历教育的营利性学校,2021 年 12 月 31 日前完成;其他学校应当在 2020 年 12 月 31 日前完成"。这些省份多具有较强的民办教育根基和较为开放的民办教育政策环境,上海市、浙江省作为 2010 年分类管理改革的试点区,浙江省温州市自 2012 年便率先出台分类管理政策体系,以体制机制创新为重点,探索民办教育分类管理机制,实行分类管理和分类支持,明确了营利性与非营利性的分类标准和登记管理办法,非营利性民办学校登记为民办事业单位,营利性民办学校登记为企业,大大激发了社会力量兴办教育的积极性,探索出一条分类管理的"温州模式"。可见,这些省份分类管理改革的地方探索已久,在整个分类管理改革

[①] 《上海市民办学校分类许可登记管理办法》,上海市人民政府网,2017 年。

推进中发挥着引领和示范作用。

(二) 中基础—渐进型

河北、湖北、宁夏、吉林等多数省份都可归于此种类型，这些省份大多设立了分类选择的过渡期，但对于民办学校的类型划分、各类民办学校的过渡期限，相关规定较为笼统、可操作性不强。一般而言，各省份都给了民办学校1~5年的过渡期，例如，湖北省提出"分校施策，给予1~3年的过渡期"，云南省提出"到2021年11月7日前，全部实现分类登记"，吉林省提出"原则上须在2022年9月1日前完成分类登记，分类登记办法另行制定"，但都尚未出台配套性措施。由此可见，这些省份一方面贯彻了分类管理改革的总体要求，另一方面又给民办学校留足了适应和过渡时间，地方配套性政策有待跟进，分类管理改革的渐进性特征明显。

(三) 低基础—顺应型

这些省份的实施意见基本沿用了《鼓励社会力量兴办教育若干意见》的政策话语体系，既没有规定分类选择的过渡期，也未提出具体的分类选择要求，更无分类管理的配套性政策，分类管理改革颇有"被动执行"之意。以辽宁省、甘肃省、青海省、贵州省等为代表，这些省份的民办教育发展基础相对薄弱，民办教育与公办教育的力量对比相对悬殊，公办教育在当地占据着主导性地位。总之，在此类省份中，民办教育的生存发展环境有待改善，地方政府和社会公众对民办教育的认知偏见有待纠正，民办教育分类管理改革的落实依然面临较大的现实阻力与挑战（见表2-4）。

表2-4　　　　　　　　分类管理改革的四种推进类型

类型	表征	代表省份
强基础—突破型	设立过渡期；精细规定不同类型、不同学段民办教育机构的过渡期限；出台具体的分类登记办法	上海、浙江、陕西等
中基础—渐进型	设立过渡期；笼统规定分类选择的最后期限；无配套性政策	河北、湖北、宁夏、吉林、山东、宁夏等
低基础—顺应型	不设过渡期；未明确规定分类选择期限；无配套性政策	辽宁、甘肃、青海、贵州等

四、分类管理改革的创新力度不同

从各地颁布的实施意见及配套措施来看,省际分类管理改革的创新力度不一,分类管理政策与地方民办教育实际的契合程度不同,主要表现在分类登记程序的精细化、两种选择的不可逆性、分类管理制度的管理权责划分等。第一,有的省份明确区分了不同学段、不同类型民办学校的分类登记办法。安徽省、上海市、河南省、四川省、广西壮族自治区五地按照学段和学校类属进行分类登记,如四川省规定:选择为营利性民办学校的,其中实施高等学历教育的民办学校,应当在2023年9月1日前完成登记手续,其他学校应当在2022年9月1日前完成登记手续;安徽省和河南省都规定:民办高校应在2022年底前完成分类登记;其他学段民办学校由各市、省直管县决定;广西壮族自治区规定:已按照分类登记程序选择同时实施义务教育和非义务教育的民办学校,非义务教育阶段登记为营利性法人的,必须与义务教育阶段学校分设,分别登记为不同类型的法人主体,严格区分义务教育和非义务教育的产权属性,财务资产分别入账、独立核算。第二,有的省份分类管理政策呈现鲜明的"支持和鼓励选择非营利性"倾向,规定营利性和非营利性两种选择的单向性和不可逆性。宁夏回族自治区提出:现有民办学校在未完成分类登记前,按照非营利性民办学校进行管理,2017年9月1日后至分类登记完成前民办学校举办者不得再取得办学收益。湖北省、河北省、广西壮族自治区、海南省规定:已按照分类登记有关程序选择为非营利性民办学校的,不得再转为营利性民办学校,选择为营利性民办学校的,可以转为非营利性民办学校。广西壮族自治区、内蒙古自治区、海南省规定,超过期限仍不进行分类登记的民办学校,默认为非营利性。个别省份考虑到民办学校"千校千面"的实际情况,适当预留出分类选择的期限,如海南省规定:确有特殊情况的,经审批机关批准,可延期进行分类登记,但延期最长不超过2年,超过期限仍不进行分类登记的,不得再登记为营利性民办学校。第三,近半数省份明晰了分类管理改革的牵头及参与单位,构建起部门联动机制。辽宁省、天津市、青海省、江苏省、贵州省等11个省份都在实施意见中明确规定了分类管理制度的责任单位,明确了教育行政部门和非教育行政部门在分类管理改革中的职责,尚有不少省份尚未明确分类管理改革的责任单位与权责划分,分类管理改革有待进一步落地。

第四节 地方分类管理政策动向研判

地方分类管理政策未来的改革，将进一步明确支持与规范并举的方向，出台更加契合地方实际的配套政策，消除社会对民办教育的偏见，明晰地方政府的责权，构建更为完善的分类管理工作机制，加强监管以防范分类改革的风险。

一、凝聚改革共识，明确支持与规范并举的改革导向

以上对各地实施意见的政策文本分析可知，各地在分类管理改革政策的出台时间、贯彻落实程度、推进方式及创新力度等方面的意见多样，政界、学界对分类管理改革存有分歧，分类管理改革政策是多方利益主体相互博弈、妥协的结果。有的省份将分类管理改革看作规范、管制民办学校发展的方法，有的省份则将分类管理改革解读为"支持与规范并重"，有的省份认为分类管理改革蕴藏着巨大的利好效应，必将有利于民办学校的规范、健康、可持续发展。访谈也发现，不少地方行政部门指出分类管理改革难获地方教育行政部门的认可与足够重视，"教育部门认为应当给民办学校同等权利，但地方税务部门不配合，影响到民办学校教师的退休待遇、工资自主权、学生权益"，从而出现教育部门"空吆喝"、其他部门"不积极"的被动局面。

此外，民办学校举办者和管理者的认识也有所不同，有的学校指出"分类各有利弊，只要真心办学，都是没有问题的"。不少民办学校则对分类管理改革效应感到担忧，认为分类选择之后的政策规定不明朗，民办学校无疑是在"摸着石头过河"，有的民办学校指出"无论选择营利性还是非营利性，都是对民办学校发展的限制"，假如选择非营利性，民办学校能否真正获得当地政府的同等财政支持、享受奖励补助政策，能否继续保持民办学校灵活的办学机制，社会资本进入教育领域的积极性是否会受到影响，对教职工的发展有何影响等问题尚不明朗，尤其是选择非营利性之后不可重新登记为营利性的规定，让不少民办学校"感到恐慌"；倘若选择营利性，民办学校必须走完全市场化的规范办学之路，民办学校将面临生源数量、社会评价、学费标准等方面的巨大压力，选择营利性需要缴纳的高额税费更让一些资本运转困难或白手起家的民办学校不堪重负，税费负担过重成为民办学校选择营利性的最大顾虑。近年来，西南某省民办学校的资本负债率达90%以上，有的民办学校用收费权质押

贷款，只能选择非营利性办学。

（一）统一区域内部利益主体的思想认识，寻求利益的最大公约数

随着民办教育力量的增强和教育市场的出现，尊重、保障民办学校的利益诉求不仅是确保分类管理改革平稳、有效过渡的重要因素，也越发演变成为一种政治性行为，民办学校亲历者、政界、学界构成了分类管理改革核心利益相关者，各方通过掌控话语权、专业技术手段或发声机构等方式表达自身利益诉求和改革关切。我国东、中、西部之间，城市与农村之间的经济社会发展水平不一，民办教育的区域发展水平存异，达成广泛而一致的分类管理认识有较大难度，但较为一致的思想共识无疑是实现分类管理改革预期效果的必要条件。为此，必须发挥好省、市、县级政府的统筹协调能力，形成相对一致的改革意见。已出台实施意见的省份，宜加强对分类管理改革舆情的实时监控，动态监测核心利益主体对分类管理改革的态度和立场，了解分类管理的舆情基调，分析社会舆论的导向，汇总地方分类管理的舆情报告；针对社会反响较大的问题，教育行政部门应及时采取补救和缓解措施，可通过加强分类管理改革专题宣传、出台配套性文件、设立专项工作小组等方式，推动分类管理改革落地。尚未出台实施意见的省份，需有针对性地借鉴其他省份实施意见的政策执行情况、政策认受度、舆论导向等，尤其要重点关注分类管理改革推行的难点和堵点，吸取其他省份的前车之鉴，优化、完善本省份的分类管理政策，充分做好分类管理改革的前置性工作，避免类似风险的发生、确保分类管理改革的平稳落地。

（二）科学处理支持与规范的关系，形成"以支持引导规范、以规范争得支持"的改革共识

面对分类管理的规范性要求较多、各地分类管理配套措施出台进度不一、各级政府对公办教育的支持力度加大等现实情况，部分民办学校产生了"分类管理改革支持不够、规范有余"的想法，因此一直处于犹豫不决的观望姿态，更有学者从民办教育发展历史和西方私立教育比较的视角，对分类管理改革的"促进"作用提出理论质疑，认为分类管理改革为时尚早。实际上，"支持与规范并重"一直是我国民办教育政策的基本导向，党的十九大报告提出的"支持和规范社会力量兴办教育"也让这种政策基调掷地有声。我国的民办教育发端、成长于社会主义初级阶段，民办教育从无到有、从弱到强、从野蛮生长到规范有序的层层演进，无不得益于政府的宏观支持和政策红利，我国民办教育的政策依赖性可见一斑。新时期新阶段，必须处理好支持和规范的关系，一方面，民办学校"以非营

利性之名行营利之实"的时代已经过去，依法依规办学才是民办学校的生存发展之道，依法依规办学也是获得政府支持的基本前提；另一方面，各级政府的财政和政策支持，努力确保非营利性民办学校和公办学校的同等法律地位。据调查，我国大部分省份、县（市）都设立了民办教育专项资金，[①] 加大了对民办学校的支持力度。因此，只要民办学校依法办学，便有充分的理由期待并享受分类管理改革的利好效应，推动区域民办教育更上一层楼。

二、细化分类管理政策，出台契合地方实际的配套文件

政策目标清晰明确、可操作性强是政策执行的基本前提。一项好的教育政策，其首要条件是政策目标的清晰性和明朗性，这直接影响到政策执行的其他要件，即政策执行的合法性、政策支持的合理度、外界不可控因素的干扰性和政策执行能力水平等。值得一提的是，我国民办教育具有较为明显的非均衡性，既表现为地区间在政策环境、经济发展水平和社会文化方面的差异，也表现为民办教育发展规模、模式、类型及公办民办教育力量对比的差异。其中，省域层面上，民办教育的区域发展差异主要表现在学前教育和高等教育阶段，民办学前教育的数量显著超过公办教育，后者则在人均 GDP 水平不高的省份蓬勃发展；在市（地）域层面上，民办教育发展的政策主导特征明显，只有本地政府提供比周边地区更优惠的政策环境时，才能最大化地吸引民办资本进入教育，才可能形成民办教育的区域积聚效应；在县域层面，民办教育发展的基本特征是学校主导。[②]

（一）确保地方分类管理政策与上位法的方向一致

当前，我国民办教育分类管理改革的顶层制度设计已搭建好，基本构筑起法律、条例、意见、细则、通知等上下衔接、依次递进的分类管理制度。地方政府必须遵循国家《民办教育促进法修法决定》《民办教育促进法》"国务院三十条"、《分类登记实施细则》《监督管理实施细则》《民办教育促进法实施条例（修订草案）（送审稿）》等政策的总体要求，认真学习体会分类管理的基本精神，确保地方分类管理改革保持在上位法规政策的框架之内，确保分类管理改革方向的正确性，这是进行制度创新的首要前提。

---

① 王一涛：《民办教育分类管理需要解决好五大关系》，载于《华中师范大学学报》（人文社会科学版）2018 年第 4 期，第 164~171 页。
② 吴华：《我国民办教育改革与发展的区域特征分析》，载于《教育发展研究》2009 年第 8 期，第 17~22 页。

（二）细化分类管理制度，加紧出台配套文件

总体而言，各地出台的实施意见较为笼统，多数省份仅简单规定了两类民办教育机构的内涵、外延及选择时间，仅有个别省份出台了更加细化的分类管理配套性政策，进一步规定了民办教育机构的分类登记办法、程序、退出机制等，这无疑影响了地方分类管理政策目标的清晰度和政策规定的可操作性。各级政府务必发挥统筹协调作用，根据本地民办教育的发展实际和现有政策基础，将中央的分类管理制度具体化、精细化，研制适宜本地民办教育发展阶段和民办教育机构发展合理诉求的分类管理办法。可根据不同的省份、县（市）民办教育发展的政策导向，有针对性地探索分类管理的可行举措。

（三）立足各地实际，激发民办学校改革创新活力

一直以来，我国民办教育的改革实践便早于政策出台，民办学校在求生存、促发展的动机驱动下，度过了种种难关，克服了重重阻力，取得了发展规模和质量上的重大进步，一跃从"公办教育的补充地位"升级到"教育事业的重要组成部分"，这背后离不开民办学校坚韧不拔的自主探索精神。民办教育新法新政背景下，两类民办学校都已经或即将获得各级政府的财政扶持和政策优惠，这为深受市场力量驱动的民办学校创造了得天独厚的发展环境，在政策的直接鼓励和间接激励下，民办学校也应深深扎根于区域民办教育的土壤，总结回顾民办学校改革发展的历程，最大限度地发挥好市场机制的独特优势，将民办学校的体制机制优势与地区教育改革总体方针结合起来，与人民群众多样化的教育诉求结合起来，努力寻找各级各类民办学校与本地教育需求的结合点，探求营利性民办学校和非营利性民办学校的立足点和增长点，增加本地营利性和非营利性民办教育的有效供给，增强服务地区经济社会发展的能力。还应加强调查研究工作，调研本地分类管理改革的有效做法、现实困难及发展方向，及时总结提炼分类管理改革的先进经验，并努力将之上升为稳定的分类管理制度，最大化地扩大分类管理改革成功做法的影响力，最终提高分类管理改革的"含金量"，让分类管理改革真正落地开花。

三、提高分类管理认识，消除社会对民办教育的偏见

美国学者查尔斯·琼斯指出，政策执行是将一项政策付诸实践的过程，其中解释、组织和实施环节最为重要。解释是把政策内容转化为民众能理解且接受的

过程；组织是设立政策执行机构拟定执行办法；实施是由政策执行机构提供各种服务与设备来完成政策目标。[1] 当前，造成分类管理政策落地困难的三大因素是民办学校举办者概念不清、地方教育行政部门的认知偏差和社会对民办教育的固有偏见。

调研发现，越是基层的民办学校，越存在根深蒂固的认知偏差，扭转民办学校举办者对分类管理的认知偏差，需要漫长的过程。第一，地方民办学校对法人财产权的概念认识不清。以陕西省为例，该省的多数学校是通过滚动积累逐步发展过来的，很多学校的前身主要是几间出租房、几位老师、几套培训课，通过扩大学校规模、吸引生源、扩充课程等方式，逐步滚动发展壮大。也正是因为从一线摸爬滚打、滚动积累的独特发展过程，很多民办学校举办者并不理解民办教育法律法规中的概念和权限，如法人财产权，不少民办学校认为"学校是我一手创办和管理的，我付出了很多心血，我是举办者，那么这个学校的所有东西都是我的"，这种观念显然没有理解"法人"的基本概念，实际上，民办学校出资人出资设立法人后，由法人对投入的资产享有财产权，出资人对原先投入的资产不再享有财产权，但能按出资份额享有权益，如有权选择管理者、有权享受资产收益、有权监督管理法人财产进出，并享有重大问题决策权等。出资人对投入资产的所有权通过对所建立的法人组织的控制来实现。[2] 第二，举办者对非营利和营利性概念及属性缺乏清晰认识，学校选择非营利性之后，举办者是否还能享受对民办学校的管理权，如何实现管理权，是民办学校的疑问。第三，举办者对自身办学投入和滚动办学积累问题认识不清。很多举办者不清楚自身的办学成本，无法区分哪些是原始投入，哪些是滚动积累。

（一）消除认知偏差、误差、落差，建立跨部门协同联动机制

调研发现，一些地方教育行政部门，特别是非教育系统部门对民办教育存有偏见，对分类管理改革的认同程度有待提高。但民办教育的分类管理改革不能仅靠教育部门的单一力量，还需要非教育部门的有力配合和积极协调。尤其是在完善差别化扶持政策、避免产生新的制度性歧视、积极拓展地方创新空间、构建两类学校创新发展长效机制、扩大办学自主权、吸引民间资金进入民办教育领域等方面，需要打破教育部门和非教育部门间的沟通壁垒，建立多部门协同联动机制，地方民办教育行政部门可成立分类管理改革专项工作小组，列出分类管理改

---

[1] Charles. O. Jones. *An Introduction to the Study of Public Policy*. Duxbury Press, 1977: 139.
[2] 沈剑光、钟海：《民办学校法人财产权与民办教育分类管理》，载于《教育研究》2011 年第 12 期，第 37~40 页。

革的任务清单，明确各个部门的权责，还可研制分类管理改革的宣讲计划，分批次、有重点地进行宣讲，通过现场宣讲、在线答疑等线上和线下相结合的形式，让民办学校明晰分类管理改革的政策初衷和预期效应，解释分类管理改革中的核心和关键概念，为分类管理改革的落实扫除思想障碍。

（二）加大宣传培训力度，解答分类管理改革的热点、难点问题

一方面，地方政府应加紧出台分类管理改革的政策解读方案，为民办学校解除分类选择困惑。以简单、易懂、可操作性的政策语言，对当地分类管理改革的核心概念、总体思路、实施办法、监督方式进行具体化界定，使民办教育机构管理者和举办者"听得懂""落得实"，确保各地分类管理改革的可操作性；另一方面，以政府购买服务的方式，加强与权威法务部门的合作，共同制定分类管理改革宣讲议程，邀请专业的法务人员进行多轮宣讲，厘清法人财产权、营利和非营利、关联交易等关键概念，为各级各类民办学校答疑解惑，不断增强民办学校举办者和管理者的理论素养和法治意识。

（三）开展分类管理改革评优活动，树立民办学校的正面形象

分类管理后，无论是营利性还是非营利性民办学校都必须将教育的公益属性置于学校办学的首位，营利性的民办学校也必须贯彻党的教育方针，致力于培养中国特色社会主义建设者和接班人，营利性民办教育既有内在的经济属性，还要具备政治的、道德的、伦理的属性。但据一些民办学校反映，社会易戴有色眼镜看待营利性民办学校，无论是营利性还是非营利性民办学校，都极易被贴上"营利"的标签，对民办学校的社会形象和社会信誉造成极大的伤害，民办学校尚处于社会的尴尬地位，民众对民办学校心有戒备。建议各级政府从民办教育专项基金拨留出专项费用，开展民办教育系统内部评奖评优活动，给予分类管理改革成效好的地区和学校以财政嘉奖，树立并增强民办学校的正面形象，为民办学校正名，营造公平、公正的分类管理改革社会环境。

四、优化分类管理政策的实施路径，明晰地方政府权责

在我国教育现代化进程中，教育政策的变革、制定和执行往往以政府为主导，政府最先提出、积极推动教育改革，各级各类政府部门是教育政策改革的发起人、推动者、执行者，一旦离开政府，教育政策便很难有效推行，教育改革的预期目标也难以实现，由此形成了行政驱动的教育政策执行方式，行政驱动表征

出各级政府在教育政策制定、执行中的科层关系，上级政府主要通过垂直管控和规制的方式推进教育政策。① 此外，随着教育管理权的逐级下放，即高等教育的统筹权下放给省级，职业教育下放到市级，基础教育下放到县级，省、市、县级教育行政部门成为地方教育的主管者。而实际上，地方教育行政部门依然难逃"行政驱动"政策执行方式的影响，这种依靠权力和法律力量来推动政策的行为，政策执行者大多只是被动执行上级领导的政策指令，基层的政策创新受到一定程度地抑制。因此，在行政驱动的政策执行模式下，地方政府倘若依然被动执行上级政策，那分类管理改革必定难以落实，出现政策执行的失灵状况。

（一）加强分类管理政策的上下、左右衔接

有民办学校管理者认为分类管理要避免出现新的政策衔接不畅问题。以非营利性民办学校的认定问题为例，有民办学校管理者提出相关部门要求民办学校的工资福利开支控制在规范比例以内。非营利民办学校的工资是有控制的，高于教育部门认定的到税务部门认定不了，这是一个"瓶颈"问题，基本工资不能超过上年度税务登记所在地人均工资水平的2倍，民办学校的工资基本上都超过了。各地必须立即清理不合时宜的法律法规，明确民办教育相关政策的执行和生效日期，对照民办教育新法新政的基本要求，建立健全分类管理配套性制度，为民办学校的分类选择或登记提供坚实支撑，加强旧法和新法的政策衔接。

（二）整合"前向探索"和"后向探索"的政策执行路径

爱尔莫尔指出，政策执行有"前向探索"和"后向探索"两种路径。② 前向探索，即采取自上而下的政策执行方式；后向探索，即采用自下而上的"草根途径"，更加强调发挥基层行政人员的自由裁量权，体现出政策执行的地域性特征。若想避免行政驱动模式产生的路径依赖，必须借鉴后向探索的政策路径，发挥基层政策执行者的自由裁量权。但完全采纳"后向探索"的政策执行路径，并不可行，也不现实，必须立足于我国教育政策系统的总体环境，进行变通性改革，整合"前向探索"和"后向探索"两种政策执行路径，减少政策失真现象。

（三）增强权力承接能力，明确分类管理的责任单位

一般来讲，政策制定者对基层政府的自由裁量权持矛盾心理，既认识到了基

---

① 叶姗姗、何杰：《教育政策县域执行的传统路径分析与路径创新》，载于《当代教育科学》2017年第11期，第26~29页。

② Richard F. Elmore. Backward Mapping: Implementation Research and Policy Decisions. Political Science Quarterly，1979－1980：608－612.

层裁量权在基层政府中的普遍存在性,又无法完全下放政策话语和裁断权,对基层政府的信任度不高,担心下级政府扭曲、误解政策本意,因此对下级政府的政策裁量加以适当控制。当前,中央政府已将分类管理改革的裁量权交给了地方各级政府,要求地方政府结合实际出台配套性措施,这显然赋予了地方政府探索分类管理的权力。地方政府宜增强权力承接能力,主动承接上级政府赋予的权力,优化地方政府的办事方式、人员结构,制定适应性的权力承接事项、承接流程、行动规范,用好分类管理改革的自由裁量权。此外,尚有不少省份未明确分类管理的责任单位和参与单位,这不仅会让分类管理改革悬空化,而且会重演政策执行中的"互相推诿、扯皮"现象,使分类管理改革难以落地,省级政府必须发挥牵头作用,率先明确省域层面分类管理改革的责任单位,将分类管理进行任务分工和责任分解,明确教育部门和非教育部门的职责与担当,使民办教育机构的分类选择真正有法可依。

五、加快建立地方联席会议制度,构建分类管理工作机制

2017年8月5日,《国务院办公厅关于同意建立民办教育工作部际联席会议制度的函》①,要求各单位主动研究各地民办教育改革发展中的重大问题,认真按照联席会议的各项工作要求扎实开展工作,指导地方对口部门落实具体工作措施。有学者指出,过去的行政规则不废除,"分类管理"这个新的制度设计就难有用武之地。打破教育行政部门与非教育行政部门之间、央属教育行政部门与各级教育行政部门的沟通交流障碍,建立跨部门、跨行政级别的分类管理联席会议制度,是当前推进分类管理改革的必然要求,也是确保分类管理改革预期成效的有利之举。

2017年10月25日,成都市政府批复了市教育局《关于建立成都市民办教育工作联席会议制度有关事宜的请示》②,同意建立民办教育工作联席会议制度,并详细公布了召集人和成员名单,要求各单位在市政府的领导下,协调推进民办教育改革发展相关工作,优化健全社会力量兴办教育的政策制度,协调解决政策制度实施过程中的重点难点问题;加强对民办教育的监督指导,规范民办学校办学秩序。2018年1月24日,浙江省民办教育联席会议办公室决定建立民办教育工作联席会议制度,形成了以省教育厅为牵头单位,省机构编制委员会办公室、

---

① 《国务院办公厅关于同意建立民办教育工作部际联席会议制度的函》,中华人民共和国中央人民政府网,2017年。
② 《关于建立成都市民办教育工作联席会议制度有关事宜的请示》,成都市人民政府网,2017年。

省发展和改革委员会、省公安厅、省民政厅、省财政厅、省国土资源厅、省地方税务局、省物价局等相关部门为成员单位,各部门定期开展例会、及时报告工作情况、及时集体研判重点难点问题及安全隐患的沟通机制。此外,甘肃省、云南省、湖南省、上海市、马鞍山市、银川市、天津市和平区、成都蒲江县、云南景洪市等地政府积极响应上级政府号召,建立起了民办教育联席会议制度。

(一) 加快建立地方联席会议制度,将推进分类管理改革纳入工作议程

分类管理是新时期民办教育改革发展的主线,分类管理改革的成效直接攸关各地民办教育的健康、可持续发展。省级教育行政部门应发挥好牵头表率作用,引导所辖市、县政府加快建立联席会议制度,努力减少各级行政部门尤其是非教育行政部门对民办教育的固有偏见,使之充分认识到民办教育对缓解财政压力、提供多样教育选择、满足社会多元诉求的不可或缺的作用,促使各级各类教育行政部门同等对待民办教育和公办教育,营造分类管理改革的良好治理氛围。各地宜以联席会议制度为体制根基,综合考虑当地民办教育的政策环境、发展水平、社会地位和未来规划,加紧研制差别化扶持、差别化用地、分类登记、分类退出等具体实施办法,并建立适应性的行政督导机制,调动各部门参与分类管理的积极性。

(二) 破除沟通障碍,加强教育行政部门与其他行政部门的协同联动

民办教育的改革发展不能仅靠教育行政部门的一己之力,需要诸多非教育行政部门的协力配合,这是切实推进分类管理改革的共识,但调查发现,有这种思想共识的倡议者和呼吁者,主要是教育行政部门内部的人员,非教育行政部门对分类管理改革认同度参差不齐:不少地方行政部门依然对分类管理改革的价值意义、推进方式和预期结果存有疑虑,非教育行政部门分类管理职责的积极性有待提高。需要指出的是,教育行政部门的科层特质决定了其沟通方式的正式性,即主要依靠制定政策文件、召开各种会议、上传下达等方式开展工作,注重上行下效和上传下达,平行沟通和平级合作稍显不足。亟须进一步细化分解联席会议制度,通过意见征询、打破沟通壁垒等方式,深入了解各部门对分类管理改革的意见和建议,共同商定分类管理改革的实施步骤和时间节点,确定不同阶段的核心任务和责任单位,建立健全分类管理改革的共同参与机制,让各地分类管理改革落到实处。

（三）提高行政部门的信息处理能力，优化分类管理的信息传送机制

从博弈论视角看，当组织内出现多人博弈时，信息便具有策略性，而非中立性。因此，信息便是资源，信息便是利益。在行政机构的具体运行中，如何发掘、利用好显性和隐性的信息资源，攸关行政管理的效率，必须建立完善的信息传送、交流、反馈及考核机制，缓解单一信息传送渠道的弊病，加快部门之间的沟通效率，避免信息的失真，确保决策的科学性。此外，考虑到分类管理改革涉及多个行政部门，各级教育行政部门有必要持续提升行政沟通技能，熟练掌握各类沟通技能，提高组织间的沟通协调能力，调动其他部门参与分类管理改革的积极性，确保行政沟通中的信息完整性和信息沟通的顺畅性，为分类管理改革营造高效、高质量的体制机制。

六、加强外部监管，防范分类改革的现实风险

在分类管理改革的试点阶段，多数民办学校举办者选择了非营利类型，但分类管理改革试点的效果并不理想，根本原因是政府难以对两类民办学校的办学行为进行严格监督和区别对待，导致民办学校多从自身利益出发，选择非营利性登记，以便享受税费减免、土地政策等优惠，减少营利性选择的风险。[1] 随着分类管理改革的全面启动，现有民办学校必须在过渡期内选择登记为营利性或非营利性民办学校，新建民办学校在设立之初就要进行分类登记。但分类管理改革蕴藏着较大的风险点，分类管理改革在制度设计上具有非营利倾向，虽然符合教育的公益性和西方私立教育分类管理的通行做法，但却在很大程度上背离了我国社会的发展阶段和民办教育的发展实际，[2] 分类管理纵然是我国民办教育的重大制度设计，具有划时代的现实意义，但从"不得以营利为目的"到允许取得"合理回报"再到"分类管理"的制度变迁过程，主要不是诱致性制度变迁的结果，即不完全是民办教育发展到特定阶段自发出现的制度变革，而主要是受到行政力量和立法手段等外在性力量的影响。因此分类管理制度存在一定的制度断层，大多数民办学校的举办者会考虑到非营利性民办学校享受优惠政策等原因而选择举

---

[1] 阎凤桥：《民办教育政策推进为何缓慢？——基于组织行为决策视角的考察》，载于《华东师范大学学报》（教育科学版）2017年第6期，第11~152页。

[2] 吴华、章露红：《对民办学校分类管理"国家方案"的政策风险分析》，载于《中国高教研究》2015年第11期，第19~22页。

办非营利性民办学校,但并不会在短期内完全放弃获得经济回报的办学动机。①

当前,我国民办教育至少面临以下三类风险:民办学校举办者的"两难"选择及超预期退出风险;营利性民办学校的制度建设空白与发展环境恶化风险;地方试点与"国家方案"的现实冲突。② 在推行分类管理的进程中,必须保持并激发社会资本进入教育领域的积极性,营造社会力量兴办教育的良好氛围,还应直面并注重评估地方分类管理改革的政策风险。

(一) 消除社会顾虑,激发社会资本进入教育领域的热情

分类管理改革的意义之一,是破除财政资金扶持民办教育的法律和制度障碍,政府可以名正言顺地加大对民办学校的支持力度,更能对不同类型、不同层次的民办学校进行差异化扶持。民办学校教师有望在资格认定、职务评聘、培养培训、评优表彰等方面,享受与同级同类公办学校教师同等的权益,非营利性民办学校教师或将享受与当地公办学校同等的人才引进政策;民办学校学生有望和公办学校学生享有同等资助政策。但由于配套政策不到位、实施条例操作性不强等原因,无论是有意投资办学的出资人,还是现有民办学校的投资人,对于是否投资或加大投入,尚持犹豫不定的观望态度。据一些有意投资的投资者反映,虽然民办教育新法新政仅对举办或参与民办学校的基本流程作出规定,但相关条例还较为笼统,营利性和非营利性民办学校的利弊权衡、投资后的资产回报效益预期、投资额度和学校管理权的关系、资产退出的补偿机制等不确定、不可测使得投资者的疑虑依然存在。各级政府必须将分类管理纳入当地教育总体发展规划之中,一视同仁地对待民办教育和公办教育,合理配置民办教育资源,积极开放教育投资和供给领域,营造社会力量进入教育领域的良好发展环境;切实推行政府和社会资本合作(PPP)模式,各方协商共建合作规则,严格按照合约投入资金、政策、权力、声誉等资源,共同承担合作责任和办学风险,破除民间资本进入教育领域的诸多顾虑和制度羁绊。

(二) 加强民办教育机构外部监管,严格落实年检制度

放眼世界,不难发现美国营利性高校的外部监管颇具特色,它们既要遵循执照(许可证)和消费者保护法,也必须通过用于非营利性教育机构资格审查的认

---

① 王一涛:《民办教育分类管理需要解决好五大关系》,载于《华中师范大学学报》(人文社会科学版) 2018 年第 4 期,第 164~171 页。

② 吴华、章露红:《对民办学校分类管理"国家方案"的政策风险分析》,载于《中国高教研究》2015 年第 11 期,第 19~22 页。

证过程。① 因此,美国建构起了由认证机构、州和联邦政府"三位一体"的监管机制,这对我国民办学校尤其是民办高校的监管很有启发借鉴意义。"监督管理实施细则"要求营利性民办学校应始终把培养高素质人才、服务经济社会发展放在首位,实现社会效益与经济效益的统一。首先,明确地方教育、人力资源社会保障、工商行政等管理部门在民办学校监管中的责任,严格实施年度检查制度。地方各级教育行政部门、人力资源社会保障行政部门应在管理权限内,制定、优化、执行本地的年检制度,确定两类民办学校年度检查的时间、内容、范围、程序、结果运用和工作要求,对于营利性民办学校而言,应着重考察民办学校在坚持社会主义办学方向、遵守法律法规、规范办学行为、坚持以学生为中心、财务状况和收入支出情况、招生和宣传广告备案情况及学校安全稳定工作情况等。其次,规范年检程序。各级教育行政主管部门应成立民办学校考核评估专家组,全面负责对审批设立的民办学校(民办培训机构)初审、中期考核和年度审核。各级教育行政部门应根据考核评价中反映出的突出问题,给所审批的民办学校下达整改意见书,并明确整改的具体时限;民办学校需逐项整改学校中现存的问题,并在规定时间内向教育行政主管部门提交书面整改报告;教育行政主管部门应做好复审工作,确保民办学校年检制度发挥成效。

(三) 建立民办学校年度报告公示和信息披露制度

《监督管理实施细则》第二十八条提出"营利性民办学校按学期或者学年收费,收费项目及标准应当向社会公示30天后执行。不得在公示的项目和标准外收取其他费用,不得以任何名义向学生摊派费用或者强行集资。"第三十四条"营利性民办学校应当按照《企业信息公示暂行条例》规定,通过国家企业信用信息公示系统,公示年度报告信息、行政许可信息以及行政处罚信息等信用信息。"这就要求各级工商行政管理部门发挥好责任主体作用,建立一贯、完备的信息公示系统,对营利性民办学校收费项目、标准等涉及师生权益的事项予以公开,接受社会对营利性民办学校办学信息的监督,确保营利性民办学校不侵犯师生的合法权益。实际上,信息披露制度不仅是非营利法人制度的重要组成部分,也是非营利性组织间接监管的手段之一,绝大多数国家都要求非营利法人定期向特定机关报告一般性信息,并向社会公开,自觉主动接受公众监督。② 非营利性民办学校检查结果较少公开的状况或将改变,适度公开非营利性民办学校相关信

---

① 陈春梅、阚明坤:《美国营利性高校"三合一"监管的路径、问题及启示》,载于《中国高教研究》2018年第9期,第47~92页。
② 税兵:《非营利法人解释:民事主体理论的视角》,法律出版社2010年版,第58页。

息、建立公开透明的监管信息,或将成为保障非营利性民办学部依法办学的有益举措。应建立地方各级行政部门监管结果共享平台。以义务教育阶段为例,现行针对义务教育阶段民办学校的监管机构众多,但同一区域内各部门的监管结果很少共享,行政资源的利用率不高,也降低了监管工具的"高效性"。因为一项监管工具使用的成效,不仅体现在结果使用的充分程度,更体现在其对监管对象行为改革产生积极影响的程度。[①]

[①] 骈茂林:《义务教育阶段非营利性民办学校的监管政策走向》,载于《中国教育学刊》2018年第8期,第18~22页。

第三章

民办学校党建工作的跟踪与评估

民办学校有着不同于公办学校的办学体制和领导机制，作为社会主义教育事业的重要组成部分、国家教育事业改革和发展的重要力量，民办教育同样肩负着培养社会主义事业建设者和接班人的重任。加强民办学校党建工作是贯彻党的教育方针、坚持社会主义办学方向的根本要求，是落实立德树人的根本任务、培养社会主义事业合格建设者和接班人的迫切需要，是促进全面从严治党向基层延伸、推动基层党建全面进步、全面过硬的重要举措。2016年11月，新《民办教育促进法》的修订发布及一系列相关政策文件的陆续出台，为解决长期困扰民办教育发展的众多问题找到了有针对性的突破口，特别是其中关于民办学校党的建设问题的规定，更是有效地推动了其党建工作的开展。本章内容在系统梳理民办学校党建工作的历史沿革及特点，明确党建工作新要求、新进展及关键问题的同时，深入分析民办学校党建工作改革与实践的未来动向。

第一节 民办学校党建沿革及新要求与新进展观察

如何加强党的建设、促进党组织作用的充分发挥，始终是各级各类民办学校党建所面临的重要问题。民办学校党建工作在发展中形成了自身典型的特征，新时期国家和地方都对民办学校党建提出了新要求，同时民办学校也根据新要求全面推进党的建设，使党建工作呈现出了新的面貌。

一、民办学校党建工作历史沿革及主要特征

我国民办学校党建工作可分为初始期、快速发展期、规范发展期这三个主要阶段,党建工作呈现出了要求的主动性、规格的特殊性、发展的缓慢性等特征。

(一)历史沿革

民办学校党建工作与学校发展密不可分,回顾民办学校党建工作的发展进程,可以分为以下三个主要阶段:

1. 初始期(20 世纪 80 年代中期至 20 世纪 90 年代初期)

1982 年 12 月 4 日,第五届全国人民代表大会第五次会议通过了《中华人民共和国宪法》[①],其中第十条规定国家鼓励集体经济组织、国家企事业组织和其他社会力量依照法律规定举办各种教育事业,这为民办学校的创建提供了可能。1985 年 5 月 27 日,中共中央发布《中共中央关于教育体制改革的决定》[②],促进了以自考助学为主要办学内容的民办学校的发展。1987 年 7 月 8 日,国家教委发布了《关于社会力量办学的若干暂行规定》[③],该规定成为国家针对民办教育制定的第一个基本规章。

在初始期,由于民办学校自身发展及思想政治工作开展的需要,一些民办学校开始建立党的基层组织。据不完全统计,到 1990 年初已有超过半数的民办学校结合自身实际建立了党组织,在加强学生思想政治教育与党员管理等方面发挥了积极作用。总体而言,该时期的党建工作处于萌芽阶段,相关工作仍刚起步。

2. 快速发展时期(20 世纪 90 年代初期至 21 世纪初期)

1993 年 8 月 17 日,国家教委出台了《民办高等学校设置暂行规定》[④],涵盖设置标准、设置申请、评议审批、管理等多方面内容,推动了民办学校的规范化发展。1997 年 7 月 31 日国务院颁布了《社会力量办学条例》,积极鼓励社会力量办学,民办学校发展进入新时期。2002 年 12 月 28 日第九届全国人民代表大会常务委员会第三十一次会议通过《民办教育促进法》,使得中国民办教育有了真正意义上的法律条例。

在快速发展时期,民办学校党建工作也出现了良好的发展趋势。一是相关民

---

① 《中华人民共和国宪法》,中国人大网,1982 年。
② 《中共中央关于教育体制改革的决定》,中国共产党新闻网,1985 年。
③ 《关于社会力量办学的若干暂行规定》,教育部门户网,1987 年。
④ 《民办高等学校设置暂行规定》,教育部门户网,1993 年。

办学校党建工作的政策文件陆续出台，为其党建工作开展提供了制度保障。如2000年6月6日中共中央组织部、教育部党组印发《关于加强社会力量举办学校党的建设工作意见》，这是第一个针对民办学校党建工作的指导性文件，基本明确了民办学校党建工作的地位、任务和要求等。二是民办学校的党建工作在不断地实践和摸索中逐渐明晰起来，隶属关系、决策参与、基层建设等日益完善。总体而言，该时期的党建工作由于民办学校的创办时间、办学层次、管理归属等方面存在较大差异，党建工作虽按既定的政策文件在开展，但却表现出较大的不平衡性。

3. 规范发展期（21世纪初期至今）

进入21世纪后，国家和中央陆续颁布了高规格、高质量、高密度的政策文件。2004年8月，中共中央、国务院下发了《关于进一步加强和改进大学生思想政治教育的意见》；2006年12月，国务院办公厅印发《国务院办公厅关于加强民办高校规范管理引导民办高等教育健康发展的通知》（以下简称《民办高校规范管理通知》），与此同时，中共中央组织部、教育部党组也印发了《关于加强民办高校党的建设工作的若干意见》；2007年2月，教育部颁布了《民办高等学校办学管理若干规定》[①]（以下简称《办学管理规定》）；2016年12月29日国务院印发的《鼓励社会力量兴办教育若干意见》对民办教育改革发展作出了全面部署。各地区也相应出台了配套政策，这些促进民办学校发展的政策文件，一方面使民办学校在教育领域的重要性日益凸显，另一方面也说明了民办教育已逐渐进入内涵式发展时期，而与之相匹配的党建工作也步入发展新时期。总体而言，该时期民办学校党建工作的领导体制、制度建设、队伍建设等各个方面逐渐规范化和系统化。

（二）民办学校党建工作的主要特点

相较于公办学校，民办学校在领导体制、管理形式、发展模式等方面都具有特殊性，因而其党建工作也存在着鲜明的特点，主要体现为以下几点：

1. 党建工作要求的主动性

一是表现为政策文件的主动适应性。为保证民办学校党建工作的开展，国家和地方都相应制定了一系列的政策文件，这是党建工作逐步完善的强劲动力。而从某种程度而言，民办学校积极主动地去适应这些政策文件极大地推动了党建工作。

二是表现为社会认同的主动追求性。由于起点较低，社会对民办学校的认可

[①] 《民办高等学校办学管理若干规定》，教育部门户网，2007年。

度不太高，但是通过党建工作，可在队伍建设、人才培养、制度建设等方面有所改善，从而提高社会对民办学校的认可度。可以说，民办教育的发展实则是民办学校不断寻求并获得社会认同的一个过程，而党建工作的开始无疑促进了社会对民办学校的认可。

三是表现为地位提高的主动探索性。民办教育逐渐成为我国教育领域的重要组成部分，但相较于公办教育，民办教育的地位还有待提高。所以，许多民办学校在扩大生源数量、提高生源质量、优化教师队伍等方面，特别是增强党的建设方面进行了多种方式的探索。例如，浙江树人大学、青岛滨海大学等民办学校在全国高校党建工作会议上做了发言，这为今后民办学校参与国家和地方重大事项的研讨、发出民办教育的声音提供了较好的基础。

2. 党建工作规格的特殊性

一是表现为领导体制的特殊性。民办学校的领导体制主要为董（理）事会领导下的校长负责制。在这种领导体制下，党组织在民办学校中所处的地位十分特殊。如在地位层面，党组织主要发挥政治核心作用，而非领导作用；在决策层面，党组织主要是通过既定程序进入学校决策层参与重大问题的研究和决策；在工作层面，党组织主要是开展思想政治教育、党员管理、党建活动等。

二是表现为运行机制的特殊性。民办学校的运行机制存在诸多弊端，这也会极大程度地影响党建工作的开展和深入。在人员配备层面，相较于党务工作者，民办学校更注重教师的引进和培养；在发展重心层面，相较于党建工作，民办学校更注重基本建设、财务运作等直接影响学校生存的问题；在机构设置层面，相较于其他部门或机构的设置，民办学校党务部门和基层组织的设置相对弱化或简化。

三是表现为工作对象的特殊性。民办学校相较于公办学校，其教育主体、教育对象都呈现出明显的特殊性，这就使得其党建工作的开展也显现出某种特殊形态。因生源质量相对较差，在学生党建工作层面，学生党员的质量低、发展慢、培养难成为首要难题。在教师党建工作层面，因教师流动性较大，其党组织的教师成员数量少、分布散、工作难成为民办学校教职工党建工作的突出问题。

3. 党建工作发展的缓慢性

一是表现为组织建设的缓慢性。民办学校由于起步晚、发展缓等因素的影响，使得党组织的建设也相对滞后。据相关专家的调研发现，党组织组建与民办学校组建同步的仅有6%，滞后于学校组建2～3年的占60%，并且有约30%的学校要迟3年以上。所以，在解决民办学校基础配备的同时，党组织的建设也需紧跟其上。

二是表现为工作机制的缓慢性。民办学校创建及发展的过程中存在一个普遍问题，就是会优先考虑学校的人才培养、管理模式、教学方式等，极少数学校将党建工作放在首要位置。这与民办学校工作机制发展的缓慢性有关，制度虽相继出台，但具体落实工作却跟不上，严重阻碍了党的建设发展。

三是表现为发展规模的缓慢性。民办学校师生党员数量远低于公办学校党员数量，尤其是学生党员数量更少，究其原因，这与民办学校党务工作系统不健全，党务人员配备不齐全，党建工作机制建设不及时等具有极大的关系。[1]

二、民办学校党建的新要求

（一）全面加强民办学校党的领导

党的十九大报告提出，建设教育强国是中华民族伟大复兴的基础工程，必须把教育事业放在优先位置，办好人民满意的教育。全面加强民办学校党的领导是坚持社会主义办学方向的必然要求，是解决"为谁培养人、培养什么样的人、怎样培养人"问题的根本举措。

自2000年中共中央组织部与教育部党组联合下发《关于社会力量举办学校党的建设工作意见》成为第一个针对民办学校党建工作的指导性文件以来，2006年中共中央组织部又与教育部联合出台了《关于加强民办高校党的建设工作的若干意见》等国家层面的文件，针对亟须解决的民办学校党建工作中的问题，对民办学校党组织的设立、隶属关系、作用、自身建设等方面进行了全面部署，特别是同年颁布的《民办教育促进法》第四条规定，民办学校应当坚持中国共产党的领导，坚持社会主义办学方向，坚持教育公益性，落实立德树人的根本任务。这是新中国恢复民办教育以来第一次从法律层面明确了党对民办学校的领导，使民办学校党建工作进入到法治化阶段。到2016年12月，中共中央办公厅印发了《关于加强民办学校党的建设工作的意见（试行）》，共包含8个部分20个具体条目，对新形势下如何全面加强和改进民办学校党的建设作出了系统安排，提出了明确要求。其主要包括理顺党组织隶属关系；着力推进党的组织和党的工作有效覆盖；突出党组织"战斗堡垒"政治定位；建强党务干部队伍；建立健全民办学校党组织参与决策、监督机制；做好发展党员和党员教育管理工作；严格党的组织生活，创新党的活动载体；抓好民办学校思想政治教育和德育工作等内容。同时，在落实责任、经费保障、加强培训等方面提出了具体要求。

---

[1] 章清、宋斌：《民办高校党建工作的历史回顾与创新发展》，载于《思想理论教育》2008年第23期，第62~66页。

同期出台的国家系列政策也把加强民办学校党的建设作为重点内容。国务院于 2016 年 12 月 29 日颁布了《鼓励社会力量兴办教育若干意见》，对如何全面加强民办学校党的领导作出了具体规定。对民办学校党组织设置如何进一步完善、民办学校党组织隶属关系如何进一步理顺、各级党组织工作保障机制如何进一步健全，重点还对如何选好配强民办学校党组织负责人提出要求。2016 年 12 月 30 日教育部、人力资源和社会保障部、民政部、中央机构编制委员会办公室、国家工商行政管理总局五部门联合印发的《分类登记实施细则》第一章第二条指出，坚持党的领导，坚持社会主义办学方向，坚持公益性导向，坚持立德树人。同日，教育部、人力资源和社会保障部、国家工商行政管理总局联合印发的《营利性民办学校监督管理实施细则》第三条指出，全面贯彻党的教育方针，坚持党的领导，坚持社会主义办学方向，坚持立德树人。这些都是作为新社会组织的民办学校党组织的原则要求和基本定位，必须从战略上高度重视民办学校党的建设。

　　在随后出台的各省级相关文件中，都把加强民办学校党的领导作为首条内容。从原来比较笼统的规定，变得更为具体。例如，1995 年 3 月 2 日四川省教育委员会颁布《四川省社会力量办学管理办法实施细则》[①] 第三条提出，社会力量办学必须遵守国家法律、法规和政策，坚持四项基本原则，坚持社会主义办学方向，贯彻党的教育方针。2000 年 7 月 25 日四川省人民政府出台的《四川省关于加快发展我省民办教育的若干意见》[②] 第七条规定，民办学校要坚持依法办学，坚持社会主义办学方向，认真贯彻党的教育方针，全面推进素质教育，努力提高教育质量，建立健全学校民主管理和监督制度。2002 年 4 月 30 日四川省人民政府办公厅印发的《四川省民办教育机构分类设置标准（试行）》[③] 第五条规定，民办教育机构应配备坚持党的基本路线、政策观念强、熟悉教育业务、事业心强的专职领导班子。2018 年 9 月 17 日，四川省政府办公厅根据国家政策文件颁布了《四川省人民政府办公厅关于鼓励社会力量兴办教育促进民办教育健康发展的实施意见》[④]（以下简称《四川民办教育实施意见》），总观第一条总体要求至第二条加强党对民办学校的领导，再至第五条加快现代学校制度建设，从思想层面到行动层面，都对民办学校如何全面加强党的领导作出了具体规定。

　　再如江苏省，2007 年 3 月 20 日江苏省人民政府办公厅出台的《省政府办公厅关于加强民办高校规范管理促进民办高等教育健康发展的通知》[⑤] 第一条规

[①]《四川省社会力量办学管理办法实施细则》，四川省人民政府网，1995 年。
[②]《四川省关于加快发展我省民办教育的若干意见》，四川省人民政府网，2000 年。
[③]《四川省民办教育机构分类设置标准（试行）》，四川省人民政府网，2002 年。
[④]《四川省人民政府办公厅关于鼓励社会力量兴办教育促进民办教育健康发展的实施意见》，四川省人民政府网，2018 年。
[⑤]《民办高校规范管理》，江苏省人民政府网，2007 年。

定，坚持正确的办学方向，民办高校要认真贯彻国家的教育方针，坚持社会主义办学方向和教育公益性原则。2010年1月12日江苏省教育厅印发的《江苏省民办非学历教育机构设置和管理办法》第四条规定，民办非学历教育机构应坚持党的基本路线，全面贯彻国家的教育方针，保证教育质量，培养合格人才；遵守国家的法律、法规，自觉接受政府的管理、监督、检查、评估和审计。2012年10月16日《中共江苏省委组织部 中共江苏省委教育工委关于进一步加强民办高校党的建设工作的意见》[1]对民办高校党的建设作出了具体的规定。2017年12月20日江苏省教育厅颁布的《江苏省民办非学历教育机构设置和管理办法（修订）》[2]第四条规定，民办非学历教育机构应遵守国家法律法规，全面贯彻党的教育方针，坚持党的领导，加强党组织建设，坚持社会主义办学方向，坚持立德树人，坚持教育的公益属性。2018年2月22日江苏省政府印发《江苏实施意见》第一条总体要求至第四条加快民办学校现代化学校制度建设，对民办学校如何全面加强党的领导作出了具体规定。

从中央到地方，从法律颁布到政策印发，无不体现了民办学校党组织是党在民办学校中的战斗壁垒，发挥着重要的政治核心作用。

（二）明确民办学校党组织的设置

民办学校党组织是党在民办学校工作中发挥战斗力的重要基础，肩负着把党的路线、方针、政策落实到学校各项工作中的重要任务。党组织的设置直接关系到党建工作是否能有效开展，通过明确民办学校党组织设置，则能极大程度上推动民办学校党建工作的顺利开展。

《关于加强民办学校党的建设工作的意见（试行）》第三条推进党的组织和党的工作有效覆盖中提出要积极实现党组织和党的工作的全面覆盖，主要为凡有3名以上正式党员的民办学校，都要按照党章规定建立党组织，并按期进行换届，党员人数不足3名的，可采取联合组建、挂靠组建、派入党员教师单独组建等形式建立党组织。暂不具备建立党组织条件的，要通过选派党建工作指导员、联络员或建立工会、共青团组织等途径开展党的工作，条件成熟时及时建立党组织。

同时《关于加强民办学校党的建设工作的意见（试行）》也要求理顺民办学校党组织隶属关系。实行条块管理相结合，即主管部门管理与属地管理相结合，

---

[1] 《中共江苏省委组织部 中共江苏省委教育工委关于进一步加强民办高校党的建设工作的意见》，江苏省人民政府网，2012年。
[2] 《江苏省民办非学历教育机构设置和管理办法（修订）》，江苏省教育厅网，2017年。

并且以主管部门党组织管理为主,学校所在地党组织做到积极配合、主动指导和管理。文件对各层次民办学校党组织隶属关系逐一做了明确,民办高校党组织关系一般隶属于省(自治区、直辖市)、市(地、州、盟)党委教育工作部门或教育行政部门党组织。民办中小学校党组织关系一般隶属于县(市、区、旗)党委教育工作部门或教育行政部门党组织。民办培训机构党组织关系一般隶属于县(市、区、旗)教育行政部门、人力资源社会保障部门党组织或社会组织党工委。办学规模大、党员人数多、有一定社会影响的民办中小学校、民办培训机构党组织,也可由市(地、州、盟)党委教育工作部门或教育行政部门、人力资源社会保障部门党组织直接管理。有特殊情况的,党组织隶属关系由党委教育工作部门或教育行政部门、人力资源和社会保障部门党组织,商同级党委组织部门确定。

其他省份也先后出台了相应的文件,其中涉及党组织设置的内容逐渐变得清晰起来。如2000年10月27日江西省人民政府颁布的《江西省人民政府关于鼓励支持社会力量办学的若干规定》① 第十条规定要建立健全党、团、工会组织,切实加强德育工作。2004年11月17日江西省人民政府出台的《关于进一步促进民办教育发展的决定》② 第五条规定,民办学校要积极建立健全党、团、工、妇、教职工代表大会、学生会等组织机构,发挥各组织机构在民办教育中的积极作用。2007年5月17日江西省人民政府印发的《中共江西省委、江西省人民政府关于进一步加强和改进民办普通高等学校工作的若干意见》③ 第五条对加强民办高校党的建设作出了具体的规定,包括建立健全民办高校党组织和加强民办高校党委领导班子和基层组织建设的内容。2018年6月,江西省政府出台《江西省人民政府关于鼓励社会力量兴办教育促进民办教育健康发展的实施意见》④(以下简称《江西民办教育实施意见》)从第一条总体要求中的指导思想至第二条的加强党对民办学校的领导,再至第五条的加快现代学校制度建设,在中央文件的指导下,对江西省民办学校如何具体落实党的领导、完善党的基层组织等作出了详细的规定。

在中央和地方法律政策文件的指导下,民办学校党组织设置逐渐明确起来,而有的民办学校较早地实现了党组织的全覆盖,明确了党组织设置。如南宁学院自成立后,便经南宁市委组织部批准较早地建立了党委,党委机构也较为健全,涵盖了党办、组织部、宣传部、学工部、就业指导中心、保卫处,独立设置团

---

① 《江西省人民政府关于鼓励支持社会力量办学的若干规定》,江西省人民政府网,2000年。
② 《关于进一步促进民办教育发展的决定》,江西省人民政府网,2000年。
③ 《中共江西省委、江西省人民政府关于进一步加强和改进民办普通高等学校工作的若干意见》,江西省人民政府网,2007年。
④ 《江西省人民政府关于鼓励社会力量兴办教育促进民办教育健康发展的实施意见》,江西省人民政府网,2018年。

委、工会。截至目前有党总支 7 个,教职工党支部 21 个,学生党支部 7 个。同时,按照"选优提青"的原则,配强配齐总支书记(直属党支部书记),基本形成了老中青结合、经验与创新互补、精干高效的总支书记队伍。再如,武汉东湖学院,截至目前,二级学院都已基本建立党总支,机关、直属单位、教研室、年级建立党支部,实验室、班级、寝室建立党小组,目前有 9 个党总支、39 个党支部、300 余个党小组,党员 1 224 人。

(三) 确立党组织参与决策的具体方式

公办学校实行的是党委领导下的校长负责制,党委在学校中处于领导核心地位,对学校工作实行统一领导。[①] 校长负责学校的行政工作,并根据党委的集体决策,具体负责实施。而民办学校大多实行的是董(理)事会领导下的校长负责制,董(理)事会是所办学校最高的决策权力拥有者,党组织不是决策机构,而是参与决策,发挥政治核心作用和保证监督作用。为此,明确党组织参与决策的具体举措,能较大程度地提高党的建设的规范化水平。

《关于加强民办学校党的建设工作的意见(试行)》中明确指出要推进党组织班子成员进入学校决策层和管理层,具体的参与方式,一是建立董事会与党委沟通协商制度。经与董事会研究形成了重大事项,在作出决策前与党委沟通协商,取得一致意见后,再研究决定的工作机制,强化了党委对学校重要决策的参与和监督。二是建立交叉任职制度。实行党政"双向进入、交叉任职",党委书记以法定程序进入董事会,党委委员兼任行政职能部门负责人,各二级学院党总支书记兼任副院长,形成了党政合理分工、相互促进、和谐高效的管理体制,解决了党政"两张皮"的问题,从决策和执行两个层面强化了党组织的作用。三是建立党政联席会议制度。学校日常重大问题和重要事项,采用董事长、校长、党委书记和相关部门负责人参加的党政联席会议方式集中研究决策;学校二级学院重大问题和重要事项,同样采用党政联席会议方式研究决策,形成了党组织从决策到实施全过程、全方位参与学校管理的有效形式,强化了基层党组织作用的发挥,从而加强党委在学校的地位,充分发挥了党委在重大事项把握方向的重要作用。要健全董(理)事会和监事(会)制度,董(理)事会和监事(会)成员依据学校章程的规定共同参与学校管理,经过法定程序后,学校党组织领导班子成员进入学校决策机构和行政管理机构,行政机构成员如党员校长、副校长等,可按照党的有关规定进入党组织领导班子。2018 年 8 月 10 日教育部研究起草的

---

① 李玉华、黄詹媛、孔颖:《党政双向进入切实加强民办高校党组织建设》,载于《中国高等教育》2012 年第 Z2 期,第 41~43 页。

《民办教育促进法实施条例（修订草案）（送审稿）》中也提及要明确党组织负责人参与学校决策机构（第二十六条），党的基层组织代表进入监事会（第二十七条），并要求学校章程中规定学校党组织负责人进入学校决策机构和监督机构的程序（第十九条），将加强党的领导的要求落细落实。

根据中央文件精神，地方政府、教育部等相关部门也相继出台了政策文件，以推进民办学校党组织参与重大事项的决策。如安徽省人民政府于2017年10月17日颁布的《安徽省人民政府关于鼓励社会力量兴办教育 促进民办教育健康发展的实施意见》①（以下简称《安徽民办教育实施意见》）第十八条完善学校法人治理中规定，要健全党组织参与决策制度，积极推进"双向进入、交叉任职"。云南省人民政府于2017年12月18日、内蒙古自治区人民政府于2018年1月2日、陕西省人民政府于2018年1月14日颁布的各地实施意见都对民办学校党组织具体参与决策的方式进行了较为详细的规定。

现今已有众多民办学院落实了党组织班子成员与学校决策层、管理层"双向进入、交叉任职"的要求。如武汉生物工程学院实行理事会领导下的校长负责制，由学校理事长出任校党委书记，并将"校党委对理事会、校委会的决策与管理过程行使保证监督职能"明确写进学校章程。此为民办学校党委与董（理）事会的双向进入，交叉任职，由民办学校的董（理）事会负责人兼任党组织负责人。

（四）细化与改进思想政治教育要求

思想政治教育是民办学校党组织的首要政治责任，也是落实民办学校政治领导权的最重要的工作。细化改进思想政治教育要求，把思想政治化教育做精、做细、做实，是进一步提升民办教育的实效性、针对性的有效途径。能使其贯穿于教育教学全过程，较大限度地促成"全员育人、全程育人、全方位育人"局面的实现。

《关于加强民办学校党的建设工作的意见（试行）》中提及如何抓好思想政治教育和德育工作，主要包括三个方面：一是推动中国特色社会主义理论体系进课堂、进头脑。实施思想政治课"名师工程"，安排政治强、业务精、作风好、综合素质高的教师授课。党组织书记要带头讲形势政策课，回答好师生关心的热点难点问题。民族地区和边疆地区的民办学校，还要加强马克思主义祖国观、民族观、宗教观和民族团结进步教育教学。要把思想政治教育融入学生学习生活各

---

① 《安徽省人民政府关于鼓励社会力量兴办教育 促进民办教育健康发展的实施意见》，安徽省人民政府，2017年。

环节，抓好学校教室、寝室和网络等思想文化阵地建设与管理，促进全员全过程全方位育人。二是重视师德师风建设。将思想政治要求纳入教师日常管理，坚持学术研究无禁区、课堂讲授有纪律，引导教师恪守职业道德，自觉为人师表。对师德失范、不适宜继续从事教育教学工作的，要提出调整岗位或调离学校的建议。对个别散布错误言论的教师，党组织要敢抓敢管。三是加强思想政治工作者队伍建设，要配齐配强辅导员、班主任、思想政治课教师等。要致力于建立一支专业化职业化的民办高校辅导员队伍，从职业发展和专业晋升两个方面开辟通道，激发他们的工作积极性。

2016年12月7日习近平同志在全国高校思想政治工作会议上的讲话，明确了新时期高等学校发展和高校思想政治工作的意义、目标、任务，深刻阐释了高校应该培养什么样的人、如何培养人以及为谁培养人的根本问题，对目前高校如何开展思想政治工作具有重要的指导作用。全国思想政治工作会议前期，中共中央、国务院印发了《关于加强和改进新形势下高校思想政治工作的意见》[①]，从重要意义和总体要求、强化思想理论教育和价值引领、发挥哲学社会科学育人功能、加强对课堂教学和各类思想文化阵地的建设管理、加强教师队伍和专门力量建设、推进高校思想政治工作改革创新、加强和改善党对高校的领导七个方面，对加强和改进高校思想政治工作作出全面部署。

各地根据中央的文件精神，也纷纷出台了相应的政策文件。如2018年2月9日海南省出台的实施意见第二条主要任务中提及要加强和改进民办学校思想政治教育工作，并对其作出了具体规定。再如，2018年5月30日山东省印发的《山东省人民政府关于鼓励社会力量兴办教育促进民办教育健康发展的实施意见》[②]（以下简称《山东民办教育实施意见》）第一条加强党对民办学校的领导中对如何加强和改进民办学校思想政治教育工作提出了具体要求。2018年8月17日吉林省颁布的《吉林民办教育实施意见》第二条切实加强党对民办学校的领导中从意识形态、思想政治课程体系建设、思想政治教师队伍等方面进行了较为详细地阐述。

在政策要求下，学生思想政治教育得到加强。各校积极建立健全思想政治教育工作机构，逐步形成党组织统一领导、有关职能部门各司其职、密切配合、齐抓共管的良好局面。

（五）明确党建的督导考核要求

加强民办学校党建督促检查，建立民办学校督导制度，加快向民办学校选派

[①]《关于加强和改进新形势下高校思想政治工作的意见》，中国共产党新闻网，2016年。
[②]《山东省人民政府关于鼓励社会力量兴办教育促进民办教育健康发展的实施意见》，山东省人民政府网，2018年。

党组织负责人和督导专员，是各省级教育主管部门加强民办学校管理的一个重要创新举措，对于充分发挥党的政治核心作用具有深远影响。

《关于加强民办学校党的建设工作的意见（试行）》提出对民办学校党的建设要加强分类指导和督促检查。结合各类民办学校实际，引导党组织围绕学校发展、贴近师生需求开展党的活动，增强党建工作的针对性、实效性，防止"两张皮"。在民办学校注册登记、年检年审、评估考核、管理监督过程中，党建工作情况是必备条件和必查内容。做好民办学校出资人思想工作，促使其主动支持党建工作。对不重视不支持党建工作的，要教育引导、督促整改；对办学出现严重问题的，要依法依规扣减招生计划，直至撤销办学资格。尤其提出要高度重视民办幼儿园党的建设，根据学前教育特点和幼儿教师实际，落实民办学校党建工作有关要求，确保党的组织和党的工作有效覆盖。

《鼓励社会力量兴办教育若干意见》提出推行向民办高校选派党组织书记，并兼任政府督导专员，选派将成为民办高校党组织书记产生的唯一路径。《鼓励社会力量兴办教育若干意见》提及民办高校党组织负责人兼任政府派驻学校的督导专员。《民办教育促进法实施条例（修订草案）（送审稿）》中也提及完善督导制度。根据《关于加强民办学校党的建设工作的意见（试行）》《鼓励社会力量兴办教育若干意见》《民办教育促进法实施条例（修订草案）（送审稿）》等中央文件的精神，教育部及全国多个省份相继制定了民办高校督导专员委派及管理办法，如中共陕西省委教育工委、陕西省教育厅印发了《关于向高校选派党委负责人（委派督导专员）实施办法》[1]的通知；福建省教育厅出台了《福建省民办高校督导专员委派及管理办法》[2]等，这些省份的文件对督导专员的委派、主要职责、管理等提出了具体的要求。[3] 经调查发现，根据中央有关部门的文件要求，多个省份已开展委派督导专员的工作，福建、河北、辽宁、广东、云南、湖南、宁夏、江西等省区先后研究制定了选配民办高校党组织负责人的工作方案，挑选德才兼备、熟悉教育工作的党员干部，到民办高校担任党组织负责人，兼任政府派驻学校的督导专员。从已派遣党组织负责人（督导专员）的省份情况来看，多数省份采取以下程序派驻：从高教系统在职的或是刚退休的党政干部中，选拔党委书记人选→由省级党委组织部门会同当地教育工委或直接由后者联合教育行政部门共同发文→将有关人选先任命为相关民办高校党委书记，再明确兼任督导专员。但也有一些省份在坚持中央文件精神的基础上，结合当地实际情况，创新了

---

[1] 《关于向高校选派党委负责人（委派督导专员）实施办法》，陕西省教育厅网，2007 年。
[2] 《福建省民办高校督导专员委派及管理办法》，福建省教育厅网，2008 年。
[3] 查明辉：《民办高校"三驾马车"领导管理体制研究》，载于《现代教育管理》2012 年第 4 期，第 29~32 页。

选派党组织负责人、委派督导专员的方式。如浙江省因本省民办高校党组织较为健全，并未向学校另派党委书记，采取的方法是把现有的党组织负责人直接聘任为政府兼职督导专员，为加强管理，省政府再专门组织一个由各方面专家组成的专业督导团，定期对民办高校进行巡视、督察和指导。再如，云南省的做法是由省委组织部、省委高校工委和省教育厅共同调研、选聘了一个由6名督导专员（均具有高校党政工作经验）组成的巡视组，分别面向有关民办高校，协助省委高校工委和省教育厅党组，指导学校选配党组织主要负责人和建立民办高校党组织及领导班子。上海市则是前期向有关民办高校派出党建督察员，经过一定时期的磨合和适应，在取得学校各方面的理解和信任后，再按一定程序将党建督察员任命或选举为党委书记，然后再由教育行政部门发文聘任为督导专员。[1]

设立民办学校党组织负责人兼督导专员，对加强党的领导，贯彻落实党的方针政策，坚持社会主义的办学方向，保证民办学校的办学质量，规范民办学校的办学行为，促进其健康发展具有重要作用。

三、民办学校党建的新进展

（一）党组织的政治核心地位更加凸显

尽管民办学校领导体制与公办学校不同，但立德树人的根本任务是相同的。因此，民办学校党组织应成为学校各项工作的领导核心，领导学校党的建设、思想政治教育和德育等工作，保证民办学校的办学方向。民办学校党组织的政治核心地位是随着民办教育的发展壮大而逐渐显现出来的。

《关于加强民办学校党的建设工作的意见（试行）》则对民办学校党组织政治核心作用的发挥提出了更为具体的六个方面要求，包括：一是要求保证政治方向。宣传执行党的理论和路线方针政策，宣传执行党中央、上级党组织和本组织的决议，引导学校全面贯彻党的教育方针，依法办学、规范办学、诚信办学，坚决反对否定和削弱党的领导。二是要求凝聚师生员工。把思想政治工作贯穿学校工作各方面，贯穿教育教学全过程，密切联系、热忱服务师生员工，关心和维护他们的正当权益，统一思想、凝聚人心、化解矛盾、增进感情，激发教职工主人翁意识和工作热情。三是要求推动学校发展。发展是第一要务，党组织首先要支持学校董（理）事会和校长依法依章行使职权、开展工作，其次要积极参与重大

---

[1] 董圣足、李蔚：《民办高校督导制度的建立与完善》，载于《教育发展研究》2008年第2期，第7～12页。

事项决策。四是要求引领校园文化。坚持用社会主义核心价值观塑造校园文化，加强社会公德、职业道德、家庭美德、个人品德教育，开展精神文明创建活动，组织丰富多彩的文化活动，推动形成良好校风教风学风。五是要求参与人事管理和服务。参与学校各类人才选拔、培养和管理工作，在教职工考评、职称评聘等方面提出意见建议，调动他们的积极性和创造性。六是要求加强自身建设。完善组织设置和工作机制，加强党组织班子成员和党务干部管理，做好发展党员和党员教育管理服务工作，严格组织生活制度，认真贯彻民主集中制，抓好党风廉政建设。明确党组织领导学校工会、共青团等群团组织，领导好教职工大会（代表大会），做好统一战线工作。

《民办教育促进法实施条例（修订草案）（送审稿）》第四条（为新增的条款）明确规定民办学校应当加强党的领导，坚持社会主义办学方向，发挥党组织的政治核心作用，参与学校重大决策并实施监督。而从现有的法律政策来看，民办学校党组织政治核心地位的发挥不再停留于书面的规定、理论的阐释，更是需要落实到现实生活的具体操作，涉及监督党和国家方针、政策的贯彻执行，支持董事会、理事会和校长职权的依法行使，参与学校重大事项的决策，领导思想政治工作、精神文明建设和党组织的基层组织的组织、管理等。如成都东软学院，其为四川省第一所独立设置的民办普通本科高校。基于《成都东软学院章程》的制定基础，该学校从设立开始就不断健全内部管理制度，并把党委建立和党组织建设纳入学校的章程之中。学校依据《中国共产党章程》建立中共成都东软学院委员会，支持董事会和院长依法行使职权，保证学院的社会主义办学方向，充分发挥党组织的政治核心作用。其中，参与学校重大问题决策的党委成员通过法定程序进入学校董事会，这从办学层面保证了党在学校管理和运行中的政治核心地位。

（二）党组织作用的发挥机制更加完善

党组织作用发挥机制会直接影响到党建工作目标和任务的实现，而科学、高效的作用发挥机制能极大地推进党建工作目标和任务的实现。中央和地方出台了一系列相关政策文件，以期完善党组织的发挥机制。

一是推进领导决策机制。《关于加强民办学校党的建设工作的意见（试行）》对民办学校党组织参与决策的机制提出了明确要求，包括直接参与和间接参与两种形式。直接参与的形式为党组织领导班子成员可通过法定程序进入学校决策机构和行政管理机构，符合条件的学校决策机构和行政管理机构中的党员可按照党的有关规定进入党组织领导班子，直接参与董（理）事会的重大事项决策。而间接参与的形式为涉及民办学校重大事项需经党组织参与后，董事会方能决定，而涉及党的建设、思想政治工作和德育工作的事项主要由党组织自行决定等方式进行。

二是领导机制的明确。《关于加强民办学校党的建设工作的意见（试行）》中对党组织的负责人（主要为书记）的选配标准、选配渠道、培训和管理以及如何向民办高校选派等作出了较为详细的规定，力争做好党组织书记队伍建设，努力提高整体素质和履职能力。

三是加强监督保证机制建设。《关于加强民办学校党的建设工作的意见（试行）》中提及要强化党组织对学校重要决策实施的监督，定期听取校长工作报告及学校重大事项情况的通报。

四是完善经费保障机制。《关于加强民办学校党的建设工作的意见（试行）》明确了党组织活动经费问题，民办学校要将党组织活动经费列入年度经费预算，保证必要支出，最大限度地确保了党费的合理使用。其中，创新性地提到了学校党员缴纳党费可全额返还，可供民办学校自行支配使用。经费保障力度的加大，有力地促进了民办学校党建工作的开展。

五是党员日常教育管理机制的规范。《关于加强民办学校党的建设工作的意见（试行）》中具体涵盖了规范党员组织关系管理、严格党的组织生活、做好发展党员工作以及从严教育管理党员四个方面。

所以，一套协调、灵活、科学的党组织发挥作用机制的建立，能极大程度地保证党建工作的目标和任务的真正实现，从而推动民办学校党的建设，为各项工作的开展提供思想引领。

（三）党的基层组织设置逐步健全

在新形势下，党的基层组织设置已经成为民办学校党组织开展工作的基础环节。从现实情况来看，民办学校基层党组织的设置尚未形成固定且较为成熟的模式，但依据中央和地方逐步出台的新法律新政策，其正在逐步健全党的基层组织设置。《关于加强民办学校党的建设工作的意见（试行）》提出了党组织设置要遵循的三个原则，包括全覆盖原则、应建必建原则以及隶属关系原则。全覆盖原则指出党员、党组织和党员作用发挥的全覆盖。做到哪里有党员，哪里就有党组织和党员作用的充分发挥。应建必建原则强调了民办学校党组织设置的最低标准、工作开展的要求。凡有3名以上正式党员的，都应建立党组织，并按期换届。党的建设要与学校设立同步谋划、党组织同步设置、党的工作同步开展。党组织隶属关系原则对民办学校党组织具体归属的单位进行了详细说明。实行主管部门和属地管理相结合，以主管部门党组织管理为主，学校所在地党组织配合、主动做好指导和管理工作。民办高校党组织关系一般隶属于省（自治区、直辖市)、市(地、州、盟)党委教育工作部门或教育行政部门党组织。

民办学校也纷纷将健全党的基层组织设置作为重要工作。如浙江越秀外国语学院党委自2000年建制以来,积极完善各级基层党组织构架,现有党委办公室、组织部、宣传部、统战部、学工部、武装部等职能部门,11个分党委,65个党支部(其中27个教工党支部),截至2017年底有党员1 218名,其中教职工党员512名。党组织建设实现全覆盖,设置师生联合党支部,在学生公寓、教研室、项目组、暑期社会实践活动中成立党支部或党小组。

(四) 党建工作制度日趋规范

"从严治党"是中国共产党永葆先进性、廉洁性和生命力所要遵循的重要原则,也是民办学校党建工作开展所要遵循的重要方针,而要实现"从严治党"的目标,建立规范的党建工作制度是有效开展党建工作必不可少的条件。

党建工作制度一般是指中共党员在开展一系列党建工作中所要共同遵守的办事规程或行动准则。制度建设是马克思主义建党思想一个重要的组成部分。它的完善与否,已成为衡量一个政党自身建设是否成熟的重要标志,也是衡量民办学校党建工作开展是否有力的基本标准。民办学校由于种种原因,或多或少会存在党建制度缺失的情况。因此,中央和地方颁布了一系列的法律政策,以期民办学校能根据自身特点,充分借鉴公办学校的经验,规范现有的党建工作制度。通过制度体系所规范的责任权利约定,来推动党建工作的顺利展开。一是可以用制度的强制性功能增强民办高校党务工作者对自己行为的理性预期和现实选择能力,并进而增强党建工作实效的可能性;二是可以用制度的强制性功能将一些党建内容和要求形成相应奖惩机制,以促进人们落实党建内容与要求,形成自学意识,并固化为长久性观念;三是可以用制度功能保障民办高校决策者为其党务工作者提供一定的物质利益奖励,激励他们富有创造性地去开展工作。

《关于加强民办学校党的建设工作的意见(试行)》和《民办高校基层党组织建设工作考核办法》及《基本标准》等一系列文件,形成了系统有效的党建工作规范。[①] 各省(自治区、直辖市)为贯彻中央文件精神,规范民办学校的党建工作,纷纷制定了相应的政策文件。如江苏省充分认识到党建工作的重要性和紧迫性,先后出台了《中共江苏省委教育工委关于进一步加强民办高校党的建设工作的意见》《江苏省民办高校基层党组织建设工作考核办法》及《江苏省民办

---

① 唐景莉、韩晓萌:《如何做好民办高校党建工作?——访全国人大代表、江苏省委教育工委书记葛道凯,全国政协委员、中国民办教育协会副会长刘林》,载于《中国高等教育》2018年第6期,第13~16页。

高校基层党组织建设工作考核基本标准》等一系列文件，高度重视民办高校党的建设。通过制度建设，一方面加强宏观谋划，另一方面打牢未来发展基础。再如，某些民办学校为贯彻中央和地方发布的法律政策文件精神，及时制定了符合本学校发展的规章制度。河北传媒学院为推进党建工作规范化、科学化，制定了《党委会议议事规则》《学校领导班子学习制度》《党总支（直属党支部）工作条例》《教工党支部工作条例》《学生党支部工作条例》等文件，倡导要积极发挥党组织的战斗堡垒作用和党员的先锋模范作用。再如，广西师范学院师园学院党委为保证党建工作有法可依、有章可循，结合中央、地方文件并根据学校自身特色，先后制定了《中共广西师范学院师园学院委员会党总支、直属党支部工作条例》《中共广西师范学院师园学院委员会学生党支部工作条例》《中共广西师范学院师园学院委员会关于评选大学生思想政治教育工作先进院（系）的意见》《中共广西师范学院师园学院委员会关于开展科学道德和学风建设宣讲教育活动的通知》等一系列文件。

民办学校党组织发挥政治核心作用，建立起一套适合党组织与学校发展相配套的制度体系，为人才培养服务，为办学方向服务。

（五）党建品牌逐步形成

民办学校越来越注重党建特色品牌的打造，党建成果日益得到认可。在2018年教育部办公厅开展的新时代高校党建示范创建和质量创优工作中，为以点带面发挥引领带动作用，推动全国高校各级党组织全面进步全面过硬，推动全国高校党建质量全面创优全面提升，教育部办公厅组织安排和评审，经资格审查、专家通讯评审、教育部党建工作领导小组成员单位集中审议，在《教育部办公厅关于开展新时代高校党建示范创建和质量创优工作的通知》[①]中明确了全国10个党建工作示范高校、100个党建工作标杆院系、559个党建工作样板支部。其中，西安外事学院党委加强党对高校的全面领导，把抓好党建作为最大政绩，认真履行管党治党、办学治校主体责任，被列为"全国党建工作示范高校"；北京城市学院信息学部党支部、浙江越秀外国语学院大学生教官队党支部（详见后附案例）、浙江树人学院生物与环境工程学院教工第一党支部、西安培华学院医学院教工第一党支部等多家民办高校党支部，充分发挥战斗堡垒作用，以提升组织力为重点，着力发挥政治引领、规范党的组织生活、团结凝聚师生、促进学校中心工作等方面的主体作用，被列为"全国党建工作样板支部"，引领带动民办学校

---

① 《教育部办公厅关于开展新时代高校党建示范创建和质量创优工作的通知》，教育部门户网站，2018年。

党建工作质量整体提升。

第二节 民办学校党建工作的关键问题评析

新时代,民办学校党建工作取得了新进展,也面临着新问题新挑战,在肯定新进展和新成绩的同时,我们也要认识到,民办学校党建工作在快速发展和不断规范的同时,一些深层次的问题也随之凸显。

一、党组织隶属关系多元化尚未有效解决

党组织隶属关系一直是困扰民办学校党的建设的重要问题,其直接会影响到民办学校党组织作用的发挥,《关于加强民办学校党的建设工作的意见(试行)》虽然规定了党组织隶属关系原则,但是具体落地尚有时日。民办学校党组织的隶属关系基本上按照主办原则、属地原则确定其隶属关系。从目前已设党组织的民办学校来看,其隶属关系呈现多元化状态,有的隶属于校本部党委,作为基层分党委;有的隶属于省(自治区、直辖市)党委教育工作部门党组织;有的隶属于企业集团,或挂靠某个党组织。[1] 如陕西省,现有民办高校17所(其中本科院校5所),非学历高等教育机构24所,两者共计41所。其中有17所民办高校党组织是由省委教育工委和学校所在地市委教育工委批准并管理的;有12所由学校所在地的区委、街道办事处党委批准并管理;有5所由学校举办者(多数为企业)的党委批准并管理的;还存在7所民办高校并未建立党组织。[2]

民办学校党组织隶属关系的多元化给师生党员的发展带来了诸多问题。如归属学校党委的,由于民办学校的人员配置上相对比较精简,人员不足,党组织审批发展工作的经常性开展深受影响,而归属企业主管部门或属地党组织的,则会受到发展名额的指标限制和培养程序的制约。由于党组织的隶属关系没有理顺,影响了民办学校党建工作的整体推进。

---

[1] 吴维维、蒋涛:《新时期民办高校党的工作机制存在的问题、成因及科学化路径》,载于《经济研究导刊》2018年第20期,第181~183页。

[2] 李维民:《民办高校选派制度与督导制度研究》,载于《民办教育研究》2007年第3期,第1~107页。

二、党建发展仍存在地区间与学校间的不平衡

民办学校由于各自创办时间、产生背景和条件等不同,其党建发展也存在不平衡现象。从全国范围内看,东部的省份因地理位置、经济水平、人员配备等相对优于中、西部,使得其能较早接触与党建工作相关的新理论、新方法、新手段,将其运用于实际的党建工作中,所以东部省份的民办学校相对于中、西部省份的民办学校的党建工作发展更为顺利和健全。从省(自治区、直辖市)范围内看,具体表现在:按规模层面,规模较大的民办学校,其党组织设置、内部制度建设、决策管理机构等发展要优于规模较小的民办学校。按成立时间来看,成立时间较早的民办学校,其党组织设置、内部制度建设、决策管理机构等发展要优于成立时间较晚的民办学校。有些起步较早的民办学校,如黄河科技学院、浙江树人学院等早于20世纪80年代就已先行建立了党组织。按类别层面,较高层次的民办学校如本科民办学校,其党组织设置、内部制度建设、决策管理机构等发展要优于较低层次的民办学校如专科民办学校。按党建工作开展情况,有的民办学校、民办教育机构等已基本制定较为规范的规章制度,党建工作有序开展,而有的民办学校、民办教育机构等存在诸多问题,还在为地位、体制所困,党建工作不能正常开展;有的民办学校已建立了相对完善的党建工作机制,党组织的政治核心作用得到有效发挥,而有的民办学校则为认识所困,对民办学校党组织的作用与地位的认识还不清晰,机制建设与应有的作用发挥不足。

三、党建工作的开展有待规范

规范党建工作是民办学校可持续发展的重要保障。但目前仍有不少民办学校党的建设还未形成一种较为成熟完善的理论模式或工作实践模式。首先,2016年11月7日以前国家和政府出台的关于加强民办教育、民办教育机构等党建的指导性文件的指向性不强;其次,虽于2016年11月7日后国家和政府以及各市县级政府出台了指向性较强的指导性文件,但缺乏可供参考的实际操作模式,实践过程中并不顺利。党建工作被弱化,不能落到实处,与长期以来的法律政策文件相关,一是民办学校治理结构及管理机制限制党组织作用的发挥,以往制定的相关法律政策对于民办学校党组织设置、决策管理层的决策执行等方面缺乏硬性标准,造成民办学校的举办者可直接通过董(理)事会掌握民办学校的实际运行,民办学校的管理层、教职工、学生的参与权、话语权等深受限制,难以形成对举办者权力操作的有效制约。二是缺乏具有法律效力的规范性文件,民办学校

党的建设也没有强有力的法律保障。这些都会在一定程度上影响民办学校党建工作的正常开展。

在民办学校党的基层组织建设中，规范意识有待进一步加强。基层党组织工作存在不平衡现象，部分党组织主动性不强，存在重业务轻党建的现象。从事党务工作者主体多为年轻人，有工作热情，但缺乏经验。部分支部"三会一课"还不完善，组织生活讨论具体事务较多，"党课"进行党员思想教育还需进一步加强。档案意识有待进一步加强，部分基层党组织存在着对党建工作文件资料收集不全面、工作台账更新不及时、档案分类管理不科学、活动情况记载有缺失等情况。

四、体制机制建设相对滞后

通过对现有民办学校党建工作开展情况的分析，可以发现不少民办学校党建工作的理论基础可能已达到科学化水平，但是其实践执行力却仍未达到预期效果。探究其原因，主要是因为作为理论基础与实践执行力的中间环节即党的机制建设相对落后，这才使得实践执行力未能得到有效发挥。党的机制建设的滞后性主要表现为以下几个方面：

一是相应的法律政策规章不健全。民办学校党组织于民办学校成立后相应建立，但党的建设的法律法规和规范性文件还比较薄弱，使得民办学校党的建设长期处于较为缓慢的发展状态。

二是党员管理机制不完善。首先，党员再教育制度的缺乏增加了党支部对党员教育的管理难度，同时也使得一些党员存在懈怠倾向，党员的先锋模范作用削弱。其次，党务工作干部的培训、交流机制也不健全。而现今众多民办学校党务工作干部的整体素质不高，普遍比较年轻，缺乏党务工作经验，相应的培训和交流机制也并未完全建立起来，这使得民办学校的党组织建设难以取得有效的成绩。①

三是激励机制存在漏洞。目前众多民办学校未将兼职党支部书记的工作量和薪资待遇等问题纳入学校工作量的计算范畴，未制定兼职总支委员、党支部书记、支部委员的工作考核标准、奖惩措施等，在某种程度上，这会削减党务工作者的工作热情，产生懈怠心理，不愿投入较多的时间和精力去研究如何加强和改进党务工作，如何发挥党支部的战斗壁垒作用和党员的先锋模范作用。

四是决策机制落实不到位。国家、地方各层面出台的诸多文件都对民办学校

---

① 王彦慧：《民办高校基层党组织建设研究》，武汉纺织大学硕士学位论文，2014年。

党组织如何落实决策机制进行了具体规定，但民办学校未能将国家、地方的文件精神落到实处，其党组织存在被边缘化的趋势。在民办学校党委的建设上，部分民办学校党委书记的委任、党委成员进入董事会尚未写入董事会章程，且未形成制度，党建制度建设的不健全使得实际操作备受阻碍。不少民办学校的党组织书记没有按照既定要求进入董（理）事会，无法参与表决董（理）事会上学校各类重大事项，使得民办学校党组织无法充分发挥政治核心作用。

五、党务工作队伍存在较大差异

从党的负责人来看，部分民办学校党的负责人同时受上级党组织和教育行政部门的委派担任督导专员，工作任务繁重，超负荷现象比较严重，使得党务工作质量难以保障。

此外，部分负责人以民办学校管理人员的身份受聘于举办者，其人事关系、个人收入、工作岗位等均依靠于举办者、董（理）事会，主要依据董（理）事会的意志开展党务工作。从党务干部来看，部分民办学校党务干部年龄分化现象严重。如河南省的最近调查结果显示，100%民办学校党委书记或党支部书记的年龄在46岁以上，党委书记年龄呈现出高龄化的趋势。一部分专职党务干部是从公办学校党建工作岗位上退下来的老同志，其具有相当的党建工作实践经验，能处理较为复杂的党建工作，但缺少对新理论、新方法、新手段的探索与应用，思想观念和工作方法等难以适应新时代的要求。而另一部分的专职党务干部由近年来新入职的大学生、研究生等组成，他们易于接受党建工作相关的新理论、新方法、新手段，但缺乏前期的党建工作积累，短时间内难以完全接手党务工作，这种复杂情况使得党务工作的开展受到极大的限制。从党务部门来看，民办学校现存在行政部门和党务职能部门合署办公的情况，使得在实际工作中，行政部门和党务职能部门的职责不清晰，甚至党务工作人员从事行政工作居多。从总体来看，民办学校现有党建工作队伍的基础比较薄弱，虽然近年来民办学校积极探索党建工作实践取得了良好的成效，但是在民办学校党建研究方面不够深入，存在重实践轻理论的现象。相关研究的缺少，使得民办学校党务工作人员的创新意识有待进一步提升，尤其是随着互联网时代的到来，信息传播方式、思维方式、交往方式发生着巨变，传统的组织动员方式、教育管理模式已经难以实现与时俱进。如何运用现代信息技术和智慧手段，开展基层党建工作，激发民办学校党建工作的生机活力，还需要不断创新和发展。民办学校党建特色和品牌创建仍不明显，广度和深度上都需要进一步加强。

民办学校党组织必须重视党务工作队伍建设，打造一支擅长马克思主义理论、精通现代科学技术、勇于开拓创新的党务工作队伍。

第三节 民办学校党建工作改革与实践动向研判

加强民办学校党的建设是一项艰巨而复杂的系统性工程,掌握民办学校党建工作的未来动向,有助于进一步加强和改进党的建设,推动党建工作创新。民办学校党建工作需要更加有效地发挥政治引领作用,坚持社会主义办学方向,加强党的全面领导,更加有效地破解党建工作难题,强化全面从严治党,把抓好党建作为学校领导最大的政绩。

一、落实全面从严治党要求,加强党对民办学校的领导

加强党对民办学校的领导有助于确保党的路线、方针以及政策在各级各类民办学校中得以充分贯彻落实。

一是政治上引领。始终坚持党的路线、方针、政策,坚持政治立场与政治方向,严格执行党的政治路线、政治规矩和政治纪律,在政治上、理论上、思想上、方向上和行动上始终与党中央保持高度一致。

二是理论上引领。始终坚持用马克思主义中国化最新理论成果武装头脑、指导实践、推动工作,用社会主义核心价值观教育引领师生,凝聚发展正能量,坚定中国特色社会主义道路自信、理论自信、制度自信、文化自信。

三是思想上引领。以习近平新时代中国特色社会主义思想为指导,始终坚持解放思想、实事求是,不断与时俱进、真抓实干,勇于锐意进取、开拓创新,始终保持党组织的生机与活力,坚定办好社会主义大学的自信。弘扬社会主义核心价值观,把握党对意识形态工作的领导权、管理权、话语权,加强对青年教师、党外知识分子和大学生的思想引导,促使他们增强政治认同,增强政治敏锐性和政治鉴别力。

四是方向上引领。始终全面贯彻党的教育方针,落实立德树人根本任务,坚持社会主义办学方向,遵循教育教学规律和人才培养规律,努力办好人民满意的教育,培养德智体美全面发展的社会主义建设者和接班人。

五是作用上引领。在实行"理事会领导下校长负责制"基础上,突出发挥党的政治优势、组织优势,建立完善"党政联席会议制度""党委议事规范"等,推动学校党委在服务学校发展中有地位、有作为。以推进学校实现发展为目标,

在顶层设计上主动围绕清晰办学定位、编制战略规划、明确发展目标、深化教育教学改革等重大工作开展，在学校教科研管理和改革建设发展各项工作中，始终坚持发挥党组织政治核心作用和党员的先锋模范作用，带领广大师生员工为实现办学目标而奋斗。

二、抓好思政教育与德育工作，巩固思想文化阵地

习近平在全国高校思想政治工作会议上指出，做好高校思想政治工作，要因事而化、因时而进、因势而新。要遵循思想政治工作规律，遵循教书育人规律，遵循学生成长规律，不断提高工作能力和水平。要把思想政治教育和德育工作纳入发展规划，抓好思政教育和德育工作，是民办学校党组织的首要政治责任，也是落实民办学校政治领导权的最重要工作。上述提及的中央、地方出台的法律政策文件无不强调了要重视民办学校党的建设和思想政治工作，巩固民办意识形态的话语权，守好学校思想文化阵地，最终落实到育人工作的各个环节。

一是要构建党组织领导的思想政治教育和德育工作运行机制。学校党组织居于全局中心的位置，统领学校思想政治工作，形成党委统一领导、党政工团齐抓共管，党委宣传部牵头协调，各部门和二级学院共同组织参与的大思政工作格局，形成教育合力，牢固树立全员意识，将思想政治工作融入各部门、各单位业务工作之中，推动形成专兼职思政工作人员协调配合、教学单位与职能部门协同努力、共同构建思想政治教育工作的新局面。

二是要明确党组织领导的思想政治教育和德育工作内容。校党委牢牢把握意识形态领导权、管理权和话语权。首先，加强思想政治理论课程建设。将习近平新时代中国特色社会主义思想、社会主义核心价值价值观融入课程教学全过程，大力推进学生思政、教师思政、课程思政、学科思政、环境思政"五个思政"建设，组织思政部教师开展思政课教学方法改革，坚持线上线下相结合，课内课外、校内校外相结合，理论教学和实践教学相结合的"三结合"教学模式，开展讨论问答式、情景互动式、混合式、嵌入式、翻转课堂等现代教学方法。其次，加强意识形态阵地的有效管理。强化阵地意识，严明课堂教学管理和教学秩序，坚持学术研究无禁区，课堂讲授有纪律，公开言论守规矩，绝不允许在课堂上出现突破政治底线和价值底线的现象。坚持校领导不定期听课查课。每学期开学初及各个重要时间节点，及时收集师生思想动态，形成调研报告，创新政治思想宣传形式和途径，提升舆论导向效果。最后，借助互联网与新技术，采集、整理、推送丰富多彩的思想政治教育资源，利用互联网的技术以即时互动、实时影响、随时调整的方式影响高校师生员工，开展平等对话、提升教育效果。

三是要形成党组织领导的思想政治教育和德育工作的队伍。坚持将思想政治工作融入各学院、各部门业务工作中，所有教师、干部、职工都负有育人职责，要在党委统一部署下，全员参与、分工协调、各负其责。通过组织教师理论学习、访学和学术交流、社会实践活动、新教师入职培训中专题开展中国特色社会主义理论和校史校情教育等方式，加强青年教师的思想教育引导，让教育者先受教育，着力加强师德师风建设，促进教师坚持教书和育人相统一、坚持言传和身教相统一、坚持潜心问道和关注社会相统一、坚持学术自由和学术规范相统一，更好担起学生健康成长指导者和引路人的责任。

三、加大民办学校党组织组建力度，理顺党组织隶属关系

民办学校党组织的作用主要体现在政治保障、监督办学、思政教育、组织发展等方面。与公办学校相比，由于民办学校更关注招生、就业、经费和专业建设等方面，导致其在政治保证、监督办学、思政教育、组织发展等方面的作用并不能有效发挥。所以，加大民办学校党组织的组建力度，理顺党组织的隶属关系有助于民办学校党组织作用的最大化发挥。理顺民办高校党组织的隶属关系，对获得国家承认学历、实行全国统一招生计划的民办学校，党组织统一由教育行政部门直接管理，这有利于党和政府对办学较为规范、基础较好的民办学校的党建工作实行统一领导，推动这些民办学校在思想教育、组织建设等方面的进一步发展。对明确主办单位的民办学校，由主办单位党组织负责建立民办学校党的基层组织，并领导其工作，这有利于理顺教育主管部门、主办单位、民办学校三者之间的关系，分清职责，使大部分企业办学、事业单位办学和社会团体办学的有关单位实现对民办学校党建工作的有效领导。对明确主办单位的民办学校，由所在地的组织部门负责建立党组织并领导其工作，这就理顺了属地与民办学校之间的关系，保证了这些民办学校的党建工作的正常开展。对主办单位以及公民个人办学暂不具备建立党组织条件的学校，指定相应的部门和组织负责该类民办学校的党建工作。不同办学形式的民办学校应从实际出发选择适合自身性质的隶属关系，以增强党组织的领导管理体制的可操作性。

理顺党员组织隶属关系，加强党员组织关系的管理，确保每个党员都能纳入党的一个基层组织的管理之中。如有些从公办学校调遣到民办学校的教师党员、党务工作者等，或是新入职的教师党员、党务工作者等，应将党员的组织关系及时转移到所在民办学校的党组织，确保其有党组织可依。而对于学生党员，特别是毕业生党员，已落实工作单位的，应及时将党员组织关系转移到所在单位的党组织；如工作单位尚未建立党组织的，应按照就近就便原则，将党组织关系转移

到工作单位所在地的街道、乡镇党组织或随同档案转移到县以上政府所属公共就业和人才服务机构的党组织。未落实工作单位的，可将其党组织关系转移到本人或父母居住地的街道、乡镇党组织或随同档案转移到县以上政府所属公共就业和人才服务机构的党组织。

四、做好党员发展与管理工作，发挥党员先锋模范作用

党员发展工作是党组织建设工作的重要环节。按照"控制总量、优化结构、提高质量、发挥作用"的总体要求，坚持和完善发展党员工作的标准和程序，遵循"成熟一个，发展一个"的原则，实行发展党员公示制度和发展党员票决制，确保民办学校新党员的质量。坚持把培养教育贯穿于发展党员工作的全过程，切实加强入党前、入党时、入党后教育，实行党员组织入党和思想入党的统一。

根据《中共教育部党组关于加强新形势下高校教师党支部建设的意见》[1]的相关要求，教师党支部要突出抓好教师思想政治工作，把严格规范各项党的组织生活制度作为根本要求，把在青年教师中发展党员工作作为重要着力点，统筹推进、综合施策，促进思想政治工作落到支部、从严教育管理党员落到支部、群众工作落到支部，努力使教师党支部成为教育党员的学校、团结群众的核心、攻坚克难的堡垒，使广大教师党员成为有理想信念、有道德情操、有扎实学识、有仁爱之心好老师的表率。学生党支部是民办学校党的基层组织，是党组织在学生中的"战斗堡垒"，大学生思想政治教育有赖于学生党支部的政治核心作用、战斗堡垒作用和学生党员的先锋模范作用的发挥。要教育引导学生党员成为崇尚理念信念的典范、弘扬正气的典范、刻苦学习的典范和全心全意为同学服务的典范。

五、加强基层党建考核，强化党建指导与保障

民办学校基层党建的考评体系由所属上级党组织对学校基层党建的考评机制和民办学校内部的考评机制两个部分组成。从所属上级党组织对学校基层党建的考评机制而言：

一是上级考评部门需加强对民办学校的检查和评估，定期开展对民办学校基层党建的监督检查，积极推动民办学校基层党建科学化水平的提高，同时，探索符合民办学校基层党建的评估指标体系。

二是制定符合民办学校特点的基层党建考评机制。制定出一套面向民办学校

---

[1]《中共教育部党组关于加强新形势下高校教师党支部建设的意见》，中国共产党新闻网，2017年。

党建工作实景考评的有效评价指标体系，突出适用性、可操作性。

三是要明确民办学校基层党建评议考核的重点。民办学校党建考评要以基层党组织作用发挥为根本，突出党建工作对社会力量办学的方向指引和实践指导意义。将思想政治工作考评与党建工作考评进行有效结合，以学生党建工作为重点，推动民办学校整体党建工作的发展。

四是要重视民办学校基层党建评议考核结果的运用。对通过考评或考评优秀的民办学校党组织进行表彰和奖励，积极树立先进典型，加大宣传力度。在民办学校党组织中形成创先争优的良好氛围，在民办学校和公办学校党组织之间进行权衡表彰，保障机会的均等和对称，先进的做法在民办与公办学校中进行相互借鉴。从民办学校内部而言，要制定相关的考核制度，探索基层党组织堡垒指数管理和党员先锋指数考核，定期对党员特别是学生党员要进行考核评价，增强党员管理的科学性和规范性。

民办学校是社会主义市场经济条件下教育发展的新形式，重视并加强民办学校党的建设，是党在新时期下加强党建工作的一个重要内容。面临新的形势和任务，作为社会主义教育事业重要力量的民办学校需继续贯彻和落实中央和地方文件的精神，遵循党的建设的发展方向，构建党建工作的有效机制，发挥基层党组织的战斗堡垒作用和党员的先锋模范作用，为深入推进党的建设新的伟大工程贡献更大力量。新时代民办学校要把党的政治优势与民办学校的体制优势结合起来，把党建的政治引领作用与民办学校的改革发展结合起来，这是办好民办学校重要的乃至起决定作用的政治力量和政治资源。民办学校党组织需要进一步发展体制机制优势，不断创新党建工作思路、方法和载体，努力开创学校党建工作新局面。

第四章

民办学校分类登记的跟踪与评估

  法人登记是法人制度的组成部分,体现着一个国家的制度模式,也折射着法治社会的发展进程。民办学校法人登记涉及办学许可证的审批,许可证的获得是民办学校起步、发展的关键一环。登记与许可都是行政机关以发放证书或其他证明文书的形式进行管理的一种手段。但是,行政机关在登记程序中无自由裁量权,只要符合法定条件的事实,行政机关必须予以登记。行政许可的目的在于对公民、组织的行为加以控制,它作用的对象是法律一般性禁止的行为。登记指向的对象是法律法规规定应当由行政机关予以书面记载的事实,目的在于建立一种秩序,这是国家进行法律控制的辅助手段。行政许可与登记共同作为行政法上的控制手段,分别作用于不同的对象和领域,发挥着不同的作用,企业登记等在行政法理论上属于许可的范围。[①] 本章内容将在把握民办学校分类登记新进展、明确新问题的基础上,深入分析分类登记的未来动向。

第一节 民办学校分类登记改革最新进展观察

  当前,民办学校分类登记法律体系正逐步形成,学校设立的审批制度体系基

[①] 应松年:《当代中国行政法(第三卷)》,人民出版社2018年版,第1064页。

本建立，分类登记的具体制度日趋完善，现有民办学校分类登记的原则逐渐明确。

一、分类登记法律体系逐步形成

《教育规划纲要》颁布以来，国家推动着民办教育分类管理政策的制定与实施。近年来，聚焦民办学校分类登记，制定和调整《中华人民共和国民法总则》①（以下简称《民法总则》）、《教育法》《高等教育法》《民办教育促进法》等相关法律，形成民办学校分类登记的顶层设计。国务院各相关部门和地方各级政府积极落实民办学校分类登记法律规定，国务院相关部门正在修订《民办非企业单位登记管理暂行条例》②《民办教育促进法实施条例》等行政法规，已向社会公开征求意见；教育部等五部门联合颁布了《分类登记实施细则》，教育部等三部门联合颁布了《监督管理实施细则》，国家工商行政管理总局、教育部联合发布《名称登记管理通知》，一些地方省级政府也出台了相关的落实办法。修订中的法规规章与已在实施的其他相关的行政法规，如《事业单位登记管理暂行条例》③《中华人民共和国公司登记管理条例》④（以下简称《公司登记管理条例》），以及其他一些正在实施的分类登记相关规章，逐步形成了民办学校分类登记的法律体系，对民办学校的发展有着重要的积极影响。

民办教育分类管理背景下，对《民法总则》《教育法》《高等教育法》《民办教育促进法》等一系列法律都作出了重要调整，民办学校分类登记的基本法律框架已经形成。2017年3月15日，第十二届全国人民代表大会第五次会议审议通过了《民法总则》。《民法总则》第七十六、八十七条分别对营利法人和非营利法人进行界定，营利法人分为有限责任公司、股份有限公司和其他企业法人等，非营利法人分为事业单位、社会服务机构、社会团体、基金会四种类型，以及适应经济社会发展需要设立提供公益服务的，具备法人条件的依法登记成立后取得事业单位法人资格。

第十二届全国人民代表大会常务委员会第十八次会议于2015年12月27日审议修改了《教育法》《高等教育法》。《教育法》将第二十五条改为第二十六条，修改第三款为第四款，将不得以营利为目的举办学校及其他教育机构的禁止性规定修改为限制性规定，即除以财政性经费、捐赠资产举办或者参与举办的学

---

① 《中华人民共和国民法总则》，中国人大网，2017年。
② 《民办非企业单位登记管理暂行条例》，民政部网，1998年。
③ 《事业单位登记管理暂行条例》，中国政府网，2004年。
④ 《中华人民共和国公司登记管理条例》，中国政府网，2016年。

校外，可以设立营利性组织；《教育法》第二十八条和第三十二条关于学校的设立、变更和终止程序性规定以及学校具备法人条件自批准设立、登记注册之日起取得法人资格等规定未做修改。《高等教育法》删除了第二十四条中"不得以营利为目的"的规定。

第十二届全国人民代表大会常务委员会第二十四次会议于2016年11月7日审议修订了《民办教育促进法》，对民办学校进行分类管理，即将民办学校分成非营利性和营利性两类。修改的主要内容有三方面：第一，明确设立非营利性或者营利性民办学校由举办者自主选择，但是不允许设立实施义务教育的营利性民办学校，非营利性和营利性学校的办学收益和办学结余区别对待，以及"先证后照"要求民办学校取得办学许可证后进行法人登记；第二，明确非营利性和营利性民办学校清偿债务后的剩余财产处理的不同要求，尤其明确营利性民办学校剩余财产按公司法相关规定处理；第三，现行民办学校选择登记为非营利性和营利性民办学校的原则性规定与要求，并授权各省、自治区、直辖市在充分考虑有关历史与现实情况，保障民办学校各利益相关方合法权益，保证民办学校分类管理改革稳妥有序推进的情况下制定。

与民办学校分类登记法律法规修订相衔接，《民办教育促进法实施条例》和《民办非企业单位登记管理暂行条例》正在进行重大修改，作为民办学校分类登记的两部重要的行政法规，在已颁布的征求意见稿中明确了未来调整的重要方向和主要内容。司法部于2018年8月10日发布《民办教育促进法实施条例（修订草案）（送审稿）》，对2004年颁布的《民办教育促进法实施条例》中的28个条文做了修改，同时新增条文22个，删除条文8个，还调整了结构安排，将第二章、第三章合并，增加教师与受教育者以及管理与监督两章。在民办学校设立与审批方面，《民办教育促进法实施条例（修订草案）（送审稿）》第五条禁止外资举办和参与举办或者实际控制实施义务教育的学校；第十一条完善举办者变更机制，规定举办者实际控制人变更应当报主管部门备案并公示；第十四条进一步明确了民办学校的审批条件和程序；第二十一条对举办实施学历教育的营利性民办学校的注册资本限额作出规定。此外，适应校外治理的需要，强化了培训教育机构的规范，将《民办教育促进法》第十二条规定中的"其他文化教育的民办学校"规范命名为"培训教育机构"，第十五条将培训教育机构分类，将于一部分校外培训教育机构纳入许可范围，另一部分则可以不经许可，直接申请法人登记。第六十一条明确关于现有民办学校的过渡期政策和补偿或者奖励的标准问题，将相关政策的制定权交给各省（区、市）制定，且目前多数地方已经制定了相关政策，修正案只做原则性回应。此外，新增第十六条规范在线教育，对在线实施学历教育、培训教育等分别做规定，要求利用互联网技术在线实施学历教育的民办学校，必须取得办学许可和互联网经营许可。此外，新修订的《民办教育促进法》还针对实践中的一些实际问题作出了回应，如第十七条允许民办学校在筹设期办理资产过户手续；第二十条规范民办学校命名规则和营利性学校办学简称的使用规则。

民政部于 2016 年 5 月 26 日向社会发布《民办非企业单位登记管理暂行条例（修订草案征求意见稿）》①《社会服务机构登记管理条例（征求意见稿）》②，共九章六十五条。《社会服务机构登记管理条例（修订草案）征求意见稿》对比 1998 年国务院颁布的《民办非企业单位登记管理暂行条例》顺应相关领域法律法规的调整和回应社会相关诉求，初步进行了较大的修改，主要如下：第一，将"民办非企业单位"修改为"社会服务机构"，此前通过的《中华人民共和国慈善法》③也已采用"社会服务机构"名称。第二，比照"民办非企业单位"的定义，第二条在对"社会服务机构"的界定中，以"自然人、法人或者其他组织"替换"企业事业单位、社会团体和其他社会力量以及公民个人"，以"主要利用非国有资产"替换"利用非国有资产"，以"为了提供社会服务""设立的非营利性法人"替换"从事非营利性社会服务活动的社会组织"。第三，取消了个体型、合伙型，将社会服务机构统一为非营利性法人，与《民办教育促进法》的规定保持一致。此外，还增加了组织机构、活动准则和财产管理等内容。

在分类管理背景下，《分类登记实施细则》和各地方省级政府及其相关部门颁布的分类登记规章，成为民办学校分类登记的重要制度基础。教育部、人力资源和社会保障部、民政部、中央机构编制委员会办公室、国家工商行政管理总局于 2016 年 12 月 30 日联合颁布《分类登记实施细则》，共六章十八条，对民办学校的设立审批，营利性学校和非营利性学校的分类登记，设立、变更、注销登记、现有民办学校的分类登记等做了原则性规定。各地方省级政府及其相关部门正在落实《分类登记实施细则》，颁布相关办法和细则，《鼓励社会力量兴办教育若干意见》在前述已颁布的地方省级政府或其部门的分类登记规章、政策中，《宁夏回族自治区民办学校分类登记实施办法》④共十一章四十九条，章节篇幅和条文最多，《上海市民办学校分类许可登记管理办法》共八章四十条，条文较多，内容最有特色，增加了组织机构、监督与管理、法律责任、补偿与奖励的计算方法等。尽管仅 11 个地方省级政府或其相关部门出台民办学校分类登记相关

---

① 《民办非企业单位登记管理暂行条例（修订草案征求意见稿）》，民政部网，2016 年。
② 《社会服务机构登记管理条例（征求意见稿）》，民政部网，2016 年。
③ 《中华人民共和国慈善法》，中国政府网，2016 年。
④ 《宁夏回族自治区民办学校分类登记实施办法》，宁夏回族自治区人民政府网，2018 年。

办法，但参与制定的部门、主要内容、有效期限等有着较大的区别，也体现了各地的特色。

教育部、人力资源和社会保障部、国家工商行政管理总局于 2016 年 12 月 30 日联合颁布的《营利性民办学校监督管理实施细则》，共九章五十条，聚焦完善营利性民办学校的监督管理机制，对营利性民办学校的设立作出特别规定。在设置标准上，参照国家同级同类学校设置标准；在设立程序上，一般分筹设、正式设立两个阶段，筹设期内不得招生，筹设、正式设立营利性民办学校；在审批原则上，必须坚持高水平、有特色导向，营利性民办高等学校应当纳入地方高校设置规划；在注册资本上，数额要与学校类别、层次、办学规模相适应；在举办者资质上，必须具备与举办学校层次、类型、规模匹配的经济实力；在登记程序上，在获颁办学许可证后依法到工商部门登记。

国家工商行政管理总局、教育部于 2017 年 8 月 31 日联合发布《工商总局教育部关于营利性民办学校名称登记管理相关工作的通知》，适应民办学校分类管理的新要求，进一步规范营利性民办学校的命名规则和名称核准流程，明确要求申请筹设或者正式设立营利性民办学校，必须先申请名称预先核准，以核准的名称申请筹设或者正式设立。

此外，以国务院于 2016 年 12 月 29 日颁布的《鼓励社会力量兴办教育若干意见》和各地方省级政府颁布的实施意见，其中关于分类登记的主要内容构成了中央层面分类登记行政法规和规章制定修订和地方层面分类登记地方性法规和规章制定修订的重要原则方向与政策基础。《鼓励社会力量兴办教育若干意见》中明确实施民办学校分类管理，推进营利性民办学校、非营利性民办学校共同发展。主要内容如下：第一，第五条明确建立分类管理制度，对民办学校进行非营利性、营利性分类管理，对举办者办学收益分配和办学结余区别处理，以及民办学校依法享有法人财产权，非营利性或者营利性民办学校可以由举办者自主选择，依法依规办理登记。第二，第七条明确"放宽办学准入条件"。各地要重新梳理民办学校准入条件和程序，除法律法规禁止进入以及损害第三方利益、社会公共利益、国家安全的领域外，原则上政府不限制社会力量投入教育，制定准入负面清单，列出禁止和限制的办学行为。第三，第十条明确健全学校退出机制，对于选择登记为非营利性民办学校的，在终止时依法清偿后有剩余财产的给予出资者补偿或者奖励；对于选择登记为营利性民办学校的，进行财务清算、明确财产权属，在终止时依法清偿后有剩余财产的，依照《公司法》有关规定处理，具体办法由省、自治区、直辖市制定。第四，第二十七条明确"改进政府管理方式"，各级人民政府或其组成部门要减少事前审批，进一步清理涉及民办教育的行政许可事项、规范行政许可工作。

各地方省级政府正在积极落实《鼓励社会力量兴办教育若干意见》,天津市、河北省、山西省、内蒙古自治区、辽宁省、上海市、江苏省、浙江省、江西省、安徽省、山东省、河南省、湖北省、广东省、广西壮族自治区、海南省、重庆市、四川省、贵州省、云南省、陕西省、甘肃省、青海省和宁夏回族自治区24个省、自治区、直辖市人民政府颁布相关实施意见或办法,尚有北京市、吉林省、黑龙江省、福建省、湖南省、西藏自治区、新疆维吾尔自治区7个省、自治区、直辖市尚未发布。通览上述地方政策,关于分类管理顶层设计下的分类登记,更为具体地明确了落实分类登记的相关工作思路,主要内容如下:第一,明确批准设立的民办学校应依社会服务机构、事业单位和营利法人的登记管理规定,依法依规登记为社会服务机构、事业单位或企业法人。对审批权限已下移的项目,其登记管理权限应相应下移。义务教育阶段不得设立营利性民办学校。积极鼓励和大力支持社会力量举办非营利性民办学校;第二,推进现有民办学校平稳过渡,选择登记为非营利性民办学校的和营利性民办学校的,依法依规重新办理法人登记手续,继续办学;第三,大部分省、自治区、直辖市都设定了过渡期限(见表4-1)。

表4-1　　　　分类登记的主要法律法规及相关政策

序号	形式	名称	制定机关	施行/制定时间
1	法律	《中华人民共和国民法总则》	全国人民代表大会	2017年10月1日
2		《中华人民共和国教育法》	全国人民代表大会	2016年6月1日
3		《中华人民共和国高等教育法》	全国人民代表大会常务委员会	2016年6月1日
4		《中华人民共和国民办教育促进法》	全国人民代表大会常务委员会	2016年11月8日
5	行政法规	《中华人民共和国民办教育促进法实施条例》	国务院	2004年4月1日
6		《民办非企业单位登记管理暂行条例》	国务院	1998年10月25日
7		《事业单位登记管理暂行条例》	国务院	2004年6月27日
8		《中华人民共和国公司登记管理条例》	国务院	2016年3月1日
9		《社会服务机构登记管理条例》(征求意见稿)	国务院(民政部)	2016年5月26日
10		《中华人民共和国民办教育促进法实施条例(修订草案)(送审稿)》	国务院(司法部)	2018年8月10日

续表

序号	形式	名称	制定机关	施行/制定时间
11	部门规章	《民办非企业单位登记暂行办法》	民政部	1999年12月28日
12		《民办非企业单位名称管理暂行规定》	民政部	1999年12月28日
13		《教育类民办非企业单位登记办法》（试行）	民政部、教育部	2001年10月19日
14		《事业单位登记管理暂行条例实施细则》	中央机构编制委员会办公室	2014年1月24日
15		《中华人民共和国企业法人登记管理条例施行细则》	国家工商行政管理总局	2016年4月29日
16		《民办学校分类登记实施细则》	教育部、人力资源和社会保障部、民政部、中央机构编制委员会办公室及国家工商行政管理总局	2016年12月30日
17		《营利性民办学校监督管理实施细则》	教育部、人力资源和社会保障部、国家工商行政管理总局	2016年12月30日
18	地方政府规章	《海南省民办学校分类登记暂行办法》	海南省教育厅等五部门	2017年12月12日
19		《上海市民办学校分类许可登记管理办法》	上海市人民政府	2017年12月26日
20		《天津市民办学校分类登记实施办法》（试行）	天津市教委等六部门	2017年12月29日
21		《河北省民办学校分类登记实施办法》	河北省教育厅等五部门	2018年1月9日
22		《陕西省民办学校分类登记实施办法》	陕西省教育厅等五部门	2018年3月1日
23		《浙江省现有民办学校变更登记类型实施办法》	浙江省教育厅等八部门	2018年4月4日
24		《四川省民办学校分类登记实施办法》	四川省教育厅等五部门	2018年5月2日
25		《江苏省民办学校分类登记实施细则》	江苏省教育厅等五部门	2018年5月21日
26		《宁夏回族自治区民办学校分类登记实施办法》	宁夏回族自治区教育厅等五部门	2018年6月25日

续表

序号	形式	名称	制定机关	施行/制定时间
27	地方政府规章	《重庆市民办学校分类登记实施细则》	重庆市教育委员会等五部门	2018年7月31日
28		《广西壮族自治区民办学校分类登记实施办法》	广西壮族自治区教育厅等五部门	2018年10月16日
29		《关于鼓励社会力量兴办教育促进民办教育健康发展的若干意见》	国务院	2016年12月29日
30		《工商总局 教育部关于营利性民办学校名称登记管理有关工作的通知》	国家工商行政管理总局、教育部	2017年8月31日
31		天津市、河北省、山西省、内蒙古自治区、辽宁省、上海市、江苏省、浙江省、江西省、安徽省、山东省、河南省、湖北省、广东省、广西壮族自治区、海南省、重庆市、四川省、贵州省、云南省、陕西省、甘肃省、青海省和宁夏回族自治区24个省、自治区、直辖市人民政府发布相关实施意见	各省、自治区、直辖市人民政府	2017年10月11日（辽宁省）至2018年9月17日（四川省）

注：本表仅反映分类登记法律法规及相关政策的不完全统计结果，2016年修正的《民办教育促进法》颁布前的地方性法规等相关规范性文件未纳入本表。

二、学校设立的审批制度体系基本建立

分类管理背景下，中央和地方层面的民办教育新法新政对民办教育领域的市场准入、分类审批、设置标准和有关材料的提供上作出了明确规定。

在民办教育领域的市场准入方面，《民办教育促进法》第十九条明确规定，义务教育阶段不得设立营利性质的民办学校。《民办教育促进法实施条例（修订草案）（送审稿）》在重申《民办教育促进法》相关规定的基础上，第五条明确禁止外资举办、参与举办或者实际控制实施义务教育的学校，以及同一举办者同时举办多所民办学校等集团化办学的现象，《民办教育促进法实施条例（修订草案）（送审稿）》在第十二条承认已经客观存在的集团化办学行为，但禁止通过集团办学行为兼并收购、加盟连锁、协议控制等方式控制非营利性民办学校。第七条禁止公办学校参与举办营利性民办学校，要求公办学校参与举办非营利性民

办学校必须批准，且不允许利用国家财政性经费，同时不允许影响公办学校教学活动，也不允许以品牌输出方式获得收益。公办学校参与举办的民办学校必须具有法人资格、独立校园及基本教育教学设施和独立教师队伍、独立财务、独立招生、独立颁发学业证书。禁止实施义务教育的公办学校转为民办学校。《分类登记实施细则》明确设立民办学校应当具备《教育法》《民办教育促进法》和其他有关法定条件，符合地方经济社会和教育发展的需要。

在分类审批方面，涉及营利性与非营利性学校的审批、营利性民办教育培训机构的分类审批、不同层次学校的审批、新业态下的在线教育审批等规定。国家和一些地方政府以立法、地方性法规等形式对不同层次的民办学校办学设立审批办法予以规定。《民办教育促进法实施条例（修订草案）（送审稿）》第十四条规定了设立实施学前教育、中等及以下学历教育的民办学校，由县级以上地方人民政府教育行政部门参照同级同类公办学校设置标准审批的总体原则，授权省级人民政府教育行政部门制定具体办法。实施高等学历教育的民办学校，由中央和省级政府依据高等教育法的相关规定审批。对于设立实施职业资格、技能培训的民办学校由县级以上政府人力资源和社会保障部门依法审批并向同级教育行政部门备案。针对新业态的出现，《民办教育促进法实施条例（修订草案）（送审稿）》第十六条明确规定，利用互联网技术在线实施学历教育必须取得办学许可和互联网经营许可。利用互联网技术在线实施培训教育活动等的机构，必须取得相应的互联网经营许可，并向机构住所地的省级教育行政部门、人力资源社会保障部门备案。《分类登记实施细则》明确了民办学校的设立应当依据新修订的《教育法》《民办教育促进法》等法律法规和国家有关规定进行，主要明确应当依法依规进行审批，经批准正式设立的民办学校，由审批机关发给办学许可证。

此外，《鼓励社会力量兴办教育若干意见》明确举办者自主选择举办非营利性民办学校或者营利性民办学校，依法依规办理登记的原则与要求。各省级政府在落实《鼓励社会力量兴办教育若干意见》的实施意见或办法以及《分类登记实施细则》中，对民办学校实行分类审批有一些新的做法，明确负责民办学校设立审批权限的归属部门职责，完善民办学校设立审批制度。例如，《江苏民办教育实施意见》明确实施义务教育与非义务教育的民办学校，非义务教育阶段登记为营利性法人的，必须与义务教育阶段分设，分别登记为营利性和非营利性法人的不同类型，财务资产独立核算。《重庆市人民政府关于进一步促进民办教育健康发展的实施意见》[①]（以下简称《重庆民办教育实施意见》）规定设立实施其他民办非学历高等教育、高中阶段教育的民办学校，由市人民政府教育行政部门审

---

① 《重庆市人民政府关于进一步促进民办教育健康发展的实施意见》，重庆市人民政府网，2018年。

批；两江新区管委会及其职能部门按照市政府相关规定，增加授权范围内高中阶段民办学校设立的行政审批权限。《自治区人民政府关于鼓励社会力量兴办教育促进民办教育健康发展的实施意见》[①]（以下简称《宁夏民办教育实施意见》）规定举办实施高中阶段学历教育的民办学校由地级市教育部门审批，报教育厅备案并核发学校代码，市、县教育部门管理，设立民办高中阶段学校要符合本地高中阶段教育发展需求，纳入本地学校布局规划，符合普职规模要求。

在设置标准方面，《分类登记实施细则》明确设置标准，应当参照国家同级同类学校设置标准，无相应设置标准的由县级以上政府按照国家有关规定制定。《民办教育促进法实施条例（修订草案）送审稿》第十四条、第二十一条进一步明确了民办学校的审批条件和程序，并对举办实施学历教育的营利性民办学校的注册资本限额作出规定，其中，第二十一条明确了实施学历教育的营利性民办学校注册资本应当与学校类别、层次、办学规模相适应，并作出具体要求，例如，实施高等学历教育的注册资本最低限额为 2 亿元人民币；实施其他学历教育的注册资本最低限额为 1 000 万元人民币。同时还要求营利性民办学校批准筹设时，举办者实缴资金到位比例应当不低于注册资本的 60%；正式设立时，注册资本应当缴足。举办民办学校的个人或者社会组织应当有良好的信用状况，可以用货币，以及实物、土地使用权、知识产权等可以以货币估价并可以依法转让的非货币财产作为办学出资，但法律、行政法规规定不得作为出资的财产除外。国家资助、学费和民办学校的借款、受赠财产不属于民办学校举办者出资。

三、分类登记具体制度日趋完善

在民办学校设立时登记的类型、依据和机构方面，主要涉及非营利性民办学校中社会服务机构和事业单位的登记，营利性民办学校中需要许可审批和不需要许可审批的登记，还有营利性民办学校应当登记为公司企业法人。分类登记中，非营利性民办学校登记，符合《民办非企业单位登记管理暂行条例》或《事业单位登记管理暂行条例》等有关规定的，可分别到民政部门或机构编制部门登记为民办非企业单位或事业单位。营利性民办学校正式批准设立后到工商部门办理企业法人登记。例如，非营利性民办学校实施本科以上层次教育的，由省级政府相关部门办理登记。非营利性民办学校实施专科以下层次教育的，由省级政府确定的县级以上政府相关部门办理登记。当前，一部分省级政府颁布的分类登记实

[①] 《自治区人民政府关于鼓励社会力量兴办教育促进民办教育健康发展的实施意见》，宁夏回族自治区人民政府网，2018 年。

施细则和重庆市、河北省、江苏省、宁夏回族自治区等地方省级政府的实施意见或办法对民办学校分类登记的类型、依据和机构等作出了原则性的规定。《分类登记实施细则》明确登记管理机关对民办学校符合登记条件的核发登记证或营业执照，对不符合登记条件的说明理由。民办学校的名称应当符合规定，显示学校的办学层次与类别。

在事项变更、注销登记方面，《民办教育促进法实施条例（修订草案）（送审稿）》第五十条明确了三方面要求，第一，民办学校终止的，应当交回办学许可证，向登记机关办理注销登记，并向社会公告；第二，民办学校自己要求终止的，拟终止公告提前6个月发布，依法依章程制订终止方案，妥善安排教职工与受教育者；第三，民办学校无实际招生、办学行为的，许可证到期后自然废止，由审批机关予以公告。民办学校自行组织清算后，由登记机关撤销登记。《民办教育促进法实施条例（修订草案）（送审稿）》明确非营利性民办学校举办者变更的必须签订变更协议且不能从变更中获得收益，对现有民办学校可以约定变更，但不能涉及学校法人财产和不得以牟利为目的。举办者变更协议应当依据《民办教育促进法》第五十四条的规定，与其他材料一并报审批机关核准。《分类登记实施细则》明确民办学校办学许可证等证照上事项变更的，依照规定到原发证机关办理变更。民办学校终止办学要及时办理撤销建制、注销登记手续，并将办学许可证等证照缴回原发证机关。《上海市民办学校分类许可登记管理办法》《海南省民办学校分类登记暂行办法》①《重庆市民办学校分类登记实施细则》②《四川省民办学校分类登记实施办法》③ 等规范性文件，对民办学校的分立、合并，办学地址、名称、董事或理事、校长、法定代表人、监事变更的程序与要求作出了全面、详细的规定。《上海市民办学校分类许可登记管理办法》明确民办学校终止要及时办理注销办学许可和法人登记，并将办学许可证等证照分别交回原发证机关。准予民办学校终止或注销办学许可的决定由许可机关告知登记机关，并向社会公告。《重庆市民办学校分类登记实施细则》《四川省民办学校分类登记实施办法》等规范性文件要求民办学校终止办学时要优先妥善安置在校学生、依法开展财务清算，及时撤销建制、注销登记，将办学许可证等证照正副本缴回原发证机关，并由审批机关向社会公告。

关于名称的规定。《民办教育促进法实施条例（修订草案）（送审稿）》明确民办学校的名称必须符合有关法律、行政法规规定，不损害社会公共利益，不能含有可能引发歧义的文字或者含有可能误导公众的其他法人名称。未取得办学许

---

① 《海南省民办学校分类登记暂行办法》，海南省人民政府网，2017年。
② 《重庆市民办学校分类登记实施细则》，重庆市人民政府网，2018年。
③ 《四川省民办学校分类登记实施办法》，四川教育网，2018年。

可的社会组织，不得在名称中含有大学、学院、中学、小学、幼儿园、学校等字样。营利性民办学校中实施学前教育、学历教育的，可以在学校牌匾、成绩单、学历学位证书及相关证明、招生广告和简章上使用经审批机关批准的法人简称。《上海市民办学校分类许可登记管理办法》《江苏省民办学校分类登记实施细则》[①]《海南省民办学校分类登记暂行办法》《重庆市民办学校分类登记实施细则》《四川省民办学校分类登记实施办法》《陕西省民办学校分类登记实施办法》[②]等规范性文件要求民办学校的名称符合法人登记相关规定，其中营利性民办学校的名称还必须包含"有限责任公司""股份有限公司"等公司组织形式字样。申请筹设或者正式设立实施学历教育的民办学校、民办幼儿园时，可以申请使用简称，并由许可机关在筹设批准书、办学许可证上注明。其中，简称仅可在学校牌匾、学历证书、学位证书、成绩单、招生广告和简章中省略公司组织形式字样。

四、现有学校分类登记的原则明确

现有民办学校分类登记中，选择登记为非营利性民办学校或者营利性民办学校的，均应分别遵循一整套的财务清算、补偿奖励、税费缴纳、过渡期限等配套规定。例如，《鼓励社会力量兴办教育若干意见》明确民办学校依法享有法人财产权，举办者自愿自主选择登记为非营利性民办学校或者营利性民办学校。《分类登记实施细则》明确三个原则性规定：第一，明确选择登记为非营利性民办学校的，必须修改章程后继续办学，并完成新的法人登记手续；第二，选择登记为营利性民办学校的，必须开展财务清算，经省级以下政府有关机构依法明确土地等财产权属并缴纳税费，办理新的办学许可证、重新登记后继续办学；第三，现有民办学校变更登记类型的办法由省级政府制定。

1. 已经选择登记为非营利性的民办学校的，不能再变更登记为营利性民办学校

《广西壮族自治区民办学校分类登记实施办法》[③]明确已依法依规选择登记为非营利性民办学校的，不能再转为营利性民办学校；相反，已经选择登记为营利性民办学校的，可以经申请转为非营利性民办学校，重新进行法人登记。《天津市民办学校分类登记实施办法（试行）》[④]《海南省民办学校分类登记暂行办

[①]《江苏省民办学校分类登记实施细则》，江苏省人民政府网，2018年。
[②]《陕西省民办学校分类登记实施办法》，陕西省人民政府网，2018年。
[③]《广西壮族自治区民办学校分类登记实施办法》，广西壮族自治区教育厅网，2018年。
[④]《天津市民办学校分类登记实施办法（试行）》，天津市教育委员会网，2017年。

法》《重庆市民办学校分类登记实施细则》《四川省民办学校分类登记实施办法》《宁夏回族自治区民办学校分类登记实施办法》《上海市民办学校分类许可登记管理办法》《江苏省民办学校分类登记实施细则》等规范性文件，明确现有民办学校应在分类选择后向审批机关申请换领载明"营利性"或"非营利性"的办学许可证。申请换领办学许可证，民办学校应向审批机关提交相关材料。并详细规定了现有民办学校选择登记为非营利性民办学校且变更法人登记类型的一般性程序以及现有民办学校选择登记为营利性民办学校的一般性程序。《河北省民办学校分类登记实施办法》[①] 和浙江省《现有民办学校变更登记类型实施办法》[②] 要求现有民办学校中义务教育与非义务教育一体办学的，必须选择登记为非营利性民办学校。若非义务教育阶段选择营利性，必须对学校进行合理拆分，分别办理办学许可证后，再进行法人登记。

2. 选择登记为营利性民办学校的一些特别规定

《上海市民办学校分类许可登记管理办法》《江苏省民办学校分类登记实施细则》《广西壮族自治区民办学校分类登记实施办法》《海南省民办学校分类登记暂行办法》《重庆市民办学校分类登记实施细则》《四川省民办学校分类登记实施办法》《宁夏回族自治区民办学校分类登记实施办法》等文件规定，要求选择登记为营利性民办学校的，在许可机关以及相关部门的指导下经过财务清算等环节与程序后，再行办理法人登记手续后继续办学。

3. 选择登记为非营利性民办学校的补偿与奖励政策

《上海市民办学校分类许可登记管理办法》明确选择登记为民办非企业单位法人的现有学校的补偿奖励，许可机关会同相关部门依出资者申请，并综合考虑其在2017年9月1日前的出资、取得合理回报的情况以及办学效益等因素，从剩余财产中给予出资者相应的补偿和奖励，第三十二条规定的补偿与奖励金额分别根据"补偿计算方式"和"奖励计算方式"计算得出。《天津市民办学校分类登记实施办法（试行）》明确选择登记为非营利性民办学校的补偿或奖励计算的时间节点为2017年8月31日，其计算方式为：

$$补偿或者奖励 = 该日法人财产净资产数额 \times \frac{该日之前出资者出资额}{该日之前（所有出资者出资总额 + 捐资额）}$$

4. 各地方省级政府关于现有民办学校完成分类登记的过渡期规定

根据各省级政府关于落实《鼓励社会力量兴办教育若干意见》的实施意见，明确了过渡期规定（见表4-2）。其中未明确过渡期规定的有天津市、河北省、

---

① 《河北省民办学校分类登记实施办法》，河北省教育厅网，2018年。
② 《现有民办学校变更登记类型实施办法》，浙江省教育厅网，2018年。

山西省、内蒙古自治区、辽宁省、广东省、贵州省、甘肃省、青海省等 9 个省级政府；明确五年过渡期的有江苏省、江西省、安徽省、山东省、河南省、广西壮族自治区、海南省、云南省、陕西省；最长过渡期的是四川省 7 年；其他分别是浙江省、重庆市、宁夏回族自治区 6 年，上海市 4 年和湖北省 3 年。

表 4-2　各地方省级政府关于现有民办学校选择登记过渡期限的具体规定

序号	省份	现有民办学校过渡期限具体规定
1	上海	在 2018 年 12 月 31 日前，提交关于学校选择登记的书面材料，不在规定期限提交材料的，不得选择登记为营利性民办学校，主要实施高等学历教育的学校在 2021 年 12 月 31 日前，其他学校在 2020 年 12 月 31 日前完成
2	江苏	原则上在 2020 年 12 月 31 日前完成分类登记，也可延期至 2022 年 12 月 31 日
3	浙江	现有民办学校（2016 年 11 月 7 日前正式设立的）在 2022 年底前完成分类登记
4	江西	现有民办学校选择登记过渡期是 5 年（2017 年 9 月 1 日至 2022 年 9 月 1 日）
5	安徽	民办高校须在 2022 年底前完成分类登记
6	山东	2017 年 9 月 1 日前设立的民办学校，原则上在 2022 年 9 月 1 日前完成分类登记
7	河南	民办高校须在 2022 年底前完成分类登记
8	湖北	民办学校选择登记给予 1~3 年的过渡期
9	广西	2017 年 9 月 1 日前经批准设立的民办学校，在 2022 年 12 月 31 日前完成分类登记。超过期限仍不进行分类登记的民办学校，按非营利性民办学校管理
10	海南	2017 年 9 月 1 日前设立的民办学校在 5 年过渡期内（2017 年 9 月 1 日至 2022 年 8 月 31 日）进行分类登记。在过渡期内不进行分类登记的，不得再登记为营利性民办学校；确有特殊情况的，经审批机关批准，可延期进行分类登记，但延期最长不超过 2 年，超过期限仍不进行分类登记的，不得再登记为营利性民办学校
11	重庆	2016 年 11 月 7 日前设立的民办学校（以下称现有民办学校），在 2022 年 9 月 1 日前全部实现分类管理。2021 年 9 月 1 日前未完成分类登记的，学校的举办者在 2021 年 12 月 31 日前提交关于学校办学属性选择的书面材料；2022 年 9 月 1 日前未完成分类登记的，学校的办学属性按法人原属性确定
12	四川	现有民办学校在 2020 年 9 月 1 日前提交关于选择登记的书面材料，不提交的学校不得选择为营利性民办学校。选择为非营利性民办学校的必须在 2021 年 9 月 1 日前完成相关手续。选择为营利性民办学校的，实施高等学历教育的民办学校在 2023 年 9 月 1 日前完成登记手续，其他学校在 2022 年 9 月 1 日前完成登记手续

续表

序号	省份	现有民办学校过渡期限具体规定
13	云南	对2016年11月7日前设立的民办学校设置过渡期,至2021年11月7日前完成分类登记。2016年11月7日至2017年8月31日期间批准设立的民办学校,应尽快分类登记
14	陕西	现有民办学校重新登记过渡期限为2017年9月1日至2022年9月1日前
15	宁夏	2016年11月7日前设立的民办学校须在2022年12月31日前完成分类登记

第二节 民办学校分类登记改革关键问题评析

法人登记制度改革是未来民办教育发展必须面对的重要问题。[①] 新时代,民办教育到底应以什么样的组织模式来提供,什么样的制度安排最有益于民办教育事业的健康发展?怎样才能更好地满足社会多元化的教育需求、提供更高质量的教育服务?政府部门该如何引导、举办者如何选择登记为何种民办学校法人类型?这些都是当前民办学校分类登记面临的关键问题。

一、分类登记法律法规亟待修订

民办教育分类管理的法律与政策是引领和推动民办教育健康、快速、可持续发展的关键。当前,分类管理民办教育新法新政,尤其是分类登记的法律法规,难以满足民办学校分类管理的现实诉求,分类管理之前的一些法律法规也制约着分类登记的顺利推进,亟待加快法律法规修订的进程。

在法律层面,尽管《民法总则》《教育法》《高等教育法》《民办教育促进法》和《公司法》等已经建构了民办学校分类登记的法律框架,但是未来在学前教育、校外教育、职业教育法、义务教育等相关专门法修法时,亟待在分类登记的顶层设计之下,进一步调整学校教育、校外教育、职业教育和义务教育等领域的民办学校分类登记的相关问题;在行政法规层面,《事业单位登记管理暂行条例》修订尚未启动,《民办非企业单位登记暂行条例》《民办教育促进法实施条例》正在修订过程中,前述3个行政法规的修订直接影响民办学校分类登记的

[①] 王一涛、金成:《民办高职院校的分类登记与可持续发展》,载《教育与职业》2018年第5期,第11页。

推进；在部门规章层面，《民办非企业单位登记暂行办法》《民办非企业单位名称管理暂行规定》《教育类民办非企业单位登记办法（试行）》《事业单位登记管理暂行条例实施细则》《中华人民共和国企业法人登记管理条例施行细则》[①]（以下简称《企业法人登记管理条例施行细则》）等规章，已无法适应民办学校分类、登记的顶层设计，需要尽快作出修订；在地方性法规和地方政府规章层面，法规规章制定滞后于地方民办教育分类登记的需求，大多数地方尚未出台相关规定，也尚未见分类管理背景下的民办教育的地方性法规的修订。

此外，法律供给滞后于制度创新，分类登记政策体系不健全。在教育领域，一些单独的修法都难以根除民办教育分类管理中法律法规错位、越位和缺位的问题，因此促进社会资本进入教育领域，需要行政部门多方协同。在现有的分类管理背景下制定或修订的法律法规，与分类管理前的法律法规存在一些矛盾和冲突，严重制约了分类登记的顺利实施，要加快促进各行政部门联合修法。

二、学校设立的审批制度体系仍需优化

在分类管理基本框架及分类登记上位法的顶层设计中，国家促进民办教育发展的态度一以贯之，但促进不等于放松、放宽。以司法部发布的《民办教育促进法实施条例（修订草案）（送审稿）》为代表，尤为重要且影响巨大的相关原则和方向性规定，例如，对举办者加强限制及严格准入、防止非营利性学校变相营利、严格规范教育培训机构管理等内容，引发了社会广泛热议和教育市场的强烈反响。

在市场准入方面，国家鼓励社会力量进入教育领域举办民办学校，由于教育领域资金投入大、回报周期长等特点，当前举办者面对政策不明朗、收益预期缺乏等问题，在选择登记的过渡期内将有很长一段时间的观望。[②] 由于教育领域的特殊性，《民办教育促进法实施条例（修订草案）（送审稿）》明确了一些市场准入的禁止性规定，例如，外商投资企业不得举办实施义务教育的学校、义务教育阶段不得举办营利性民办学校等引发各界较大争议，亟待在后续的立法中进一步明确。无论是非营利性还是营利性民办学校，都应坚持教育的公益属性。非义务教育阶段可设置营利性的民办学校，在学前教育阶段、高中教育阶段、高等职业教育领域，可能会出现一批学校有限责任公司，而要办学术型的民办大学公司，

---

① 国家工商行政管理总局：《中华人民共和国企业法人登记管理条例施行细则》，2017 年。
② 唐诗蕊、魏志春：《供给侧改革背景下民办教育分类管理政策困境与路径》，载于《现代教育管理》2018 年第 4 期，第 39～40 页。

难度很大。可以预见，开放举办营利性的民办学校之后会有更多资本进入民办教育领域，这有益于增加教育资源，但同时也要避免逐利资本办学带来的急功近利。有学者持不同观点，认为国家在向大部分学生提供均衡的公办教育的同时，必须保证其他学生享有多元和特色教育服务的选择权，即便是在义务教育阶段也是如此。①

集团化办学限制问题，《民办教育促进法实施条例（修订草案）（送审稿）》禁止通过集团化办学兼并收购、加盟连锁、协议控制非营利性民办学校。规范集团化办学针对的是实践中存在的同一举办者同时举办多所民办学校等的现象，有学者认为，集团化办学对我国教育发展发挥了一定的积极作用，中央和地方层面在教育政策的规范性文件中多次鼓励"优质民办学校""公立学校"和"职业教育"等集团化办学，《民办教育促进法实施条例（修订草案）（送审稿）》为何骤然叫停非营利性民办学校集团化发展有些难以理解。在法律未明确界定集团化办学的情况下，如何解读《民办教育促进法实施条例（修订草案）（送审稿）》关于集团化办学的形式认定及相关限制，亟待有关部门的进一步阐释。

营利性民办学校"先证后照"问题，部分地方政策已作出了相关规定。以民办教育分类管理为契机，能否有效治理教育培训乱象有待观察。从目前各地颁布的贯彻落实新《民办教育促进法》《鼓励社会力量兴办教育若干意见》《分类登记实施细则》《监督管理实施细则》等法律法规的情况看，对民办教育培训机构仍然实行"办学许可证+营业执照"的审批登记方式。一直以来这一审批登记方式很大程度上导致一些达不到审批条件的机构登记为教育咨询类公司，从事教育培训业务；或者干脆既不申请办学许可证，也不登记注册，完全"无照无证"经营。

三、分类登记的具体制度尚未完善

《民法总则》第八十七条明确非营利法人包括事业单位、社会服务机构、社会团体、基金会等。现有民办学校选择登记时，非营利性民办学校可以在事业单位和社会服务机构中选择登记，营利性民办学校可以登记为企业法人。因而，分类管理框架下，将形成社会服务机构法人、事业单位法人和企业法人三类民办学校。

在登记为社会服务机构方面的问题，2016年5月26日，民政部发布的《社

---

① 王一涛：《民办教育分类管理需要解决好五大关系》，载于《华中师范大学学报》（人文社会科学版）2018年第4期，第164~165页。

会服务机构登记管理条例（修订草案征求意见稿）》①已将"民办非企业单位"修改为"社会服务机构"，但当前尚在立法程序之中，亟待早日审议通过。由于《社会服务机构登记管理条例》并未最终颁布，以至于一些省、自治区和直辖市在当前分类登记申请或制定分类登记的相关规范性文件时，依然将一些非营利性民办学校登记或表述为民办非企业单位。显然，《民办教育促进法》规定民办学校应当具备法人条件，与《民办非企业单位登记管理暂行条例》第二条规定民办非企业单位可以是法人、合伙和个体之间存在不一致的地方，有待于未来通过修法统一组织形式。一直以来，在《民办非企业单位登记管理暂行条例》实施背景下，"民办非企业单位法人"的资格并非是依照《中华人民共和国民法通则》②或其他法律取得的，在基本法的层面上并无民办非企业单位法人的类型，而建立在《民办非企业单位登记管理暂行条例》这一行政法规层面上的法人登记法律制度，于法理不通，在法律体系中缺乏权威性。③ 在"民办非企业单位"的法人类型下，缺乏与现有财政投入、土地、税收、融资、行业资格准入、人才发展、社会保障等相关的政策配套，无法享受到非营利组织或公办学校的同等待遇，对非营利性民办学校的健康发展和参与教育事业的良性竞争影响很大。

在登记为事业单位法人方面的问题，近年来，浙江省、福建省、湖南省、广东省等地已经出台相关文件，明确符合条件的非营利性民办学校可登记为事业单位。例如，浙江省宁波市机构编制委员会办公室等四部门于2016年8月29日联合发布了《宁波市非营利性全日制民办学校开展事业单位登记管理暂行办法》④，明确非营利性民办学校登记为事业单位的前提条件之一就是必须利用国有资产举办，与《民办教育促进法》第二条要求民办学校利用非国有资产举办不尽一致，也与《事业单位登记管理暂行条例》第二条要求的事业单位利用国有资产相冲突。⑤ 但是，《民法总则》第八十八条明确取得事业单位法人资格，根据经济社会发展需要设立，依法登记成立提供公益服务即可，未要求事业单位一定要国家机关举办或者利用国有资产，与《事业单位登记管理暂行条例》的规定不尽一致；同时，由于民办学校与事业单位在资金来源、举办主体上存在着根本性的区别，《分类登记实施细则》第七条"非营利性民办学校登记为事业单位"之规定与《事业单位登记管理暂行条例》第二条存在不一致。实践中，大多数地区的民

---

① 《社会服务机构登记管理条例（修订草案征求意见稿）》，民政部网，2016年。
② 《中华人民共和国民法通则》，中国人大网，1986年。
③ 王一涛、金成：《民办高职院校的分类登记与可持续发展》，载于《教育与职业》2018年第5期，第15页。
④ 宁波市教育局：《宁波市非营利性全日制民办学校开展事业单位登记管理暂行办法》，2016年。
⑤ 余中根：《非营利性民办学校登记为事业单位之法律冲突及其解决路径——以〈民办学校分类登记实施细则〉第7条为视角》，载于《江苏第二师范学院学报》2018年第1期，第43页。

办学校要选择登记为事业单位依然面临重重障碍,尽管《民法总则》成为基本法律基础,《分类登记实施细则》明确规定民办学校可以登记为事业单位,实践中大多数省份的机构编制委员会办公室部门仍然遵照《事业单位登记管理暂行条例》的规定来登记。当前,《民法总则》和《分类登记实施细则》仅仅是一个宏观性和方向性的原则,尚难以直接具体指导实践,也只有期待《事业单位登记管理暂行条例》修改后,降低民办学校登记为事业单位的难度。① 值得注意的是,将非营利性民办学校进行事业单位登记,在有利于统一登记、统一监管和实现同等市场主体地位的同时,也有监管难度加大和公益性与资本逐利性方面产生的不利影响。目前,全国有一些民办学校登记为事业单位,但是并未享受到与事业单位的同等政策待遇,例如,事业单位法人的民办学校不意味着学校的教师拥有事业编制,与此不衔接的诸多政策仍然成为民办教育发展的掣肘。② 此外,在当前非营利性民办学校仅基于同等地位和待遇的考虑之下,争相登记为事业单位法人,并非真正符合中国事业单位改革的方向,更有可能与事业单位向社会服务组织改革的社会化趋势逆向而行。

在登记为企业法人方面存在的问题主要有:第一,《民法总则》第七十六条明确营利法人是以取得利润并分配给股东等为目的成立的法人,明确有限公司、股份公司和其他企业法人等类型。《民办教育促进法》第十条、第十九条,《鼓励社会力量兴办教育若干意见》第九条和《监督管理实施细则》第二十六条,以及《名称登记管理通知》第一条等规定把营利性民办学校仅限制为公司法人企业,而作为新颁布的处于基本法地位的《民法总则》第七十六条已明确规定除了公司法人外还有其他企业法人。同时,从《民办教育促进法》和《监督管理实施细则》的相关条文看,并未排除营利性民办学校采用非公司法人企业。③ 第二,《民办教育促进法》第五十三条、第五十八条和《监督管理实施细则》第三十六条,与《公司法》第三十七条、第一百八十条等关于公司制民办学校发生合并、分立时是否必须经过清算程序,公司法人类型的民办学校被撤销时清算主体是审批机关还是公司?公司法人类型的民办学校合并、分立、终止的决议由谁作出?都存在一定的冲突。④ 第三,《民办教育促进法》第五十九条规定营利性民办学校的剩余财产依照《公司法》的有关规定处理,其中关于《公司法》的依据暗示了登记为公司法人的方向性考虑。作为营利法人的民办学校,可以分为公司法人和非公司类型的企业法人,适用《民法总则》和《民办教育促进法》的

---

①② 王一涛、金成:《民办高职院校的分类登记与可持续发展》,载于《教育与职业》2018年第5期,第14~15页。

③④ 曹秀峰:《营利性民办学校公司制登记管理法律冲突与适用——以〈民法总则〉一般规定为指引》,载于《中国市场监管研究》2018年第3期,第80页。

相关规定，需及时修正《名称登记管理通知》有关规定，考虑营利性民办学校举办者可以自主选择企业法人类型，公司法人或非公司类型的企业法人。① 第四，关于公司注册资本的数额限制，亟待由国务院颁布的行政法规以上法律效力等级的法律规范性文件进行设定。但是，根据《公司法》第二十六条、第八十条的规定以及《监督管理实施细则》第七条，目前尚无可以适用的营利性民办学校法人注册资本限额的相关规定。② 《民办教育促进法实施条例（修订草案）（送审稿）》作为行政法规明确了相关要求，但该条例仍然在立法程序中。

四、分类登记的规则还需细化

进一步细化分类登记规则是分类管理改革平稳有序推进的需要。《民办教育促进法》并未对现有民办学校完成变更登记的过渡期加以限定，而是通过授权将具体办法的制定授予了各地方政府。随着民办教育分类管理的正式实施，在一些分类管理配套政策不明朗和补偿奖励政策不明确的情况下，举办者和投资人正在面临过渡期内"营利性"与"非营利性"的艰难抉择。

如何选择和是否可以"悔选"问题。在选择登记之后，一些重要的方面，例如，在选择登记之后是否可以"悔选"的问题，不同的省、自治区、直辖市政府的相关规定存在较大的区别，陕西省明确营利性的学校可以变更为非营利的学校，非营利的学校也可以变更为营利性学校；湖北省、海南省明确登记为非营利性民办学校的，不得再转为营利性民办学校；云南省明确选择登记为非营利性或营利性，在一个办学周期内不允许再行变更登记。但是，否定"悔选"的制度安排是当前的主流观点，即"营利性民办学校可转为非营利性民办学校，反之不可"。不过，需要对此进行明确规定，否则实践界仍心存疑虑。

补偿或者奖励的制度设计问题。从寻求一种尊重历史、符合国情、有利发展的过渡性政策设计出发，全国人大常委会决定授权地方制定补偿或者奖励的具体办法，对现有民办学校举办者遵循"肯定贡献，鼓励发展，尊重历史，不算细账"的基本原则。如此，各地方可以结合实际制定办法，凸显地方特色。③ 正确理解新《民办教育促进法》"补偿奖励条款"，并在地方立法落实中保持基本统一的方向，避免较大的理解偏差。当前，正确理解《民办教育促进法修法决定》中"补偿奖励条款"的两点争议：第一，不管现有民办学校选择营利、非营利，

---

①② 曹秀峰：《营利性民办学校公司制登记管理法律冲突与适用——以〈民法总则〉一般规定为指引》，载于《中国市场监管研究》2018年第3期，第80页。

③ 吴华、章露红：《〈民办教育促进法〉修法决定中"补偿奖励条款"研究》，载于《复旦教育论坛》2017年第5期，第24~25页。

还是终止办学，只要是民办学校终止时的财产依规定进行清偿后有剩余的，出资人均可申请补偿或者奖励。① 第二，必须忽略对现有民办学校在"是否要求取得合理回报"法律状态的选择。无论现有民办学校原来是"要求取得合理回报"，抑或是"不要求取得合理回报"，均应一视同仁获得"补偿或者奖励"②，否则，实践中将导致结果混乱。

重新登记过渡期限问题。新修订的《民办教育促进法》颁布后，各地落实民办教育新法新政均设置了政策过渡期，也就是时限问题。从地方出台的政策涉及的过渡期限统计看，各省份不一，有10年、5年、3年、2年。有学者调研显示，不同利益相关者群体对过渡期长短观点的不同，教育行政部门倾向于2年或5年；校长倾向于因校而异、不统一要求或5年；举办者则倾向于因校而异、不统一要求或10年。从已出台的各省级政府制定的过渡期方案看，似乎更多反映的是教育行政部门和校长的意向。③

现有过渡政策供给不足问题。随着新修订的《民办教育促进法》的施行，一部分现有民办学校选择登记为营利性民办学校，学校的产权归属、适用的法律与政策也将随之发生重大变化。当前，各地方省级政府在制定相关政策时，还面临着财务清算谁来组织、如何组织以及学校各类财产产权归属如何认定，国有资产与国家财政性经费如何确权，缴纳相关税费的范围和标准如何界定等一系列操作层面的问题。此外，还将面临契税、企业所得税或个人所得税和土地增值税等一些税费问题，如果国家层面缺少清晰的规定，极有可能导致各省、自治区和直辖市在实施政策时产生不统一、不规范问题。④

第三节 民办学校分类登记制度动向研判

世界各国法律基本都规定了法人登记制度，教育发展的关键在于包括法律制度在内的体制机制改革创新。新时代，民办学校法人登记制度改革创新的根本在于，适应分类管理的顶层设计，建构分类登记的法律体系；坚定民办教育公益性原则，优化设立审批的权责配置；突破分类登记难点，完善分类登记的具体制

---

①② 吴华、章露红：《〈民办教育促进法〉修法决定中"补偿奖励条款"研究》，载于《复旦教育论坛》2017年第5期，第25~26页。

③ 李度、卢威：《民办学校分类管理十大未决问题探析》，载于《中国教育学刊》2018年第8期，第5~6页。

④ 方建锋：《推进民办学校分类管理中面临的瓶颈问题分析》，载于《复旦教育论坛》2018年第2期，第45~46页。

度；消除营利和非营利选择的制度阻碍，创新选择登记的配套制度。

一、围绕分类管理顶层设计，健全分类登记的制度体系

在民办教育分类管理框架下，近年来制定或修订的一部分分类登记相关法律法规，与已有的相关法律法规，初步形成了分类登记的制度体系。当前，伴随着民办教育分类管理的快速推进，在《民法总则》《教育法》《高等教育法》《民办教育促进法》《公司法》等法律形成的分类登记法律框架下，为避免和解决现阶段法律法规不同位阶与同一位阶，新法与旧法，特殊法与一般法，法律法规与相关政策之间的矛盾与冲突，阻滞民办学校分类管理实施，必须尽快修订《事业单位登记管理暂行条例》《民办非企业单位登记管理暂行条例》《民办教育促进法实施条例》等行政法规，加快调整分类登记相关的部门规章、地方性法规、地方政府规章等，从而建构与分类管理顶层设计相适应的分类登记的制度体系。

在形式上，适应分类管理的顶层设计，需要通过制定或修改一部分法律法规，从而健全分类登记的制度体系。在法律层面，学前教育专门法立法、职业教育专门法修法正在进行中，在接下来涉及的民办学校分类登记内容调整时，以及《中华人民共和国义务教育法》[①]（以下简称《义务教育法》）等相关法律在未来修订时，应与现有的《民法总则》《教育法》《高等教育法》《民办教育促进法》和《公司法》等法律保持一致，以确保形成分类管理背景下的分类登记法律框架。在行政法规层面，涉及民办学校分类登记的《民办教育促进法实施条例》《事业单位登记管理暂行条例》和《民办非企业单位登记暂行条例》三部重要的行政法规，应尽快启动或推动修法进程，与分类管理背景下已修改法律顶层设计保持一致，在行政法规层面形成社会服务机构、事业单位、企业法人三类主体的法人登记基本制度框架。在部门规章层面，不与分类登记的行政法规相抵触或者落实相关行政法规，同时与《分类登记实施细则》《监督管理实施细则》保持一致，主要涉及《民办非企业单位登记暂行办法》《民办非企业单位名称管理暂行规定》《教育类民办非企业单位登记办法（试行）》《事业单位登记管理暂行条例实施细则》《企业法人登记管理条例施行细则》等规章的修订。在地方性法规层面，在《民办教育促进法》实施背景下，各地方省级人大及其常委会制定的促进民办教育发展的规范性文件，必须在国务院正式审议通过《民办教育促进法实施条例》后，尽快修订完善民办学校分类登记的相关规定，建立本省、自治区、直辖市民办学校分类登记的基本制度框架。在地方规章层面，在分类管理框架下，

---

① 《中华人民共和国义务教育法》，中国人大网，2015年。

已有 11 个省（自治区、直辖市）制定或修订了本地的民办学校分类登记相关办法，其他地方的相关分类登记规定亟待加快制定或修订的进度。

在内容上，必须遵循科学和民主立法原则，加强中央和地方之间、国务院组成部门之间和地方省级人大政府之间的互动与协调，高质量高效率制定或修订相关分类登记法律法规。应当着力解决现阶段部分不同位阶与同一位阶的法律法规，新法与旧法，特殊法与一般法以及法律法规与相关政策之间的矛盾与冲突。例如，在民办教育新法新政实施背景下，现有民办学校分类登记中关于营利性民办学校的公司法人登记制度，与《民法总则》《公司法》《公司登记管理条例》等法律法规存在一些冲突，需要进一步加快解决。

二、坚持民办教育公益性原则，优化设立审批的权责配置

供给侧结构性改革背景下分类管理政策实施的重点、难点在于教育领域是否能够实现"市场机制的决定性作用"。当前，要正确处理好政府与市场的关系，坚定教育的公益性方向。正如弗里德曼（Milton Friedman）所言，可以以市场价格机制解决公办教育的效率问题，教育公益性与市场机制之间不存在冲突。[1] 分类管理政策实施对民办学校发展而言是挑战与机遇并存的，面对新时期多层次、多样化的教育市场需求，民办学校应找准自身办学定位，增强与公办学校的差异化、特色化的竞争力，形成优势互补。[2]

在市场准入方面，"法无禁止皆可为"。民办教育新法新政实施以后，教育与资本市场加速对接，营利性民办学校逐步兴起。在民办教育市场准入方面，正在设法降低准入门槛，改善审批服务，创新合作机制，吸引和支持更多的社会资源进入教育领域。当前，《民办教育促进法实施条例（修订草案）（送审稿）》第五条第三款明确禁止外资进入义务教育领域，并引起较大的争议。事实上，外资进入义务教育领域遭遇全面禁止，并非由《民办教育促进法实施条例（修订草案）（送审稿）》首创。在我国加入 WTO 时对义务教育领域的外资准入作出保留，而且《外商投资准入特别管理措施（负面清单）》[3] 也禁止境外投资者投资义务教育机构。实践中，一些教育机构规避前述外商投资禁入规定，实现境外上市融资目的，采用可变利益实体（variable interest entities，VIE）协议控制的模式成功

---

[1] 王一涛：《民办教育分类管理需要解决好五大关系》，载于《华中师范大学学报》（人文社会科学版）2018 年第 4 期，第 169 页。

[2] 唐诗蕊、魏志春：《供给侧改革背景下民办教育分类管理政策困境与路径》，载于《现代教育管理》2018 年第 4 期，第 41~42 页。

[3] 《外商投资准入特别管理措施（负面清单）》，国家发展和改革委员会门户网，2018 年。

登陆境外资本市场。目前阶段从实际操作层面来看，自 2018 年 8 月 10 日《民办教育促进法实施条例（修订草案）（送审稿）》发布以来，引发了学校类上市公司证券层面的剧烈震荡，高校和基础教育（K12）板块均受到巨大影响。

不能设立实施义务教育的营利性民办学校，并不会导致民办学校退出。因为非营利性民办学校，不是免费或者低收费，学校可照样依据办学成本以及社会需求确定学费标准，也就是说仍旧可以高收费，学校办学也可以有结余，只是举办者不能对办学结余实行分红。非营利性办学，并不是说举办者亏本办学，举办者的利益照样可以得到保障，包括参与办学活动，可以获得薪酬，以及通过合法的关联公司向学校提供后勤等服务。更重要的是非营利性民办学校办学将得到政府的财政、税收、土地等方面的扶持措施，学校办学可以获得更多的精力、财力投入，实现学校的快速、健康和可持续发展。

《民办教育促进法实施条例（修订草案）（送审稿）》第一次将《民办教育促进法》第十二条中"其他文化教育的民办学校"界定为"培训教育机构"，实现对教育机构的进一步分类，以推进不同类别民办教育的细分管理。例如，针对幼儿园、中小学适龄儿童、少年实施与学校文化教育课程相关或者与升学、考试相关补习辅导的校外培训教育机构，必须经过行政许可，而对于素质类培训教育机构以及面向成人开展培训的机构，可以不经审批而直接申请法人登记。

鼓励合理形式的集团化办学。《民办教育促进法实施条例（修订草案）（送审稿）》第十二条明确禁止通过集团化办学兼并收购、加盟连锁、协议控制非营利性民办学校。《民办教育促进法实施条例（修订草案）（送审稿）》分类规范民办学校集团化办学，主要在于对一部分民办学校集团化办学加以规范，并非对集团化办学形式的彻底否定，旨在禁止以资本扩张为根本目的的兼并收购非营利性民办学校的集团化办学行为，即通过以"VIE 结构"或关联交易转移所属非营利性民办学校办学收益的集团化办学行为。[1] 从逻辑主线上看，《民办教育促进法实施条例（修订草案）（送审稿）》遵循营利性与非营利性分类管理的原则，不留灰色地带，其根本目的就是为了清晰界分两类民办学校，杜绝"名分实不分""借非营利之名行营利之实"的现象再现。[2]

---

[1] 李虔、卢威：《民办学校集团化办学的规范发展——兼议〈中华人民共和国民办教育促进法实施条例（修订草案）（送审稿）〉相关条款》，载于《国家教育行政学院学报》2018 年第 9 期，第 53~54 页。

[2] 徐绪卿：《加强顶层设计坚定分类管理促进健康发展——对〈中华人民共和国民办教育促进法实施条例（修订草案）（送审稿）〉讨论的几点思考》，载于《国家教育行政学院学报》2018 年第 9 期，第 44 页。

三、突破分类登记难点，完善分类登记的具体制度

作为分类管理的基础性环节，法人登记是营利性民办学校与非营利性民办学校的入门区别。在分类管理框架下，民办学校的分类登记涉及营利性和非营利性学校的登记规制，其中，非营利性学校又可能登记为民办非企业单位抑或事业单位。当前，如何建立与三类不同民办学校主体相配套的分类登记制度，是健全分类登记法律制度体系的主线与关键。

在社会服务机构登记方面，在《民法总则》《中华人民共和国慈善法》等法律层面，以及民政部于2016年5月26日公布的《社会服务机构登记管理条例（修订草案征求意见稿）》，以"社会服务机构"替代"民办非企业单位"的依据和原则已经非常明确。"民办非企业单位"的概念广受诟病，这一概念含义模糊，无法与国际接轨，难翻译且不易被国外同行理解，长期以来并没有被公众认知，也不被社会服务机构的员工认同。将"民办非企业单位"调整为"社会服务机构"，能够准确反映此类组织的基本特征，符合社会服务机构的机构性质与实际情况。基于此，加快《社会服务机构登记管理条例（修订草案征求意见稿）》的立法进程十分必要，以更好地规范包括非营利性民办学校在内的社会服务机构的登记管理，统筹破解长期以来制约社会服务机构发展的"瓶颈"问题，促进社会服务机构的健康发展。当前，从《民办非企业单位登记管理暂行条例（修订草案征求意见稿）》来看，有许多重点突破，主要是顺应了历史潮流与发展趋势，完善双重管理体制，对社会服务机构的登记管理体制采取分类处理的办法，部分社会服务机构实行直接登记，降低了社会服务机构登记注册门槛。[①]

在事业单位登记方面，从分类登记的顶层设计看，非营利性民办学校登记为事业单位法人的法律障碍已经不存在，需要进一步修改《事业单位登记管理暂行条例》和各地方省级政府的相关规定，以消除长期以来的事业单位法人登记的法律与政策阻碍。实践中，非营利性民办学校登记为事业单位法人似乎渐成趋势和主流。例如，实践中，浙江省温州市、宁波市等地的一些非营利性民办学校已登记为事业单位法人。宁波上海世界外国语学校2017年1月4日登记成为宁波市第一家事业单位类型的非营利性民办学校。温州大学附属第一实验小学2017年1月8日取得民办事业单位法人证书，成为温州市民办非企业单位变更登记为民办事业单位的第一家。此外，山东省2016年2月26日颁布的关于公益类事业单位

---

① 邓国胜：《〈民办非企业单位登记管理暂行条例〉修订草案征求意见稿的七大突破》，载于《中国社会组织》2016年第13期，第17～18页。

机构编制管理改革的相关规范性文件,明确符合条件的中小学校、幼儿园可选择登记为事业单位法人。① 但是,非营利性民办学校登记为事业单位法人从根本上希望获得与公办学校的同等法律地位,在税费减免、用地用房优惠、融资信贷等方面享受与公办学校的同等待遇。有学者认为,一些非营利组织希望登记成为事业单位,显然是由于事业单位有着较好的待遇保障政策体系,但并不意味着新时期社会组织的发展方向。从中共十八届三中全会明确的中国事业单位改革方向看,应该是事业单位一部分走向社会组织,然后再来趋平社会组织与事业单位之间的待遇。②

在公司法人登记方面,部分涉及法律之间或上位法与下位法之间的冲突,主要体现在一些具体的方面:第一,在营利性民办学校登记为公司法人的情况下,《公司法》是一般法,《民办教育促进法》是特殊法,在适用时特殊法优于一般法,在特殊法未有相关规定时,适用一般法。在公司合并、分立是否需要经过清算程序、清算主体等问题上应该适用《民办教育促进法》,必须经过清算程序以及由审批机关而非法院主持清算。第二,《民办教育促进法》将第五十九条第二款修改为非营利性民办学校剩余财产继续用于其他学校办学,营利性民办学校的剩余财产依照《公司法》的有关规定处理。本条中明确了《公司法》的依据,似乎隐含了非营利性民办学校只能登记为公司制企业法人,同时国家工商行政管理总局、教育部联合下发的《工商总局 教育部关于营利性民办学校名称登记管理有关工作的通知》似乎也是同一思路③,与《民法总则》《民办教育促进法》的立法原意和原则精神不完全一致,也与实践中操作有冲突的可能,需要在后续的实践中充分注意该问题。第三,关于注册资本规定,根据《监督管理实施细则》第七条和《公司法》第二十六条、第八十条的规定,营利性民办学校法人注册资本限额暂无可以适用的具体规定,当前需要尽快制定出台《民办教育促进法实施条例》,以行政法规的形式明确注册资本的一般性要求。当前《民办教育促进法实施条例(修订草案)(送审稿)》第二十一条已明确实施高等学历教育的注册资本最低限额为 2 亿元人民币,实施其他学历教育的注册资本最低限额为 1 000 万元人民币,其他实施学历教育营利性民办学校的注册资本必须与学校层次、类别、办学规模相适应。但是,仍然需要各省、自治区、直辖市应尽快出台符合本地的注册资本数额规定。④

---

①② 王勇:《在民办公益和事业单位间填鸿沟,应向前进还是往后退——专家把脉浙江民办公益机构事业单位法人登记试点》,载于《中国社会组织》2016 年第 7 期,第 24~25 页。

③ 曹秀峰:《营利性民办学校公司制登记管理法律冲突与适用——以〈民法总则〉一般规定为指引》,载于《中国市场监管研究》2018 年第 3 期,第 80 页。

④ 曹秀峰:《营利性民办学校公司制登记管理法律冲突与适用——以〈民法总则〉一般规定为指引》,载于《中国市场监管研究》2018 年第 3 期,第 52 页。

四、创新配套制度，消除办学性质选择的制度阻碍

现有民办学校在选择登记过渡期"难熬"的关键在于选择"艰难"。当前，民办教育机构的举办者既要立足于当下的现实问题，又要具备前瞻性思维，全面考量，慎重决定，要结合实际自主选择分类登记的时间和类型。

现有民办学校选择登记中"悔选"制度设计不符合制度要求与实践现状。《鼓励社会力量兴办教育若干意见》鼓励和支持社会力量进入教育领域，打通了可以举办营利性民办学校的政策阻碍。《民办教育促进法》明确义务教育阶段不能举办营利性民办学校。在现有民办学校选择中，针对实践中的一些关于"悔选"的政策导向，存在一些误导和理解偏差。总体上，国家鼓励与支持现有民办学校选择登记为非营利性民办学校，对于已完成登记为非营利性民办学校的，不允许再次变更登记为营利性民办学校，主要的制度与实践阻碍在于选择登记为非营利性民办学校之后，选择登记包括一系列的后续措施已构成举办者的捐助办学行为，举办者完成此类捐助行为后，从法律上便失去了对其捐助财产的所有权，捐助财产成为学校的法人财产，转而为社会所有，举办者不得以任何方式再行收回捐助财产，故"悔选"行为无论是在逻辑上还是在实践操作上均不具有可能性。[①]

各地应尽快明确补偿奖励办法。湖南省、吉林省、河北省和上海市等省、自治区和直辖市已经出台补偿与奖励措施，具有一定的借鉴和参考意义。有学者认为，一些尚未出台补偿与奖励措施的地方省级政府应及时制定非营利性民办学校举办者奖励或补偿办法，平衡改革目标和举办者的既有利益，合理保护举办者的合法权益，避免其产生被剥夺感。[②] 在省级政府制定补偿与奖励政策时必须把握两个前提条件，即现有民办学校设立时间（2016 年 11 月 7 日前设立）和补偿与奖励的资金来源；充分理解三个补偿因素即《民办教育促进法》中"补偿奖励条款"明确规定的"出资""合理回报""办学效益"；具体指标说明："出资"指的是 2017 年 9 月 1 日以前，由举办者投入学校，同时由学校作为法人名下的资产总和；"合理回报"指的是举办者在 2017 年 9 月 1 日以前从学校办学结余中所获得的资产总和；"办学效益"指的是 2017 年 9 月 1 日以前学校的毕业生总数以及 2017 年 9 月 1 日时点在校生总数。[③]

---

①② 李虔、卢威：《民办学校分类管理十大未决问题探析》，载于《中国教育学刊》2018 年第 8 期，第 8~12 页。

③ 吴华、章露红：《〈民办教育促进法〉修法决定中"补偿奖励条款"研究》，载于《复旦教育论坛》2017 年第 5 期，第 26~27 页。

审慎确定选择登记的过渡期。从新修订的《民办教育促进法》于2016年11月7日审议通过，到现有民办学校选择登记之日就是过渡期。从目前各省级政府落实《鼓励社会力量兴办教育若干意见》的相关意见或办法中，大部分省份明确的过渡期为5年左右。由于《民办教育促进法》明确过渡期内需要有一系列复杂的环节与程序，过渡期不宜太短，在整体上，将现有民办学校重新登记的过渡期规定为5年左右是合理的。[①] 在过渡期中的一些特殊考虑，可借鉴重庆市的做法，例如，总体上，要求2016年11月7日前设立的民办学校（以下称现有民办学校）在2022年9月1日前全部实现分类管理。第一，2021年9月1日前未完成分类登记的，学校的举办者在2021年12月31日前应当向主管部门提交关于学校办学属性选择的书面材料。第二，2022年9月1日前仍未完成分类登记的，学校的办学属性按法人原属性确定。第三，现有民办学校的分立、合并以及学校举办者、名称、层次、类别等重要事项的变更，应当在分立、合并以及变更时完成分类登记。第四，现有民办学校的办学许可证到期换发时，学校的举办者应当向主管部门提交关于学校办学属性选择的书面材料，并从许可证到期换发之日起3年内完成学校分类登记，且登记时间不能晚于2022年9月1日。在推进速度的判断上，目前政策推进的大阶段初步迈入地方性政策法规条令的落地阶段，短期可操作性较弱。地方配套政策完全落地和完善将是循序渐进的过程，短期内仍将处于存量学校资产的清算及划分阶段，现有民办学校分类登记的预计一般需要3~5年的时间。

目前全国各地大部分民办学校尚未进行登记选择，一般而言，其在过渡期临近时作出登记选择的可能性较大，民办学校在选择之前将保持经营现状。由于过渡有一段时间，具体政策实施也有待进一步明确，民办学校登记变更推进缓慢在主客观上已成为事实。

---

① 王一涛：《民办教育分类管理需要解决好五大关系》，载于《华中师范大学学报》（人文社会科学版）2018年第4期，第166~167页。

第五章

民办学校分类扶持的跟踪与评估

分类扶持是民办教育改革发展的重大举措，有利于鼓励和引导民间资金进入教育领域，为民办学校营造公平的政策环境，并最终促进我国民办教育事业的持续发展壮大。我国政府对民办教育扶持政策的基本范围涵盖了土地划拨、购买服务、基金奖励、捐资激励、税收优惠与政府补贴，以及市场化收费和办学自主权等方面。整体上看，从中央到地方，民办教育分类管理政策扶持都突出了对非营利性民办学校的重点扶持，各地在结合自身政治、经济、社会发展大背景及教育发展情况下，均有不同程度的倾斜，也存在一些共性和差异性问题。本章围绕中央及地方政府对民办学校的扶持政策展开评析，在梳理政策要点、明确其中存在主要问题的基础上，准确研判未来动向。

第一节 国家的民办学校分类扶持政策要点评析

自 2016 年新修订的《民办教育促进法》规定对民办学校实行非营利性和营利性分类管理以来，党中央、国务院及教育部、国家工商行政管理总局等相关各部相继发布《鼓励社会力量兴办教育若干意见》《分类登记实施细则》《监督管理实施细则》等配套文件，以规范和促进民办教育分类管理。

一、国家明确差别扶持原则

新修订的《民办教育促进法》是我国民办教育的重大改革举措,分类管理制度创新性地突破了长期制约我国民办教育发展的"瓶颈",从根本上激励了社会力量兴办教育;2017 年 1 月《鼓励社会力量兴办教育若干意见》全面部署了民办教育改革发展的各项政策措施;教育部等十四部门印发《中央有关部门贯彻实施〈国务院关于鼓励社会力量兴办教育促进民办教育健康发展的若干意见〉任务分工方案》更体现了中央协同促进民办教育发展的决心。分类管理机制确定后,中央对民办教育的政策性扶持有以下三个特点:

(一)创新差别扶持机制,消除社会资本进入教育领域的顾虑

发达国家的私立教育发展已相对完善,社会捐赠已成为主要经费来源,而我国民办教育主要收入的 90% 左右依靠学杂费,其余如捐赠、财政资助等收入占比总计不到 10%[①]。邬大光(2001)[②] 研究发现,在其所调查的 38 所民办高校中单纯依靠学费收入的有 14 所,占比达 36.8%。在这种情况下,政府对民办学校的财政性扶持成为民办学校在学费外赖以为继的唯一慰藉,但国家倡导的民办教育"非营利性"和社会资本对"合理回报"的诉求有所冲突,间接造成部分民办教育存在灰色的"营利"空间,难以真正区分"非营利性、营利性",国家对非营利性民办学校的支持政策无法落地[③],社会资本在民办教育领域的投入更少。

《鼓励社会力量兴办教育若干意见》指出"鼓励社会力量兴办教育,促进民办教育健康发展,是一项事关当前又利长远的重要任务……要进一步解放思想"。分类管理机制的创新性提出,创造性地解决了民办教育的瓶颈性发展问题,极大地拓展了社会力量举办教育的空间[④]。促进高等教育机会均等、公平竞争,加强政府对民办教育管理和控制[⑤],堵牢营非不分、名实不符的政策漏洞[⑥],消除国

---

① 教育部发展规划司、上海市教育科学研究院:《2002 年中国民办教育绿皮书》,上海教育出版社 2003 年版,第 63 页。

② 邬大光:《中国民办高等教育发展状况分析(上)——兼论民办高等教育政策》,载于《教育发展研究》2001 年第 7 期,第 23~28 页。

③ 陈庆云:《公共政策分析》,中国经济出版社 1996 年版,第 158 页。

④ 鞠光宇:《非营利性私立高校与营利性高校的比较研究——以美国为例》,载于《高教探索》2016 年第 4 期,第 47~53 页。

⑤ 方芳、钟秉林:《我国民办高等教育财政支持制度研究》,北京师范大学出版社 2016 年版,第 1 页。

⑥ 徐绪卿:《加强顶层设计坚定分类管理促进健康发展》,载于《国家教育行政学院学报》2018 年第 9 期,第 43~48 页。

家、社会、个人对民办教育投资的顾虑,吸引社会资本进入民办教育领域[1],最终提高民办教育质量。

(二) 建立差别扶持体系,坚持民办教育的公益导向

国家对民办教育进行分类,注重民办教育的公益导向,非营利性民办学校是国家重点扶持对象,《鼓励社会力量兴办教育若干意见》表明要在"政府补贴、购买服务、基金奖励、捐资激励、土地划拨、税费减免"六个方面对非营利性民办学校给予扶持;对营利性民办学校在"购买服务、税收优惠"两个方面给予支持。

辽宁省、安徽省、云南省、浙江省、河北省、内蒙古自治区、陕西省、河南省、江苏省、宁夏回族自治区、广西壮族自治区、山西省、四川省13个省份(约占54.2%)在实施意见中转述了《鼓励社会力量兴办教育若干意见》中"差别扶持 公益导向"原则;个别地区响应《鼓励社会力量兴办教育若干意见》的建议,因地制宜,完善了符合地方实际的政策。如在对营利性民办学校的支持上,广西壮族自治区、江苏省增加"优先保障供地"条目,四川省在非营利性和营利性民办学校的政策支持中均增加"人才支持"条目,山西省在对非营利性学校的支持上增加"规划建设、奖励评定、项目安排、人才引进、师资建设"5个条目。

(三) 开拓联席会议制度,改善民办教育的制度保障

与公办教育不同,民办教育的各项政策相关的部门较多,所以从登记、扶持、监管到退出的各个发展环节涉及多达14个部门。所以《中央有关部门贯彻实施〈国务院关于鼓励社会力量兴办教育促进民办教育健康发展的若干意见〉任务分工方案》在工作分工的第六点"提高管理服务水平"第四十二条中明确指出要制定由14个部门参加的"部际联席会议制度",这14个部门包括:教育部、中央机构编制委员会办公室、国家发展和改革委、公安部、民政部、财政部、人力资源和社会保障部、国土资源部、住房和城乡建设部、中国人民银行、税务总局、国家工商行政管理总局、中国银监会和中国证监会,并指出各部门联席制度建立后,协调解决相关问题,完善制度,优化环境,共同促进社会力量兴办教育,甚至"要将鼓励支持社会力量兴办教育作为考核各级人民政府改进公共服务方式的重要内容"。

民办教育发展的协同服务体系的建立,更加明确了各部门自身在促进民办教

---

[1] 周海涛等:《民办学校分类管理政策研究》,经济科学出版社2016年版,第96页。

育发展中应承担的职能及角色,确保民办教育分类管理改革的推行和民办教育的可持续健康发展。

二、国家分类扶持政策解读

(一)差别化用地政策

中央政策确定了对非营利性和营利性民办学校施行差别化用地政策:新修订的《民办教育促进法》规定"新建、扩建非营利性民办学校,人民政府应当按照与公办学校同等原则,以划拨等方式给予用地优惠。新建、扩建营利性民办学校,人民政府应当按照国家规定供给土地。教育用地不得用于其他用途。"《鼓励社会力量兴办教育若干意见》规定"实行差别化用地政策。民办学校建设用地按科教用地管理。非营利性民办学校享受公办学校同等政策,按划拨等方式供应土地。营利性民办学校按国家相应的政策供给土地。只有一个意向用地者的,可按协议方式供地。土地使用权人申请改变全部或者部分土地用途的,政府应当将申请改变用途的土地收回,按时价定价,重新依法供应。"三个中央政策一脉相承,确定民办教育差别化用地的政策扶持基调;规定非营利性民办学校的土地优惠政策为直接划拨,营利性民办学校用地按相应规定供给;可以说国家在差别用地一项上,有明确的公益导向性。另外还规定了土地用途变更的相应措施。

(二)购买服务政策

中央政策确定了政府向民办学校购买服务的政策:《民办教育促进法》规定"县级以上各级人民政府可以采取购买服务、助学贷款、奖助学金和出租、转让闲置的国有资产等措施对民办学校予以扶持;对非营利性民办学校还可以采取政府补贴、基金奖励、捐资激励等扶持措施。"《鼓励社会力量兴办教育若干意见》提出:"完善政府购买服务的标准和程序,建立绩效评价制度,制定向民办学校购买就读学位、课程教材、科研成果、职业培训、政策咨询等教育服务的具体政策措施。"总体上,国家支持各级人民政府向非营利性民办学校和营利性民办学校提供购买服务,购买的服务包括:就读学位、课程教材、科研成果、职业培训、政策咨询等教育服务;并指出应制定标准和程序、完善具体政策措施、建立绩效评价制度。

(三)基金奖励政策

中央政策确定了政府面向民办学校设立专项资金或基金及其奖励的政策:新

修订的《民办教育促进法》规定"县级以上各级人民政府可以采取购买服务、助学贷款、奖助学金和出租、转让闲置的国有资产等措施对民办学校予以扶持；对非营利性民办学校还可以采取政府补贴、基金奖励、捐资激励等扶持措施。县级以上各级人民政府可以设立专项资金，用于资助民办学校的发展，奖励和表彰有突出贡献的集体和个人"。《鼓励社会力量兴办教育若干意见》规定"地方各级人民政府可按照国家关于基金会管理的规定设立民办教育发展基金，支持成立相应的基金会，组织开展各类有利于民办教育事业发展的活动"。国家支持和鼓励各地各级人民政府设立民办教育发展基金，用于资助民办学校的发展，奖励和表彰有突出贡献的集体和个人，但基金设立及奖励更倾向于是对非营利性民办学校的扶持。

（四）捐资激励政策

中央政策确定的社会面向民办学校的捐资激励的政策如下：《民办教育促进法》规定"民办学校依照国家有关法律、法规，可以接受公民、法人或者其他组织的捐赠。国家对向民办学校捐赠财产的公民、法人或者其他组织按照有关规定给予税收优惠，并予以表彰"。《鼓励社会力量兴办教育若干意见》指出"建立差别化政策体系。国家积极鼓励和大力支持社会力量举办非营利性民办学校。各级人民政府要完善制度政策，在政府补贴、政府购买服务、基金奖励、捐资激励、土地划拨、税费减免等方面对非营利性民办学校给予扶持。各级人民政府可根据经济社会发展需要和公共服务需求，通过政府购买服务及税收优惠等方式对营利性民办学校给予支持"。国家鼓励捐资办学，并对公民、法人或者其他组织面向民办教育的捐赠给予税收优惠，并予以表彰。相对于营利性民办学校，国家鼓励社会力量对非营利性民办学校给予捐赠。

（五）政府补贴政策

民办学校目前办学经费来源单一，主要靠学费滚动经营，政府是否应该为民办教育提供资助一直是一个饱受争议的话题，支持者认为民办学校属于教育公益事业，更高效地提供了教育供给，理应得到政府公共财政的补贴；反对者认为民办学校产权归属不清，法人治理结构不完善，政府提供补贴容易造成公共经费的流失。分类管理的确定为国家财政资金补贴民办学校扫清了政策障碍，中央明确提出补贴非营利性民办学校，促进民办学校高质量的发展。从政策中我们可以看出，政府补贴主要从以下几个方面实现：明确加大对民办教育的扶持力度、优化调整教育支出的结构、设立民办教育发展的专项扶持资金、促进投入渠道多元化、加强对民办教育补贴的监管、建立健全政府补贴民办教育的程序。

（六）税收优惠政策

我国对民办教育的税收政策还没有形成一套完整的体系，分布在不同的政策文件中。《财政部　国家税务总局关于教育税收政策的通知》[①]是目前为止对教育税收作出最全面规定的一个文件，再结合新修订的《民办教育促进法》及《鼓励社会力量兴办教育若干意见》，目前民办学校涉及的税种包括企业所得税、增值税、房产税、契税、印花税、城市土地使用税和耕地占用税，部分特殊的教育项目和教育教学活动还会涉及关税和进口商品增值税等税种。《民办教育促进法》和《鼓励社会力量兴办教育若干意见》明确规定了非营利性民办学校享受与公办学校同等的税收优惠政策，免征非营利性收入的企业所得税是免征力度最大的部分。但营利性学校的税收政策相对来说比较模糊，中央层面只规定了按照国家相关政策进行优惠，一方面是不同税收政策之间存在冲突，下位法和上位法无法对接；另一方面是营利性民办学校涉及资本逐利，这也是目前学校进行分类选择的难点。

（七）分类收费政策

目前，世界各国的教育经费都已经呈现出多元化趋势，虽然组成和比例不尽相同，但基本上都包括财政拨款、学费、企业和个人捐赠、投资收入等方面。高等教育经费来源多元化是为了建立一种"成本共担"机制，即由政府、社会、受益者（家长、学生）共同承担教育成本。在我国，政府对教育领域的价格以强管控为主，具有民营性质的民办学校也被纳入管控范围。在民办学校建立初期，这种价格管制能够规范市场秩序，保证受教育者的合法利益，但是随着民办教育和市场的发展，价格的强管制已经开始制约民办学校的可持续发展。随着民办学校分类管理的实施，民办学校的收费也更深入地走向市场化调节机制，中央对民办学校的收费制定了明确的分类管理政策，推动两类学校逐步、有序地开展市场调节自主定价。

（八）办学自主权政策

民办学校在建立之初，是作为公办学校的补充存在的，而现阶段的民办学校已经是中国教育的重要组成部分，是教育多元化发展的保障。民办学校的办学自主权是民办学校体制创新的核心，通过赋予民办学校自主权可以引导和支持民办学校准确定位，特色发展，提高办学质量，增强竞争力，满足广大人民群众对教育的多样化需求。总体来说，《民办教育促进法》修订后，民办学校自主权得到

---

① 《财政部　国家税务总局关于教育税收政策的通知》，财政部网站，2004年。

了进一步扩大,《鼓励社会力量兴办教育若干意见》对民办学校的自主权进行了清晰的界定,主要体现在专业设置自主权和招生自主权:第一,给予民办高校和中等职业学校更多专业设置自主权,鼓励学校根据国家和地方战略发展需要调整现有专业,申报新专业。第二,鼓励民办学校参与招生改革,给予社会声誉好的民办高等职业学校更多招生自主权。第三,放开中等以下层次民办学校招生限定,在限定规模内,这部分学校可与公办学校同期面向社会自主招生。

三、依循中央整体布局,各地因地制宜出台实施意见

党中央、国务院解放思想,对民办教育分类管理进行了总体布局和统筹安排,并在《鼓励社会力量兴办教育若干意见》中指出"地方各级人民政府要……因地制宜……抓紧制定出台符合地方实际的实施意见和配套措施"。文件出台8个月后,辽宁省发布《辽宁省人民政府关于鼓励社会力量兴办教育促进民办教育健康发展的实施意见》[①](以下简称《辽宁民办教育实施意见》),此后各地相继发布,截至2018年9月已有24个省份先后发布实施意见,浙江、上海、陕西、江苏、四川等省份已发布配套文件。

其中,配套文件发布最完善的为浙江省。浙江省2010年申报并承担了国家民办教育综合改革试点任务,全省上下形成了良好的改革氛围并积累了丰富的经验。温州市于2011年率先对民办学校实施非营利和营利性分类管理试点,在法人登记、资产流转、财务监管、土地变更等方面进行了全面的探索,已有一定的实践经验和政策制定经验。浙江省于2018年3~5月共发布了关于民办教育分类管理的公共扶持办法、财务清算办法、办学自主权、信息公开、教师队伍建设、学校类型变更6个配套文件。

以下各节以各扶持措施为单位来梳理地方对营利性和非营利性民办学校政策扶持的特点及差异。

第二节 地方的民办学校分类扶持政策要点评析

与中央分类扶持政策体系相对应,各地省级政府也出台了系列分类扶持民办

---

① 辽宁省教育厅:《辽宁省人民政府关于鼓励社会力量兴办教育促进民办教育健康发展的实施意见》,2017年。

教育发展的政策体系,主要表现在差别用地、购买服务、基金奖励、捐资激励、政府补贴、政府税收、分类收费、办学自主权等方面的相关规定上,各地的这些政策体系在表现出了一些共同特征的同时,也根据当地的实际情况表现出了一些差异性,在具体方面上有所偏重和突出。

一、各地差别用地政策

在中国,土地属于国有资产,而土地对于民办教育的筹建来说有着至关重要的作用。所以,可以说各级政府对民办教育的土地优惠政策是民办教育政策扶持中最直接、最可控和最重要的部分。

在中央政策的指导下,各地因地制宜制定了符合地方实际的土地优惠政策;总体上,呈现以下特点:非营利性民办学校均实行免费划拨政策,营利性民办学校有偿供地,在此基础上个别地区提出保障民办教育用地和挖掘存量土地资源。

(一)非营利性民办学校:免费划拨

国家鼓励社会力量举办非营利性民办学校,用地优惠参照公办学校。在这种政策的引导下,已出台实施意见的24个省份中,除江苏省外,均将土地划拨作为非营利性民办学校的土地优惠政策,等同于公办学校享受的土地优惠政策。

江苏省在《江苏民办教育实施意见》第二章第四条也提到应在"土地划拨"等方面对非营利性民办学校给予扶持,但是仅出现了名词,并没有相应的更具体的政策描述与实施意见。

此外,个别地区的条例描述对土地划拨政策进行了限定:上海市非营利性民办学校"可以按照划拨等方式"供应土地;河北省非营利性民办学校"按照公益事业用地有关规定以划拨等方式"供应土地;广东省非营利性民办学校"符合《划拨用地目录》的民办学校设施用地,按划拨方式"供地。

海南省在非营利性民办学校的范围上进行了拓宽,将"国际及国家的教育类非营利性组织在海南设立分支机构"也归为非营利性民办学校,享受土地划拨。

可以看出,各地都以土地免费划拨的政策积极鼓励社会力量举办非营利性民办学校,尤其是海南省;上海市、河北省、广东省对非营利性民办学校的土地划拨进行了限定,符合条件才给予免费划拨支持。

(二)营利性民办学校:有偿供地

辽宁、甘肃、安徽等19个省份与《鼓励社会力量兴办教育若干意见》一致,对于营利性民办学校的土地使用"按国家相应政策供给"及变更：

其中，个别地区在描述上有所差异，如河北省指出营利性民办学校"以出让方式供给土地"；明确提出应以"有偿方式"提供营利性民办学校用地的地区有湖北、江苏、江西、广西、宁夏、重庆、广东7个省份。这些规定营利性民办学校以"出让、租赁"有偿方式供地的省份也大部分对之前以划拨方式获得土地，现登记为营利性的学校的土地估价及补缴土地出让金做了细致规定。此外，广东省和宁夏回族自治区还对具体的土地出让方式进行了规定：包括"招标、拍卖、挂牌或协议"等。

总的来说，各地对营利性民办学校的土地优惠明显小于对非营利性民办学校的支持，并对在分类登记中改为营利性的民办学校追缴原来划拨方式取得的土地出让金。

（三）保障民办教育用地

不同于一些地区规定营利性民办学校以有偿方式提供，甚至无法保障其用地，辽宁、安徽、天津等17个省份为包括营利性民办学校在内的民办教育提供了用地的保障和支持。

从描述上，以上各地政府均把民办学校用地纳入土地利用总体规划、城乡规划、土地利用年度计划重点等一个或者多个规划中，并承诺"按规定供给土地""统筹安排""合理安排""适当安排""留出空间""保障民办教育用地"等，可以推测各地对包括营利性民办教育在内的民办教育用地的重视。其中，广东、山西两省指出要在土地使用计划中"优先安排"民办教育。

但有些地区没有指出营利性民办学校用地规划，如重庆市指出"保障非营利性民办学校用地需求"，言下之意营利性民办学校的用地在保障范围外。

（四）挖掘存量土地资源

对于闲置的国有资产，海南、重庆、江西、山西、吉林等省份鼓励"利用闲置的国有资产"或挖掘"存量土地"用于民办教育或者"优先"用于民办教育。

对存量土地资源的供应，重庆市在营利性民办学校和非营利性民办学校之间也实行了差别扶持政策："非营利性民办学校以免费为主，而营利性民办学校用地有偿提供"。

所有24个省份都制定了非营利性民办学校免费划拨政策，3个省份对免费划拨加了限定；19个省份在营利性民办学校有偿供地的差别用地政策上与国家政策描述一致；17个省份明确保障民办教育用地；5个省份强调挖掘存量土地用于民办教育（见表5-1）。

表 5-1　　各地民办教育差别化用地的政策比较

序号	省份	非营利性民办学校 免费划拨	非营利性民办学校 有限定免费划拨	营利性民办学校 按国家政策供给土地	营利性民办学校 明确"有偿方式"	保障教育用地 保障民办教育	保障教育用地 保障非营利民办教育	挖掘存量土地 用于民办教育	挖掘存量土地 差别供地
1	辽宁	√		√		√			
2	安徽	√		√		√			
3	甘肃	√		√					
4	天津	√		√		√			
5	湖北				√	√			
6	云南	√		√		√			
7	上海		√						
8	浙江	√		√					
9	河北		√						
10	内蒙古	√							
11	陕西	√							
12	河南	√				√			
13	海南	√+有扩展				√		√	
14	江苏	√+无细则			√	√			
15	广东		√		√	√+优先			
16	山东	√		√					
17	宁夏	√			√				
18	重庆				√		√	√+优先	√
19	江西	√		√		√		√	
20	广西	√		√					
21	贵州	√		√		√			
22	山西	√				√+优先		√+优先	
23	吉林	√		√				√	
24	四川								

注："√"表示该省《实施意见》中有相关政策。"√+"表示该省在相应政策上提供的支持与优惠力度相比国家政策更大,"√++"表示该省在相应政策上提供的支持与优惠力度相比国家政策更大,且比"√+"的省份支持与优惠力度更大。"√-""√--"则反之。下同,不再赘述。

广东、山西两省指出要对民办教育在土地使用的计划中"优先安排";海南省将国际及国家的教育类非营利性组织在海南省设立的分支机构也纳入非营利类,支持范围大;上海市、河北省、广东省对非营利性民办学校的土地划拨进行了限定,符合条件才给予免费划拨支持;《重庆民办教育实施意见》只提出保障非营利性民办学校用地需求,且对挖掘的存量土地资源也进行非营利性和营利性的供地划分。

比较 24 个省份的民办教育的差别化土地政策,从表 5-1 可以清晰地发现广东省在支持民办教育的建设与发展上重视土地供应的相对公平,湖北、宁夏、重庆 3 个省份非营利性民办学校导向性较强;海南省对非营利性民办学校的定义最广,扶持力度最大;广东、山西 2 个省份对民办教育用地保障力度最大;重庆市在营利性民办学校的供地上相对保障不足。

二、各地政府购买服务政策

购买服务是政府对民办学校进行财政支持的重要方式,政府通过购买民办教育的教学服务与民办教育建立合作关系[1]。政府通过购买服务承担了民办教育部分发展成本,而民办教育通过政府购买服务承担了更多教育责任,二者相得益彰。

在中央政策的指导下,各地因地制宜制定了符合地方实际的土地优惠政策;总体上,呈现以下特点:基本无差别购买服务,个别地区提出非营利性民办学校优先,加大扶持优质民办学校和普惠性民办幼儿园。

(一) 政府向民办学校无差别购买服务

辽宁、云南、内蒙古等 12 个省份都在实施意见中表明要完善向民办教育——无论非营利性民办学校还是营利性民办学校——购买服务的具体措施,尤其是要"建立健全制度,明确标准、程序及评价体系",最重要的是"制定具体措施",在购买服务制度的制定上:个别地区对政府购买服务的制度及范围没有具体的描述,如甘肃省指出要"健全政府补贴、政府购买服务、助学贷款、捐资激励等制度",对购买服务的制度没有提及;河北省指出要"推行政府购买服务制度,完善政府购买服务的目录、标准和程序,制定政府向民办学校购买教育服务的具体政策措施",但是并没有指出购买哪些具体服务。

在购买服务的范围上:在已经指出的购买服务范围上,大多为"就读学位、

---

[1] 方芳、钟秉林:《我国民办高等教育财政支持制度研究》,北京师范大学出版社 2016 年版,第 1 页。

课程教材、科研成果、职业培训、政策咨询"。江苏省购买服务的项目较少，不包括"科研成果、职业培训"；山东省的购买服务的项目包括"继续教育"；重庆市的购买服务的项目包含"保育服务"；山西省还增加"高职教育"；宁夏、吉林2个省份将购买服务拓展"凡适合社会资本承担的教育服务，都可以通过委托、承包、采购等方式交给社会资本承担"。

河南省虽然没有对购买服务范围进行补充，但提出应将购买服务形成"政府扶持民办教育发展的长效机制"；上海市对政府向民办教育购买服务的制度和范围进行了最详细的规定，尤其是对"购买学位"的规定，并鼓励民办学校"提高承担政府购买服务的能力"，鼓励民办学校开发更多公共服务项目。

（二）非营利性民办学校优先

湖北省在购买服务中倾向于非营利性民办学校，明确指出"同等条件下应优先选择非营利性民办学校"，导向明确。

（三）加大扶持优质民办学校

安徽省、重庆市在政府向民办学校购买服务的制度中将政策向优质民办学校倾斜，并鼓励民办学校发展教育公共服务项目。安徽省明确指出"向优质民办学校"购买服务，重庆市则是要通过政府购买服务推动"带动性强、示范性好的民办教育"。

（四）加大扶持普惠性民办幼儿园

所有制定了政府向民办学校购买服务项目的省份均明确指出了"就读学位"问题，湖北、广东2个省份在政策制定中明确指出了对普惠性民办幼儿园、普惠性教育服务的支持。其中，湖北省指出要"购买普惠性教育服务"，广东省则是明确指出要"加大对普惠性民办幼儿园"的扶持力度。

20个省份制定了面向民办教育的无差别购买服务政策；在购买服务的范围上，江苏省少两项，山东省、重庆市、山西省各多一项，宁夏回族自治区、吉林省均在更大范围内扩展了购买服务的项目。1个省（湖北省）在购买服务的对象上倾向于非营利性民办学校；2个省份（安徽省、重庆市）在对象上倾向于优质民办学校；2个省（湖北省、广东省）在购买服务的对象上加大扶持普惠性民办教育（见表5-2）。

表 5-2　　　　各地民办教育购买服务的政策比较

序号	省份	无差别购买服务 具体制度制定	无差别购买服务 购买范围扩展	非营利性民办学校优先	优质民办学校优先	加大扶持普惠性民办教育
1	辽宁	√				
2	安徽				√	
3	甘肃	√-无细则				
4	天津	√-无细则				
5	湖北			√		√
6	云南	√				
7	上海	√+翔实				
8	浙江	√-无细则				
9	河北	√-无细则				
10	内蒙古	√				
11	陕西	√				
12	河南	√+长效性				
13	海南	√-无细则				
14	江苏	√	√-			
15	广东					√幼儿园
16	山东	√	√+			
17	宁夏		√++			
18	重庆				√	
19	江西	√				
20	广西	√				
21	贵州	√				
22	山西	√	√+			
23	吉林	√	√++			
24	四川	√				

上海市对"就读学位"范围和重庆市对购买服务"程序"的政策制定相对翔实。政府购买服务这一项上，对非营利性学校和营利性学校的扶持上相对公平，除湖北省外，其他省份均未指出要"优先选择非营利性学校"，海南省指出要建立政府购买服务的"长效机制"。

从表 5-2 中也可以明显看到，在购买服务这一政策扶持上，各省份之间相对平均，仅有个别省份有鲜明特色，总体上坚持无差别购买服务。

三、各地基金奖励政策

政府设计专项资金或基金以资助民办教育的发展与各项活动开展，为民办教育的可持续发展营造了良好的外部财政资助环境，拓宽了民办教育办学经费来源，体现了政府对民办教育的成本分担。

在中央政策的指导下，各地因地制宜制定了符合地方实际的基金及奖励政策；总体上，呈现以下特点：鼓励设立民办教育发展基金，向非营利性民办学校倾斜，加大扶持优质民办学校和普惠性民办幼儿园。

（一）鼓励设立民办教育发展基金

所有地区均支持和鼓励设立基金支持民办教育发展，有 7 个省份的政策描述同《鼓励社会力量兴办教育若干意见》一致。

其余省份的实施意见对民办教育基金的设立给予了更细致的规定，明确描述了政府给予基金财政支持的方式或用途，这些地区为：浙江、上海、辽宁、河南、海南、四川、湖北、重庆、江苏、天津、山东、宁夏、广西 13 个省份。如浙江省鼓励加大"转移支付力度"、上海市指出要"继续做大做强"、山东省以"省财政安排资金"、广西壮族自治区"加大投入，安排专项经费"、宁夏回族自治区以"专项资金或公共教育财政资金"、辽宁省鼓励"捐资"、河南省鼓励引导"民间资金"、重庆市鼓励"捐赠资金、慈善财产、办学结余"、海南省鼓励"财政拨款、教育券、社会捐资"等多种方式设立基金，湖北省鼓励"公募性质的民办教育福利基金"专项用于保障民办学校师生的"救助性福利"，四川省实施"奖励奖补"，江苏省将根据绩效"综合奖补"，天津市规定民办教育基金依据《基金会管理条例》设立。

海南、广东、陕西、江西、安徽、湖北 6 个省份还鼓励社会资金或学校探索设立学校发展基金，用于支持学校发展。

（二）重点支持非营利性民办学校

江苏省明确指出设立民办教育发展专项资金"用于发展非营利性民办学校"；辽宁、上海、山东、重庆、广西、宁夏 6 个省份则指出设立基金重点支持非营利性民办学校，仅上海市提及了引导营利性民办学校设立投资基金。

在设立民办教育基金向非营利性民办学校倾斜的政策描述上，山东、宁夏、广西3个省份均为"重点支持"，其余分别为辽宁省"重点用于"、上海市"充分发挥"、重庆市"鼓励和引导"。

（三）优质民办学校优先

浙江、陕西、宁夏等3个省份的政策中都体现了优先支持优质民办学校，在不管是非营利性或营利性的条件下，浙江省将奖励性支持"办学规范、收费合理、特色突出、教学质量高、社会声誉好以及举办方投入力度大、债务管控严格"的民办学校；陕西省主要支持"办学特色鲜明、公益导向突出、办学行为规范"的民办学校；宁夏回族自治区支持"优质"民办学校。

（四）关注高等教育发展

事实上，在政府对民办教育的扶持机制中，高等教育被重点提及的寥寥无几，江苏省、辽宁省在基金奖励这一扶持政策中，重点关注了高等教育的发展：设立高等教育发展专项资金（江苏省）或基金会为民办高校筹集资金提供服务（辽宁省）。

24个省份都支持和鼓励设立民办教育发展基金，13个省份对民办教育发展基金有比国家政策更细致的规定；6个省份明确指出设立民办教育发展基金重点支持非营利性民办学校；3个省份在政策中体现了向优质民办学校的倾斜；2个省在民办教育基金的政策中指出重点关注高等教育（见表5-3）。

表5-3　　　　　　各地民办教育基金奖励的政策比较

序号	省份	鼓励设立民办教育发展基金				非营利性民办学校优先	优质民办学校优先	关注高等教育
		同国家政策	更细致规定	学校发展基金	实施奖补			
1	辽宁		√			√		√
2	安徽			√				
3	甘肃	√						
4	天津		√					
5	湖北		√	√				
6	云南	√						
7	上海		√			√		
8	浙江		√				√	

续表

序号	省份	鼓励设立民办教育发展基金				非营利性民办学校优先	优质民办学校优先	关注高等教育
		同国家政策	更细致规定	学校发展基金	实施奖补			
9	河北	√						
10	内蒙古	√						
11	陕西			√			√	
12	河南		√					
13	海南		√	√				
14	江苏		√		√			√
15	广东			√				
16	山东		√			√		
17	宁夏		√			√	√	
18	重庆		√			√		
19	江西			√				
20	广西		√			√		
21	贵州	√						
22	山西	√						
23	吉林	√						
24	四川		√		√			

浙江、上海等地重视设立民办教育基金；山东、广西、宁夏等省份均以财政拨款为主；河南、重庆、海南、辽宁等省份在财政拨款外，还鼓励多种形式设立民办教育基金；湖北省则规定了基金的具体用途为师生救助性福利保障；四川省、江苏省明确表示将对基金会予以"奖补"；天津市规定了管理条例。

从表5-3中可以清晰看到，在政府对民办教育的基金奖励政策上，区别性较大，识别度较高。

四、各地捐资激励政策

不同于发达国家的私立学校主要办学经费来源于社会捐赠，改革开放40多年来，社会资本及个人对民办教育的捐赠较少，大额捐赠更屈指可数。不能不说这与社会文化习俗相关，国家制定面向民办教育的公益捐赠资本的奖励机制，将有利于民办教育吸引社会和民间资本。

在中央政策的指导下，各地因地制宜制定了符合地方实际的捐资激励政策；总体上，呈现以下特点：捐资企业及个人所得税优惠，捐资冠名及表彰尊重捐赠人意愿，鼓励向非营利性民办学校捐赠，个别地区提出按一定比例拨付配套资金。

（一）捐资企业及个人的税收优惠

国家鼓励企业及个人向民办教育事业捐赠支出，并给予税收优惠，但并没有阐明具体优惠力度，辽宁、甘肃、天津等19个省份基于国家政策在实施意见中分别对企业、个人的教育事业公益性捐赠的税收优惠进行了规定：对企业捐赠在年度利润总额12%以内的部分，在企业所得税计算中予以扣除；对个人捐赠在计算个人所得税前予以扣除。

其中，甘肃、江苏、宁夏、贵州、四川、安徽6个省份进一步对企业公益性捐赠超过年度利润总额12%的部分的税收优惠进行了规定，准予在捐赠资金结转后3年内的企业所得税中予以扣除，加大优惠力度；江苏省还在此基础上"免收印花税"。

尚未提及的广东、重庆、上海、山东这4个省份对社会资本向民办教育捐赠方面的税收优惠各有特点：广东省对个人公益捐赠的激励力度最大，规定个人捐赠在应纳税所得额中将予以全额扣除；重庆市没有具体标出优惠力度百分比，但表示免收印花税；上海市、山东省都只是在捐赠激励中简单描述为"按规定享受税收优惠政策"。

（二）捐资冠名及表彰尊重捐赠人意愿

除对捐资激励的税收优惠外，辽宁、安徽、甘肃等18个省份规定可根据捐赠人意愿进行表彰及冠名：甘肃省进一步指出：对捐助民办教育发展有影响力的组织和个人给予物质或荣誉奖励。

江苏省没有给予捐赠者表彰资助等活动的冠名权，但有奖励激励：鼓励各地和民办学校按照国家、省有关规定，表彰奖励对民办教育改革发展作出突出贡献的集体和个人。其余没提及对捐赠者表彰冠名、物质或荣誉奖励的有湖北、浙江、河北、广东、宁夏5个省份。

除了各地都鼓励公益捐赠用于民办教育事业建设与发展外，还鼓励设立奖助学金。如辽宁、安徽、甘肃等12个省份还鼓励社会资本捐赠设立奖助学金资助民办教育发展。

（三）鼓励向非营利性民办学校捐赠

对于社会力量的捐赠，甘肃、云南、上海等11个省份在政策上进行了向非营利性民办学校捐赠的引导。

（四）对捐赠拨付配套资金或给予人才支持

部分省份对捐赠资金的激励力度更大，对捐赠资金拨付配套资金（浙江省）、奖励和人才支持（河南省）、贷款贴息和租金补贴（海南省）、补助学校配套建设（四川省）等。

24个省份均鼓励企业及个人向民办教育事业捐赠并给予税收优惠；18个省份指出"冠名及表彰尊重捐赠人意愿"；11个省份引导向非营利性民办教育优先捐赠；4个省份对社会资本向民办教育的公益性捐赠实施配套支持；3个省份没有确切的税收优惠方式（见表5-4）。

表5-4　　各地民办教育捐资激励的政策比较

序号	省份	捐赠资金税额优惠 基础优惠	捐赠资金税额优惠 超出年利润12%部分优惠	冠名与表彰尊重捐赠人意愿	对捐赠者予以奖励	鼓励设立奖助学金	非营利性民办学校优先	政府配套支持
1	辽宁	√		√		√		
2	安徽	√	√			√		
3	甘肃	√	√	√			√	
4	天津	√		√				
5	湖北	√						
6	云南	√		√		√	√	
7	上海	√-无细则		√			√	
8	浙江	√						√
9	河北							
10	内蒙古	√		√				
11	陕西	√		√		√		
12	河南	√						√
13	海南	√		√		√		√
14	江苏	√	√+		√			

续表

序号	省份	捐赠资金税额优惠		冠名与表彰尊重捐赠人意愿	对捐赠者予以奖励	鼓励设立奖助学金	非营利性民办学校优先	政府配套支持
		基础优惠	超出年利润12%部分优惠					
15	广东	√	√ +					
16	山东	√ -无细则		√		√	√	
17	宁夏	√	√					
18	重庆	√ -无细则		√		√	√	
19	江西	√		√				
20	广西	√		√		√		
21	贵州	√	√	√				
22	山西	√		√				
23	吉林	√		√		√	√	
24	四川	√	√	√		√		√

从表 5-4 能清晰看到各地政府对民办教育捐资的激励力度，甘肃、贵州、四川 3 省激励力度最强；而湖北、河北省捐资激励力度最小。大部分省份在捐资激励力度上相差无几。

五、各地政府补贴政策

通过对 24 个省份《实施意见》文本的解读发现，政府对民办学校的补贴主要集中在以下几个方面：

（一）重点扶持义务教育阶段民办学校，促进教育公平

在中国，义务教育阶段的民办教育发展已相对成熟，出现了很多优质的民办中学和小学，社会认同度也在不断提高。接受义务教育是公民的基本权利，政府必须保障。制定义务教育阶段民办学校财政补贴政策是各级各类人民政府的工作。按照《民办教育促进法》的规定，义务教育阶段不得举办营利性学校，因此大部分省份明确制定了对义务教育阶段的补贴政策（见表 5-5）。大部分省份规定参照公办生均支出予以补贴，但是具体的财政扶持比重目前没有明确。

表 5-5　　　　　　各地义务教育阶段补贴政策

省份	政策内容
安徽	1. 规定民办义务教育阶段学校与公办义务教育阶段同等享受义务教育生均公用经费基准定额补助政策 2. 民办学校获取生均公用经费补助后，要等额减收在校学生学费
上海	对义务教育阶段民办学校按照不低于公办生均公用经费基准定额的标准给予补助
浙江	1. 义务教育阶段民办学校享受公办学校同等生均公用经费基准定额补助 2. 享受同等"两免一补"政策
江苏	免除义务教育阶段民办学校学生学杂费标准，免除标准按省定生均公用经费基准定额执行
广东	1. 按不低于公办义务教育学校生均公用经费的标准为民办义务教育学校提供补助 2. 对按规定可继续向学生收取学费的学校，须扣除其公用经费补助标准部分
山东	1. 实施义务教育的民办学校纳入生均公用经费的保障范畴 2. 学生纳入"两免一补"，所需经费由各级财政按标准予以拨付
宁夏	民办义务教育学校按同级同类公办学校标准核拨生均公用经费
重庆	1. 提供义务教育的民办学校享受与公办学校同等的生均公用经费补助和学生资助政策 2. 市、区县政府依法委托民办学校承担义务教育任务的，按照委托协议拨付教师工资、教学设施设备等相应的教育经费
贵州	1. 对义务教育阶段民办学校按不低于生均公用经费基准定额的标准给予补助 2. 从 2017 年春季学期起，对全省义务教育阶段所有在校学生免费提供教科书

（二）明确民办学校扶持的专项资金拨款数额

目前，陕西省是唯一明确补贴金额的省份，规定省级财政每年安排 4 亿元设立民办高等教育发展的专项资金，用于支持非营利性民办高校发展，如师资建设、科研与教学、硬件设施改善等，进而发展一批优质民办高等院校。各市区也可根据自身情况自主设立民办教育发展的专项资金，重点支持非营利性民办学校健康发展，市区教育行政主管部门负责经费的统筹使用和监管。实际上，在新修订的《民办教育促进法》出台前，陕西省就出台了《陕西省民办高等教育专项资金管理暂行办法》①，规定从 2012 年起设立民办高等教育发展专项资金，用于支持民办高校的发展，奖励办学成果丰富的学校。上海市每年支持 7 亿~8 亿元，重庆市提供年生均 3 000 元补贴，江苏省和北京市也有相应政策。

---

① 《陕西省民办高等教育专项资金管理暂行办法》，陕西省教育厅网站，2014 年。

（三）推动基建及设备补贴，提高办学质量

基建设备的投入是民办学校特别是民办高校支出的重头，教育信息化的深入更是加重了学校对基建的投入。一些民办高校因为经费不足，甚至不能建立基础标准的实验室。因此对民办学校基建及设备的补贴尤为重要。海南省规定政府对民办学校的设备购置和基本建设贷款给予一定比例的贴息，对社会力量承担基本建设任务并引进优质高等教育资源到本省办学的，给予一定比例贷款贴息和租金补贴。上海市积极鼓励采用试点的方式，利用财政资金支持达到条件规定的非营利性学校，经费主要用于教育教学等设施的建设。

（四）支持民办学前教育发展，缓解入园压力

入园难问题随着二孩政策的开放变得更加尖锐。各省份都制定了学前教育覆盖率，加紧兴建幼儿园，增加资源供给。民办幼儿园是缓解学前教育资源紧缺的重要力量，因此各省份十分重视对民办幼儿园的扶持。如江苏省规定对按照公办幼儿园收费标准的非营利性民办幼儿园给予补贴，享受公办幼儿园同等标准的生均公用经费拨款。广东省鼓励各地加大对普惠性民办幼儿园的扶持力度。甘肃省规定普惠性民办幼儿园的奖补资金从学前教育专项资金中安排。

（五）将外来务工人员子女上学纳入补贴范围

由于户籍制度的限制，一些民办学校的生源中有大量外来务工人员子女，因此许多省份建立了外来务工子女就读补贴制度，如上海市针对招收外来务工子女为主的民办学校制定了办学成本政府补贴制度。贵州省也出台了相关规定，对外来务工人员同住子女学校提供办学成本政府补贴，除此之外，对城乡义务教育阶段的民办学校，政府要按分担比例的相关规定，提供公共财政经费补助。

（六）为民办中等职业教育提供补贴

宁夏回族自治区制定了民办中等职业学校的补贴政策，规定对民办中等职业学校在校生按同级同类公办学校标准执行学费减免政策。

通过解读政策发现各地在制定补贴政策上对不同类型的学校或受众群体有不同的侧重（见表5-6）。

表 5-6　　　　　　　　　各地补贴项目

省份	义务教育	学前教育	基建及设备	外来务工子女	中等职业教育
安徽	√				
上海	√		√	√	
浙江	√				
江苏	√	√			
广东	√	√			
山东	√				
宁夏	√				√
重庆	√			√	
贵州	√				
海南			√		√
甘肃		√			

六、各地税收优惠政策

（一）各地税收优惠力度比较

税收是调节和激励民办学校发展的重要杠杆，是学校选择归类为营利性或非营利性学校的重要影响因素，因此受到各级各类政府及相关行政部门的高度关注。当前国家税务总局向民办学校征收企业所得税、把公办学校作为免税对象的做法，严重违背了《民办教育促进法》及配套文件的精神；且民办学校现在属于"民办非企业单位"范畴，从事的是非营利性社会服务活动，不适用《中华人民共和国企业所得税法》[①] 所认定的"企业"范畴。分类管理确定后，国家已经明确规定非营利性民办学校享受与公办学校同等的优惠待遇，但营利性教育税收规定有待进一步确定细节。除了按《民办教育促进法》和《鼓励社会力量兴办教育若干意见》规定的税收优惠项目外，各地还制定了不同的税收优惠的项目。本书按照《财政部　国家税务总局关于教育税收政策的通知》中的分类对各地税收政策进行了比较分析。

---

① 《中华人民共和国企业所得税法》，中国人大网，2007年。

1. 增值税和所得税

根据《中华人民共和国增值税暂行条例》[①]及《中华人民共和国企业所得税法》规定，提供教育服务的一般纳税人增值税税率为6%，小规模纳税人按照简易计税方法下增值税率为3%，而企业所得税率为25%，这两种税费支出也是民办学校税费支出的主要部分。各省份对于增值税和所得税的减免政策如表5-7、表5-8所示。

表5-7　　　　　　　　　　　增值税减免政策

优惠税种	减免项目	实施地区
增值税	第一项　民办学校的举办者以不动产作为出资，将有关不动产登记到民办学校名下	上海市、重庆市、贵州省
	第二项　符合一般纳税人条件的民办培训机构提供非学历教育服务缴纳增值税，可以使用简易计税方法按3%征收	河北省、江苏省、宁夏回族自治区
	第三项　民办学校提供技术开发、技术转让和与之相关的技术咨询和服务	辽宁省、宁夏回族自治区、贵州省免征；广西壮族自治区减免，但具体比例未提及
	第四项　对符合税收政策规定条件的民办幼儿园提供的保育教育服务和从事学历教育的民办学校提供的教育服务	天津市、河北省、江苏省、吉林省
	第五项　从事学历教育的民办学校，对经有关部门审核批准收取的学费、住宿费等，免征	江苏省
	第六项　对非营利性民办学校依法收取的学费、保育费、住宿费等收入，以及学校自办食堂取得的伙食费收入依法免征	重庆市

第一项是对于举办者以不动产出资原需缴纳5%的增值税免征。上海市、重庆市、贵州省这一优惠政策可以起到鼓励投资者以不动产对学校进行出资的作用。第二项内容，河北省、江苏省、宁夏回族自治区对民办培训机构提供非学历教育服务按照3%计算增值税。若按该项优惠政策按照3%计算增值税，民办非学历教育机构仅在为制造业提供的服务中，每年就能减免数以亿计的增值税费。

[①] 《中华人民共和国增值税暂行条例》，中国政府网，2008年。

第三至第六项内容，根据《财政部 国家税务总局关于将铁路运输和邮政业纳入营业税改征增值税试点的通知》，在全国范围内均属于免征项目，因此，并没有体现出相关省份对于民办教育的特别优惠（见表5-8）。

表5-8　　　　　　　　　　所得税减免政策

优惠税种	减免项目	实施地区
所得税	第一项　营利性民办学校通过高新技术企业认定，可依法享受高新技术企业按15%征收所得税的税收优惠政策	江西省
	第二项　符合西部大开发税优惠条件的营利性学校，减按15%的税率征收企业所得税	四川省
	第三项　非营利性民办职业教育学校接受捐赠的收入免征企业所得税	辽宁省
	第六项　符合税法规定条件的财政专项补助收入可以作为不征税收入	江西省
	第七项　民办学校开展科研项目获得的财政拨款，符合企业所得税有关政策规定的，可以作为不征税收入	广西壮族自治区
	第八项　企业因接收实习生所实际发生的与取得收入有关的支出，在计算企业所得税应纳税所得额时按现行税收法律规定扣除	辽宁省、宁夏回族自治区
	第九项　民办学校提供技术开发、技术转让和与之相关咨询和服务，在一个纳税年度内，涉及费用所得不超过500万元的部分，免征企业所得税；超过500万元的部分，减半征收企业所得税	辽宁省

在所得税的优惠政策当中，最突出的应是江西省第一项及四川省第二项的政策。对于营利性民办学校，只需通过高新技术企业认定或者西部大开发条件认定，就可以按15%缴纳所得税。以2017年在港交所上市的中国银杏教育为例，其2017年营业收入为1.39亿元，净利润4 119万元，若按照四川省的所得税优惠政策执行，可以直接为该企业减免411.9万元的税收，减税效果十分显著。除此之外的所得税政策减税力度并不明显。

第三、第八和第九项减税政策，根据《中华人民共和国企业所得税法》《职业学校校企合作促进办法》，属于普遍减免的税收。除此之外，其他项目能给民办学校带来的优惠效果都不甚显著。

2. 房产税、土地使用税、印花税

对民办学校在取得土地用于办学或其他用途时，需按《中华人民共和国房产税暂行条例》①的规定，以房屋的计税余值为依据，向房屋产权所有人征收1.2%的房产税；按《中华人民共和国城镇土地使用税暂行条例》，对于取得的土地，征收 0.6～30 元/平方米的土地使用税。印花税则是根据《中华人民共和国印花税暂行条例》②，民办院校在对外订立合同时，双方均需按合同金额万分之五缴纳税费（见表 5-9）。

表 5-9　　房产税、土地使用税、印花税减免政策

优惠税种	减免项目	实施地区
房产税、土地使用税	第一项　重庆市对非营利性民办学校的土地、房屋用于教育教学的，依法免征城镇土地使用税和房产税	河北省、宁夏回族自治区、重庆市
	第二项　河北省对营利性民办学校，用于教育的房产、土地免征	
	第三项　宁夏回族自治区对民办学校用于教育的房产免征房产税、土地使用税	
印花税	对财产所有人将财产赠给学校所立的书据，免征印花税	江苏省

在对房产税和土地使用税的减免中，重庆市只针对非营利性民办学校，河北省针对营利性民办学校，宁夏回族自治区不区分是否营利性均给予优惠，因此宁夏回族自治区的优惠政策力度更强。

江苏省对于所有人捐赠给学校的书据免征印花税，单从税额优惠上来说，每当转让价值 1 000 万元的不动产，将为民办院校和出资方各带来 5 000 元的税收优惠。但根据《中华人民共和国印花税法（征求意见稿）》③ 第十一条第四项，财产所有权人将财产赠与政府、学校、社会福利机构订立的产权转移书据，免征印花税，因此该政策也不是对民办学校的专项优惠。

3. 耕地占用税、契税、不动产过户行政事业收费

耕地占用税是指当民办学校用地需要占用耕地时，需按《中华人民共和国耕地占用税暂行条例》缴纳，5～50 元/平方米的税费，重庆市的耕地占用税

---

① 《中华人民共和国房产税暂行条例》，中国政府网，1986 年。
② 《中华人民共和国印花税暂行条例》，中国政府网，1988 年。
③ 国家税务总局：《中华人民共和国印花税法（征求意见稿）》，2018 年。

率为 22.5 元/平方米。契税、不动产过户行政事业收费也是在学校取得不动产时，需按《中华人民共和国契税暂行条例实施细则》及各地规定缴纳税费（见表 5-10）。

表 5-10　　　耕地占用税、契税、不动产过户行政事业收费优惠

优惠税种	减免项目	实施地区
耕地占用税	对非营利性民办学校经批准征用的耕地，依法免征耕地占用税。	重庆市
契税	第一项　民办学校的举办者以不动产作为出资，因履行出资义务需要将有关不动产登记到民办学校名下的	上海市、重庆市、贵州省
	第二项　对取得社会力量办学许可证的非营利性民办学校承受土地、房屋权属用于教学的，免征契税	江苏省
行政事业收费	出资人以不动产用于办学，原有不动产过户到民办学校名下且不属于买卖或交换行为的，免除办理过户手续中的行政事业性收费	安徽省、陕西省、重庆市免收；贵州省减免

在契税的优惠中，上海市、重庆市、贵州省针对出资人以不动产出资，给予免征契税的优惠，契税税率为 3%，以一笔 1 000 万元不动产出资，至少可节省 30 万元的税费，因此可以起到鼓励该种出资形式的作用。江苏省对用于教学土地房屋免征契税，其免征范围相对前 3 个省份较小。此外，在出资人以不动产对民办学校出资时，安徽省、陕西省、重庆市、贵州省均减轻或免除了相关服务性收费，主要包括不动产登记费每件 550 元，不动产权证书每本 10 元，该政策优惠数额相对较小。

4. 关于关税

总体来说，涉及关税减免的省份比较少，目前只有吉林省作出了明确的规定：境外向中国境内的非营利性民办学校提供捐赠，按照有关规定，减征或者免征进口关税和进口环节产生的增值税。相比《财政部　国家税务总局关于教育税收政策的通知》[①]，吉林省这一政策的减免范围把非营利性民办高校也纳入了其中，在鼓励境外资金向非营利性民办高校捐赠这一点上，起到了积极作用。

---

① 《财政部　国家税务总局关于教育税收政策的通知》，教育部门户网站，2006 年。

(二) 各地税收政策的导向性分析

1. 加大"捐赠抵税"力度鼓励教育捐赠

虽然国家建立了对民办学校特别是非营利性民办学校的补贴政策,但从长远看,民办学校应该建立起成熟完善的捐赠制度,主要依靠捐赠而不是政府拨款来获取办学经费。建立"捐赠地税制度"是鼓励教育捐赠的重要手段,可以激发广大社会力量参与教育公益性捐赠活动,推动非营利性学校可持续发展。目前,我国民办教育公益捐赠尚处于起步阶段,但已经有省份根据税收政策在《鼓励社会力量兴办教育若干意见》规定的基础上,适当加大了捐赠免税的力度,如广东省、宁夏回族自治区规定对企业捐赠超过年度利润总额12%的部分,准予结转以后3年内在计算应纳税所得额时扣除。

2. 积极引导技术开发及转让

从目前来看,民办学校的定位主要是为地方经济服务,与市场积极对接,开展深度融合的"校企合作""校地合作",因此,积极推进技术开发和孵化十分必要。通过解读各地政策文本发现,大部分省份增加了对技术开发和转让涉及的税收的减免,旨在鼓励和推动民办学校开展应用型科研,并积极进行成果孵化。比如辽宁省、宁夏回族自治区、广西壮族自治区、贵州省等规定民办学校提供技术开发、转让、咨询与服务,符合相关免税规定的,免征增值税。其中,广西壮族自治区还规定民办学校开展科研项目获得的财政拨款,免征企业所得税。

3. 扶持普惠性民办学前教育

目前,"入园难"的问题已经非常突出,从全国范围来看,公办幼儿园数量占50%左右,普惠性的民办幼儿园占30%左右,由此可见,民办幼儿园有力分担了学龄儿童就学压力,因此非学历教育中的学前教育是各地政策扶持的重点,大部分省份都制定了对民办学前教育的税收优惠政策。如天津市、河北省、宁夏回族自治区都规定了对于民办幼儿园提供的教育和保育服务、从事学历教育的民办学校提供的教育服务免征增值税,劳务收入免征增值税,用于教育的房产、土地免征土地使用税和房产税。

4. 推动民办学校开展校企合作

教育部、国家发展改革委、财政部联合发布的《关于引导部分地方普通本科高校向应用型转变的指导意见》[①]指出要把民办本科高校和独立学院纳入应用型转型的试点高校中,推动这部分高校把办学定位和路径切实转到服

---

① 《关于引导部分地方普通本科高校向应用型转变的指导意见》,教育部门户网,2015年。

务地方经济和社会发展上来，转到校企合作产教融合上来。因此，为了积极推动校企合作的形成，提高企业的积极性，各地实施意见制定了对企业接受实习生的免税政策，如辽宁省、宁夏回族自治区等规定企业因接收实习生所实际发生的与取得收入有关的、合理的支出，按现行税收法律规定，免征对应部分的企业所得税。

七、各地分类收费政策

各地人民政府出台的《关于鼓励社会力量兴办教育促进民办教育健康发展的实施意见》，制定了对民办学校的收费管理政策，18个省份对民办学校实行了收费分类管理，6个省份（湖北省、云南省、内蒙古自治区、广东省、江西省、贵州省）没有对民办学校收费进行明确的分类界定，即全面放开民办学校收费，由市场竞争机制来调控学费。

（一）全面放开营利性学校收费限制

根据《民办教育促进法》的规定，目前各省份对营利性民办教育已经全面放开收费，具体收费标准由民办学校根据具体情况实行市场调价，具有完全的自主决定权。政府主要负责对民办学校的收费进行监管。其中上海市规定了过渡期间的收费管理，民办学校如果需要调整现行收费标准，应先按规定进行办学属性的重新登记，再按照程序要求调整收费标准。河南省规定民办学校收费项目和标准确定后，在一个学年内不得再增加收费项目或提高收费标准。广西壮族自治区规定，除了营利性民办学校，民办幼儿园的收费实行市场调节价。

（二）非营利性学校部分放开收费限制

与营利性学校不同，各地对非营利性学校收费制定了不同的收费标准（见表5—11）。整体来说非学历教育、职业教育受政府管控力度相对较弱，高等教育收费受政府管控力度较大，主要实行政府指导价，逐步实现市场调价。如陕西省规定非营利性民办高等教育、中等职业教育收费要严格落实国家学生资助政策，与非营利性民办学前教育均实行市场调节价。海南省规定"十三五"期间试点非营利性民办中职、高职学校收费实行市场调节价，由试点民办学校根据办学成本等因素确定收费标准，向学生和社会公示后执行。河北省规定除本科及以上学历教育以外的其他非营利性民办学校收费实行市场调价。

表 5-11　分类收费管理各地对非营利性学校实施市场调价的收费项目

省份	学前教育	初等教育	中等教育	高等教育	非学历教育（除学前外）
辽宁				√	
安徽	√				√
甘肃					
天津	选择部分学校进行市场化试点				
河北	√	√	√		
陕西	√		√（中职）		
河南					
海南			√（中职）	√（高职）	
江苏					√
四川					√
山西					√
广东	√		√（高中）	√	

（三）全面放开民办学校的收费限制

按照《民办教育促进法》规定非营利性民办学校收费的具体办法，由省、自治区、直辖市人民政府制定。在已经出台的 24 个省份中，有 6 个对非营利性学校的收费管理也实行了全面放开政策。如湖北省规定民办教育收费应该兼顾当地经济发展水平、居民承受能力及社会各方面意见，根据不同地方、不同类型、不同办学条件和质量、生均教育培养成本、义务教育阶段生均公用经费定额补助标准，实行市场调节。云南省规定各地有关部门要积极利用价格杠杆，优化民办教育的发展，民办学校收费要按照省相关部门制定的政策，实行自主定价，收取的费用主要用于教育教研活动、保障教职工待遇和改善办学条件。

八、各地办学自主权政策

（一）保守型

通过对各省份政策的梳理发现，大部分省份是完全按照《鼓励社会力量兴办教育若干意见》的规定设置了民办教育的自主权限。第一，扩大民办高等学校和中等职业学校的专业设置和调整的自主权，鼓励民办学校根据国家战略需求和区域产业发展的需要，依法依规设置和调整学科专业。第二，扩大民办中小学的教学自主权，在完成国家规定课程前提下，民办中小学校可自主开展教育教学活动。第三，鼓励民办学校参与考试招生制度的改革，特别是对于办学声誉好的民办高等职业学校，可在核定的办学规模内自主确定招生范围和年度招生计划。中等及以下层次民办学校按照国家有关规定，在核定的办学规模内，可面向社会自主招生（辽宁省、甘肃省、安徽省、天津市、陕西省、云南省、上海市、河北省、内蒙古自治区、河南省、海南省、宁夏回族自治区、广西壮族自治区、贵州省、四川省、山西省）。

（二）积极型

1. 给予民办高校更多招生自主权

学费是民办学校运行资金的重要来源，因此，招生是办学校的生命线，是学校维持正常运转和促进学校质量提高的重要保障。民办学校在发展过程中已经逐步取得了招生计划和招生范围方面的自主权，招生方式也进行了改革。此次《鼓励社会力量兴办教育若干意见》出台后，各地在保留原有招生自主权的同时，给予民办高校更多自主权，特别是对办学质量好的民办高校有更多政策倾斜。例如，湖北省给予普通高校更多招生自主权，在确保基本办学条件达标后，可在核定的办学规模下自主确定分专业招生计划和跨省招生计划；吉林省鼓励民办学校积极自主创新管理体制、完善管理制度和提高办学水平，允许办学质量高的民办高校积极申请招生批次调整，在核定办学规模内自主确定招生范围和招生计划；江苏省规定高校招生计划增量的部分应向办学质量好、管理规范的民办高校倾斜，对社会声誉好、教学质量高、就业有保障的民办高校，可在核定的办学规模内自主确定招生范围和年度招生计划。

2. 支持民办学校开展高水平应用型研究

从整体国家制定的扶持政策来看，无论是补贴还是税收，政府都有意识引导民办高等院校开展应用型研究，鼓励办学质量高的民办高校承担国家级及省级科研课题。相应的，一些省份也制定政策给予民办高校更多科研自主权。如浙江省积极支持优质民办高等学校承担国家和省级重大科研任务，引导民办高等学校开展应用型研究，鼓励有条件的民办高等学校申请硕士点开展研究生教育和基础研究；江西省也提出要鼓励办学质量高的民办学校承担国家和省级的重大科研任务，引导开展应用型研究；山东省政策规定要积极支持有条件的民办本科高校按国家规定申报硕士点，开展研究生教育。

3. 给予民办高校更多专业设置自主权

专业设置的自主权是民办高校长期以来一直呼吁的权利。在各地实施意见中，重庆市给予高校自主权最多，规定扩大民办高等学校和中等职业学校专业设置自主权，鼓励学校根据国家战略需求和区域产业发展需要，依法依规自主设置和调整专业；在符合国家相关专业设置条件的基础上，在学校发展规划范围内可以自主设置新专业，报教育行政部门备案。区县教育行政部门要将民办中小学校招生入学工作纳入统一管理，民办中小学校在核定的办学规模内，按规定面向社会自主招生。

第三节 民办学校分类扶持政策问题评析与动向研判

整体上看，民办学校分类扶持政策打下了非营利性与营利性民办学校分类发展的基础，为促进我国民办教育事业的持续健康发展提供了有利条件，但这些政策依然存在一些有待完善的问题。主要表现在政策的操作性不强、与当地民办教育发展实际契合度不高、支持力度不够、对特定教育阶段的关注度不高等方面，进一步完善政策体系，为民办教育发展扫清障碍，将继续在这些角度上着力。

一、差别用地

（一）关键问题

1. 政策操作性不强

江苏省在文件中只提出了要对非营利性民办学校予以"土地划拨"支持，但无更进一步描述；部分省份在政策中对于营利性民办学校予以"按国家相应规定供给"，但无更进一步描述。此外，在土地使用变更上即如何对原本得到政府土地划拨的民办学校要登记为营利性民办学校后的土地估价，补缴多少土地出让价？各地的实施意见中并没有明确规定，但在实际操作中却是过程中会遇到的第一个问题：以哪一年的土地价格进行估价？这是一个非常关键的问题，尤其是在我们的城市化过程中，各城市的土地价格增长幅度均特别大。例如，2000年建立的民办学校，2016年要登记为营利性民办学校，2000年的土地估价和2016年的土地估价可能相差十多倍。

2. 向非营利性民办学校倾斜过多

大多省份政策依循国家，部分省份有自己更多的见解，在民办教育土地优惠扶持上作出了更多努力。但个别省份的政策在非营利性民办学校上做了过多倾斜，重庆市是典型代表，这样的政策可能会不利于当地营利性民办教育发展。

（二）未来动向

1. 向先进省份学习，制定操作性更强的细则

学校在登记为非营利性民办学校和营利性民办学校的过程中，存在抉择的问题，因为政策的不清晰和操作性不准确而造成很多时候陷入"不得不"的无奈状况。浙江省温州市作为试点城市，在分类管理的政策上已有了一些探索和成果，在政策制定和操作中可以借鉴温州市的做法。尤其是在对将登记为营利性民办学校原先所取得的划拨土地的估价问题上，温州市明确规定"按批准时点"评估差价后补缴土地出让金，政策明确、细则翔实、可操作性强。

2. 坚持公益导向，但不过分倾斜

公益性是民办高等教育的基本属性。民办教育无论是非营利性还是营利性民办教育，都以公益性作为自身发展的基础，所以政策扶持向非营利性民办教育的过分倾斜，不仅不利于营利性民办教育的发展，而且非营利性民办教育也不能可持续健康发展。鉴于此，应突出公益性，尽量保持非营利性民办学校和营利性民办学校的相对公平性，真正激发社会力量兴办民办教育。

二、购买服务

（一）关键问题

在购买服务扶持政策上的问题，主要是：缺乏政策细则，操作性不强。大部分省份在政府以购买服务形式对民办教育分类扶持的政策上，与国家政策相似或者说直接是将国家政策写进实施意见，没有结合实际进行细化或因地制宜，连浙江省都没有在此方面的细则，可以认为各地政府在购买服务实践中都不完善。除上海市在购买服务的项目、标准和程序上进行了较详细的规定外，其余各地在政府向民办教育购买服务的政策规定中都相对笼统，甘肃、河北、河南、海南4个省只在实施意见中提到购买服务。所以，政府向民办教育购买

服务的操作性不强。

（二）未来动向

1. 借鉴有实践经验的省份的政策及操作方法

上海市在政府向民办教育购买服务的项目、标准和程序上进行了较详细的规定，其余各省份可在上海市的政策基础上，根据自身情况加以政策与制度的完善。加强学习，甚至可以派考察团前去学习先进做法。

2. 借鉴向高校购买服务的政策及操作方法

事实上，已经有政府向高校购买服务，如中小学校长培训纳入教师考核学分，可予以借鉴并制定符合实际的向民办中小学学校购买服务的一整套机制。如委托培训、发放教育券、租用教育物资等。由用人单位或民办学校向劳动保障部门提出用工需求或服务内容，经由劳动保障部门，用人单位和民办学校达成协议并签订合同，服务完成后由有关部门评估、验收，再由政府支付应有的资金，如此程序过程都很清晰。

三、基金奖励

（一）关键问题

1. 结合自身实际不够

部分地区在基金奖励政策上与国家政策相同，描述较为笼统、模糊，没有结合自己省份实际制定相应政策。

2. 基金奖励力度不够

有研究表明有 19 个省份政府民办教育发展专项资金累计达 60 多亿元，尤以上海市、浙江省、陕西省为代表[①]。但总体上，各省份政府的基金奖励力度不大，除了财政拨款支持设立基金会外，明确表示对基金会进行综合奖补或奖励奖补的只有两个省份。

3. 对高等教育关注不够

只有两个省份在政策中提到了对民办高等教育的扶持和支持。事实上，也有可能是这些省份实际在做，但没有写入实施意见，如陕西省，从 2012 年开始，

---

① 方建锋：《推进民办学校分类管理中面临的瓶颈问题分析》，载于《复旦教育论坛》2018 年第 2 期，第 43~48 页。

每年对民办教育投入 3 亿元[①],但并没有在政策中体现重视。但也有可能是部分省份真的没有对高等教育进行基金支持或基金奖励。

(二) 未来动向

1. 加强经验学习,善于借鉴

学习考察,不是照抄照搬做得好的省份的政策条例,而是去学习他们在实践过程中如何将国家政策与当地实际结合起来,也可以向这些省份寻求建议。

2. 提高基金奖励力度

在民办教育基金的设立上,政府除了出资还可以通过额外资助的方式对民办教育提供更多支持。民办教育基金会在促进民办教育事业发展上,完成民办教育重大建设、项目并对当地经济社会发展或教育有所贡献,各级政府可适当按比例划拨项目资金或者给予成果奖励,这也有利于激发民办教育基金服务教育的热情。

3. 加大对民办高等教育的扶持

民办高校虽然在高教事业占比不如民办幼儿园在学前教育的占比,但已超过民办中小学在基础教育上的占比,应引起重视。

四、捐资激励

(一) 关键问题

1. 向非营利性民办学校倾斜过多

政府捐资激励向非营利性民办学校的倾向性较突出,那么这将直接引导社会资本的捐资意向,对于营利性民办学校的发展是非常不利的。

2. 部分省份捐资激励力度不够

尚有 3 个省份没有明确针对捐资的优惠方式,5 个省份没有捐资的奖励方式,均不利于吸引社会资本向民办教育的投入。

3. 政府配套支持省份不多

目前,仅 4 个省份有对企业及社会面向民办教育捐赠配套相应的资金、支持或补助。

---

① 黄藤:《从办学实践谈民办高校分类管理》,载于《教育经济评论》2016 年第 2 期,第 19~22 页。

(二) 未来动向

1. 在社会捐赠上不进行非营利性引导

尊重企业及个人在面向民办教育的公益性捐赠上的捐赠自由，不进行非营利性引导，为营利性民办教育发展营造良好的社会环境。

2. 完善对捐赠者的奖励与表彰制度

部分省份要完善本省政策中对捐赠资金的具体税收优惠细则，完善对捐赠者的奖励与表彰方式。此外，除了捐赠冠名及表彰尊重其意愿外，政府可扩大对捐赠者的物质或荣誉奖励，尤其是荣誉奖励，以提高积极性。

3. 鼓励各省份政府加大配套支持

可以将浙江、河南、海南、四川4个省对于面向民办教育的公益性捐赠进行按比例拨付配套资金的做法推广出去，制定适合本省份情况的配套奖励程序。民办教育在这种机制的促动下将更有动力吸引社会资本。

五、补贴政策

(一) 关键问题

目前各省份的补贴政策只有一个笼统的规定，没有对补贴项目及比例、补贴措施做清晰的规定，如地方政府分担学校对师生提供奖补助的比例，政府对民办高校进行补贴的方式等，是以生均经费进行补贴还是其他方式。

(二) 未来动向

1. 明确非营利性民办学校教职工社会保险的政府补贴额度

建议从政策层面上明确规定地方人民政府分担非营利性民办学校教职工社会保障资金的标准和比例，如应明确非营利性民办学校教师的退休养老金与公办学校教师同等待遇，差额部分由地方财政承担，或同级财政给予不低于30%的补贴。

2. 纳入对民办高校学生的生均补贴

由于民办学校具有民间资金的介入的特点，各界对利用公共资金补贴民办学校的合理性一直有争议。实际上，无论民办学校还是公办学校的学生都是纳税人子女，具有平等的受教育权利，因此如果将补贴对象从学校转移到学生，那么合理性一目了然。目前一些省份制定了基础教育阶段的生均补贴，但都没有制定民办高校生均补贴标准，建议各省份拓宽生均补贴范围，明确标准及比例，如规定"按照不低于同级同类公办学校财政拨付生均经费标准的50%，给予非营利性民办学校生均经费补贴"。

3. 加强对民办高校的应用型科研资助

目前，民办高校的科研实力整体薄弱，一方面是师资水平的原因，另一方面是民办学校在科研项目申请上会受到一定的歧视。因此政府应该保障民办高校的申报课题和评奖评优与公办高校一视同仁，给予民办高校同等的项目研究经费，专项补贴支持民办高校建立科研基地，开展应用型研究，鼓励民办高校与企业开展横向课题合作。如之前陕西省出台的《陕西省政府关于进一步支持和规范民办高等教育发展的意见》①中规定以重点研究基地建设和科研项目开展为抓手，组织实施民办高校"创新能力提升""科研骨干培养""重点基地建设"和"科研成果服务"四大科研工程，设立民办高校科学研究培育基金、高层次优秀人才科研启动基金和民办高校科研成果奖励基金，引导和支持民办高校积极开展科学研究与学术交流。

4. 加快建立中央层面的民办学校专项补贴

直接的财政补助是政府扶持民办学校发展最高效的方式，几乎所有有私立教育体系的国家都设立了民办学校财政补助专项，一些省份也已经出台相应的政策。中央应该制定财政补助占民办学校运行经费的整体比例，具体实施细节再由地方政府制定。

六、税收优惠

（一）关键问题

1. 财政预算管理方式滞后

目前，根据国家学历教育收费"实行收支两条线"的政策，以往的民办学校或以后从事非营利性学历教育的民办学校取得的收入都应该纳入财政预算管理，而至今未纳入财政预算管理或财政外资金专户管理这一局面的原因不在于民办学校自己的身上，而在于国家目前未能提供其收费纳入"财政预算管理"或"财政预算外资金专户管理"的条件，相关做法还缺乏政策依据和操作上的可行性。正是由于政策的不清晰，导致税务部门对民办学校实施了歧视行为。

---

① 《陕西省政府关于进一步支持和规范民办高等教育发展的意见》，陕西省人民政府网，2012年。

2. 税收优惠力度总体不够

现有的税收优惠力度还无法完全体现"民促"的方向,特别是对营利性民办学校,现有的税收优惠政策主要针对的是非营利性学校。

(二) 未来动向

1. 破除税收障碍,保障民办学校顺利完成分类登记

从政策层面上明确在民办学校选择之前(含各地政策出台要求的"过渡期"),所有民办高校一律按照非营利性民办高校对待,税务部门不应向其征收或追缴企业所得税。目前,由于政策的不清晰,导致税务部门对民办学校实施了歧视行为。简化免税程序,对选定登记为非营利性学校的就可以直接免税。进一步明确营利性民办学校的税收优惠项目,特别是企业所得税,建议借鉴《中华人民共和国企业所得税法》第二十八条对高新技术企业税收的规定,对从事学历教育和学前教育的营利性民办学校,按15%的税率征收企业所得税。

2. 鼓励法人财产权的有效落实

《鼓励社会力量兴办教育若干意见》第二十条明确规定民办学校举办者要依法履行出资义务,将用于办学的土地、校舍和其他资产足额过户到学校名下。在实际办学过程中,法人财产权经常处于"虚位"的状态,法人财政权落实十分困难,主要是因为土地房产过户到学校名下需要缴纳高额的增值税。无论是营利性还是非营利性学校,提供的教育服务都是公益事业,政府鼓励将资产过户到学校就应该免征增值税等相关税收。因此,为了推动举办者过户资产顺利地进行,各省份应鼓励举办者将土地、校舍过户到营利性民办学校,只收取证件工本费,免征增值税、契税、印花税等税收。但目前,只有安徽省、上海市、陕西省规定出资人若将原有不动产过户到民办学校名下且经核实不属于买卖或交换行为的,免费办理过户手续。

3. 利用税收杠杆,引导民办学校提高师生奖励补助额度

目前,民办学校面临着严重的优秀师资流失现象,民办学校几乎成为公办学校的"人才培养实验基地",其根本原因是编制限制问题,民办学校与公办学校教师养老保险存在巨大差异。因此,鼓励民办学校为教职工建立职业年金等补充养老保险制度是正确的导向,有利于民办学校师资队伍的稳定。但是如果对民办学校仍征收学费收入的企业所得税,则无法激励民办学校建立专项资金用于员工职业激励和待遇保障,故应明确无论营利性或非营利性学校,该项目资金可以抵扣应纳所得税额。实施学历教育的民办学校应当按照不低于当地同级同类公办学校的标准,从学费收入中提

取相应比例的资金用于奖励和资助学生，并列入所得税税前扣除项目。

七、分类收费

（一）关键问题

1. 非营利性民办学校收费自主权低

从政策分析中可以发现，营利性学校收费已经全面放开，但政府对非营利性学校的收费依然管控较严，不利于非营利性民办学校平等地参与市场竞争。

2. 分类收费监管措施单一

现有分类管理政策只提到了有关行政部门要依法加强对民办学校收费行为的监管，并未对相关部门联动协调管理举措进行规定。

（二）未来动向

1. 加强收费监管以保障学生合法权益

政府对放开民办学校收费最大的顾虑是担心学费的无序上涨，损害学生的合法权益，因此政府要逐步建立与社会和学校的新型合作关系，同时打破与相关部门的治理壁垒，实现教育、财政、民政、工商等相关部门的协调管理，依法依规对民办学校进行收费的监管，督促民办学校办学成本透明化，接受社会的监督。

2. 推动优价优质的民办教育形成

目前在我国，民办学校的办学质量依然参差不齐，特别是高等教育阶段，但从长远看，高质量高收费才是民办学校的出路。因此民办教育举办者和办学者必须统一认识，学费上涨是为了提供更优质的教育服务，形成学校之间的良性竞争。目前，学生选择民办学校主要是受到分数的限制，分数较低无法进入公办学校的学生被迫进入民办学校。

3. 加快非营利性学校收费市场化步伐

无论是对非营利性学校还是营利性学校，政府最终都应该放开收费管制。非营利性学校虽然能够获得一定的财政补贴，但是学费收入依然是其良好运转的重要资金来源，特别是在基金制度尚未建立的阶段。因此，建议应该扩大各级各类非营利性学校的收费自主权，否则为了保证办学质量和特色，一些学校将不得不放弃非营利性的选择，特别是民办幼儿园。这也符合国际上私立学校收费市场化趋势，如韩国私立高校从20世纪80年代开始，收费由统一制定向自主调节转化。

八、办学自主权

（一）关键问题

1. 民办高校招生及专业设置自主权缺乏

从目前各省份的实施意见来看，绝大多数省份民办高校不具有招生自主权，民办高校甚至没有同等公办高校的自主招生试点。目前民办高校申请设置新专业审批流程复杂并且通过率低，并不能根据产业的发展动态调整专业。

2. 缺乏对民办学校自主权的监管政策

民办学校由于产权分属不清晰、治理结构的不完善确实存在自主权"滥用"的风险，但现有地方政策没有明确提及如何对民办学校自主权的使用进行监管。

（二）未来动向

1. 扩大民办高校招生自主权

从目前各省份的实施意见来看，绝大多数省份民办高校不具有招生自主权，民办高校没有等同公办高校的自主招生试点。政府担心给予民办高校招生自主权会造成招生秩序的混乱，一些民办高校会不按规范进行招生，但实际上民办高校需要接受市场的调控和检验，为了保障能持续办学，必须严格把控招生程序。因此，在国家组织的统一高考前提下，建议民办高校可参考学生的统考成绩和高中学业水平考试成绩，进行综合多元评价，进行自主招生录取试点。政府控制办学容量，制定最低录取控制线。民办高校招生应接受政府和公众的监督，保证招生过程公平、公正、公开、有序。

2. 落实民办高校专业开设自主权

民办高校专业的设置应该以培养地方迫切需求的应用型人才为主，主动对接就业岗位对人才的要求。但目前民办高校申请设置新专业审批流程复杂并且通过率低，并不能根据产业的发展动态调整专业。建议放开对民办高校专业申报的条件限制，采取市场竞争的方式优胜劣汰，教育部门设立监管条件。一些省份已经有较好的尝试，如浙江省出台的"改革专业设置管理办法"中规定按照民办高校的办学规模，省教育厅根据同类公办高校的标准，放宽 20% 比例核定专业设置总数。

3. 规范民办学校自主权的行使

政府对赋予民办学校自主权的范围一直存在顾虑，主要是因为民办学校存在着不同程度的办学违规行为。一些民办学校尚未真正建立规范的法人治理结构，缺乏权力制衡机制，无法进行科学的民主决策和监管，存在"举办者"或者"办学者"单极控制的现象，缺乏合作意识和机制，导致民办学校自主权的使用存在风险，不利于民办学校办学自主权进一步的扩大。

第六章

民办学校分类监管的跟踪与评估

加强对民办学校的规范与监管,是民办教育分类管理政策的重要内容。分类管理政策旨在促进民办教育快速发展的同时,建立起与民办学校办学关键环节和重点领域相契合的监管机制,以加强监管促进规范发展,推进民办教育事业的可持续发展。这些关键环节主要包括对民办学校整体的监管,对民办学校法人财产权、收费、退出等具体方面的监管,以及对培训机构的监管等。本章内容在从整体上梳理民办学校监管机制特征的同时,重点加强对国家与地方政府,对民办学校办学关键环节和重点领域监管相关政策规定的概括,在明确主要特点与主要问题的基础上,研判民办学校分类监管的未来动向。

第一节 国家的民办学校监管评析

实现民办教育的健康发展,必须依法进行规范和监管,这也是民办教育分类管理顺利实施的重要前提。随着民办教育分类管理改革的深入推进,民办教育也进入制度重建和规范发展的新阶段。规范发展、强化监督也成为本次民办教育新法新政的一条主线,对两类学校的监管主要呈现出以下特点。

一、民办学校监管机制的整体特点

整体来看,中央层面的民办学校监管机制呈现出了内容丰富、手段多样、层次多元的特征,有效保障了民办学校的规范发展。

(一)内容丰富

通过对国家层面法律法规和规范性文件的考察,我们发现,分类管理视角下,民办学校的管理监管更加系统全面。一是传统管理监督内容更加细化。例如,招生、收费、教学条件、财务会计等传统领域,新法规定的更加细致全面。二是管理监督机制更加系统。例如,民办教育新政对"健全监督管理机制"的规定。[①]《民办教育促进法实施条例(修订草案)(送审稿)》则重点对非营利性民办学校在校中校、关联交易、集团化办学等领域以及对营利性民办学校在信息公开和民办教育培训机构等方面加强监管。三是重点领域问题更加聚焦。例如,针对校外培训机构领域出现的一些"顽瘴痼疾",国家和地方不断加强校外培训机构的监管力度。在法规政策层面,《民办教育促进法》《监督管理实施细则》《名称登记管理通知》《民办教育促进法实施条例(修订草案)(送审稿)》等均对民办教育培训机构作出了相应规定。2018年,国务院发布了《国务院办公厅关于规范校外培训机构发展的意见》[②](以下简称《规范校外培训意见》),专门对培训机构的设置标准、基本要求、培训行为和监督管理等作出了规定。2018年初,教育部等四部门联合印发《教育部办公厅等四部门关于切实减轻中小学生课外负担开展校外培训机构专项治理行动的通知》[③],重点对培训机构在安全隐患、有无证照、是否超纲教学等方面开展专项整治,各地也纷纷开展了专项整治行动。目前教育部办公厅专门就全国校外培训机构专项治理行动整改工作进展情况进行了通报。

---

① 其对健全监督管理机制作出了系统规定。加强民办教育管理机构建设,强化民办教育督导,完善民办学校年度报告和年度检查制度。加强对新设立民办学校举办者的资格审查。完善民办学校财务会计制度、内部控制制度、审计监督制度,加强风险防范。推进民办教育信息公开,建立民办学校信息强制公开制度。建立违规失信惩戒机制,将违规办学的学校及其举办者和负责人纳入"黑名单",规范学校办学行为。健全联合执法机制,加大对违法违规办学行为的查处力度。大力推进管办评分离,建立民办学校第三方质量认证和评估制度。民办学校行政管理部门根据评估结果,对办学质量不合格的民办学校予以警告、限期整改直至取消办学资格。

② 《国务院办公厅关于规范校外培训机构发展的意见》,中国政府网,2018年。

③ 《教育部办公厅等四部门关于切实减轻中小学生课外负担开展校外培训机构专项治理行动的通知》,教育部门户网,2018年。

此外，民办教育新法新政还重点加强两类学校在履行办学使命（是否"违背国家教育方针，偏离社会主义办学方向，或者未保障学校党组织履行职责的"）、办学水平和教育质量、加强党的建设以及教师权益保护等方面的监管。

（二）手段多样

除传统年度报告、年度检查制度、督导制度等监管手段外，民办教育新法新政进一步丰富了民办教育监督管理机制的手段和载体。如强调完善民办学校财务会计制度、审计监督制度、内部控制制度等。针对当前民办学校快速发展和分类管理可能引致的诸多办学风险，强调加强办学风险防控机制、违规失信惩戒机制建设等。适应民办学校由单一主体垂直管理向多元主体共同治理的转向，强调加强信息强制公开制度（《监督管理实施细则》着重对营利性民办学校履行信息公开制度进行了规定[①]）、第三方质量认证和评估制度建设等。为加强民办学校规范管理和监督实效，改变各个部门职能割裂、合力不足的执法困境，提出建立联合执法机制和部门协同机制等，基本构建出一个由单一到多元、由独立到协同、包括事前与事后、内控与外控在内的监督管理机制。

（三）主体多元

伴随民办学校快速发展和分类管理改革引发的新问题，民办学校治理监管的任务和难度日益加大。多元主体协同治理、协力监管成为发展新趋势。在新法中，这些主要体现在为保证各项法规政策的落实落地，强调多部门协同和联合执法机制建设；体现在着力发挥包含政府、学校和第三方在监督管理中的主体作用；体现在综合运用经济、行政和法律等多种监管手段。

如在民办学校防控机制建设上，逐步形成了政府、民办学校、社会组织等多元防控主体：一是地方政府主体地位持续凸显。新修订的《民办教育促进法》出台后，地方政府在推进本地区分类管理改革方面发挥着主导型作用，在收费管理、风险防控等方面出台了一系列的规范性文件和相关配套政策。二是民办学校

[①] 《营利性民办学校监督管理实施细则》对信息公开制度的规定主要集中在以下条款：第三十二条营利性民办学校应当依据法律法规建立信息公开制度及信息公开保密审查机制，公开的信息不得危及国家安全、公共安全、经济安全、社会稳定和学校安全稳定。第三十三条营利性民办高等学校信息公开内容应当执行《高等学校信息公开办法》等国家有关规定，其他营利性民办学校信息公开办法由地方人民政府学校主管部门制定。第三十四条营利性民办学校应当按照《企业信息公示暂行条例》规定，通过国家企业信用信息公示系统，公示年度报告信息、行政许可信息以及行政处罚信息等信用信息。第三十五条营利性民办学校信息应当通过学校网站、信息公告栏、电子屏幕等场所和设施公开，并可根据需要设置公共阅览室、资料索取点方便调取和查阅。除学校已经公开的信息外，社会组织或者个人可以书面形式向学校申请获取其他信息。

自我风险防控能力和意识不断增强。一些民办学校主动加强内涵建设、强化特色办学和优质办学,办学质量和社会声誉明显提升,增强了风险防控能力。三是社会机构和组织成为风险防控的重要力量。近年来,教育质量认证与评估机构、行业协会、学术联盟等成为民办教育领域研究与实践的新兴力量,为加强民办学校治理,规范办学行为,丰富监督管理手段发挥了积极作用,成为民办学校风险防控的重要参与主体。

二、民办学校法人财产权规范特点

产权关乎民办学校举办者、投资人及其民办学校的切身利益,是分类管理最为核心和基础的制度之一。长期以来,由于产权归属不明、性质不清、关系混乱导致民办教育实践中出现诸多问题,甚至引发了一系列矛盾与冲突。为化解民办学校法人财产权问题,国家陆续出台了一些政策文件对民办学校产权进行规范,民办教育新法新政在这方面也作出了一系列规定(见表6-1),呈现出了一些显著特征。

表6-1　　　　国家层面对民办学校法人财产权规范的规定

法律法规与规范性文件	主要内容
《国务院办公厅关于加强民办高校规范管理引导民办高等教育健康发展的通知》(2006)	明确对民办高校法人财产权问题作出规定,要求出资人按时、足额出资,对投入学校的资产履行验资和过户手续
《民办高等学校办学管理若干规定》(2007)	第六条　规定民办高校举办者应按时、足额履行出资义务。以排除性方式明确了举办者的出资范围。明确民办高校法人财产权范围,明确分别登记建账 第七条　明确资产过户时间,资产未及时过户的举办者对学校承担连带责任
《国务院关于鼓励社会力量兴办教育促进民办教育健康发展的若干意见》(2016)	1. 建立分类管理制度。民办学校依法享有法人财产权 2. 对混合所有制职业院校的出资方式进行规定①

---

① 如允许混合所有制职业院校可以知识、资本、管理、技术等出资办学,鼓励营利性民办学校实行股权激励机制。

续表

法律法规与规范性文件	主要内容
《中华人民共和国民办教育促进法》(2016)	1. 明确民办学校法人财产权范围 2. 第六十二条明确了对抽逃资金或者挪用办学经费的法律责任
《营利性民办学校监督管理实施细则》(2016)	第七条、第八条、第三十条、第四十七条、第四十八条分别对营利性民办学校的注册资本、法人财产权、举办者出资义务和责任、营利性民办学校和举办者的违法行为和相应的法律责任问题作出了规定
《中华人民共和国民办教育促进法实施条例（修订草案）（送审稿）》(2018)	1. 明确民办学校举办者的出资种类、出资方式和出资范围（第六条） 2. 强调举办或参与举办非营利性民办学校的公办学校，两种类型学校之间法人资格及其法人财产的独立性（第七条） 3. 明确举办者对国有资产监督管理的职责（第八条） 4. 明确举办者出资义务和责任（第九条） 5. 明确集团化办学的社会组织与所属民办学校的法人财产独立，依法独立开展办学（第十二条） 6. 明确营利性民办学校的注册资本制度。其中，实施高等学历教育注册资本最低限额为 2 亿元人民币；实施其他学历教育的，注册资本最低限额为 1 000 万元人民币。营利性民办学校的举办者实缴资金比例应不低于注册资本的 60%；正式设立时，注册资本应当缴足（第二十一条）

（一）强化民办学校的独立法人财产权

是否享有独立的法人财产权是法人最本质的特征之一，其不仅表明法人享有独立的法人地位，同时也是法人对外债偿还能力和担保能力的重要保障。国家层面的相关法律法规均明确提出了民办学校依法享有独立的法人财产权，同时通过加强资产过户、分别登记建账等规范管理，强化对抽逃出资和挪用办学经费等违法行为的法律责任，保障民办学校享有独立的法人财产权。

（二）拓展了出资方式和种类

《民办教育促进法实施条例（修订草案）（送审稿）》明确举办者可以用货币、实物、知识产权、土地使用权等可用货币估价，并可依法转让非货币财产用于出资。其中混合所有制职业院校出资方式最为宽松，允许举办者以知识、资本、管理和技术等形式出资，体现了其灵活的出资方式，允许营利性民办学校采取股权激励机制,这些均有利于激发举办者出资办学的积极性。不仅有利于拓展出资方式和出资种类,也有利于激活人力资本的创造性和办学热情。

(三) 相关规定更加明确与细化

一是《监督管理实施细则》专门对营利性民办学校注册资本、抽逃办学资金、未落实法人财产权等可能对学校法人财产权构成侵害的违法行为进行了详细规定,对不同类型营利性民办学校的出资过户问题也做了分别规定。二是《民办教育促进法实施条例(修订草案)(送审稿)》对民办学校法人财产权的规定更加细致全面,法规政策关注的重点主动聚焦"校中校"、不当关联交易、集团化办学、国有资产监管等问题。但总体来看,法人财产权的相关规定还较为粗糙、相关内容不够具体明确。

三、民办学校收费监管特点

收费事关民办教育市场的稳定与秩序,是分类管理政策规范的重点领域。一直以来,民办学校尤其是非学历教育的民办教育机构,乱收费问题突出,严重扰乱了市场秩序,引发了一系列重要问题,对民办教育的健康发展产生了不利影响。在这种情况下,以分类管理为契机,国家出台了一些相关政策措施,进一步加强对民办学校收费的管理与监督,以维护市场秩序。2014年,《国务院关于创新重点领域投融资机制鼓励社会投资的指导意见》[①] 对营利性和非营利性民办学校的价格和收费政策进行了规定。

民办教育新法新政出台后,对民办学校收费政策也作出了明确规定,并有较大调整。即改变了以往按学历与非学历教育的性质来划分,主要由政府物价部门来审批确定的方式,分类管理后则主要按照学校的不同性质,决定主要是由政府确定和还是交给市场确定(见表6-2)。

表6-2　　　　　国家层面对民办学校收费管理与监督的规定

相关法律法规及政策文件	条款及其主要内容
《中华人民共和国民办教育促进法》(2016)	1. 明确营利性与非营利性民办学校收费的项目和标准;明确收费的主要用途(第三十八条) 2. 违反国家有关规定收费的法律责任(第六十三条)

---

① 《国务院关于创新重点领域投融资机制鼓励社会投资的指导意见》,中国政府网,2014年。

续表

相关法律法规及政策文件	条款及其主要内容
《国务院关于鼓励社会力量兴办教育促进民办教育健康发展的若干意见》（2016）	对分类收费政策作出规定，强调加强对民办学校收费行为的监管
《营利性民办学校监督管理实施细则》（2016）	1. 对营利性民办学校收费项目与收费标准作出规定（第二十八条） 2. 学校收入应纳入学校财务专户、统一管理，合理使用（第二十九条） 3. 营利性民办学校违规收费的法律责任（第四十七条）
《中华人民共和国民办教育促进法实施条例（修订草案）（送审稿）》（2018）	1. 禁止民办学校及其举办者向学生家长、学生收取或者变相收取与入学关联的赞助费（第九条） 2. 实施学前教育、学历教育的民办学校应从学费收入中提取一定比例建立专项资金或者基金（第三十六条） 3. 民办学校应当建立办学成本核算制度，合理确定收费项目和标准。对公办学校参与举办、使用国有资产或者接受政府生均经费补助的民办幼儿园、义务教育学校，地方人民政府可以对其收费制定最高限价。民办培训教育机构的收费标准和周期依据培训的具体内容来确定，且应按国家规定对预付费进行管理，采取必要的风险防范机制（第四十二条） 4. 非营利性民办学校收费以及开展活动的资金往来，应使用在主管部门备案的账户，接受监督和审计（第四十四条）

四、民办学校退出监管特点

民办教育新法新政背景下，部分民办学校因生存发展困境所致的"淘汰型"退出将进一步加剧。与此同时，以并购重组为主要形式的"发展型"退出成为新趋势。建立民办学校退出机制是深化民办教育体制改革的关键环节，事关民办教育持续健康发展大局，民办教育新法新政也对民办学校退出监管机制进行了明确规定（见表6-3）。

表 6-3　　　　　国家层面对民办学校退出规范的规定

相关法律法规及政策文件	条款及其主要内容
《中华人民共和国民办教育促进法》（2016）	1. 民办学校终止的情形（第五十六条） 2. 民办学校终止时学生安置问题（第五十七条） 3. 民办学校终止时财务清算问题（第五十八条） 4. 民办学校终止时剩余财产清偿（第五十九条） 5. 民办学校终止时注销登记问题（第六十条）
《国务院关于鼓励社会力量兴办教育促进民办教育健康发展的若干意见》（2016）	健全学校退出机制。捐资举办的民办学校终止时财务清偿问题；转设民办学校出资者的补偿奖励问题（第十条）
《营利性民办学校监督管理实施细则》（2016）	1. 营利性民办学校终止的程序（第三十六条、第三十七条） 2. 营利性民办学校终止的法定情形（第三十八条） 3. 营利性民办学校终止财务清算问题（第三十九条） 4. 营利性民办学校终止注销登记等问题（第四十条） 5. 营利性民办学校终止党组织变更或撤销问题（第四十一条）
《民办学校分类登记实施细则》（2016）	民办学校终止办学注销登记等问题（第十三条）
《中华人民共和国民办教育促进法实施条例（修订草案）（送审稿）》（2018）	1. 民办学校终止办学注销登记等问题（第五十条） 2. 有关设立保险产品、提供风险保障的规定（第六十条）

　　民办教育新法新政对退出机制的规定，最显著的变化是在区分营利性与非营利性民办学校的基础上，分别对两类学校的退出问题进行了规定。对于非营利性民办学校主要涉及终止原因、学生权益保护、财务清算、清偿顺序、注销登记等问题。对于营利性民办学校，特别增加了对于"营利性民办学校应当制定实施方案和应急工作预案，并按隶属关系报学校主管部门备案，保障学校教育教学秩序和师生权益不受影响"的条款。在《民办教育促进法实施条例（修订草案）（送审稿）》中也增加了"鼓励、支持保险机构设立适合民办学校的保险产品，探索建立行业互助保险等机制，为民办学校重大事故处理、终止善后、教职工权益保障等事项提供风险保障"的条款，体现出国家更加关注民办学校退出可能引致的各类风险防控，以维护民办教育和社会秩序稳定。

五、民办培训机构监管特点

近年来,民办教育培训行业风生水起,社会资本竞相涌入,呈现出迅猛发展的良好势头,其对于满足人民群众教育多样化、个性化和分众化需要,促进民办教育快速发展起到了积极作用。与此同时,民办教育培训机构长期以来暴露出的办学不规范、收费项目五花八门,教育质量参差不齐、侵权违法行为屡有发生等顽瘴痼疾对民办教育健康有序发展产生了不良影响。民办教育新法新政实施后,如何规范和引导教育培训机构健康发展成为各级政府和全社会关注的热点问题之一。特别是2018年以来,教育部明显加大了对教育培训机构的清理整顿力度,表现出坚定的治理决心和持续的高压态势。国家层面对民办培训机构监管的规定,既有宏观方面顶层设计,也有微观层面的具体措施,体现出持续强化校外培训机构监管,健全和完善校外培训机构长效监管机制的立法旨意(见表6-4),整体上呈现出了如下主要特征。

表6-4   国家层面对民办培训机构监管的相关规定

相关法律法规及政策文件	条款及其主要内容
《中华人民共和国民办教育促进法》(2016年修正)	对各类培训机构的审批事宜作出规定(第十二条)①
《营利性民办学校监督管理实施细则》(2016年)	营利性民办培训机构参照本细则执行(第四十九条)
《中华人民共和国民办教育促进法实施条例(修订草案)(送审稿)》(2018年)	1. 对实施职业资格培训、职业技能培训的民办学校的审批(第十条) 2. 对三种不同类型的民办教育培训机构的监管(第十五条) 3. 从事在线教育的民办教育培训机构的监管(第十六条)

---

① 举办实施学历教育、学前教育、自学考试助学及其他文化教育的民办学校,由县级以上人民政府教育行政部门按照国家规定的权限审批;举办实施以职业技能为主的职业资格培训、职业技能培训的民办学校,由县级以上人民政府人力资源社会保障行政部门按照国家规定的权限审批,并抄送同级教育行政部门备案。

续表

相关法律法规及政策文件	条款及其主要内容
《国务院办公厅关于规范校外培训机构发展的意见》（2018）	二、明确设置标准。（略）主要包括：遵循场所条件、师资条件、管理条件等要求 四、规范培训行为。（略）主要包括：细化培训安排、践行诚实守信、规范收费管理三方面内容 五、强化监督管理。（略）主要包括：完善日常监管、落实年检年报制度、公布黑白名单等制度

（一）明确培训机构的设置和准入

一是明确校外培训机构的审批机构和部门。在机构设置方面，坚持"谁审批谁监管、谁主管谁监管"，明确了审批机构的监管职能，有利于纠正实践中重审批轻监管的倾向，消除了因多部门监管职责不清导致的监管盲区，进一步健全监管工作机制和责任体系。二是明确了各类民办教育培训机构设置的基本要求。这样改变了由于各类校外培训机构长期以来由于门槛低、标准不清导致的遍地开花、良莠不齐等乱象，为下一步规范管理、完善监管提供了规范依据。[①] 三是进一步细化了培训内容。[②]

（二）扩展监管范围

一是加强对在线教育的监管。在线教育是信息化时代、"互联网＋"教育所衍生的新型教育业态，既包括慕课、翻转课堂等传统教育形态的更新和补充，也衍生了诸多借助网络平台，提供各种教育产品和服务的网络教育。但长期以来，在线教育由于其管理和技术等方面的原因实际上长期处于一种监控空白的境地。本次《民办教育促进法实施条例（修订草案）（送审稿）》首次将在线教育培训机构也纳入了监管范围。二是强化对境外上市校外培训机构的监管。强化对信息披露的内容、形式等方面的监管。

---

① 《国务院办公厅关于规范校外培训机构发展的意见》规定，在场所条件方面，同一培训时段内生均面积不低于3平方米；师资条件方面，不得聘用中小学在职教师；从事语文、数学、英语及物理、化学、生物等学科知识培训的教师应具有相应的教师资格。聘用外籍人员须符合国家有关规定。管理条件方面，校外培训机构必须坚持和加强党的领导，做到"三同步"，确保正确的办学方向。必须有规范的章程和相应的管理制度，明确培训宗旨、业务范围、议事决策机制、资金管理、保障条件和服务承诺等。

② 开展学科知识培训的班次、内容、进度、招生对象、上课时间等要向所在地县级教育部门备案并向社会公布；培训内容不得超出相应的国家课程标准，培训班次必须与招生对象所处年级相匹配，培训进度不得超过所在县（区）中小学同期进度。校外培训机构培训时间不得和当地中小学校教学时间相冲突，培训结束时间不得晚于20：30，不得留作业；严禁组织举办中小学生学科类等级考试、竞赛及进行排名。

(三) 持续加强监管

为保证校外培训机构监管取得实效，强化联合执法和综合监管。进一步明确民政、公安、应急管理、卫生、食品监管等各部门的职能分工，强化工作联动。除部门联合执法机制以外，还建立了黑白名单制度、年检年报制度、证照办理等制度，实施备案审核专家团队、建立全国统一的管理服务平台等措施。

从本次教育部对校外教育培训机构集中开展的专项治理中，无论从文件出台的密集性、治理实施的连贯性以及治理手段的多样性等方面，都体现出国家对校外培训机构持续加强监管、坚定依法治理的决心和态度。

第二节 地方的民办学校监管考察

在中央的民办学校规范与监管政策机制导向下，各省级政府也制定了本地区的相关配套政策，从已出台省份的相关政策体系内容来看，各地在结合当地经济社会发展、民办学校办学实际，制定出部分具有当地特色政策内容的同时，更多表现出了一些相似的特征，分析和考察这些共性特征，对于有效推进民办学校规范与监管，促进民办教育事业的规范健康发展具有重要意义。

一、地方的民办学校监管总体特点

监督管理内容十分丰富，除四川省外，其余23个省（自治区、直辖市）都明确提出了健全监督管理机制。但从各地出台的实施意见看，其在内容、形式和关注点上不尽相同，主要可分为跟随型和创新型两类。其中，浙江、海南、江苏、甘肃、内蒙古、河南、吉林7个省级政府的相关规定与中央无明显变动，基本属于跟随型，陕西省是唯一专门对营利性民办学校监督管理出台了实施办法的省份，上海、重庆、湖北、广东、宁夏等地结合中央精神和地方实际，对一些问题做了更为细致明确的规定，具有一定的创新性，这主要表现为健全联合执法机制、加强风险防范机制、推进信息公开、加强培训机构监管等方面。

（一）建立健全联合执法机制

由于协同管理制度滞后，机制不畅，加之各部门职责不清、人手不足等原因，实践中在查处非法办学机构和各种违法违规办学行为时，往往存在着互相推诿、扯皮的现象，为扫除管理盲区和走出治理困境，越来越多的地方政府强调联合执法机制的建立。上海①、重庆②、天津③、山东、江西、宁夏6个省份明确了联合执法机制，加强违法违规办学行为的综合监管和查处力度，实现各部门分工负责、协作执法、多级联动，以解决长期以来的监管"瓶颈"问题。但由于大多制度机制是刚刚建立，其在实践中是否能发挥预期的成效还有待执法实践的考量。

（二）加强风险防范机制

分类管理彻底改变了长期以来民办学校营利性与非营利性混沌不清的状况，但由于法规政策的改变所导致的利益调整和风险叠加也将日益凸显。对于加强风险防范的问题，大多数省份将其归入完善现代学校制度建设层面，具体体现在落实安全管理责任方面。而上海市、广东省直接将其纳入民办教育监管层面，强化风险防范的针对性和专门性。如上海市探索建立学校、受教育者（家长）、保险公司协同参与机制，完善学校重大责任事故处理机制以及学校终止善后事宜处理机制，已达到风险防控的目的。广东省进一步细化风险防范的主体和内容，明确各地级政府和民办学校要建立完善风险防范和应急处置机制，要制定相关预案，对经营管理不善或重大变更以及终止办学可能引发的办学风险重点加以防范和化解。严格落实安全管理责任，建立联合保险制度，设立安全工作专项经费，购买校车承运人责任、校方责任险等，并且将学校法定代表人作为履行校园稳定和安全管理第一责任人，以防范校园安全管理风险。

（三）推进信息公开制度

信息公开制度是规范社会力量办学行为，加强社会监督，促进民办学校自律的重要手段，大多数地方在实施意见中均提到了建立民办学校信息公开制度。陕

---

① 上海市建立市、区、街镇三级联动综合治理体系，健全联合执法机制，加大对违法违规办学行为的查处力度。教育、人力资源社会保障部门形成巡查发现、受理分派、违法查处、检查督导、信息共享等各环节分工牵头负责、共同协作的机制，构建行政审批、登记注册、行业主管、行政执法相互衔接的综合监管机制。

② 重庆市坚持"谁审批、谁监管"，教育、民政、公安等部门与乡镇（街道）要形成巡查发现、受理分派、违法查处、检查督导、信息共享等各环节分工负责、共同协作的机制，构建行政审批、登记注册、行业主管、行政执法相互衔接的综合监管机制，建立市、区县、乡镇（街道）三级联动的综合治理体系，加大对违法违规办学行为的查处力度。

③ 天津市强调健全联合执法机制，各区建立常态化的联合执法机制，由区级教育行政部门或者人力资源社会保障部门会同同级公安、民政或市场监管等部门组成联合执法队伍，对违反国家有关规定擅自举办民办学校的行为开展联合执法，加大对违法违规办学行为的查处力度，坚决取缔无证办学。

西、安徽、云南、河北、贵州、宁夏6个省份对信息公开的主要内容做了较为详细的阐述，但信息公开的内容不尽相同。其中陕西、安徽两省侧重其监督检查过程中是否存在负面或不良信息的公开；云南、河北、贵州、宁夏4省份侧重学校办学性质、学校章程制定、招生就业情况、财务管理与收费等基本办学信息对外部履行公开义务。浙江、陕西两省的信息公开制度更加全面系统，专门印发了规范性文件，分别对民办中小学校（含幼儿园、文化教育类培训机构）以及营利性民办学校信息公开制度进行了规定。

此外，一些地方在民办教育监督管理中也颇有创新。如辽宁省、江西省、贵州省专门提到加强对非学历教育培训机构的监管问题。湖北省积极探索建立民办学校第三方质量认证与评估制度，定期开展民办学校办学情况及其综合效益评价，每五年进行一次信用等级状况的专业评估，并且及时向社会公布评估结果，根据评估结果的具体情况，主要对办学质量不佳的民办学校给予警告、限期整改、取消办学资格等行政处罚。上海市强化民办学校年度检查和年度报告制度，进一步细化和明确年检的内容和要素，不仅涵盖民办学校办学层次、条件、教育教学质量、规范办学以及专业课程、招生收费等方面，并重点将党的建设情况、校园安全稳定等纳入年检的范围，旨在通过全方位的年检制度和信息公示制度，引导民办学校规范办学、高质量发展。

二、地方的民办学校法人财产权规范特点

民办学校法人财产权内容较为丰富，通过对各省级政府有关法人财产权相关规定的梳理，民办学校法人财产权主要集中在法人财产权的性质、范围、出资过户以及登记管理等方面（见表6-5）。整体上看，各地方政府关于民办学校法人财产权规范的相关规定呈现出以下特点。

表6-5　　　　　地方政府对落实法人财产权方面的规定

省份	特殊规定
宁夏	1. 明确举办者的原则上应在法人登记成立后1年内完成资产过户，未过户的应在重新分类登记前完成过户 2. 对货币资产要经过验资过户，对于非货币资产要经过中介机构评估过户
贵州	规定举办者依法出资应办理验资、过户等手续
广西	规定出资需要经过验资和评估等手续，并足额过户到学校名下。对于未过户的民办学校不能进行分类登记

续表

省份	特殊规定
重庆	1. 建立民办学校产权流转制度。规范举办者变更行为和举办者权益转让。除捐资举办的学校外，其他民办学校，在存续期间，举办者对举办者权益可以依法转让、继承、赠与。产权流转要纳入所在地政府产权交易平台交易范围进行，规范操作。举办者退出办学、转让举办者权益或者内部治理结构发生重大变化的，应事先公告，依法报审批机关核准或者备案。捐资举办的民办学校，非特殊情况，捐赠者作为举办者的身份不得变更 2. 严格规范民办学校的资产重组和关联交易行为。民办学校的资产重组发生之前应经审批机关同意，并向社会公示；关联交易行为应依法进行披露
安徽	建立民办学校产权流转制度，规范举办者股权转让行为。产权流转要纳入所在地政府产权交易平台，规范操作

（一）明确民办学校享有法人财产权

实施分类管理后，各省份进一步明确了民办学校的独立法人财产权。辽宁、甘肃、天津、湖北、上海、河北、内蒙古、陕西、河南、宁夏、重庆、江西12个省份明确规定民办学校"依法享有法人财产权"或明确提出要"落实学校法人财产权"。山东、吉林、海南等省份把法人财产权问题纳入"建立健全资产管理制度"中。

（二）明确民办学校法人财产的范围

关于民办学校法人财产权的范围，地方政府的规定不尽相同。海南省的规定最为宽泛，对法人财产的范围没有作出限定。相比而言，绝大多数地方政府作出了具体的限定：明确在学校存续期间，国有资产、举办者出资、受赠财产以及办学积累等属于民办学校的法人财产，不得抽逃、不得侵占或挪用。也有一些地方政府做了更加细致的规定。如重庆市规定将"债务资金形成的资产"也列为民办学校法人财产的一部分，四川省则明确了"办学积累、财政投入、捐赠收入等不得作为举办者的出资。"

（三）重申出资过户的相关要求

一是除广东、甘肃、广西3省份以外，21个省份均明确民办学校要依法履行出资义务。四川省还作出了"民办学校不得以办学地址变更抽逃或变相抽逃出资，不得转移学校资产"的禁止性规定。二是除广东、甘肃、四川3省份以外，

20个省份均明确民办学校举办者应当将其过户到学校名下。其中贵州、广西、安徽、宁夏4省份除明确依法履行出资义务外,还规定了要办理验资、评估等必要手续。

(四) 明确分类登记入账

除江苏省外,23个省份均明确规定了民办学校各类资产分类登记入账制度,定期开展资产清查,保证资产的独立性和完整性。四川、重庆等省份还专门出台了分类登记实施细则,加强对民办学校的资产管理和监督。

(五) 部分地方政府落实法人财产权的特殊规定

2005年,黑龙江省颁布了《黑龙江省人民政府关于促进民办教育发展的若干意见》[1],这是第一部对民办学校举办者初始出资额作出明确规定的地方性法规。而在分类管理实施前,国内较为成熟、系统的是2010年上海市教委等七部门制定的《上海市推进民办学校落实法财产权的实施办法》[2]以及2011年《温州市关于明确非营利性民办学校法人财产权的实施办法（试行）》。上述法规不仅明确了民办学校法人财产的范围,而且对民办学校资产过户问题做了重点规定。规定了民办学校办理资产过户相关程序要求,结合不同的出资形态作出了相应的资产过户规定并且出台了鼓励民办学校资产过户的优惠政策。2013年广东省教育厅制定的《关于促进民办教育规范特色发展的意见》[3]也规定了资产过户具体的时间表,对于过户的民办高校,规定在2018年底要基本完成过户。

分类管理后,各地更加重视民办学校法人财产权问题。在地方政府制定的新一轮政策文本中,一些地方也进行了创新性尝试。如宁夏回族自治区规定出资过户的时间原则上要在法人登记成立后一年内完成,未完成过户的民办学校应于重新分类登记前完成过户。云南省规定要在学校获得正式批准设立后,及时足额过户到学校。安徽省对未过户的学校规定应于重新分类登记前完成过户。此外,重庆市在建立产权流转制度,规范举办者权益转让和举办者变更行为,规范民办学校的资产重组和关联交易行为,以及安徽省在建立民办学校产权流转制度,免除交易税费等方面具有一定的创新性,丰富了民办学校法人财产权的内容和实现形式。陕西省在《陕西省营利性民办学校监督管理实施办法》[4]中对营利性民办学

---

[1]《黑龙江省人民政府关于促进民办教育发展的若干意见》,黑龙江省人民政府网,2005年。
[2]《上海市推进民办学校落实法财产权的实施办法》,上海市教育委员会网,2010年。
[3]《关于促进民办教育规范特色发展的意见》,广东省教育厅网,2013年。
[4]《陕西省营利性民办学校监督管理实施办法》,陕西省教育厅网,2018年。

校的法人财产权作出了规定。

三、地方的民办学校收费监管特点

在各地实施意见和配套政策中,收费问题是最为关注的问题之一。目前出台的省份的收费政策主要就收费标准、定价方式、收费监管等问题作出了规定,梳理如下(见表6-6),通过对各地民办学校收费政策的梳理,主要呈现以下特点。

表6-6　　　　　　　地方政府对民办学校的收费政策

省份	非营利性	营利性
天津	对已具备充分竞争条件的民办非营利性教育实行市场调节价	实行市场调节价
云南	不分学校类型可自主定价	
湖北	民办教育收费实行市场调节价,实行"新生新政策,老生老办法"	
浙江	区别非营利性民办学校的不同类型进行规定	学费和住宿费实行自主定价
上海	—	实行市场调节价,具体标准学校定
	特殊规定:完善学费专户管理和收费公示等制度,健全收费监管机制。在过渡期间,民办学校应先完成办学属性的重新登记,再调整标准	
河北	非营利性本科及以上学历教育民办学校的收费暂时实行审批制,待条件成熟后,实行市场调节价	实行市场调节价
河南	实行政府指导价,逐步实行市场调节价	市场调节价,具体标准由学校定
	特殊规定:收费项目和标准确定后,在一个学年内,不得提高收费标准或增加收费项目	
海南	"十三五"期间,对非营利性民办中高职学校试点实行市场调节价,由试点学校确定收费标准;其他非营利性民办学校根据具体情况和因素确定学费及住宿费标准,报相关主管部门审批并经学校公示执行。"十三五"后,逐步放开收费,实行市场调节价	实行市场调节价,由民办学校自主确定收费标准
江苏	有序放开部分学段非营利性民办学校学历教育收费,具体办法另行制定	放开收费

续表

省份	非营利性	营利性
青海	非营利性民办学校收费实行政府定价（含政府指导价），逐步实行市场调节价	收费标准和收费项目由学校自主定，报价格主管部门备案并向社会公示后执行
广东	对义务教育阶段的民办学校，原则上实行政府定价，并视相关改革进程以及市场竞争程度适时放开；其余民办学校收费实行市场调节价	
广西	"十三五"期间，非营利性民办高校试点放开收费标准，实行市场调节价，收费标准由试点学校定，并向学生和社会公示。"十三五"之后，逐步放开非营利性民办学历教育收费，实行市场调节价	营利性民办学校、民办幼儿园的收费实行市场调节价
贵州	放开收费标准，由学校自主定。完善收费行为暂行办法，健全收费登记、公示等制度，规范收费	
吉林	开展市场化改革试点，逐步实行市场调节价	实行市场调节价，标准由学校定
四川	同上	同上

注：非营利性民办幼儿园实行市场调节价，收费标准由幼儿园自主定；非营利性民办中小学校由各级政府按照市场化方向确定；非营利性民办高校住宿费和学费实行市场调节价。

（一）收费逐步放开，但程度各异

1. 全放开模式

云南、湖北、内蒙古、江西4省份对民办学校收费政策全放开，并不区分学校性质与办学阶段，均实行市场调节价。几乎全部省份对于营利性民办高等教育均实行学校自主定价政策，把定价权交给市场。

2. 逐步放开模式

安徽、甘肃、上海、江苏、青海、吉林等省份对于非营利性民办学校，都是逐步实行市场调节价，具体政策由相关部门制定，但并无时间表。海南、广西两省份对于非营利性民办教育实行政府定价，但是"十三五"之后逐步放开，实行市场调节价，为政府定价与学校自主定价之间设立了时间过渡期。

3. 不得放开领域

除云南、湖北、内蒙古、江西4省份外，所有已出台细则的省份，均对义务教育阶段学历教育实行政府定价。尤其是河南、重庆、山东、广西、海南等省份，对于非营利性民办学校，在收费管理、收费标准制定等方面都规定的较为严格，办学的层次和类型涉及的范围也比较广，体现出注重公益和非营利性为导向的政府管控倾向。在所有的地方政府中，山西省在这方面规定的最为详细，明确非营利性民办本科、公办学校参与举办的民办中小学学历教育、独立院校、太原市义务阶段学历教育均实行政府定价。

（二）收费标准与使用受到关注

一是对于营利性民办学校以及部分实行市场调节价的非营利性学校，一般收费标准由学校自主确定。对于执行政府指导价的民办学校，也允许其综合考察办学质量、办学成本、社会需求以及市场因素等，并呈现逐步放开收费的趋势。二是多数省份强调收入使用的教育公益用途。明确要将收费与资助、奖励学生等公益办学结合起来。2015年，上海市强化办学质量和水平与学费收入的正相关关系，强调学费收入要与教职工收入相联系，实现同步增长、动态调整，以促进办学质量提高，实现"优质优价"。[①] 三是对调整收费标准的时间进行了一定限制。如云南、贵州两省明确收费标准调整的时间为三年，河南、江西两省则为两年。上海市规定在过渡期间，对现行收费标准提出调整要求的学校，明确应先完成办学属性的重新登记，再调整收费。

（三）强化收费行为的监管

在强化收费监管制度方面，部分省份具有一定创新性。如上海市规定完善收费公示、学费专户管理，健全收费监管机制。为避免收费项目与标准的随意性，河南省规定，收费标准和项目一旦确定，在一个学年内不得发生诸如随意提高收费标准或者任意增加收费项目的情况。广东省强化民办学校收费标准、项目和收费方式公开，并通过向社会公众公示杜绝乱收费。[②] 广西壮族自治区则将收费纳入民办学校信息公示和信用档案制度建设。云南省要求调整或制定学历教育住宿费、学费标准时，应通过多种渠道，采取多种方式（论证会、座谈会、听证会等）广泛征求各界意见。江西省在省、市、县三级建立了民办教育机构自主定价清单制度，通过对这些教育机构定期开展信用评估，作出信用等级划分以实现动态管理。云南省探索建立民办学校目录清单管理制度，民办学校收费行为被纳入重点监管范围。

---

① 潘奇：《新政下民办高校收费管理制度改革走向》，载于《浙江树人大学学报》2018年第1期，第7~12页。

② 广东省提出，民办学校收费标准、收费项目及其收费方式应在招生报名开始前不少于30天向社会公示，并不得在公示的标准和项目之外收取其他费用。

四、地方的民办学校退出监管特点

目前,各省级政府在落实退出机制方面的措施更为详细,民办学校退出机制主要集中在退出方式和程序、教职工权益和学生安置、财务清算清偿以及剩余财产分配等方面。

(一) 明确提出健全民办学校退出机制

大多数地方在实施意见中都明确规定了要健全学校退出机制。

1. 规定内容

从规定的内容看,主要涉及存量民办学校转设、剩余财产分配、奖励补偿以及师生权益保护等问题。其中安徽和内蒙古两省份还把"建立民办学校产权流转制度,规范举办者股权转让行为"纳入意见之中。安徽省还明确指出,对于举办者退出办学、转让举办者权益或者内部治理结构发生重大变化的三种情况,应事先公告,按规定程序变更后报审批机关核准或者备案。

2. 规制重点

从规制重点看,主要集中在存量学校转设问题、补偿奖励等问题。部分省份还通过专门立法对退出机制重点问题进行规范。关于补偿与奖励的标准,各地规定迥异。其中江苏省[1]、广东省[2]规定的更加具体明确。重庆市规定,补偿额最高不超过 2017 年 8 月 31 日前举办者的累计投入;若补偿后仍有结余净资产,可以在该结余净资产额度内按照结余净资产种类、不同的时间段和终止的情形等情况综合考虑实施奖励,实行"一地(校)一策"。实施补偿或奖励后的剩余财产继续用于其他非营利性民办学校办学。浙江省则专门出台了《浙江省民办学校财务清算办法》[3],专门就民办学校的清算原因、清算形式、清算程序、清算组职责等进行了详细规定,为规范民办学校退出创设了良好的制度环境。

---

[1] 江苏省提出给予出资者相应补偿,补偿数额为出资额(即学校在登记管理机关登记的开办资金数额)及其增值,增值按照清算当年中国人民银行 5 年期存款基准利率计算;同时,综合考虑出资者取得合理回报的情况、办学成本、办学效益、社会声誉等因素,可采取一次结算、分期奖励的形式,从民办教育专项资金和民办学校剩余净资产中给予出资者一定奖励,奖励数额不高于民办学校补偿后剩余净资产的 20%,其余财产继续用于其他非营利性学校办学。

[2] 广东省综合考虑出资者 2017 年 8 月 31 日前的出资、取得合理回报情况以及办学效益、继续办学时间长短等因素,按"一校一策"原则对出资者进行补偿或奖励。

[3] 《浙江省民办学校财务清算办法》,浙江省教育厅网,2018 年。

（二）明确剩余财产处置问题

按照学校出资方式和转设类型不同，各地对民办学校退出后剩余财产处置问题作出了相应的规定。主要规定如下：

1. 关于捐资举办民办学校的终止

对于捐资举办的民办学校终止，大多数省份规定，对于剩余财产要统筹用于教育等社会事业。这明确了该项财产主要用于但不限于教育等社会事业，有利于延续捐资办学的公益性质。但对于谁来统筹以及如何统筹并没有作出明确规定。宁夏回族自治区在此基础上增加了"属协议方式捐赠的民办学校，需征求捐赠人意见后实施"的条款，充分考虑了捐赠协议中捐赠人的意见，但征求了意见以后，倘若捐赠人不同意，能否因为捐赠意见不同而行使撤销权是个值得研究的问题。重庆市则进一步对捐资举办的民办学校清偿后的剩余财产的使用用途做了进一步限定，强调只能"统筹用于其他非营利性民办学校办学"。

2. 关于新设学校的终止

对于新设的民办学校（2016 年 11 月 7 日以后设立的），各地均规定财产处置按照有关规定和学校章程处理。这体现了财产处置强调政府规定与学校自主规定相结合的立法倾向，但同时也对究竟适用哪些规定，如何处理相关规定与学校章程可能的内容冲突等问题提出了进一步的思考。

3. 关于转设学校的终止

主要针对现有存量学校，在作出营利性与非营利性选择后，一旦终止剩余财产如何处置问题。一是对于选择登记为营利性民办学校，在终止时，对于剩余财产分配，除海南省、湖北省外，其余 22 个省份均规定应依照公司法的有关规定处理。《浙江省民办学校财务清算办法》还规定，对于营利性民办学校，剩余财产还可以按照学校章程进行分配。海南省尽管没有对转设为营利性民办学校的终止问题作出规定，但为保障转设的平稳过渡，在税收减免、规划建设相关费用减免、土地使用权出让金补缴等方面提出了一系列独造性的举措。二是对于选择登记为非营利性的民办学校，在终止时，各省份均作出了剩余财产中给予出资人补偿奖励的规定。浙江省则将补偿奖励后的剩余资产纳入社会公共资产范围，并通过学校所在地设立的民办教育公益基金会采取托管的方式予以管理。

（三）明确教师权益保障问题

民办学校退出对师生权益影响甚巨，如何保障退出时广大师生的相关权益成为很多省份关注的重点。浙江、天津、陕西、内蒙古、宁夏、江西、云南、四川

8个省份明确提出要制定详细的"师生安置方案"。陕西省、湖北省都明确提出了要依法保护举办者、教职工和学生的合法权益。宁夏回族自治区则强调应当在优先保障师生权益的前提下,依法依规进行财务清算。浙江省则在《浙江省民办学校财务清算办法》中明确民办学校应在学生和教职工权益优先、全面保障的基础上开展各类清算工作。民办学校清算时应编制教职工和学生安置方案,清算组具有拟订教职工和学生安置方案,必要时向审批机关提出将学生安置到其他学校的申请的职责。

经过梳理,我们发现各地在落实民办教育新法新政的实践中,还存在着一定问题:诸如内容表述的高度同质性,退出机制欠缺系统性,相关规定较为粗糙,欠缺可操作性。对于营利性民办学校所出现的并购重组等"发展型"退出形态仍然处于制度真空地带。

五、地方的民办培训机构监管特点

民办教育新法新政出台后,目前仅有上海、北京、广东、成都、西安、武汉等省市就培训行业规范出台了相关的规定、办法,大多数省市是遵照民办教育新法新政的要求,对民办教育培训机构设置条件、基本标准以及监督管理等方面作出规定(见表6-7)。近年来,各地校外培训机构迅猛发展,依法依规办学,自觉接受管理与监督成为必然。随着国家对校外培训机构监管的持续发力,一些地方政府专门出台了有关培训机构监管的规范性文件。综合对各省市相关法规、规章的考察,主要呈现以下主要特点。

表6-7 地方政府关于民办培训机构的规定

省份	法规名称	颁布部门	规定要点
甘肃	《甘肃省人民政府关于进一步促进民办教育健康发展的实施意见》	甘肃省人民政府	坚持"谁审批、谁负责、属地管理"相结合的原则
北京	《北京市教育委员会关于加强北京市民办非学历教育机构管理工作的若干意见》	北京市教育委员会	(1)严格把控增量。(2)优化结构布局。(3)促进资源整合。(4)引导转型发展。(5)严格规范管理。(6)引导有序退出

续表

省份	法规名称	颁布部门	规定要点
上海	《上海市民办培训机构设置标准》	上海市教育委员会、上海市工商行政管理局、上海市人力资源和社会保障局、上海市民政局	对适用范围、设立民办培训机构的基本条件、民办培训机构的举办者、名称、组织机构和章程以及民办培训机构的管理制度、民办培训机构的法定代表人、校长（行政负责人）及主要管理人员、教师队伍、办学投入、办学场所和设施设备、培训项目与课程教材以及教学点的设立等作出了条件性规定
	《上海市营利性民办培训机构管理办法》		除了总则和附则，分别由五大部分内容组成，对营利性与非营利性民办培训机构的设立审批登记流程、民办培训机构管理要求、开展义务教育阶段相关培训活动的特殊规定、民办培训机构变更与终止流程以及对民办培训机构监督管理体系的建构等作出了规范性规定
	《上海市非营利性民办培训机构管理办法》		
广东	《民办培训机构的设置标准》	广东省教育厅、广东省民政厅、广东省人力资源和社会保障厅、广东省工商行政管理局	设立总要求，并对举办者条件、党建工作要求、机构名称、办学出资、培训场所、设施设备条件、董事会、监事会构成以及管理制度等作出具体规定
西安	《西安市民办非学历文化教育培训机构设置指导标准》	西安市教育局、西安市工商行政管理局、西安市民政局	（1）适用对象：民办非学历文化教育培训机构的审批设立适用本标准。职业技能类培训机构、非学历高等教育机构以及从事托管、婴幼儿看护的市场服务机构不适用本标准 （2）设置标准：民办教育培训机构应有满足培训要求、符合消防安全及卫生标准的培训场地等

续表

省份	法规名称	颁布部门	规定要点
武汉	《武汉市文化教育类民办培训机构设置标准》	武汉市教育局	对举办者、办学规模、人员配备、教育教学、办学经费、内部管理、其他等10个方面的项目进行规定，并对每个项目进行具体化
成都	《成都市民办培训机构设置指导标准》	成都市教育局、成都市公安局、成都市民政局、成都市文化广电新闻出版局、成都市工商行政管理局、成都市体育局	主要对名称、开办资金、场地设施、青少年营地、章程制度、组织结构等作出了规定

（一）明确设置标准和适用范围

一是明确设置标准。上海、广东、西安、武汉、成都等省份专门出台了民办培训机构设置标准，这些标准涉及办学场所、消防安全、教师队伍、食品卫生、设施设备、人员配备、教育教学、办学经费、内部管理等方面。这些标准多以表格化、条目式甚至直接量化的形式呈现，使举办者一目了然，容易理解，便于对标准备，也便于管理部门对其监督管理。二是明确适用范围。如上海市重点对本市行政区域内，面向社会领域开办的职业技能培训机构以及专门开展文化教育的非学历教育机构设置标准，对提供儿童早教服务、3周岁以下婴幼儿看护服务以及通过在线教育方式提供服务的培训机构，另行制定设置标准。广东省除了将实施与学校文化教育课程相关的、职业技能类非学历教育的培训机构纳入其中外，也纳入了升学、考试相关的补习辅导机构。

（二）强化监管机制建设

上海市颁布"一标准两办法"，建立市、区、乡镇（街道）三级联动的综合监督机制，明确联合执法及组织方式，完善市、区教育培训市场管理联席会议制度，畅通投诉举报渠道，加大对违法违规办学行为的查处力度。北京市实行专项检查与日常巡查相结合，严格执行年检制度和公示制度，规范校外培训机构办学。广州市建立信息信用制度和信用分级监管机制，进一步丰富了监管手段。江苏省依托国家企业信用信息公示系统，加大对违法违规办学行为的查处力度，加强对非学历教育培训机构的监管，重点查处超范围经营、无证无照经营、发布虚假广告等违法违规行为。湖北省注重发挥第三方组织和机构的作用①，进一步丰富监管主体和监管手段。

（三）突出安全管理

如《成都市民办教育培训机构设置指导标准》体现安全居首。强调培训机构的场地应符合安全、规划、环保、卫生等有关规范要求，依法通过相应的房屋安全鉴定、消防安全检查（备案），并对生均面积、走廊面积、班额等均有详细规定。西安市规定明确禁止选用居民住宅、地下室、半地下室以及其他有安全隐患的场所作为办学场地，加强防火安全管理，建筑物要符合《建筑设计防火规范》设置要求，并经相关部门检查验收。武汉市强调在选址上要使用民用公共建筑，不得选址在住宅、工业用房等用房内。在楼层上，依据国家《建筑设计防火规范》的相关标准，提出针对"学龄前儿童和小学生培训"的场地依据其耐火等级最多不超过3楼的要求。

（四）关注信用建设

成都市提出要求董（理）事、监事及营利性培训机构的举办者信用状况良好，无犯罪记录。同时积极吸纳诚信考察因素，举办者不能是被有关部门列入失信被执行人以及政府公共信用信息系统严重失信人名单的个人、社会组织及其法定代表人；规定校长应当品行良好，无犯罪记录等。上海市强调建立健全营利性民办培训机构信用分类分级管理机制，建立营利性民办培训机构违法失信惩戒制度。

（五）坚持需求导向

北京市坚持需求导向，强化办学服务首都功能定位，对具备一定办学条件但与首都功能定位不相符的民办教育机构，鼓励其转型发展，同时，结合教育资源供给需求，鼓励扩大学前教育和基础教育的资源供给。成都市将营地教育、互联网在线教育的相关许可、认证、师资等标准纳入其中，积极探索新产业、新业态、新模式，体现了培训市场的行业动态和人们未来的培训需求增长点。上海市对义务教育阶段相关培训活动进行了特殊规定，对其教材、教学管理、师资等提

---

① 《湖北省人民政府关于鼓励社会力量兴办教育促进民办教育健康发展的实施意见》提出，探索建立民办学校第三方质量认证和评估制度，定期对民办学校开展办学综合效益考评，每5年对民办学校及培训机构信用等级开展一次评估，评估结果向社会公布。

出具体要求，对竞赛管理做了严格规范等都是对各方关切的积极回应。

当前民办培训教育持续步入快速发展的快车道，野蛮式生长、办学行为不规范甚至违法违规等现象短期内难以避免。当前从各地民办教育培训机构的法规政策实施情况看，各地的反应不一、法规政策跟进不及时，落实情况不平衡，不少地方的民办教育培训机构长期处于监管的断点和盲区，亟待加强顶层设计和系统规划。

第三节 民办学校监管问题评析和动向研判

民办教育新法新政对民办学校规范与监管作出了系列规定，有效规范了民办学校的办学行为，为我国民办教育事业的健康发展打下了坚实的基础。但在民办学校监管政策实施过程中，依然存在着一些定位不清、规定不明、适应性不强等问题，未来民办学校监管机制改革，将在回应主要问题的基础上，进一步开拓创新，促进民办教育事业进入规范发展、有序运行、依法治理的时代。

一、民办学校监管机制的主要问题与未来动向

目前从各地监督管理的相关法规政策落实和执行情况来看，总体上呈现监管范围更加广泛、监管手段更加多元、监管体系更加健全的态势。

一些地方在建立健全联合执法机制、加强风险防控，推进信息公开，加强营利性民办学校监督管理等方面开展了积极的制度创新。然而，各地落实情况不太平衡，大多数省份的监管政策措施还存在简单移植或照搬新法新规相关规定的情况，缺乏招生、风险防范、督导、违约失信等方面的管理办法、具体程序的细致指导和可操作性规定。一些重点、难点问题没有得到广泛重视，如委托第三方机构实行专业监管这一举措，除湖北省以外，大多数省份只在实施意见中蜻蜓点水的提了一句，没有真正地落实具体的可行方案。特别是对营利性民办学校的监督管理，除陕西省以外，其他省份没有作出专门规定，对集团办学、关联交易以及其他监管的盲区和薄弱环节没有提及。

基于以上问题，民办学校监管机制改革未来将主要从以下几个方面着力。

（一）推进各项监管机制落地落实

分类管理涉及多方主体的利益调适，不仅考验中央层面顶层设计是否科学，

更需要各级地方政府的执行智慧和真抓实干。当前民办学校监督管理机制在系统性、全面性等方面已取得了很大进步,但能否真正落地落实,发挥成效关键还是取决于地方政府的执行信心和决心。

一是在国家法律法规和统一规定框架下,各省份要发挥省级教育统筹权,从实际出发,大胆探索创新,制定出符合区域实情的地方法规、实施意见与具体措施,同时注重以法治思维和法治方式推进改革,尊重办学者的自愿选择,积极引导落实分类管理,并使制度变革模式由政策主导型转向法律主导型,充分考虑和利用法律余留空间和中央授权,避免地方政策创新突破面临违法困境。

二是强化责任追究和利益联结。一方面,建立政府权力清单和责任清单,建立地方政府立法、执法的"黑白名单",督促各级政府依法严格落实民办教育相关法规政策;另一方面,将地方政府法规政策落实落地情况、民办学校监管情况与上级政府专项资金扶持和招生指标分配等相关利益挂钩,督促地方政府加强对民办学校的有效监管。

(二)聚焦重点难点问题,着力补齐短板弱项

在一系列的监管机制体系中,有关民办学校风险防范、违约失信惩戒、信息公开、第三方质量认证与评估、多部门协同以及联合执法机制等方面都是当前民办教育领域的短板和弱项,也是有效提高监管效能的重要手段和关键环节。建议按照"放管服"的要求,进一步转变政府职能,通过定向委托、购买服务、立项资助、重点攻关等多种途径,鼓励政府、高校、研究机构或其他专业组织参与上述监管机制的研究和实践探索。也可以采取试点先行——逐步推广的方法,鼓励在风险防范、违约失信惩戒、信息公开、第三方质量认证与评估等机制方面具有较为成熟经验的地区或学校开展试点工作,及时总结形成经验,推广普及。

(三)畅通多元主体参与监管机制

充分发挥媒体的舆论监督作用,引导学生和家长对学校办学行为进行监督。鼓励吸纳第三方组织和个人对民办学校的办学行为、招生宣传、社会评价等工作参与评价和监督。除采取征求意见、专项审核、专家座谈、社会公告、定向监督、设置专家智库等传统监管形式外,也要善于运用现代新媒体技术,开发线上线下等工作交流和信息共享平台,拓展多元主体参与治理范围,形成协力监管的工作合力。

二、民办学校法人财产权规范监管的主要问题与未来动向

分类管理政策有助于从根本上改变民办学校因营利性与非营利性不分,所导致的产权关系不清、投资收益不明、管理体制不顺畅等问题,有利于进一步明确民办学校与举办者的产权关系,确立产权明晰、权责明确、管理科学的民办学校法人财产权制度,但是各地方政府有关法人财产权的相关规定还存在一定的问题。

(一) 主要问题

1. 法人财产权相关规定缺位

当前各地主要对民办学校的独立法人财产权的范围作出了规定,但对法人财产权的具体权能(主要包括占有权、使用权、收益权、处分权等)没有作出具体规定,特别对虚假出资、抽逃出资以及资产重组、VIE架构和关联交易等可能影响学校法人财产权真实性和独立性等规范类型及其法律责任等没有作出规定,对法人财产权保护不周。

2. 举办者相关权益规定失位

作为重要的权利主体,举办者的权益保护事关分类管理改革顺利推进和民办学校的健康发展。各地的法规政策大多考量了旧法与新法过渡期举办者的奖励补偿问题,但对于分类管理后举办者还享有哪些主要权利以及如何保护自身权利等问题没有提及,影响分类管理改革的推进和实效。

3. 两类民办学校规定不平衡

经过梳理发现,国家层面的法律法规更加注重对非营利性民办学校法人财产权的关注,除上海、浙江、重庆等少数几个省份外,各地对营利性民办学校法人财产权问题普遍关注不够,对《监督管理实施细则》没有作出细化规定。

4. 一些焦点难点问题欠缺操作性

一是民办学校产权流转问题。除重庆、安徽两地专门对民办学校产权流转制度进行规定外,其他大部分省份没有对该问题作出规定,易导致产权流动不规范,交易风险高。二是出资过户等问题。大部分地区多是对民办教育新法新政的内容复制,缺乏有关出资过户的时间节点、具体程序和法律责任等可操作性的制度规定。三是对关联交易、集团办学过程中出现的产权问题鲜有提及。

(二) 未来动向

1. 明确民办学校法人财产权的性质

民办学校的法人财产权具有独立性和排他性,一旦举办者或出资人完成了出

资，则民办学校拥有对学校财产全面、独立、排他的占有和支配权。同时，民办学校法人财产权也是一种受限制的所有权。其"不像企业人那样以追求企业或股东利益最大化为目标，而应当以国家公共利益为目的，对公众利益负责。"[①] 其权利的行使和实现要受到一定的限制，如限制民办学校以教育教学的基本设施进行抵押、转让。对民办学校涉及的重大资产转让行为，一般需经过教育主管机关的审批同意等。

2. 深入推进民办学校法人财产过户工作

一直以来，民办学校法人财产权落实状况并不理想，部分学校处于"轻资产"甚至"空壳"状态。建议各级教育行政部门会同财政、税务等部门建立联席会议制度和联合执法队伍，简化资产过户程序，减免相应费用，将法人资产过户情况与民办学校利益相关的内容，如税费减免、政府民办教育专项资金扶持以及招生指标分配等相挂钩，敦促并推动各类举办者切实履行出资和过户义务，促使民办学校法人财产权真正落实。完善制度设计，健全监督管理，明确法律责任，防止举办者的不当关联交易行为和灰色套利行为，保障民办学校法人财产不受侵害。

3. 规范民办学校不当的关联交易行为

长期以来，由于营利与非营利不分以及法规与监管等方面的漏洞，很多民办学校通过实施不当关联交易行为或采取 VIE 架构等形式，规避合法性审查并谋取各种非法利益。有学者依据民办学校与关联方之间的行为特征，将规避行为总结为固定资产租赁行为、资金借贷行为、劳务购买行为、代理、协议及许可行为、局部资源使用行为、担保及抵押行为、其他成本调节行为八种样态。[②] 这些行为不仅严重干扰民办学校法人财产权落实，有的甚至构成违法犯罪。建议进一步梳理实践中营利性和非营利性民办学校在办学过程中的不当关联交易行为类型，尽快补齐相关制度短板和漏洞，切实加大内控机制和外部监管，健全违规关联交易风险预警防范和事后法律责任追究等机制，阻止违法违规行为的发生。

此外，为提高资源的合理配置和有效流动，允许民办学校产权在一定条件下合理流动。要在明晰举办者与民办学校产权界定的基础上，建立完整的教育产权流动体系，依法规范资产评估程序，建立和完善民办学校产权交易市场，并积极完善民办学校产权流动的相关法律体系。[③]

---

① 张利国、林红：《民办学校法人财产权法律性质之我见》，载于《黑龙江高教研究》2012 年第 8 期，第 27～29 页。
② 董圣足：《民办学校"关联交易"的规制与自治》，载于《复旦教育论坛》2018 年第 4 期，第 30～36 页。
③ 张利国：《论民办高校的产权流动》，载于《高校教育管理》2014 年第 2 期，第 38～43 页。

三、民办学校收费监管的主要问题与未来动向

(一) 主要问题

1. 政策文本存在模糊地带

从政策文本本身来看,很多政策不明确,存在模糊地带。如部分省份明确规定,收费标准的确立要根据当地经济社会发展水平、办学成本以及学校自身发展状况来确定,但办学成本的构成不清晰,相关成本核算及其监督审理制度空白,导致收费标准的调整难具科学性。近几年,一些民办学校高额收费以及学费增长过快等问题引起社会关注。同时,在学费监管方面,基于法律法规界定模糊,缺乏可操作性,相关行政主管部门职责不清,人力不足等原因,导致发生在民办学校特别是发生在各类民办教育培训机构或在线教育领域的违法违规收费行为屡禁不止。

2. 收费管理改革引发新变化

第一,政府与民办学校的收费管理关系发生变化。伴随收费权下放,市场化将成为基本收费的改革方向。民办学校与政府间的审批与被审批关系逐渐转向协商引导和有效监管的关系。如何在尊重市场规律和民办学校办学自主权的同时,发挥好政府主导和引导作用,建立政策扶持与收费监管有效联动与协同机制都将是政府需要认真思考和面对的问题。

第二,治理导向由单纯管控向"管控"与"引导"并重转向。一方面,在民办学校收费标准和项目逐步放开的趋势下,政府治理并非放任不管,对于如何防止和避免由于放开可能引致的学费"报复性"增长,对民办教育秩序的冲击和受教育者权益的侵害是分类管理后相关政府主管部门的治理重点;另一方面,收费改革背景下,政府如何运用扶持和治理手段,引导民办学校进一步提供优质服务和提升内涵建设,建立"优质优价"的市场调节机制也是政府努力的一个方向。

第三,管理方式由单一主体垂直管理向多元主体综合治理转向。一方面,伴随一些民办学校收费市场化步伐加快,对于民办学校收费管理和监督,单纯依靠政府力量往往力有不逮,需要借助行业组织、第三方社会组织、民办学校自身等多方主体的共同治理和参与;另一方面,包括收费治理在内的教育治理单纯依靠教育主管部门很不现实,民办学校收费领域存在的程序僵化、双重审批以及收费管理改革可能引发一系列问题,如综合执法、信息公开等,需要建立由教育、物价、网络、工商等多部门协同参与的综合治理体制或机构,以适应分类管理改革

后民办教育收费管理带来的新变化。

(二) 未来动向

1. 出台民办教育成本核算办法，细化相关政策

不同于公办学校实施的教育成本补偿分摊制，收费政策松绑后，作为确定收费标准和项目最重要的因素——办学成本核算问题显得更为重要，也更加复杂。受市场供求关系的支配和影响，民办学校实行服务价格机制，因此成本核算需要考虑学校办学定位与理念、软硬件建设投入、学生资助与教师培训、师资队伍建设，有的学校可能还面临转设或者政策调整带来的成本上升问题（如国家对校外培训机构的要求）。因此，建议政府结合两类民办学校的性质，加快制定和出台民办学校办学成本核算办法或相关配套措施，明确办学成本构成项目、指标比重以及核算方法等。同时，完善学费、住宿费等收费调整的程序性规定，明确纳入民办学校重大事项，调整议案由学校董事会或理事会表决通过，经当地教育、物价、人力资源社会保障等相关政府部门审批并经过听证或公示等必要环节。

2. 规范收费使用，引导民办学校加强内涵建设

一是明确民办学校收费使用的公益性导向。将民办学校收费使用情况纳入监管的重点，引导民办学校收费主要用于提高教育教学质量、改善办学环境和条件、保障学生利益、提高教职工待遇等方面。加强审计监督，对非营利性民办学校加强财务管理，严格财经纪律，保证办学结余要全部用于办学，严禁任何人以个人名义挪用学费或用于其他逐利行为。对于营利性民办学校也要建立学费收入的专门账户，加强财务监管，建立重大资产流动、不当关联交易等风险预警机制，防控办学风险。

二是多渠道引导建立民办学校"自主定价，优质服务"的政策导向。一方面，建立政府扶持与加强民办学校内涵建设相结合的互动机制。可考虑在目前各省份实施的民办教育专项经费中，提取一定比例用于奖励收费规范的学校，考察时间依据各地收费政策调整期限确定，在期限内没有出现不良记录者可获得相应奖励；[①] 另一方面，积极引入第三方认证与评估机制，可以以购买服务、定向委托等方式，由行业学会或专业机构定期对民办学校办学水平和质量、治理情况与规范办学等情况进行认证和评估，及时向社会发布结果，逐渐形成办学质量、社会声誉、管理规范与经费资助、收费调整以及奖励扶持相结合的动态调节机制。激励和引导民办学校注重内涵建设，规范办学行为，提供优质服务。

---

① 李曼：《我国民办教育收费管理政策研究——基于18个省市的政策文本分析》，载于《国家教育行政学院学报》2017年第10期，第76~82页。

3. 加强民办学校收费监督管理

一是建立由第三方提供民办学校办学成本核实报告。结合两类学校的不同性质，科学确定各级各类学校的收费标准。可由第三方组织或机构提供办学成本方面的核算报告，定期公布成本核算状况。为保证收费标准设置的科学性和合理性，尤其是成本核算中故意提供虚假信息或可能对学生造成误导的信息，加强诚信监管，记入诚信系统。[①]

二是建立多部门工作协同和联合监管机制。加强部门之间的工作协同和联动，成立联合执法机构，形成规范民办学校收费行为的工作合力。重点加强对价质不符、收费水平畸高、假借各种名义变相收费、未履行收费公示制度、收费不透明等不正当价格违法行为的监管，并根据违法行为的情节轻重采取成本调查、约谈告诫、建立黑名单、吊销办学许可证直至终止办学等惩罚措施。

三是严格落实民办学校收费公示制度。建议将收费纳入民办学校强制信息公开的内容，自觉将收费标准和项目、收退费管理办法、收费调整期限以及监督举报电话等，通过报刊、电台、网络等多种方式向学生、家长及社会公示，自觉接受监督。推动建立全国范围内的民办学校信息公共平台，使得社会公众能够全面及时了解民办学校在财务管理、收费管理、教育教学质量状况、办学行为规范等方面的信息，建立受教育者"用脚投票"和"用手投票"的选择机制。

四、民办学校退出监管的主要问题与未来动向

建立有序的民办学校退出监管机制，能够有效促进民办教育事业的健康规范发展。当前，民办学校退出监管机制主要存在着退出的路径选择单一，民办学校对退出机制的了解甚少，退出后的善后处理机制不健全，师生的合法权益难以得到有效保护的问题。未来的民办学校退出监管机制改革，将在科学回应这些问题的同时，进一步推进民办学校退出机制的完善，有效规范民办学校退出行为。

（一）建立健全退出的政府辅导机制

1. 提供多元化退出路径

建议进一步丰富民办学校转型退出的路径选择，规范合并、终止、解散、破产等退出形式。借鉴日本私立教育经验，引入重整再生制，引导民办学校采取合

[①] 方剑锋：《民办学校收费改革的发展方向与政策建议》，载于《浙江树人大学学报》2017 年第 6 期，第 12~17 页。

并重组等形式，以减少解散或退出对民办教育的不利影响。同时，建议主动适应分类管理改革后，民办教育领域出现的并购等新趋势，推动民办学校并购兼并等新型退出样态的研究和实践。

2. 提供多样化退出辅导

借鉴我国台湾地区以及日本等国家对经营困境私立学校进行的多元辅导政策。对于陷入经营困境但仍有重整再生可能的民办学校，给予一定期间的"缓冲期"，在此期间，相关教育主管部门可以通过派遣专案辅导小组开展辅导，创造利于合并重组的诱因，帮助困境学校应对经营危机，免除退出风险。因此，建议我国民办学校也建立困境民办学校退出多元辅导机制。帮助困境学校提供经营状况改善辅导、专业人员培训辅导以及融资辅导等，赋予其改善经营状况一定的"缓冲期"，通过减免税费、提供重整合并案例和机会等多种方式，帮助其摆脱困境，实现重生。

3. 建立完善退出"善后"处理机制

对于举办者的财产权，目前主要应解决好存量学校转设过程中举办者的补偿奖励问题。在笔者参加的多次民办教育座谈会或学术会议中，举办者对该问题关注度最高，有的甚至对分类管理后自己不再"拥有学校"表达不满。当前关于补偿奖励的计算方法、额度和方式以及是否设定过渡期，各地表述不一，争议较大。大多数省份基本沿用"民办教育促进法"的表述，并充分考虑举办者的出资、取得合理回报的情况以及办学成本和效益等因素，有的实行一次结算、分期奖励，有的按照"一校一策"的原则办。对于过渡期问题，学界表现为两种截然不同的声音：一种是强调不设过渡期。指出既然已经实施分类管理政策，法律业已出台，再设过渡期于法无据；另一种认为民办学校分类管理涉及面广，情况复杂，应该设定一定的过渡期。建议教育部门还要在这些争议问题上开展专题调研和论证，进一步厘清思想和认识上的观念分歧，做到法律与情理、历史与现实相结合。

关于举办者的决策管理权，一是要尽快消除部分举办者的学校就是自己的私人财产，实行分类管理就等于剥夺了自己对学校所有权的错误观念，通过政策宣讲和解读，明确分类管理的意义，正确认识民办学校与举办者自身的法律关系。二是要畅通有利于举办者参与决策管理的方式。对于因并购重组导致终止退出的民办学校，允许其举办者向并购重组后的"新"学校的董事会（理事会）提出留任申请，经董事会（理事会）过半数同意，可继续留任并参与学校管理或决策。在并购重组中，确因举办者自身故意或重大过失责任导致所在学校经营失败从而终止退出的，限定举办者在一定期限内不再享有新设立或留续学校的管理和决策权，但可以允许其在新学校保留其在原学校的股份或出资。

（二）维护师生合法权益

学校退出对在校学生影响甚巨。日本、美国采取了学分互认制度，帮助停办学校的学生实现学业衔接。即对于可能终止退出的学校，允许尚未完成学业且已具备一定学分的学生，选择其他学校（该学校的基本教学质量至少不低于原学校）继续修读学业，以获取学分。也可通过在线教学、网络教学等方式帮助其完成学业，政府应给予必要的指导与帮助。我国民办学校也可通过建立校际学分认定、远程教育学分互认、建立跨校学生学习交流等机制，积极拓宽学生取得学分的途径，一旦学校发生退出或停办时，学生可通过学分互认机制维护自身利益。

对于义务教育阶段学校，按照就近原则，由政府主动为学生提供转学入学机会，选择到不低于原学校基本教学质量的学校就读。必要时，教育主管部门可通过强制分派手段帮助学生转学到其他合适的学校，由此产生的必要费用由原退出学校承担。为保护学校终止对学生权益的侵害，鼓励设立学费补偿储备金、风险保证金和地方民办教育专项基金等，减少因学校停办或破产对学生财产权的损害。积极推行联合保险制度和履约责任保险制度，保证学校停办或退出时，学生获得一定的保险理赔。

教师是民办学校发展的根本保证，应进一步完善教师权益保障机制。政府应充分发挥其在人才引进和政策引导方面的积极功能，帮助失业教师就业。如建立教师再就业转介平台和国家教师人才网，积极提供失业教师相关需求信息，及时发布人才招聘和岗位空缺信息，为广大教师提供再就业服务。政府也可通过提供地方民办教育专项基金支持，增加招生名额，增加学校奖助经费额度等措施，引导有条件学校优先聘任和吸收停办学校的教师。[①]

五、民办培训机构监管的主要问题与未来动向

（一）主要问题

1. 法律法规有关设计不周延

按照现行法律法规的相关规定，校外培训机构设立需经过前置审批程序，即先证后照，但现实中却存在大量"无证无照"或者"有照无证"的培训机构。如果按照现行法律规定，以不合法、不合规为由强制校外教育机构退出、关闭或

---

① 张利国、石猛：《新政背景下民办学校退出机制的反思与重构》，载于《中国教育学刊》2018年第8期，第13~17页。

通过治理整顿的方式进行清理，在短期内会产生一定效果，但囿于相关法律法规不健全、监管力量较为薄弱，能否实现长期效果并不乐观。其不仅难以从根本上解决培训机构管理混乱的局面，相反可能引致培训机构采取地下活动等方式逃避监管。同时，当前的很多教育培训机构某种程度上迎合了不同群体的刚性教育需求，具有较为稳定和持续的需求群体，当前针对教育培训机构"一刀切"的立法实践似乎在实践中也会遭遇各种阻力。

另外，校外培训机构在内涵和外延上规定的较为模糊，易导致治理困境。如《民办教育促进法》对在线教育以及"其他文化教育"形式等内涵和外延都没有清晰地界定，导致实践中对上述培训机构的治理和监管陷入名义上多头治理，实质上无人管理的窘境。

2. 运动式监管难以保证监管长效性

从 2018 年初，教育部重点加强对培训机构在安全隐患、有无证照、是否超纲教学等方面开展专项整治，各地也纷纷开展了疾风骤雨式的专项整治行动。日前教育部办公厅专门就全国校外培训机构专项治理行动整改工作进展情况进行了通报。但由于本次行业整顿主要是由教育部发起的，属于从上至下的行政主导型的监管，但本次整顿后，如果没有一个长效性的监管机制和风险防范机制，培训机构的监管可能又如同其他类似的行业整顿一样，陷入"一乱就治、一放就乱"的怪圈。

3. 在线教育监管问题丛生，难度更大

随着信息技术的飞速发展，以慕课、翻转课堂以及各类在线教育平台为主要样态的在线教育以其产品和服务的多样性、便捷性和交互性日益受到消费者青睐，并呈"井喷式"增长。未来几年，在线教育的市场规模将继续保持稳健的增长势头。与此同时，在线教育在教学质量、师资力量、机构信用、办学行为等方面饱受诟病，各种违法侵权行为也频繁发生。在线教育监管问题已成为政府和社会日益关注的热点和焦点问题。

（二）未来动向

1. 明确监管范围，简化行政许可程序

进一步明确不同种类教育培训机构的审批和监管机构，根据学科类培训、非学科类培训以及在线教育等不同机构，确立相应的监管和审批机构，做到归口管理、归口审批、归口监管。本着依法依规和关注民生的原则，对照教育培训机构相关法律法规和规范性文件，结合群众反映强烈、社会关注度高的重点领域、关键环节进行认真甄别，编制风险清单，明确监管的重点难点。

2. 强化教育培训机构重点领域监管力度

针对当前民办教育培训机构在证照管理中凸显的问题，进一步加强专项治理，认真梳理和排查民办教育培训机构的证照情况。同时，积极采取预约服务、电话或网络申请、错时办理、延时服务等多种方式，提高工作效率，加快对民办教育培训机构的证照办理进度。针对各类教育培训机构监管问题复杂多样、部分涉及专业技术领域等情况，组建备案审核专家库，充分发挥行业组织对其他培训机构的监管力量，为科学认定各类违规违法办学行为，科学精准开展监管提供人才和技术支持。

3. 综合运用多种监管模式

一是完善许可准入式监管。当前国家和地方政府针对校外培训机构出台的法规和规范性文件，重点通过严格校外培训机构准入条件，对合格或不合格的校外培训机构进行甄别进而实施不同的行政决定。一方面，其通过政府强有力的行政干预有利于加快校外培训机构的清理整顿，提高监管效能；另一方面，其过分注重依托行政力量而非市场力量进行监管，无形之中扩大了校外培训机构的市场准入壁垒，易导致被监管者的心理抵触和消极抵抗，从长久看，不利于校外培训行业的良性发展。二是完善信息披露式监管。强制性信息披露制度是当前解决教育产品和服务供需双方信息不对称，保护信息占有弱势一方的重要制度保证。要尽快明确校外培训机构信息公开的内容、方式和程序，并纳入诚信征信系统。建立全国统一的校外培训机构管理服务平台，及时公布校外培训机构的相关信息，对未履行信息公开或提供虚假或不实信息的校外培训机构给予相应的行政处罚。三是完善行业性监管。加快建立全国性以及地方性校外培训机构行业协会，畅通政府与协会工作交流机制，积极发挥其自律性监管作用。此外，对办学行为规范、社会声誉好的校外培训机构，加强物质和精神层面的鼓励和支持，形成头雁效应，激发被监管主体自我管理、自我进步的积极性和主动性。

4. 完善多元化监管机制

一是强化年度检查、年度评估、督导、第三方监督评价机制等制度，鼓励开展行业自律，建立全国统一的教育培训行业从业人员信息动态更新和电子档案管理制度，建立教育培训行业黑白名单制度。二是发挥舆论监督作用。一方面，通过选树先进典型、开展网络评优评奖推送，加强对教育培育行业的正面宣传；另一方面，开通举报热线电话和相关网络平台服务版块，鼓励正规机构和社会公众及时举报、揭露教育培训行业的违法违规行为，逐渐形成对违法或不良培训机构强大的舆论监督氛围。三是建立多部门工作协同和联合执法机制，从法律上厘清各部门的监管责任和职能分工，提高监管的实效性。

5. 加强在线教育民办培训机构的监管

我国对在线教育缺乏必要的行业准入标准，准入门槛低，加之缺乏明确的监管政策和制度，导致在线教育始终处于监管盲区，劣币驱逐良币现象严重，甚至出现教学质量堪忧、办学行为不规范、侵权事件频发等问题。《民办教育促进法实施条例（修订草案）（送审稿）》首次将在线教育纳入民办教育监管范畴。建议：一是抓紧制定在线教育机构行业准入的资质和认证标准，同时，建立第三方权威认证机构，为在线教育创设优良的发展空间。二是加强过程监管，将在线教育纳入民办教育培训机构监管范围。定期开展行业检查评估、认证评价、动态跟踪等方式，对在线教育的运行情况、教学效果、实际效果等进行监督检查。三是强化在线教育平台监管责任。严格规范在线教育平台监管责任，对师资队伍、课程设置、教材使用等履行审核和管理责任，同时对提供教育产品和服务质量承担连带责任。

第七章

民办学校举办者预期的跟踪与评估

心理预期是对某项活动未来所持有的一种信念,民办学校举办者的预期是举办者作为出资人对举办民办学校的未来所持有的信念,明确举办者的预期并对其进行正确引导,无论是对于提高举办者的办学热情、促进民办学校的快速发展,还是对于进一步激发社会力量办学活力、盘活民办教育市场机制,都具有十分重要的意义。本章将集中关注如何界定民办学校举办者的心理预期、民办学校举办者有哪些心理预期、心理预期的主要特征及形成机理是什么、如何有效引导民办学校举办者的心理预期等问题,在明确核心概念、主要内容,把握其主要特征及生成机理的基础上,系统分析民办学校举办者预期引导未来的实践动向。

第一节 民办学校举办者的主要预期考察

民办学校举办者的心理预期,从不同角度有不同的理解,整体上民办学校举办者的心理预期受政治与经济的双重影响。民办学校举办者的主要心理预期有办学合法性预期、办学回报预期、资产保值增值预期、参与学校管理预期、公开举办信息预期、自我实现预期、自主选择预期、兑现扶持政策预期等。

一、民办学校举办者预期的内涵

（一）心理学视角下的"预期"

预期是一种以未来为中心的信念。期望源于个人经验和知识的结合。心理学的预期理论又被称为期望理论，其将预期视为关于选择的心理过程，并将之用于解释个人作出选择的过程。该理论于20世纪60年代由北美心理学家维克托·弗鲁姆（Victor Vroom）在《工作与激励》一书中首次提出。其基本观点为，人们对某项行动的动力（期望）取决于其对行动目标的价值评价和预期达到结果的估计。这一观点也可用公式 $M = \sum V \times E$（期望值）表示。其中，V 表示为效价，指行动目标满足人们需要的价值，其大小反映了人们需要的动机强弱，效价越高，动机越强。E 表示为期望值，指人们对达到目标的可能性大小所作出的判断，即主观概率，其大小反映了人们实现目标的信心强弱，期望值越大，信心越强，动机越强。M 表示为动机，其大小受 V 和 E 乘积的影响，即人们把某种目标的价值看得越大，估计能实现的概率越高，那么这个目标激发的动机力量越强。[①] 可以认为，人们作出的选择总是基于其对未来某个时期他们的决策如何产生影响和产生何种影响的期望。因而，期望或多或少影响着个体的思考、感受和行为方式，影响着个体关注、解释和记忆的思维过程。因而，人们更加关注与预期一致或明显不一致的信息，这种关注和预期，可能影响人们的感受、态度和对事物事件的评价，也可能影响到策略选择、参与程度、合作态度等行为方式。可见，虽然"预期"事关个体的信念，但其极有可能超越个人场域而产生更为实质的影响。

（二）经济学视角下的"预期"

经济学语境中的"预期"，指的是经济行为人为了获取利润，在决策前对相关信息进行收集，对相关变量进行预测和判断，采取相关措施，实现预期目标。普遍认为，凯恩斯最早从经济学视角开展预期研究，并在其著作《货币改革论》《货币论》《就业、利息和货币通论》中都有所体现。凯恩斯主要是对作为经济行为人的厂商进行研究，并认为他们在生产前会对未来进行判断，这种对未来的

---

① Vroom V. Expectancy Theory of Motivation. Management Study Guide. http：//www.management study guide.com/expectancy.

判断是预期的表现形式，也是其经济行为的决定性影响因素，即进行经营决策的唯一依据。从短期来看，生产经营者一方面推测产品是否会有消费者购买；另一方面推测消费者能够支付多高的价格购买产品，在两相对比中形成对其经济活动及其成效的预判。从长期来看，预期是指资本的流动偏好，即经济行为人在较长时间内从事经济活动所能产生的资本收益，也就是经济行为人对所投入成本在未来能带来多大收益而作出的推测。在此之后，经济学一直都将预期作为重要的研究领域。例如，有"适应性预期"和"理性预期"这两大流派，前者认为经济活动主体对成本—收益的预测，是经过反复检验、修订、试错而逐渐符合客观现实，后者则认为经济活动主体的预期是基于预先充分掌握的一切可以利用的信息所做的理性预期。无论是何种观点，预期都与所能获得的收益密切相关，都外显为不确定条件下基于结果与展望的决策选择。

（三）政策学视角下的"预期"

政策是指国家对社会公共资源进行权威性分配的准则和行为，或者说是社会公共权威在一定时间内的历史和国情条件下，为达到一定的目标而推行的行动方案和准则。相应地，所谓政策预期，指的是政策目标群体对正在施行或将要施行的政策会给自己未来带来受益或受损情况的判断。为满足国家发展需要，政策主体会不断调整政策进而实现目标，在此过程中，社会利益关系和利益格局也会发生相应变化；政策过程中，无论是受损者还是受益者都会对未来政策走向进行判断。政策主体是否能够准确把握其所面临的问题并作出科学准确地判断、是否能够秉持一如既往地符合社会发展导向和群众意愿的价值取向和施政主张，将直接影响到政策的连贯性，从而影响政策的预期值。如果大多数的政策目标群体能够相对准确地作出判断，那么就表明该项政策的预期值相对较高，反之则较低。可以认为，政策本身与政策对象的预期之间，并不仅仅是单向的影响与被影响关系，而是存在着相互影响的交互作用。

（四）民办学校举办者心理预期：政策与经济的双重影响

民办学校举办者的心理预期，是指民办学校举办者在新的民办教育法制和市场环境下形成的、对当前和未来举办和继续举办民办学校的看法和判断，这些看法和判断与举办者本人的心理要素有关，同时受到经济要素和政策要素的双重影响。

民办学校举办者的心理预期决定其行为，而行为又直接影响民办学校乃至整个民办教育的发展。从"经济人"角度来看，大部分举办者的根本目的是赢得预期的市场利益，也就是说，获得新的利益和维护既得利益是激发其行为的直接原因，举办者的利益诉求是预期的源头。在民办教育改革中，现有举办者必然会依据自己的预期提出相应的主张和要求，这些主张和要求，反映了他们对民办教育改革的看法和判断，也或多或少在其举办学校的行为中有所体现。一定程度上，参与分类管理改革的积极性高说明举办者们的认同度高，普遍观望或倾向于消极预判说明举办者们对既有利益的担忧，或者说看不到参与改革的预期利益。

二、民办学校举办者的主要心理预期

民办学校举办者通常是指通过出（筹）资方式，发起、倡议并具体负责创办民办学校的社会组织或者个人。根据研究目的，采取非概率抽样的方法在民办学校举办者群体中开展座谈和访谈。非概率抽样，又称为不等概率抽样或非随机抽样，需要在有限的时间和方法范围内，确定抽样的边界，也就是哪些人可以作为研究对象。[①] 虽然非概率抽样不是严格按随机抽样原则而是根据研究者个人判断抽取样本，但只要能够从群体中选择出具有代表性的个体作为研究对象，则研究结论的可靠性也会大大增加。因为民办教育新法新政对不同学段民办学校的影响有所区别，所以我们首先进行的是分层有目的抽样，将民办学校举办者分为学前教育、义务教育、高中教育、高等教育段等亚群，并进行群间比较。其次，我们配之以重点抽样和极端抽样，尤其是对受民办教育新法新政影响较大的民办学校，如已经举办九年一贯制或十二年一贯制学校的举办者，在此基础上，采取链式抽样法，通过前期访谈选择一定数量的关键任务，请他们提供可能提供更丰富信息的关键人，并以此为线索联系到更多的调查对象。2016～2018年，共访谈民办学校举办者（含投资机构负责人等广义的举办者）共300余人，其中，高校举办者最多，共137人；幼儿园举办者次之，共87人；样本覆盖全国主要省份，能够反映民办学校举办者群体的关键特征。

将访谈记录整理为文本资料，作为原始数据。运用归纳法，对访谈数据（包括非言语信息的记载）进行整理和分析。通过析取有重要意义的陈述、对反复出现的观点进行一级编码和二级编码、汇集编码后的概念类别、辨别相似或相异的观点等研究步骤，形成以下发现。

2016年11月7日，第十二届全国人大常委会第二十四次会议表决通过《民办教育促进法》，正式确立了民办学校分类管理的法律依据，明晰了非营利性和营利性民办学校的划分标准和差别化政策待遇，我国民办学校发展真正进入分类

[①] 邓春勤、钱序、王克利、何建平：《定性研究中的抽样技术》，载于《中国社会医学》1995年第4期，第8～10页。

管理时代。截至 2018 年 11 月，非概率抽样调查的 318 名民办学校举办者中，37.4%（119 名）的举办者表示倾向于选择登记营利性学校或终止办学。

（一）办学合法性预期

"合法性"是制度主义的重要概念，涉及在社会思想和行动中获得规则性地位的社会过程。[1] 制度主义往往被视为个体组织被自己和他人赋予社会意义的过程。任何一个组织，要尽可能与其所处的社会公认制度体系保持一致性，否则就会引起负面评价甚至攻击。[2] 期望、规范和价值观等文化影响确保了特定组织行为的重复和延续，[3] 继而使得制度是"被创造、维持、改变和衰落"的一个动态的过程。[4] 1982 年，第五届全国人大第五次会议通过《中华人民共和国宪法》[5] 明确提出"国家鼓励集体经济组织、国家企业事业组织和其他社会力量依照法律规定举办各种教育事业"，自此确立了社会力量办学的合法性。2016 年，第十二届全国人大常委会第二十四次会议表决通过《民办教育促进法》明确了"营利性"与"非营利性"民办学校分类管理的法律框架，自此确立了营利性民办学校与非营利性民办学校的合法性。但是，合法性的概念是多元的、多层的，既包括法律层面的"正当性"，即具有合乎法律规定的举办权力；也包括社会心理层面和组织层面的"合理性"。而事实上，两类民办学校在社会心理层面和制度层面的合法性，仍需要漫长的发展道路才能获得并提高。一直以来，社会公众对民办学校的非营利属性存在普遍误解，对营利性教育持有较多质疑。在《民办教育促进法》修改之前，所有民办学校均默认为非营利性民办学校，而关于"非营利性"的法律概念并未受到过多关注。民办教育新法新政背景下，非营利性民办学校的概念被重点强调，由之引发公众甚至一些教育界人士对民办学校更大的误解。有举办者指出，"很多人对民办学校的非营利属性存有质疑，一方面源于部分民办学校的不当办学行为引起了公众反感；另一方面源于对'非营利性'作为法律概念之内涵的绝对化理解"。长期以来，由于公办教育的垄断和主导地位，民办学校长期属于"补充"和"拾遗"地位。在大部分地区，一些民办学校成为低质量、低水平的代名词，社会合法性长期不足。而这种社会心理层面的弱合

---

[1] Meyer, J. W., Rowan, B. Institutionalized Organizations: Formal Structureas Myth and Ceremony. American Journal of Sociology, 1977, pp. 340 – 363.

[2] Meyer, J. W., Scott, W. R. Organizational Environments. Beverly Hills: SAGE, 1983, P. 52.

[3] Scott, W. R. Organizations: Rational, Natural, and Open Systems. Englewood Cliffs, N. J.: Prentice-Hall., 1981, P. 72.

[4] Hatch, M. J., Zilber, T. Conversation at the Border between Organizational Culture Theory and Institutional Theory. Journal of Management Inquiry, 2012, P. 95.

[5] 《中华人民共和国宪法》，中国人大网，2018 年。

法性，折射到制度层面，造成民办学校品牌建设乃至民办教育自身定位都有自我锁定的趋势和困境。民办学校分类管理改革以来，民办学校举办者们都认为有必要积极开展民办学校党建工作，主动在办学宗旨和教学内容上保持政治正确，以获得更为充分的政治合法性，形成更为厚实的合法性根基。由于《民办教育促进法》以负面清单的方式放开营利性办学领域，明确规定义务教育阶段不可举办营利性民办学校，现有的九年一贯制、十二年一贯制民办学校，其举办者如果有举办营利性学校的诉求，则面临拆分学校、将原高中部从法人属性和产权规制上转为营利性高中，以获得办学合法性的现实问题。同时，2018年8月10日，司法部发布教育部提请国务院审议的《民办教育促进法实施条例（修订草案）（送审稿）》并公开征求意见，其中对外资投资企业以及外方为实际控制人的社会组织参与举办或实际控制的义务教育民办学校进行了规范。如果相关条款被写入正式法律文本，则已有此情况的举办者也将面临办学合法性困境。

（二）办学回报预期

在原《民办教育促进法》《教育不得以营利为目的》的法律框架之下，民办学校举办者或捐资办学或出资办学，民办学校均被具有"非营利属性"。据亲历2002年原《民办教育促进法》出台前夕相关议案讨论活动的民办学校举办者称，当时就有代表建议删除《社会力量办学条例》和《中外合作办学暂行规定》中"不得以营利为目的"的规定，但并未获得最终立法通过。民办学校举办者们最为关心的问题，一直是办学回报问题。原《民办教育促进法》第五十一条规定，"民办学校在扣除办学成本、预留发展基金以及按照国家有关规定提取其他的必需的费用后，出资人可以从办学结余中取得合理回报"，将举办者获得办学回报的期望落实在法律条款中。但是，合理回报毕竟只是对举办者的奖励和扶持，而非对举办者投资权属的认可。但很多举办者错将奖励当营利，期望将原《民办教育促进法》中有关"合理回报"的原则性规定，以更为具体的法律法规条款固定下来。一些登记为不要求取得合理回报的民办学校举办者，在管理部门对学校办学结余使用及流向监管不严的情况下，也以各种非法方式从办学结余中收取投资回报。究其根本，"合理回报"仍然不是合适的法律用语，也缺乏客观具体的标准。2016年修改后的《民办教育促进法》在几经争议后仍然删除了"合理回报"条款。有举办者认为，"'新法'对营利性民办学校的规定替代了原合理回报的内容"，也有举办者认为，"新法的营利性民办学校并不直接对应原要求合理回报的民办学校"。我们认为，后一种观点更为符合民办教育新法新政要义，但以前学校章程中有合理回报相关规定的，如果要继续作为非营利性民办学校办学，则需要删除有关合理回报的相关条款。在我国以投资办学为主的情况下，举办者对办学回报的"执念"实可理解。但是,新法不设过渡期,对新设民办学校和现有民办学校予以不同的处理策略,在一定程度上缓解了举办者的抵触心理。虽然仍有相当数量的举办者表示,可以在登记为非营利性后,通过变通手段获得财产收益,但从整体上看,在政策引导下,举办者对办学回报的态度正从激烈争议转向理性接纳,从准公益性办学向真正的公益性办学的转变或许只是时间问题。

(三) 资产保值增值预期

学校资产是学校组织从事教育教学活动必备的物质基础。历史原因使然,现有民办学校的办学背景复杂多样,资金来源千差万别。学校资产的来源主要包括出资人原始、追加投入、办学滚动积累、政府资助及奖励、社会捐赠、校产收入、社会服务,等等。一些学校在发展过程中还有银行贷款、民间借贷、资产证券化(主要是收益权类资产)等情况。同时,随着社会市场经济的不断发展,民办学校的资产成分更加复杂。有举办者认为,学校是举办者的,所以学校的钱可以由举办者个人及家庭账户支取。也有举办者认识到,民办学校是独立的法人,享有独立的法人财产权,个人财产与学校财产应该区分开来。但是,同一举办者名下的其他产业可以按需划转学校资金。事实上,这种"财产混同"的思路大量出现在办学实践中,也被认为是放弃办学回报后举办者办学的"隐形福利"。新《民办教育促进法》第十九条规定,"非营利性民办学校的举办者不得取得办学收益,学校的办学结余全部用于办学。营利性民办学校的举办者可以取得办学收益,学校的办学结余依照公司法等有关法律、行政法规的规定处理",明晰了两类民办学校的资产属性。根据《分类登记实施细则》第十四和十五条规定,现有民办学校选择登记为非营利性民办学校的,依法修改学校章程,继续办学,履行新的登记手续;现有民办学校选择登记为营利性民办学校的,应当进行财务清算,经省级以下人民政府有关部门和相关机构依法明确土地、校舍、办学积累等财产的权属并缴纳相关税费,办理新的办学许可证,重新登记,继续办学。由此,举办者们普遍提出"究竟如何界定财产权属、如何确定补偿或奖励标准"的疑问。就基本原则来看,这项工作涉及对举办者的办学贡献、出资情况、以往提取办学回报情况等内容的测定,但何种测定为合理,最能为举办者和其他利益相关者认同,尚有待考察。

除了对举办者个人财产与学校财产的区分和划定外,举办者们尤其是拟继续举办非营利性民办学校的举办者们更加期望保障学校资产的保值增值。一方面,现有民办学校转设为营利性学校的具体政策尚未完全明朗,但基本需要补缴不动产相关的税费、所得税。且如果转设为营利性学校后公开上市,作为上市公司的学校资产如何审计、如何计算也无实例可寻。举办者普遍担心，转设为营利性学校可能造成学校办学成本大幅增加、学校资产严重缩水；另一方面，非营利性民办学校的资产保值增值能力事关学校健康、可持续发展。2016年修正后的《民办教育促进法》第四十九条提出，"国家鼓励金融机构运用信贷手段，支持民办教育事业的发展"。各地普遍提出要探索教育信托投资，允许民办学校依照国家规定利用捐赠资金和办学结余设立教育基金，通过专业基金运营机构运作，实现保值增值。举办者普遍认为这一探索实属必要，部分能够登记为事业单位法人的民办学校，资产使用效率（主要是财政资金）和保值增值的情况更加需要绩效考评；而大部分登记为民办非企业单位的非营利性民办学校，具有面向市场、自主办学、自负盈亏、自我发展的性质，资产保值增值的需求和压力较公办学校和事业单位法人民办学校更大。对于一些集团化办学、并通过教育集团上市的民办学校举办者而言，学校资产受经济和政策性波动的影响十分明晰。例如，《民办教育促进法实施条例（修订草案）（送审稿）》增加了对非营利性民办学校法律性监管的相关条款，间接造成港股教育板块集体重挫，引发业界震动和部分举办者对资产缩水的恐慌。

（四）参与学校管理预期

《民办教育促进法》第二十条明确规定，民办学校的举办者根据学校章程规定的权限和程序参与学校的办学和管理。有举办者提出，"我们可以把学校捐给社会，但是对自己办的学校还是有感情、有牵挂，就像看自己的孩子一样，参与办学和管理的基本权益应该得到保障"。但是，举办者参与学校的办学和管理，具体参与哪些方面？调查显示，举办者普遍认为，至少应保障其参与学校的组织和制度建设、财务管理、人事管理和教学科研管理四个主要方面。具体而言，在组织和制度建设方面，举办者多认为应尊重其在"办什么学校"方面的话语权，让举办者参与到学校发展规划制定和完善中；征求未担任校长等行政管理职务的举办者在"如何办学校"方面的意见。在财务管理方面，举办者在预决算管理方面诉求最高，其次是风险管理、收支管理和资产项目管理。有的举办者认为，"要牢牢掌握学校财务权，没有财务权就没有管理权"；有的举办者认为，"当前学校发展还需要大量资金投入，聘任的校长对学校的财务状况、办学盈余关心不如自己多，校长工作中会出现不考虑办学成本的情况，短期内不适合放开财务权"；也有的举办者认为，"学校是捐给社会、捐给国家的，只做好持续投入支持学校发展的工作，不过问具体财务管理"。是否由校长掌握独立的财务权，各学校的具体情况差异较大。

在人事管理方面，不同的民办学校有不同的机制。人事权主要是指任免学校各级各层管理人员职务、聘请或解聘学校各部门领导、普通教职工的权力。有的举办者认为,"如果管理层的人事任免权属于办学者而不属于校长,就不能摆脱举办者'一竿子插到底'的传统管理模式,导致人事管理和工作程序混乱,不利于学校走上现代学校制度之路";有的举办者认为,"民办学校要避免校长没有独立人事权的情况,这种独立人事权不仅是校长独立于董事长、举办者,也要独立于副校长和其他管理层";还有举办者提出,现阶段是其所举办学校的求生存求发展阶段,还没有到可以完全放手的时机,但是"应以校长与办学者之间的合作为基础,而不是让校长作为举办者的代言人"。根据调研,多数举办者对高层管理者的任免权有所保留,而在人事规划和政策制定、中层以下人事聘用或解聘方面基本已经全面放手给校长。这说明,举办者期望能将人事权让渡给校长,以实现校长的个人价值、促进学校的健康发展,但同时也期望确保学校发展和重大事项决策"可控"。

除此之外,也有部分举办者期望参与学校教育教学等实务工作。这多与举办者个人特质和背景有关。教育工作者出身的举办者,更关注学校教育教学甚至科研工作。但更多的举办者认为,"学校的摊子很大,应该让专业的人来做专业的事情,让校长真正地放手管好学校",对教育工作的关心主要体现在"让校长汇报工作的时候详细一些,或多汇报两次",而非直接干预校长的教育教学管理。

(五) 公开举办信息预期

2016年修正后的《民办教育促进法》第四十一条规定:"教育行政部门及有关部门依法对民办学校实行督导,建立民办学校信息公示和信用档案制度,促进提高办学质量;组织或者委托社会中介组织评估办学水平和教育质量,并将评估结果向社会公布。"《监督管理实施细则》规定营利性民办学校应当依据法律法规建立信息公开制度及信息公开保密审查机制。营利性民办学校都需要按照《企业信息公示暂行条例》规定,在企业信用信息公示系统中公示年度报告信息、行政许可信息以及行政处罚信息等信用信息,其中,营利性民办中小学应执行《教育部关于推进中小学信息公开工作的意见》等有关规定,营利性民办高等学校应执行《高等学校信息公开办法》等有关规定。民办学校举办者普遍认同,"建立健全信息公示制度是加强社会监督的有效方式",但对信息公开范围存在意见差异。尤其是营利性民办学校设立、组织机构、财务制度、信息公开等问题都已有明确规定,而非营利性民办学校应该公开哪些具体信息,尚缺乏明确规定。就各地情况看,浙江省教育厅2018年3月26日发布的《民办学校信息公开和信用管理办法》明确规定,民办中小学校应当按时向社会公开举办者、出资人、出资额情况等举办信息。2018年7月30日公布的《重庆市民办学校分类登记实施细则》明确提出要建立举办方实际控制人信息备案与公示制度，要求社会组织类民办学校举办者，其实际控制人发生变化的，应当报审批机关备案并向社会披露。兰州市政府2018年9月3日出台的《关于加快民办教育健康发展的实施办法》[①]规定，建立民办学校信息强制公开制度，按照统一标准公开民办学校办学条件、招生、就业、收费、财务管理等信息。有关部门要将民办学校的办学行为管理纳入社会征信体系，建立违规失信惩戒机制，将违规办学的学校及其举办者和负责人纳入"黑名单"，进行公示并联合惩戒。有举办者认为，"信息公开有利于增加民办学校实际运营的透明度，增强学校公信力，也是加强社会监督的有效手段"，但大多数举办者对公开董事会构成、举办信息、涉及师生的重大风险决策等相关信息方面持保守态度。

（六）自我实现预期

在人类动机理论中，马斯洛认为自我实现的需要是为了某个目标或某种最终性满足的需要。他认为"自我实现是人类的自发性动机，是人类的综合性特征"，在其著名的需求层次模型中，作为五种需求层次之一的自我实现则位于最顶层。从我国古代文化中，也可以寻找到有关自我实现的重要思想，儒家文化所倡导的"修身、齐家、治国、平天下"正是最好的体现，这一信条也成为我国很多传统知识分子的家国情怀。有举办者指出，"没有情怀办不了教育，也不能坚持长期办教育；但只有情怀，在过去的历史条件下办不成好的教育"。从民办学校的源头看，退休的政府官员、学校领导或其他教育行业工作者、企业家等都曾参与到举办最早的一批民办学校中。经过40余年的发展，民办学校的举办者群体越来越多元化，包括公民个人、私营企业、个体工商户、集体经济组织、国有企业、事业单位和社会团体等。一些教师出身的举办者"自筹资金，白手起家，靠自己的个人智力投入将学校滚动发展起来"，一些举办者"在学校发展最缺资金的时候，拿个人房产抵押获得银行贷款用于学校建设，甚至不惜向民间借高利贷"，一些举办者"虽然衣食无忧，但想要办一所理想的学校，为社会做更多贡献"。随着民办学校的发展壮大，资金来源的渠道更加多元，调研发现多数民办学校已经从最初的个人举办，转变为个人、集体、企业资金混合举办。对于举办者来说，办学的初衷可能是单一的，有的为了获取办学回报，有的为了服务关联产业、提升自身其他产业知名度，有的从一开始就怀有"实现自我、回报社会"的目标。但是，随着时间的推移，很多举办者表示"对学校、对教育越来越有感

---

① 《关于加快民办教育健康发展的实施办法》，兰州市人民政府网，2018年。

情,也越来越不计较投入多少钱多少物"。就当前调研的情况看,举办者举办民办学校的诉求是多元的,办学动机是多重的,但能够坚持长期投入办学的举办者都谈到了自我及社会价值层面的内容。例如,有举办者表示,从办学中体会到一种成就感,一开始想要回报,现在学校逐渐进入良性循环,办好学校需要投入的资金越来越多,反而更加义无反顾地支持学校发展。有的举办者指出,早已把学校的荣誉、学校的发展与自己紧密联系在一起。有的举办者指出,办一个企业可以用成本和收益来衡量效益,办一所学校尤其是高校无法简单地算经济账。从整体上看,举办者都倾向于实现社会效益和经济效益双重目的。虽然直接谋求经济回报的办学者并非少数,但大多数民办学校举办者的价值追求,一直没有脱离实现和履行教育理想与社会责任。这也构成了民办学校可持续发展的动力源泉。

(七) 自主选择预期

2016年《民办教育促进法》正式生效以来,民办学校举办者面临着营利性与非营利性选择的现实问题。尤其是一些地区设定了过渡期,并在提前摸底选择意向,让民办学校分类登记与管理从理念转向实践。《民办教育促进法》明确了登记营利性和非营利性的民办学校,对应差别化的税收、土地供应等政策。但由于具体程序尚不清晰,多数举办者处于盲目、徘徊状态。由于身份属性、政策明确度及师生稳定度等原因,部分举办者对于分类登记仍心存疑虑,在营利和非营利之间徘徊,当被问及为什么要选营利或者非营利,他们都语焉不详。不同学段的举办者面临具体问题不同,所表达的政策态度有所区别。在学前教育阶段样本中,43%的举办者倾向于选择营利性办学,77%的举办者专门咨询过登记为营利性幼儿园的相关事宜。对于采取集团化办学或已经形成品牌化管理模式的优质民办幼儿园,举办者更加倾向于将旗下一所或多所幼儿园作为营利性幼儿园。据调查,幼儿园一般采取轻资产运营模式,校舍采取租赁方式,大大减少了办学的投入成本。很多举办者的办学投入,早已在办学3~5年时"回本",即使登记为非营利性民办幼儿园,损失的也只是未来潜在收益而非过去实际投入。但是,到底选择登记为营利性还是非营利性?很多举办者仍然面临两难抉择。一方面,选择登记为营利性,则需要补缴土地出让金,而无论是以现在的土地价格来计算,还是给予相关优惠,这都是一笔巨额的资金。粗略计算,按照营利性民办幼儿园增值税6%、所得税15%~25%的标准进行粗略计算,民办幼儿园的办学成本将提高30%以上;另一方面,如果选择转为非营利性,则举办者不取得办学收益,办学结余全部用于办学,让因办学而负债的举办者更加难以接受。同时,国家提出"普惠园"的概念,到底何为普惠园,如何界定普惠园与非营利性幼儿园的关系，是举办者们普遍疑惑的问题。如果想通过高收费来减少损耗，则可能造成部分竞争力的降低。

在基础教育（K12）阶段，18%的样本举办者倾向于选择营利性办学。其中，3%的举办者表示，拟在现有九年一贯制或十二年一贯制学校基础上，重新拆分举办营利性高中。虽然民办中小学的口碑较好，但民办基础教育的营利空间并不大，所以转设为营利性学校并不是很好的决策。在建校的初期，民办中小学的容纳人数就基本上确定，且后期扩容扩建等受到办学初期定下的班额、生均土地面积、招生计划、课程种类等的影响，扩容空间不大，营利空间不大。相比于转为营利性办学的成本激增，如果后期扩容扩建难度较大，举办者则倾向于选择继续举办非营利性民办学校，但"通过其他方式从学校获得收益"。对于高中段来说，引入国际课程，举办对接国外高等教育的高收费学校，有较大的市场空间和潜力，一些民办高中举办者也正着眼于此，考虑"将有很好办学基础的高中部登记为营利性高中，办有国际特色的精英学校"。

在高等教育阶段，民办高校的内生增长和外生增长都与其他学段有较大区别。首先，在内生增长方面，民办高校的土地储备相对充足，因为自建周期长，所以一般而言，民办高校都预留了较大的扩容空间。经过严格审批确定的招生计划和学校学额，虽然不会有确定性的学生人数增长，但是招生数基本稳定，基于当地经济发展水平的学费增幅较为透明。就全国情况而言，民办高校的招生规模大约在1万人左右，就读人数的校际差异较其他学段民办学校小。其次，从外生增长看，民办教育新法新政以来，围绕着民办高校的社会资本大幅增加，民办高校也被视为优质的"收购"项目。尤其是在"义务教育不得举办营利性学校"的禁止性规定下，社会资本向高等教育领域更加聚集。虽然有举办者认为，高考适龄人口已经呈现出明显的下降趋势，且国外高等教育资源对国内高考生源的吸引力更大，但高等教育仍然具有其他行业领域不可比拟的高门槛和高稳定性。高门槛主要指学校不是想开就开的，民办高校的审批、招生等都有明显的、较高的政策门槛。高稳定性指的是总体看来高等教育仍然是稀缺资源，学校一旦进入稳定办学期，就能够实现60%以上的毛利率。大多数民办高校举办者倾向于依循学校原有的惯性，仍然举办非营利性民办高校，或者表示等待具体政策出台后再考虑。一些经济发达地区的举办者，如广东省和上海市，考虑转设为营利性高校，但也表示要做好学校师生和利益相关者的宣传解读工作，然后才是通过资本运作"名正言顺地获取办学收益"，快速形成高校品牌并提升市场占有率。

总体来看，举办者们普遍期待《民办教育促进法》的配套文件、实施细则以及地方方案能够明确分类管理的具体问题，使得选"营"选"非"的选择题真正落到实处。

（八）兑现扶持政策预期

修改后的《民办教育促进法》明确了落实对非营利性和营利性两类民办学校差别化扶持政策，有利于政府加大对民办学校的扶持力度，促进两类民办学校各安其位，健康发展。同时，《民办教育促进法实施条例（修订草案）（送审稿）》进一步明确了扶持政策，增加了"政府补贴生均经费"（第五十二条）"税收优惠和公共服务价格优惠"（第五十三条）"用地优惠"（第五十五条）"分担教职工社会保障资金"（第五十九条）"允许金融机构开发适合民办学校的金融产品"（第六十条）等扶持措施。进一步强调对非营利性民办学校予以政策优待倾斜，在生均经费补贴、土地划拨等方面只适用于非营利性学校，突出鼓励举办非营利性学校的导向。但就举办者而言，将法律法规的原则性规定真正转化为实际所得优惠，还需要一段时间的等待和观望。例如，在划拨土地方面，长期以来，民办学校改建扩建用地的申请都面临审批难的困扰，即使是以教育用地优惠出售的幼儿园办园用地，也有相当部分被以商业用地价格转租，民办学校和幼儿园的建筑用地得不到切实保障。在税收方面，公办高校举办培训班、进修班的收入归学校所有，免征营业税，而民办高校获得的收入为经营服务性收费，需要申报此类收入，并使用税务部门的税务发票，但是很多民办高校无法获得此类发票。在师生权益方面，民办幼儿园、中小学、高校的专任教师与公办教师身份地位和福利待遇方面，一直存在较大的差距，导致民办学校教师流失率高，教师队伍稳定性不足。这些原有的征地难、财税待遇难以保障、教师平等待遇难解决等问题，是一直以来困扰民办教育发展的老问题，常谈常新却始终得不到根本解决。分类管理为解决这些问题提供了根本性的制度路径，但如何将扶持政策落地仍然是困扰举办者的重要问题。因此，有举办者提出，"分类管理的办法不具体，又没有预设过渡期，到底什么时候才能看到这些真正的清除歧视政策的具体办法？好政策到底是何种模样，何时才能到来？还是困惑的，还是未知的。"

除了老问题需要妥善解决外，新的问题又随着改革的推进浮现出来。例如，在现有民办学校按照分类管理要求重新登记的时候，举办者或出资人将所拥有的土地和房产过户到学校名下，就普遍面临资产过户税费过高的问题。一旦相关税费过高，按照真实意愿登记办学的可能性就降低了。因为举办者不得不考虑重新登记的较高成本，可能会给学校发展带来严峻的挑战。针对以往的老问题和当前与未来的新问题，举办者期望陆续出台的政策能够更好地回应此类问题，"希望尽快提出对公益性事业的扶植既有定性又有定量的政策，给大家吃定心丸"，在规范的前提下尽快兑现民办学校的优惠政策。

第二节 民办学校举办者预期的特征及形成机理评析

民办学校举办者心理预期有着适应性预期和理性预期并存、短期预期和长期预期并存、个体预期和群体预期并存、基于不同利益诉求间的平衡与考量等主要特征。民办学校举办者作为经济人和行为人、社会人和道德人、自我实现人及复杂人的统一体，从不同的角度来看其心理预期有不同的形成机理。

一、民办学校举办者预期的主要特征

（一）适应性预期和理性预期并存

调查发现，举办者往往根据最新的政策动态和事件调整他们对未来政策乃至行业前景的期望。他们关于分类的选择以及未来的决策，是基于近期行业动态作出的。举办者密切关注政策发展和改革动态，不断调整他们对未来民办教育发展的预期。也就是说，在某种程度上，对未来事件的期望会激发举办者的当前行动，从而影响现实中民办教育领域的改革实践。这种适应性预期有一定的合理性，但同时我们发现，在政策的强供给阶段，民办学校举办者的适应性预期，也导致一些预期过多基于短期动态，而非长远的思量，缺乏一定的稳定性。且因为各方人士、各方渠道的政策解读有较大差异，对举办者群体的影响也是千差万别的。

举办者都希望能够作出多方考察后的理性选择。调查中发现，也有举办者一时间难以接受新的政策精神，表述的看法和观点较为激烈、情绪性较强。有举办者代表提出："民办教育促进法规范民办学校办学行为，始终是要促进民办学校的发展的。但是自新法出台以来，从民办学校的运行情况来看，完全达到改革目标的困难还是很大。一些举办者在思想上不是很稳定，心情上有不安。"但是我们的调查也发现，在真正涉及实际选择和决策的时候，举办者基本都脱离了个人情绪的影响，以较为理性的态度提出政策期望。此过程体现出亚当·斯密提出的价值悖论，即道德与获取利益融通性问题。举办者谈得最多的是"情怀"二字，他们认为他们不是也不该被等同于只知道逐利的利己主义者。在办学过程中，他们不仅投入了大量的人力物力资源，也投入了对教育事业的奉献心和关切。但是，在选择中他们不得不做理性的利益权衡，或者说优先思考的是利益问题，期

望仍然能够获得一定程度的办学回报。从对举办者的相关调查中,我们几乎都看到了经济伦理上的利己主义和道德伦理上的利他主义并存。我们认为,真正理性的期望需要付出较高的信息成本,这也是举办者们在民办教育新法新政出台后纷纷求助于专业律师和学校发展咨询专家的原因之一。事实上,举办者们也认识到,民办教育行业发展具有一定的不确定性,这既与改革有关,也与行业发展的多方面要素有关。难以避免的不确定性就意味着对相关决策进行影响预测的难度增加,因此没有任何期望可以真正理性。这也在一定程度上构成了举办者观望、彷徨、纠结或矛盾心理的主要原因。

(二) 短期预期和长期预期并存

调查发现,举办者的短期预期和长期预期并存。民办教育经过40多年的大浪淘沙,现存的民办学校在办学规模、办学条件、办学实力、社会声誉方面都有了巨大的进步,特别是办学的指导思想上发生了根本的改变。有举办者指出:"办学之初,大多数人是为赚钱的短期目标而来,一旦学校上了规模,管理的规范化随之而来,质量成为生存之本,再想赚钱就成为发展的障碍",因此,很多举办者开始从短期利益追求转向长期发展目标。

就分类管理改革来看,当前令举办者普遍纠结的难题主要与短期预期有关。从短期利益来看,取消合理回报后,是否能获取其他经济回报是普遍关注的重要预期。除此之外,虽然国家层面没有对分类登记设置过渡期,但一些省份明确提出的过渡期多在5年左右。举办者们可以围绕这一规定进行布局和思考。在对未来具体事宜具有很多不确定性的时候,一些举办者认为专业人士和专家们拥有超出其自身的判断和知识,因此更能够作出理性的判断和决策。这使得民办教育新法新政出台以来,研究和关注民办教育行业动态和政策法规的专业人士和研究人员大幅增加。我们认为,人性都渴望快速的结果,都具有投机的心理,但举办者们也有着长期的预期。他们的长远预期包括参与举办学校乃至民办教育行业的预期和判断,其状态通常是稳定的。即使在一些政策内容方面,他们可能存在一些不同的观点,个人的、经济的或政策性的其他因素也会发挥其补偿作用。从民办学校长远发展看,一旦其获得了资本市场准入,举办者的期望就不再仅仅是短期的利益最大化,而是对更为长远和稳定的财产权益和治理权益的确认。利益不等于利润,长远的利益更加体现为非经济层面的权益保障,而非短期的经济回报。可以认为,举办者的长期预期涉及社会资金在民办教育领域的流动偏好。由于教育产品的特殊性,民办教育行业的长期发展可能受到学龄人口规模、教育技术变化、经济态势等因素的影响,但更大程度上取决于传统和体制的力量。举办者的信心状态,以及其在最紧密和最焦虑问题上的注意力分配情况,都可能对其对分类管理改革的长期预期产生较大影响。

(三) 个体预期和群体预期并存

修改后的《民办教育促进法》删除了"教育不得以营利为目的"的条款，正式解除了教育资产上市的限制，更多的社会资本正在进入民办教育领域。不乏公司和投资基金收购民办学校股权的案例出现，市场环境中的教育资产正式落地。新法落地实施的1年多时间里，教育产业加速布局调整，公司法人参与设立教育基金，成立教育子公司，民办学校举办者成分有较大变化。就当前情况看，举办者群体中既有自然人举办者，也有法人举办者；既有独立举办者，也有联合举办者。从广义来看，民办学校举办者还包括出资举办民办学校的公司法人的债权人和利益相关者，一些聚合资金、基金管理和教育经营行家，多方资源优势的教育产业投资基金也应属于民办学校举办者范畴。根据新法精神，无论是自然人举办者还是法人举办者，都拥有民办学校的资产，负责学校筹建，并按照学校章程规定拥有参与管理和运营的权利。

从举办者诉求来看，独立的自然人举办者，往往出于个人角度，期望通过办学投入获得办学回报，实现自我价值；联合的自然人举办者往往产生群体效应，一些举办者在心理和行为上的变化可能会影响到更大范围的举办者，产生积极或消极的同行影响。由于我国现有民办学校以投资办学为主，上述分析的回报诉求以及与之相关的变革权和管理权诉求，是自然人举办者的群体性诉求。应当认识到，举办者的行为是在一定的群体氛围中进行的，在竞争意识和成就需要的激发下，举办者既希望得到群体和社会大众的肯定和尊重，也会产生群体内的自发比较，产生落差感或优先感。除了自然人举办者外，民办学校的举办者还可以是具有法人资格的社会组织。按照最新政策精神，举办者为法人的，其控股股东和实际控制人应当符合法律、行政法规规定的举办民办学校的条件，在并购时只需变更公司股权，控股股东或实际控制人变更需报主管部门备案并公示。一般而言，法人举办者的诉求较为单一，主要目的是实现投资收益并实现扩张。尤其是以VIE模式链接的境外注册的上市实体与境内民办学校，其上市实体通过收购具有一定举办者权益的法人或增资成为民办学校举办者之一，也可以通过转让举办者权益收购民办学校资产。无论是否涉及举办者变更，公司法人类举办者都必须首先服从和满足股东的收益权最大化，必然以利润最大化为首要诉求。随着公司法人类举办者比例增加，必然将对分类管理改革产生不容小觑的影响。

(四) 不同利益诉求间的平衡与考量

从举办者的目的和诉求来看，不同背景的办学者往往对经济利益和非经济效益、短期利益和长期利益、个人诉求和社会需要之间有不断的平衡和再平衡。有举办者提出:"国家政策也不是要我们现在就划线,现在就定性,现在就选择。现在的政策资源并不是很充足,以后国家和地方政府一定还会陆陆续续地出台具体政策,在这个过程当中,我们多方征求,反复权衡,再做选择也不晚。"

不同的利益诉求与其个人特质、办学动机、学校核心竞争力、地方民办教育政策有着密切的关系。调查发现,非营利性民办学校的顶层制度设计与民办学校举办者的期望存在一定偏差,在期望保障举办者自身权益的同时,举办者也面临着平衡和兼顾其他利益相关者诉求的需要。例如,有举办者认为,国家修法的价值取向是要促进民办教育可持续健康发展,政策导向也应该是引导民办学历教育走非营利办学道路。但是,选择非营利性民办学校意味着要放弃办学收益,这与目前大多数举办者的利益诉求是有差异的。如果举办者从希望获利的动机出发,又觉得选择非营利性民办学校是更有利的,这就与政策导向和制度设计的初衷相背离了。又如,在现有民办学校转设为营利性学校的问题上,举办者不仅需要考虑自身利益和其他出资人权益,更需要考虑学校教师群体的期望。因为即使这种转设能够依靠法律法规和正式制度而获得合法性,其在办学实践中仍然需要广大师生群体的事实性支持。在民办学校分类管理改革中,各方群体利益融合、举办者单边利益与社会整体利益融合的趋势也正在逐步加深。

二、民办学校举办者预期的形成机理

(一) 作为经济人和行为人的举办者

经济人总是以极其利己的方式理性行事,以最大化行为人的满足感。经济人作为经济学中的一个简化假设,能够使经济学家研究经济活动中的人是如何行动的,市场又是如何运作的。对于民办教育举办者而言,经济人的假设主要包含以下三个方面的内涵:一是利己作为举办者办学的主要动机,其办学的核心价值目标就不可能真正脱离对个人利益的追求,即使这种利益在特定的政策限制下无法最大化和极致化;二是举办者也会与其他市场行为主体一样,根据所处的政策环境、社会经济环境,结合自身价值、学校发展情况等综合信息,作出相对理性的决策;三是举办者在追求个人价值和保障个人利益的同时,也会尽可能尊重和满足学校其他利益相关者的权益,尤其是教师群体对分类选择的知情权。对其他利益相关群体的尊重,构成了民办学校举办者自我约束的规则意识,也使得举办者的分类选择和相关决策不可能脱离学校定位和长远发展的场域,而只局限于个人或少数人的利益诉求。

应该认识到，经济人假设对于理解我国社会主义市场经济的行为主体及其行为表征具有一定的解释力。应该认识到，经济人假设认为人类总是不知疲倦地促进自身利益的提升，其特征就是以自利为目标，并以理性手段为首要选择。经济人持续追求自身利益问题的假设在很长一段时间内对经济学中个人行为的表征起了重要作用。但是，这里的自利或利己并不等同于贪婪，而人的与生俱来的本性，是个人行为的出发点。经济人理论还假设，作为经济人的行为人所面临的诸多选择存在满意度方面的显著差异，但个人并不总是清楚一种选择是否优于另一种选择。两种选择可能以两种不同的方式增强经济行为人的效用或满意度，但可能无法在短期内分辨出哪一种更为适切。对于民办教育领域的举办者而言，经济回报和物质利益是隐藏在很多办学行为背后的深层次的驱动要素，也就是说，在没有其他制度约束的情况下，很多举办者也是追求物质利益为目的而进行经济活动的实利人，是要以实现个人利益最大化为目的的。2016年《民办教育促进法》颁布后，民办学校举办者群体对取消"合理回报"制度的激烈反应，以及《民办教育促进法实施条例（修订草案）（送审稿）》颁布后，各类型举办者围绕法律法规层面拟重点限制的兼并收购、加盟连锁、协议控制等规定所表达的强烈异议，都说明了在经济利益严重受阻情况下，举办者持续投入教育行业的热情可能受到影响。

民办教育分类管理背景下，从经济人视角理解民办学校举办者的行为，应区分营利性民办学校和非营利性民办学校。对于营利性民办学校举办者而言，理性不仅是举办者作为经济活动主体的属性，也是其个体的属性。对于非营利性民办学校举办者而言，举办者不是学校的所有者，其所处行业也具有较大的特殊性。对于非营利性民办学校而言，举办者更需要通过以举办学校、提供教育服务的形式，满足广大学生的就读需求，其利己心不仅必须遵从教育公益性这一天然的逻辑前提，更受到非营利性组织"禁止利润分配"的底线限制。

（二）作为社会人和道德人的举办者

事实上，经济人假设受到了经济学领域内外的种种质疑和批判。经济学研究本身也意识到，一个显而易见的问题是人类并不总是理性地行事，并不总是具有经济理性。随着经济活动的环境发生较大变化，经济学界有观点提出，过去的经济人假设已经不复适用。事实上，无论经济人假设遭遇何种质疑和演进，我们都可以采用社会人假设来增进对社会主义市场经济中民办学校举办者及其行为的理解。对于民办教育举办者而言，社会人假设主要包含以下两个方面的内涵：一是民办学校举办者不是孤立存在的，而是作为举办者群体的社会存在，是有社会性需求的、有民办教育行业归属感和民办学校人际关系的社会人。对于民办学校举办者而言，举办民办学校的荣誉感、责任感、归属感可能比一定时期的经济报酬更具有激励性。举办者们具有自然和社会双重属性，是完整意义上的现实人，而不是为了经济回报而时刻采取理性手段的理性人。二是举办者作为个体具有多重属性，围绕其个体的由近及远的人际圈可能形成对其个体行为影响程度不一的循环，学校师生、联合举办者、其他学校举办者、其他行业投资人等都可能对之产生不同层面的影响。

普遍认为，教育市场是客观存在的，但教育市场是具有特殊性的市场，虽然也存在经营性的表象，但其根本属性是公益性。这与教育事业培养人的本质任务和属性有关。因此，教育从业者包括民办学校举办者的基本价值要求，应当与其他行业不同。如果以完全的市场化、产业化甚至资本化手段办教育，那么教育将偏离其根本价值，而沦为一种营利手段。在一段时期内，我国民办教育走上以投资办学为主体的道路，是特定时期民办教育快速发展的当然选择。在新的时期，民办学校分类管理改革一方面尊重举办者作为经济人的利益诉求，赋予营利性办学的合法地位；另一方面强化了举办者作为社会人的责任担当，尤其是非营利性民办学校需要通过非营利性属性的选择与确认，固定举办者办学行为的利他主义，以达到个人主义和政策规范、经济利益与办学情怀之间的平衡。无论是经济人还是社会人，只强调一个而否定另一个，都会造成社会问题；而在不同时期、不同情境中强调经济人或社会人的不同侧重点，通过政策引导完成非营利性民办学校举办者从经济人向社会人、从理性人向现实人的转变，才是民办教育分类管理改革举办者预期引导的根本逻辑与价值方向。

（三）作为自我实现人的举办者

心理学家亚伯拉罕·马斯洛提出的人的需求层次理论，基本涵盖了激发人类行为的各种需求。这些需求层次像金字塔一样，最低级别表示基本需求，更复杂的需求位于金字塔顶部。在这个层次结构的顶部即是自我实现需求。当金字塔底部的其他需求得到满足时，个体的注意力集中在这种自我实现的顶峰需求上。对于民办教育举办者而言，自我实现人的假设主要包含以下三个方面的内涵：一是举办者能够正确地判断民办学校改革发展的政策情境，并依靠经验和判断力形成独立的意见和观点；二是举办者能够不断重新认识教育事业的重要价值，并能够不断地体验到自身努力对于学校发展和教育发展的重要意义；三是举办者能够出于对自身的价值追求，在参与办学的过程中不断超越和深化自身的追求。

与社会人假设的视角不同，作为自我实现人的举办者可能存在差异与不同。因为处于自我实现水平的举办者，其潜力和本性具有个人的独特性，其需求必然存在差异。举办者是具有自我激励和自我控制的人，如果有适当的机会和资源，他们将运用自己的才能实现更为理想的目标。达到自我实现层面的举办者，其举办非营利性民办学校更多出于一种理想或信念，而非追求经济利益回报，或者受制于道德约束和政策规范的办学。可以认为，随着经济社会的发展，举办者时间、精力和资源从需求金字塔的底部向顶部迁移，将涌现出一批真正以办教育为自我实现方式的举办者，将促进自我实现的教育市场在社会经济、地理和文化边界上不断增长。

（四）作为复杂人的举办者

无论是民办教育领域还是其他行业领域，以上所述的纯粹的经济人、社会人、自我实现人都极为少见。而复杂人假设则可以基本涵盖所有举办者。我们可以大胆地判断，现有民办学校的举办者的办学动机是复杂的，也是多变的。在较大的政策变迁时期，他们的自我激励不时地产生变化。复杂人假设承认经济人、社会人、自我实现人假设都存在合理性，并建立在经济人、社会人和自我实现人假设的基础之上。对于民办教育举办者而言，自我实现人的假设主要包含以下三个方面的内涵：一是举办者所处的环境也是动态的、复杂的，他们会根据不同的环境表现出不同的需要；二是举办者是理性和非理性的综合体，他们既会为了实现自身的利益从而牺牲一切，也会在这个过程当中考虑到他人的感受，或者说是考虑到社会和精神责任；三是举办者行为的最终目的是要获得社会中其他人的认可，从而拥有较为和谐的社会关系，举办者不仅会为自己的目标而努力，也会将他人的目标纳入自身的奋斗目标中，而这两者之间的关系是动态变化的。倘若在没有太高的经济回报的时候，追求经济回报便成了首要目标，反之如果有了很高的物质条件，那么精神利益就是追求的首要目标。基于复杂人逻辑的根本动因，民办学校举办者既从自身利益角度寻求对其出资权益和资产增值权益的维护，又从办教育基本操守角度寻求对教育事业公益性和教育活动基本规律的保障。正如一位举办者代表所言："举办者的办学动机较为复杂，现在部分举办者心存疑虑，思想不稳定、心情不安，在营利和非营利的选择之间徘徊，担心选择为非营利性办学既失去了投入学校的财产，又无法知晓退出时如何奖励，而选择为营利性办学将失去国家支持，是一条险路。"也有举办者提出："从以往经验来看，地方政策的落地、实施效果难以保证，尤其是在分类管理之后，非营利性民小学校举办者放弃了产权和收益，政府扶持能否到位、扶持力度能否在保证民办学校运转方面发挥作用还有待检验，举办者群体也在随时关注地方政策落实，适当调整个人和学校的选择方向，毕竟这不是一个简单的选择题。"因此，对于很多举办者来说，权衡教育的公益性和办学的逐利初衷，实际上不是对非营利性或营利性的选择，而是对营利性或非营利性的舍弃。在地方政策尚未完全出台、信息不够充分全面的情况下，作为复杂人的举办者认为舍弃营利之实也困难，舍弃非营利性之名也困难，而如何决策需要进一步的权衡利弊。

第三节　民办学校举办者预期引导的动向研判

正确引导民办学校举办者的心理预期，对于促进民办教育事业的持续健康发展具有重要意义。加强对民办学校举办者预期的引导，未来国家将着力加强政策解读回应、完善补偿或奖励方案、维护和引导公共性的理念、依法保障举办者治校权力、切实保障举办者的合法权益、促进举办者实现从事民办教育事业的目标与价值。

一、加强政策解读回应，正确引导举办者心理预期

在当前改革形势下，民办教育改革政策性强，利益格局与发展框架调整力度大，实有必要坚持正面导向，加强政策宣传力度，确保政策解释及时，解读通俗易懂，避免误解误读和不合理的政策预期。对于已经出台的国家政策，地方教育行政部门也表示"有时候存在看完文件之后都不知道下一步要怎么做，没法回应举办者提出的问题"的情况，这更加说明了政策解读的任务重、时间紧、意义大。具体而言，第一，围绕重点改革领域加大信息主动公开力度。做好有关法律法规更改信息的公开解读工作，增进民办学校举办者与政策制定者的互动交流。同时，也要增加中央层面与地方层面的交流互动。中央主管部门应对政策文件进行持续、多途径地解读，并由教育部组织专家领导对地方教育主管部门负责人进行培训，培训内容包括文件出台背景、营利性和非营利性的症结利弊、各省份制度设计等相关知识和信息。第二，围绕稳定举办者预期，加强政策解读。围绕民办教育分类管理改革的若干重大部署，解读好相关政策措施、执行情况和工作成效，最大程度争取民办学校举办者的理解和支持。通过新闻发布会、研讨会、培训活动等方式，深入解读相关政策的背景、重点任务、后续工作等，及时准确传递权威信息和政策意图。第三，密切关注举办者预期变化，围绕重点问题的演变加强积极回应。准确把握群体性情绪，加强与新闻媒体的沟通联系，主动引导舆论，更好引导举办者预期。防止舆论宣传对两类学校贴标签，避免给大众造成选择非营利性就好、选择营利性就差的印象。把握好舆论回应和政策解读的节奏、力度，及时发布权威信息，为循序渐进地推动分类管理改革落地营造良好的社会

支持环境。

二、完善补偿或奖励方案,切实保障举办者合法权益

民办教育新法新政就民办学校法人和产权归属问题作出了突破性规定,解决了长期以来困扰民办教育发展的根本性问题。针对分类管理改革出现的新老问题,遵循"老问题老办法,新问题新办法"的思路,进一步完善补偿或奖励方案,切实保障举办者合法的财产权益,进一步激发社会力量兴办教育的热情。第一,进一步明晰存量民办学校的资产归属和终止办学时的剩余财产归属。营利性民办学校依照公司法的有关规定处理剩余财产,这一原则性规定已经得到普遍认可。现存非营利性民办学校继续以非营利属性办学的,终止时应根据出资者申请给予相应补偿或奖励。具体的操作性方案还有待省、自治区、直辖市研制出台,以稳定举办者预期。第二,综合考虑出资情况、取得合理回报情况以及办学积累和结余等因素,给予非营利性民办学校举办者以过程性补偿或奖励。切实保护非营利性民办学校举办者的财产诉求,还需要结合民办学校的办学累积及资产增值情况,因地制宜制定现存非营利性民办学校重新登记后继续办学的奖励方案。对于办学积累达到一定规模,但又没有明确出资比例的举办者,可以探索分阶段或一次性给予经济奖励,或确认为举办者的初始出资额,以体现对举办者办学历史贡献的尊重和认可。

三、维护和引导公共性理念,促进举办者实现从业价值

公共性是社会公私二元分野的融合,是教育公共权力的依归,是行使教育公共政策的依据。[①] 一般认为,无论是公办还是民办,都具有实现教育的公共利益的公共性。《民办教育促进法》第三条规定,"民办教育事业属于公益性事业,是社会主义教育事业的组成部分",对民办教育的公共性奠定了基本遵循原则。民办学校所提供的教育服务、所开展的教育活动,与国家举办的公立学校一样,可以影响到社会大众普遍而广泛的利益。肯定和维护民办教育的公共性,是现代国家在机会均等原则基础上,尽可能满足国民多样化教育需求的福利工具。对民办教育公共性的强调,并不是对其民办属性的否定和舍弃,而是要通过对民办学校办学行为的监督和管理,强化其发挥社会功能的积极意义,并对可能产生的有损公共利益的行为或潜在行为进行规制。因此,民办教育政策框架的设计需要以

---

① 张茂聪:《教育公共性的理论分析》,载于《教育研究》2010 年第 6 期,第 23~29 页。

维护公共性为根本价值目标,在切实保障举办者权益和民办学校办学自主权的基础上,引导举办者从对小利小惠的纠结中解放出来,提升其参与办学的公共性价值追求,提升学校应以公共价值为导向开展教育活动,并形成以彰显公共性为特征的民办教育价值诉求。

同时,公共性并不排斥盈利和营利。民办学校的健康发展离不开盈利。甚至,公共性与营利性不是天然的互斥关系。营利性民办学校将所得收益分配于股东和投资者,但这并不影响其教育活动的正外部效应,并不影响由之产生的教育消费向广大社会群体开放,并不影响其教育产品利好于社会福利的增进。有举办者认为,不能将举办者的办学直接冠以营利性办学的名号,这无法解释民办学校的公益性。也有举办者认为,在未来复杂的现实和多变的政策中,民办学校很少愿意以营利性作为自身的办学目标,绝大多数民办学校是混合型目标驱动的。还有举办者提出,将营利性民办学校完全推向市场有悖教育的公益性。在旧的法律框架下,民办教育一直挣扎在制度合法性的边缘,因营利行为而受到公共性缺失、公益性无法保证的质疑,在特定的发展时期,大多数民办教育的公益办学出于制度要求和舆论压力。近年来,很多举办者在寻求自我转型。分类管理改革通过立法对民办学校加以规范和约束的同时,也应在财政、税收、土地、师生权益保障等方面给予实质性扶持,增进对相关利益群体的非财产性权益保护,以激发社会资金产生更多的社会效益,进而增进民办学校的公益性价值释放。

四、依法保障举办者的治校权力,推进适当赋权避免滥用

引导民办学校举办者管理权诉求的理想状态,是举办者能够获得参与学校治理的权力,并且有足够的内外部条件使得所拥有的各项权力在发挥效力的同时不为举办者所滥用。课题组的调查研究发现,民办学校举办者组织和制度建设管理权受举办者的职务以及学校办学层次、办学年限、教职工规模、在校生规模、分类取向等因素的影响显著,但无论是何种类型、何种层次的民办学校,向举办者赋权都应着力于以下方面:第一,依法健全学校管理制度,明确要求按照学校章程规定的举办者权限和程序,保障举办者参与学校办学和管理的合法权益。同时,应充分尊重多元化权利主体,统筹建立举办者有效参与和民主决策相结合的决策机制。第二,完善民办学校法人治理,保障举办者人事管理权的同时,建立相应的监督机制。对校长及学校关键管理岗位实行亲属回避制度,逐步破解传统家族化、制度不健全等因素造成的举办者人事控制权过大问题。探索职业校长制度,完善校长选聘机制,提高校长选聘程序的透明度,依法保障校长行使学校管理权。鼓励民办学校完善人事聘任考核制度,建设分权式梯级管理团队,在理性

管理目标下优化人事制度环境。完善董事会议事规则和运行程序和教职工代表大会和学生代表大会制度。第三，健全资产管理和财务会计制度，保障举办者的财务管理权。一方面，应明确要求举办者依法履行出资义务，将出资用于办学的土地、校舍和其他资产足额过户到学校名下。存续期间学校对举办者投入资产及办学积累享有法人财产权，任何组织和个人不得侵占、挪用、抽逃。另一方面，合理引导举办者分权，通过优化配置财务控制权、完善学校财务管理制度等措施实现学校财务制度化管理。政府部门应切实保障举办者的合法经济权益，从外部推动举办者权力制约立体网的建立。

第八章

民办学校内部治理的跟踪与评估

内部治理是理顺内部关系、提升整体效能的重要举措，民办学校内部治理是民办学校通过吸纳利益相关者共同参与学校内部事务的商议、决策和领导的治理过程。探讨民办学校内部治理机制的优化策略、提升治理效能，对于民办学校建立现代学校内部治理体系、优化人才培养体系，提升办学质量和人才培养质量等都具有十分重要的意义。本章内容在系统分析内部治理内涵及特征的基础上，以我国中部地区民办本科院校 D 为代表，着重剖析民办学校内部治理的问题及难点，并在借鉴世界主要国家和地区私立教育内部治理经验的基础上，分析了我国民办学校内部治理机制的未来动向。

第一节 民办学校内部治理的演化考察

明确民办学校内部治理的内涵及主要特征，把握民办学校分类管理的背景及内部治理的理论基础，是探索民办学校内部治理相关问题的基础和前提。

一、核心概念界定

（一）治理

"治理"在我国最早属政治学的范畴，包含这几层含义：第一，统治和管理，如"明分职,序事业,材技官能,莫不治理"。这里"治理"指的是国家部门间要各司其职,管理社会事务。第二,理政的成效。如"天下大乱达到天下大治"。第三,治理政务的道理。第四,处理公共问题。如治理黄河、治理官吏等。"治理"一词的英文为 governance,译为"操纵、控制",专门用于公务领域或管理存在多重利益关系的机构或行业领域。

不同领域或地区的学者对"治理"一词存在不同的定义,如治理理论创始人之一詹姆斯·N.罗西瑙认为,治理是一种原则、规则或决策程序。治理在存在利益冲突的主体间需要调解时发挥作用。又如英国学者格里·斯托克认为,治理所侧重的统治机制、结构与秩序的创造目标,不依赖于外在政府权威及其制裁。1992年成立的全球治理委员会对治理的概念进行了界定:治理是各种公共的或私人的个人和机构管理其共同事务的诸多方式的总和。[1] 治理是调和不同的或冲突的利益,并采取共同行动的持续过程。这既包括正式制度和规则,也包括非正式的制度安排。

由此可见,"治理"内容丰富,包容性强,是政治文明、社会发展进程中的新理念、新思路。

(二) 大学治理

大学治理是从公司治理及公共事务治理领域延伸而来的概念,它是大学内部各治理实体的权、责、利划分及相互关系的制度安排。日本早稻田大学前校长奥岛孝康首次使用"university governance(大学治理)"一词。[2] 卡耐基高等教育委员会对大学治理的定义是:区别于行政管理,大学治理指代决策的结构及过程;美国学者西蒙·马金森和马克·康斯丁认为,大学治理触及了大学内部、外部的多种关系要素,内部关系要素包括价值取向、使命及目标等,外部关系要素涉及政府、市场等各种学术领域。由此可见,西方高等教育界对大学治理概念的解读归根结底是对决策权力关系的辨析,即对"大学治理过程中,由谁掌权、由谁决策、谁具备发言的权利,以及发言影响力如何"这一问题的不同回答。它不但是"指导机构制定运行政策、组织大学统治事务的一种决策结构和进程"[3],也涉及

---

[1] 郁建兴、任泽涛:《当代中国社会建设中的协同治理》,载于《学术月刊》2012年第8期,第23~31页。

[2] 郭丽、茹宁:《大学治理理论及我国大学的治理对策探析》,载于《南昌航空大学学报》(社会科学版)2007年第10期,第59~63页。

[3] Peter Mc Caffery. The Higher Education Manager's Handbook: Effective Leadership and Management in Universities and Colleges (secondedition). New York and London: Routledge and Taylor & Francis Group, 2010, P. 38.

"决定高等教育机构各群体应该向谁并如何报告的权力关系"。①

学者张维迎将大学与企业进行比较研究,他认为:大学虽与企业不同,但要完成预定的大学目标,仍要制定众多制度来实现,也就是说,依赖于内部治理。而中央党校博士研究生赵旭明认为,学校治理过程实际上是校内外众多利益相关者共同参与的过程。有学者指出,大学治理问题具体涉及以下四类问题:第一,涉及政府与大学之间的关系处理问题;第二,涉及大学法人权责的明确问题;第三,涉及学术、行政二元权力结构间的协调平衡问题;第四,涉及在校学生、校友等其他社会力量参与大学事务的动机、方式问题。

因此,我们从以下五个方面理解大学治理的概念:第一,从政府管理和干预教育事务的范围、形式来看,政府应学会放权;第二,在大学事务中,应设计激励结构,利用准市场方式实现有效竞争;第三,大学治理的目标是,在和外部组织之间的协调过程中,实现学校与外部互动的良性循环,处理好大学与包括政府在内的其他社会组织的关系;第四,需要发挥大学内部举办者、校长、教师、学生、行政人员等利益相关者之间的协调互动;第五,在内外部参与大学治理的过程中,要依法、有据、科学管理和有效监督。②

(三) 内部治理

在民办高校的内部事务管理过程中,治理的核心即决策机制、产权制度等;有学者指出,在内部治理方面,第一,要建立独立明晰的产权制度。根据制度经济学的产权界定理论,要进一步明确民办高校产权归属主体,尊重产权界定的相对性、渐进性、多样性,进一步明确产权所有者的权利义务,使产权真正起到激励作用。第二,建立利益相关者广泛参与的决策机制。在民办高校的决策权设置中,充分地发挥好广大教师、学生、家长及社会的共同治理作用,消除董事会的专权,实现对决策权的约束,从而在决策过程中达成"内外结合、多方参与、程序科学、运行高效"的体系目标。第三,建立高效的执行机制。在民办高校的政策执行问题中,信息沟通渠道需畅通。通过借鉴职业经理人的聘用模式,在董事会领导下,实现校长负责制,以期消除委托—代理中的信息不对称现象;在管理层控制体系改革方面,推进民办高校内组织机构的扁平化设置,提高政策执行效率。第四,建立有效的监督体制。基于民办高校的"经济人"属性,无论委托人还是代理人都是将利益最大化作为目标,因此必须加强对权力的监督。③

---

① Terri Kim. Changing University Governanceand Management in the U. K. and Else where under Mar-ket Conditions: Issues of Quality Assuranceand Ac-countability. International Economics,2008, pp. 35 – 42.
② 徐绪卿:《我国民办高校治理及机制创新研究》,中国社会科学出版社2017年版,第19~20页。
③ 杨军:《民办高校治理结构研究》,经济科学出版社2017年版,第138~139页。

(四) 治理结构

治理结构是制度经济学领域的重要概念。公司治理结构也被称为法人治理结构。法人治理结构的产生起源于伯利和米思斯对于解决公司所有权与经营权剥离分层的问题,旨在降低企业的委托代理费用。梅耶则将公司治理定义为:"公司治理是对投资者利益的保护手段,是一切与投资者利益相关,并以代理者约束与激励为主要手段的行为。"美国经济学家、诺贝尔经济学奖得主威廉姆森对治理结构的定义为:"公司治理是对所有权的配置与资本结构、管理者激励等系列制度的统筹与安排,用来提高企业的经营效益,旨在保障所有者权益,促进企业资源的优化配置的重要手段。"张维迎认为:"公司的治理是对公司相应控制权和剩余索取权的系列机制的安排,公司治理是将企业宏观所有权进行微观具体化。"也有学者认为,内部治理结构主要是为解决委托代理中有关问题而进行的制度性安排,目标是保护投资者权益,具体手段包括优化组织结构、建立权力制衡机制和权利激励机制。从狭义层面看,法人治理是指处理投资者与经营者的权限分层,理顺董事会、监事会、管理层、职工代表大会间的关系;从广义层面看,法人治理包括了一切利益相关者的关系处理。[①]

二、民办学校内部治理的特点

在不同的历史发展阶段,民办学校内部治理呈现出不同的特点。1985年,国家出台了《中共中央关于教育体制改革的决定》,指出:"要大力发挥地方企业、社会团体和个人的作用,推进教育事业的发展。"随后国家颁布了《关于社会力量办学的若干暂行规定》,但这一时期相关的法规、政策尚不完善,民办高校治理问题不明,这一时期的民办高校治理尚未上升到"法人"的高度,管理者与经营者为一个主体,共同进行学校的管理与决策,治理随意性问题较为突出。

1993年,《中国教育改革和发展纲要》出台,要求改变政府包揽的局面,鼓励并支持社会民间团体或个人依法办学。随后,国家出台了《民办高等学校设置暂行规定》,给予了民办高校一定的法律地位,民办高校处于成长阶段,具体体现在,民办高校的治理结构更加规范。例如,该规定明确要求民办高校成立校董事会,建立、健全学校的组织结构等。但纵览全局可见,这个阶段国家对民办高校的要求仍停留在办学资料、资质的验收阶段,具体的治理细则尚不明确。也因此,此阶段民办高校治理方式呈现"多样化",法人治理模式和校委会领导下的

---

① 杨军:《民办高校治理结构研究》,经济科学出版社2017年版,第45~46页。

校长负责制并存。

20世纪末,我国高等教育大众化步伐加快,民办高校发展迎来新机遇。《民办教育促进法》及《民办教育促进法实施条例》的出台,一定程度上推动了民办高校规范化治理的进度;随后,国家颁布了有关试办独立学院的有关文件,这增强了各高校设置独立学院的积极性。在这一阶段,民办教育快速发展,根据相关法律和条例的要求,民办高校应建立完善的理事会与董事会体系,明确各部门间的权力职责边界,对民办高校的董事会、理事会的选举产生、组织结构、任期时限、议事程序等方面进行了规定,并将这些内容写入民办高校章程。这一阶段成立的民办高校大多根据要求建立了董事会与理事会,新成立的民办高校,特别是由民间资本独资的民办高校均遵循了这一规定。

2006年国务院办公厅发布《民办高校规范管理通知》《关于加强民办高校党的建设工作的若干意见》,要求各级政府必须对民办高校加强管理,教育行政管理部门要建立对民办高校的督导制度,成立党组织。2007年,教育部下发《办学管理规定》,要求进一步明确投资人的合法权益,同时要落实好法人的财产权,并做好资金的管理、产权的界定。《教育规划纲要》明确了"依法管理民办教育"的要求,2016年,国务院下发《鼓励社会力量兴办教育若干意见》,进一步放宽办学准入条件,提出了"政府不再限制"原则。近期国家颁布的新《民办教育促进法》,对民办教育相关法律做进一步完善。

总体来看,这一阶段,政府对民办教育的主导不断加强,民办教育的发展不断规范,更加注重对民办教育内涵式发展的引导。[①] 整体呈现以下特点:首先,学校内部治理主体多元化,包括学校投资者、举办者、管理者、教师、学生、家长等多个主体,甚至包括利益相关的个体;其次,权力的性质可以强制,也可以协商,有了一定的民主和自由;最后,权力源于强制性的国家法律,或非国家强制性的契约。

三、民办学校内部治理的理论基础

民办高校为解决政府投资的部分困境,以市场形式供给高等教育,与企业组织具有相似性。下面将结合民办高等教育的办学实际,借鉴利益相关者等理论,来研究提高民办高校内部治理的科学性、合理性,这些理论的应用具有一定的可行性。

---

① 杨军:《民办高校治理结构研究》,经济科学出版社2017年版,第81~86页。

（一）组织理论

"组织",原属于社会学的研究范畴。"组织"的研究开端,学界多认为是韦伯的"组织"。韦伯的"理想类型"(ideal type)概念,即通过抽象同类现象或事物,获得理想模式,方便学界进行分析、讨论。民办高校的科层式组织结构,一般由校长、校务委员会、学院、系部等层级构成,这和公办高校是很相似的。

研究民办高校这样的非营利性或准营利性组织,我们需要借鉴组织理论。民办高等教育机构与公办大学具有类似的组织结构:首先,大学组织多表现为纵向分布上的三级组织管理模式,即"大学—学院—学系"三个层次。在探讨民办高校内部治理问题时,如何合理地配置权力,如何平衡学术权力与行政权力,是其重要的课题,其研究基础来自对大学组织结构的准确把握。其次,在横向分布上,大学组织分化成了彼此相互独立的部门、学院、系和研究所等。另外,除承担教学和科研的核心任务外,大学组织分离出管理体系和辅助支撑—后勤保障体系,涵盖了图书馆、网络、住宿、餐饮等其他具体职能部门。

因此,在借鉴组织理论时,我们要意识到大学组织的独特性。以下两个例证可明显看出大学组织的独特性。首先,大学组织的办学目的并非是利润最大化,而是办学声誉最大化。其次,大学组织产品多样,具体包括了教学、科研、服务社会三种目的。对于民办高校而言,服务社会和教学更为重要,而公办研究型大学以科学研究为主要任务,从这一点上看,民办高校与公办的研究型大学不同。

（二）法人理论

法人和自然人一样都是法律概念。民办高校是一种社会组织,因而具有一般社会组织的共同点,但因为民办高校同时还具有较强的学术性,注定与其他一般的社会组织不同,具体体现在民办高校大学法人所具备的公共性、公益性、教育性和组织的管理特性。规范民办高校内部治理的重点是完善法人治理结构。

这与公司治理的主要区别在于,二者的法人存在着根本目标与终极价值追求的差异。公司追求利益最大化,而大学追求质量和水平。在很大程度上,依据法律章程,学校法人治理结构实现了框架内的自由架构,弥补了法律规定的不足,体现了民办高校的办学特色、管理风格。办学机制灵活是民办高校的最大优势。

（三）委托代理理论

委托代理理论包含于法人治理理论当中,是其中的关键内容,常应用于解释交易的治理结构,但两者又有不同。委托代理理论的核心是探讨如何选择、激励代理人，而并非组织商品交易。学界深入研究了公司所有权、经营权两种权利的相互分离，深入研究了委托代理理论，取得了重要进展。在此基础上，如何激励关键代理人，即公司经理，使其工作目标与委托人目标保持一致，成为公司治理理论中较为重要的研究课题。

建立委托代理关系需要委托人与代理人之间具备两个条件：第一，参与约束，要求委托人支付给代理人的劳动报酬及其所带来的效用，应该不低于该代理人从事其他事务时获得的效用，也即市场机会成本；第二，激励相容约束，是指在信息不对称的情况下，委托人要使契约可以执行，必须考虑代理人自身的利益。参与约束是委托代理关系成立的前提，而激励相容约束是指委托人与代理人的利益相一致，才能实现委托人利益的最大化。① 委托—代理理论的基本逻辑是：在激励相容约束、参与约束的条件下寻找最优契约，使代理人的努力水平基本符合委托人的利益。

在民办高校，校董事会作为出资人的代表机构。鉴于利益相关者众多，校董事会应该包括政府代表、家长代表等其他相关的外部人士，并将他们视作董事会中的外部董事。学校董（理）事会具有聘任校长、评估薪酬等重要权力。出资人更关心经济收益，而董事会的外部代表更关注教育公益性，因此如何协调二者之间的目标冲突是民办高校内部治理的核心。

因此校长应如何做才能激励教师，教师应如何实现监督校长的权利，即行政权力和学术权力之间如何才能实现相互制衡的目的，是民办高校委托—代理问题中需要解决的另一个重要课题。②

（四）博弈论

18 世纪的德国科学家莱布尼兹最早提出博弈概念，直至 20 世纪，博弈论才开始真正被重视和应用。冯·诺依曼、纳什等众多学者，不断探索并充实了博弈论理论体系，将其应用于不同学科、不同研究领域，并逐渐被人们作为指导行动的基本策略。

在教育领域中引入博弈论分析问题时，学者往往关注：博弈过程中的各利益主体是如何实现利益均衡的。这与博弈论的研究方向不谋而合。博弈论的重要视点之一，即是探究制度、政策等在不同利益推动下发生变迁的原因、过程、特点等。因此，教育背景下，尤其是民办高校内部治理中，各利益主体之间错综复杂的关系，相互影响，推动着制度创新、发展、变迁，激发着制度环境的活力，具

---

① 董圣足：《寻找职业校长——民办高校校长职业化问题研究》，科学出版社 2014 年版，第 24~25 页。
② 赵旭明：《民办高校治理研究》，中共中央党校博士学位论文，2006 年。

有应用博弈论进行分析探究的理论基础。

对于民办高校分类管理制度变迁而言，博弈论以"利益博弈"为研究视角，融入政治、文化背景，审视分类管理制度制定实施过程中的均衡点，提出利益博弈对策，促使各方走向共赢。在制度创新时，博弈论解释和分析民办高校分类管理制度利益相关者之间的行为选择以及由此形成的互动关系，最终形成的合理实施路径，是制度创新的重要理论方法。

（五）利益相关者理论

利益相关者理论（stakeholder theory）诞生于1960年前后，因"股东利益至上论"而提出。利益相关者理论认为，企业本质上是一种"契约联合体"，由其利益相关者构成，且通过一系列显性或隐性契约来规范各利益相关者的责任和义务。[1] 弗里曼曾对利益相关者的概念做过界定，认为在组织目标实现过程中受到影响，或是有能力影响组织目标实现的全部个体或群体。

高等教育领域的利益相关者研究方面，美国哈佛大学文理学院前院长罗索夫斯基按照与大学关系密切程度，把大学利益相关者分为四个层次，分别是最重要群体（指教师、学校行政管理人员及学生等）、重要群体（指董事、校友及捐赠者等）、部分拥有者和次要群体。[2]

根据利益相关者与大学组织密切程度的不同，学界将大学利益相关者划分为核心利益相关者、重要利益相关者、间接利益相关者和边缘利益相关者四个层次，[3] 借鉴罗索夫斯基关于大学利益相关者的分析，有研究者结合我国大学的实际情况，提出三类利益相关者，分别是权威利益相关者、潜在利益相关者和第三层利益相关者。权威利益相关者指教师、学生、学校行政人员、出资者、政府等，他们决定学校主要政策，他们出钱，因而特别关心学校声誉；校友、捐赠者等属于潜在利益相关者；市民、媒体、企业界、银行等属于第三层利益相关者。[4]

基于以上分析，那些能够影响民办高校筹资，或是受到学校发展影响的个人或群体，都属于民办高校的利益相关者，如民办高校举办者、学校管理者、教师、学生、家长、政府、职业界、校友与捐赠人士等。[5]

利益相关者理论的主要观点包括：第一，企业的利益相关者与企业存在一系

---

[1] 陈宏辉：《企业利益相关者的利益要求：理论与实证研究》，经济管理出版社2004年版，第87页。
[2] 胡赤弟：《教育产权与现代大学制度构建》，广东高等教育出版社2008年版，第160～161页。
[3] 李福华：《利益相关者理论与大学管理体制创新》，载于《教育研究》2007年第7期，第36～39页。
[4] 胡赤弟：《高等教育中的利益相关者分析》，载于《教育研究》2005年第3期，第38～46页。
[5] 华灵燕：《基于利益相关者的民办高校筹资研究》，载于《国家教育行政学院学报》2008年第7期，第29～33页。

列的契约关系，各相关利益主体为了共同的利益目标贡献自身的资源，因此，应享受对等的权力，这有利于群体利益或契约主体利益的有效保护。因此，除了追求利润，企业还应对契约主体履行相关责任，实现其不同的利益诉求。第二，利益相关者共同参与，且努力满足其利益诉求。传统的企业管理思想认为，股东是企业的所有者，企业是出资人利益最大化的工具。但依据利益相关者理论的观点，企业应以多数利益相关主体的利益为主，而不是仅仅追求企业股东或主要股东的利益。正由于绝大多数利益主体的参与和贡献，既是对企业的贡献，也是企业经营的成本。企业满足他们利益诉求的能力支持了企业之生存发展。第三，企业与职工间契约一旦形成，不仅构成劳动关系等层面的法律关系，还有互相尊重、信任的道德关系。此外，企业还应对员工负有一定的责任，例如，为员工提供稳定的工作、公平的薪酬、平等的升迁发展机会等。同时，利益相关者理论认为，员工也是投资者，应参与到组织决策中去，有时甚至可成为重要决策的积极参与者。

第二节 民办学校内部治理实践问题评析

《民办教育促进法修法决定》中的一个重要内容是分类管理，《分类登记实施细则》及《监督管理实施细则》从法律层面破解了法人属性不清、财产归属不明、扶持措施难以落实等一系列"瓶颈"，并对民办学校特别是民办高校的内部治理等提出明确要求。因此，在"后大众化时期"的中国高等教育，民办学校需要同时警惕硬环境和软环境两个方面所面临的挑战，其中内部治理效率问题等已成为制约内涵式发展的关键因素。

一、民办学校内部治理的现状

民办学校内部治理涉及学校内部的各主要利益相关主体，以及多部门之间的协同。下面，以我国中部地区一所具有代表性的民办本科高校 D 大学为例，阐述民办学校的内部治理现状及存在的主要问题。

（一）D 大学概述

D 大学是一所单一投资方的省属民办本科高校，其前身是投资方与地方公办高校共同举办的独立学院，2014 年转设为民办本科高校。

学校创建于 2002 年，创办者即投资集团的董事长，是一位具有教育情怀的当地企业家，曾在公办高校工作近 20 年，而后辞职下海，从事房地产经营。怀着对家乡和教育的情结，回家乡创办了当时的独立学院。D 大学处于省会城市，学院成立之初，教育教学管理工作主要由母体学校负责管理，投资方主要负责校区建设、办学经费筹措等工作。自学院创办至今，董事长在省内外广纳贤才，从多个公办高校聘请具有丰富教育教学管理经验、熟悉教育规律的专家和管理人才，逐步参与学校内部治理，也使得学校在规模等方面快速发展。

经过 16 年的发展，学院在校生规模从几百人发展到了两万余人，现有 10 个二级学院、11 个科研机构，开设近 50 个本专科专业，生源来自 13 个省份。学院管理机构基本健全，重视师生为本，内部治理的变革与时俱进，以该民办高校为例，有一定的研究价值。本章将从机构设置、权力配置、利益相关主体等研究角度对该校内部治理结构的现状及存在的关键问题展开剖析。

（二）D 大学内部治理结构及运行机制

1. 机构设置

D 大学的内部治理机构主要分为决策机构、执行机构、党委三个层面，其中决策机构包括集团董事会、学校理事会；执行机构是以校长为首的行政管理部门；学院党委包括纪委、工会等群团机构（见图 8-1）。

（1）决策机构。在《民办教育促进法实施条例（修订草案）（征求意见稿）》中，第二十五条对董事会的构成和职责作出了一定的调整，主要体现在：

一是召开董（理）事会会议的次数、规范程序等，如每年召开至少 2 次会议，有关事项需要经 2/3 以上的董（理）事会成员同意才能通过；

二是明晰董（理）事会职责，如变更举办者、聘任校长等重要事项。

对于 D 大学而言，学校的决策机构是理事会，集团董事会一般不干预学校理事会、行政机构的正常工作，而是主要负责学校发展资金的筹措、重大基建项目的推进等；学校理事长作为集团公司的代表，负责主持领导学校的全面工作。理事会的人员构成包括：理事长（出资方代表）、校长、党委书记、专家教授代表、教职工代表。理事会负责学校的各项运行管理活动，拥有法人财产的支配权、聘任或解聘校长、修改章程、审定发展规划、审核预算决算、决定学校的分立、合并等重大事项。

（2）执行机构。校长身兼决策执行和内部管理的职责。有研究表明，当下民办高校内部治理大致有以下几种模式：一是董事会授权的校长负责制；二是资方企业领导下的校长负责制，企业是学校的投资主体，学校作为资方企业的中层机构，而校长是扮演该企业中层干部的角色（例如，烟台南山学院）；三是校长主

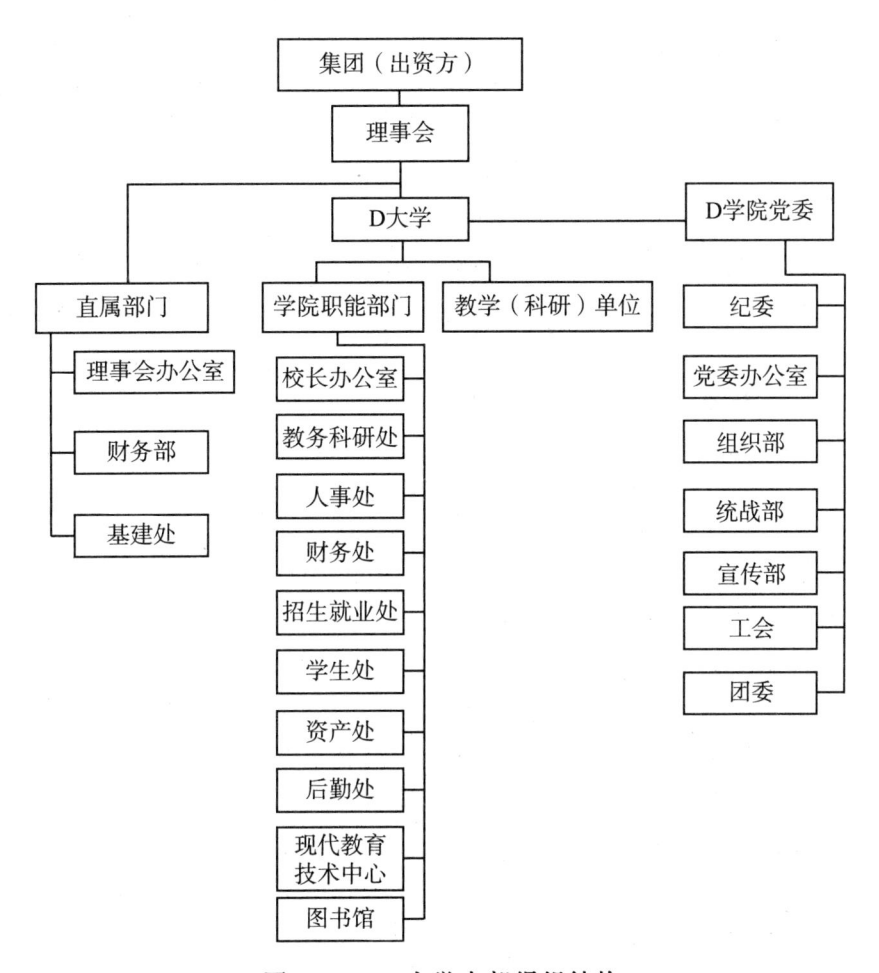

```
                    ┌──────────────┐
                    │ 集团（出资方）│
                    └──────┬───────┘
                           │
                    ┌──────┴───────┐
                    │    理事会    │
                    └──────┬───────┘
              ┌────────────┼──────────────┐
              │    ┌───────┴──────┐  ┌────┴─────┐
              │    │    D大学     │  │ D学院党委 │
              │    └──────┬───────┘  └────┬─────┘
      ┌───────┴──┬────────┴──────┬────────┘
 ┌────┴────┐┌────┴────┐ ┌────────┴──────┐
 │直属部门 ││学院职能部门│ │教学（科研）单位│
 └────┬────┘└────┬────┘ └───────────────┘
```

图 8-1　D 大学内部组织结构

持下的校务委员会制，这种类型的民办高校可能没有建立董事会，也有可能出资者长期远离学校，校长主掌校务，但校务委员会的主要成员由投资者派遣；四是校长负责制，采取这种体制，是以投资方或举办者与校长是同一身份为条件的，多数民办高校实行这种体制；五是教职工代表大会基础上的校长负责制，这类民办高校主要由集体发起成立，无实质性出资者，按滚动发展的模式运行，部分教职工依据贡献大小持有股权。由此可见，在民办高校治理体系中，校长处于重要地位，具体指挥学校工作，承担贯彻落实董事会精神、谋划学校健康长远发展的重大职责。

2018 年 4 月，在教育部发布的《民办教育促进法实施条例（修订草案）（征求意见稿）》中，第二十七条明确规定了校长的职责，校长必须依法行使职权，不得兼任其他学校校长，根据学校章程提出内部结构的设置方案等。

D大学校长受聘于理事会，执行理事会的决议并参与重要决策，主要职责是负责教学科研、行政等工作。理事会研究批准校长提出的机构设置方案，通常情况下，行政机构主要负责发展规划的实施、规章制度的制定、教学科研活动的组织等；同时，一定职权范围内，作为学校代表参与对外交流合作。

（3）党委。学校党委是民办高校的政治核心，也是重要的治理主体。党建工作是我国社会主义制度下所有学校治理的重要方面，这是由中国的历史国情和政治制度所决定的。

《加强关于民办高校党的建设工作的若干意见》等相关文件，明确民办学校党组织的政治核心作用。第一，确保社会主义的办学方向；宣传、执行党的路线、方针和政策，贯彻落实党的教育方针，依法依规依章办学，加强党的领导，反对各种腐朽的价值观念。第二，凝聚教职员工，将思想政治教育工作贯穿学校各项工作中，贯穿学校的教育教学全过程，密切联系并关心、维护师生员工的正当利益，统一思想、凝心聚力，激发教职员工的工作热情。第三，积极推动学校事业发展；支持决策机构和校长的工作，参与重要决策，推动学校提高办学质量、培养合格的人才。第四，主动引领学校校园文化；以社会主义核心价值观为引领，培育特色的校园文化，加强公德和职业道德、师德师风方面的教育，积极开展精神文明创建活动，尽快形成良好的校风、教风、学风。第五，参与人事管理服务工作；积极参与学校人才选拔、培养及管理工作，针对员工考核、职称评定等提出意见与建议，调动他们的积极性、创造性。第六，努力加强自身建设；按照有关文件规定，完善组织机构设置和工作机制，加强班子成员及党务干部队伍的管理，做好党员的培养、发展工作，严格组织生活，贯彻民主集中制，进一步强化日常监督和民主监督，开展反腐败斗争，狠抓党风廉政建设。

与多数民办高校类似，D大学实行理事会领导下的校长负责制，这是由民办学校自身特征所决定的。民办高校内部治理结构中，理事会处于领导地位，但党委作为政治核心，积极参与了学院的内部治理，这体现在D大学党委书记作为理事会成员参与学校的重要决策和重要工作研究，同时实现了党政领导交叉任职，在大学生思想政治工作等方面发挥重要作用，确保学校的社会主义办学方向。

（4）监督保障机构。监事会是行使监督权利的重要载体。日前教育部发布关于《民办教育促进法实施条例（修订草案）（送审稿）》，强调民办学校须建立有效的内部监督制度，防止出现以利益最大化作为目标的委托人或代理人一家独大的局面。

第二十六条规定，民办学校应当设立监事机构。监事机构应当包含党的基层组织代表，且教职工代表不少于1/3，教职工人数少于20人的民办学校可以只设1至2名监事。

该机构主要监督学校的办学行为，负责人或监事应列席董（理）事会会议。决策机构成员或近亲属不能担任或兼任监事。D大学在转设后，健全了党的纪委机构，但暂未配备专职人员，纪委的功能发挥不明显；暂时未设置监事机构，对理事会、行政机构的监督作用较弱。

（5）民主监督机构。教职工代表大会作为教职员工参与内部治理的重要机构，这在《民办教育促进法》中有重要的法律依据，通过这种方式，保障他们参与民主监督。就职于民办学校的教师及工作人员，有权利依照工会法，建立组织，维护自身的合法权益。

D大学设置有工会主席岗位，由现任校领导兼任，暂没有建立工会组织，教职工代表大会没有实质运行。

2. 关键利益相关主体

学校的内部相关利益主体主要包括：集团公司董事长、学校理事长、校长（含副校长）6名、党委书记（含副书记）2名、二级学院院长8名、行政职能部门和党委各部门负责人、教师（含教授）、学生等。除政府、校友会等外部利益主体外，以上主体在实际工作的交流和磨合中，逐步形成了D大学有个性特征的内部治理运行体系。

3. 运行机制

经过近16年的发展，借鉴前身母体学校和其他发展良好的国内民办高校的治理结构的经验，D大学逐步形成系统的组织架构。D大学组织架构分为四个部分：理事会直属部门、职能部门、党委各部门、教学（科研）单位。其中，直属部门主要有：理事会办公室、财务部、基建处；行政职能部门包括：校长办公室、教务科研处、人事处、财务处、招生就业处、学生处、资产处、后勤处及教辅单位（现代教育技术中心、图书馆）；党委部门包括党办、组织部、宣传部及纪委机构等；教学（科研）单位包括各个二级学院和科研机构。

D大学内部治理结构的运行机制是理事会主持领导全面工作，以校长为首的行政部门负责执行、党委发挥政治核心作用的模式。集团公司（出资方）董事会成员担任学校理事长，理事会所聘请的国内外高等教育管理专家和部分高层管理人才分别担任校长、副校长；省委选派1名党委书记主持学校党委工作。理事会、校行政、党委三个系统各自独立运行，分别行使学校章程所赋予的各项权力、履行章程所规定的各项义务。

D大学理事会有9位成员，理事长、校长、党委书记、原校长、执行理事（董事长亲属）各1名，教授和教师代表共4名。理事会每年召开2次会议，会议内容主要围绕发展规划、财务预算和决算、年度工作计划等；理事长主持理事会工作，并有最终决策权；同时，在分工方面，执行理事分管财务、资产、工会工作，并协管人力资源工作。校行政、党委根据工作实际分别召开会议，适时召开党政联席会或三个系统联席会，研究讨论有关重要事项。

（三）D大学内部治理存在的关键问题

从D大学内部组织架构的分析来看，治理机制总体顺畅、机构基本健全，在民办教育发展的初期，规模扩张期，这种模式具有一定的代表性，且基本适应发展的客观需要；但在当前高等教育内涵式发展的趋势下，以D大学为代表的民办高校的这种内部治理模式存在一定的隐患或问题，主要表现在以下五个方面：

1. 治理主体单一，呈现出资者单边治理或家族治理倾向

由于民办学校特别是民办高校的办学体制现状，没有国家财政投入，办学经费和运转经费均由投资方或举办者筹集，他们掌握决策权顺理成章；在大多数家族制学校，举办者拥有绝对控制权，包括财权、人事权等方面的决策权力。

从D大学的治理主体、利益相关主体和运营机制来看，该大学具有明显的举办者单边治理的特征：举办者（出资方）对理事会的控制权，明显强于师生代表控制权。

从D大学内部治理结构和运行当中，理事长和执行理事对学校具有绝对的控制权，这体现在：一是学校的人、财、物等核心权力，集中于执行理事一人或两人身上；校长（含副校长）的自主权受到很大程度的限制。二是理事会中的校长、教职工代表是由董事会（出资方）指定的，非选举产生，其大多数代表的是出资者的利益，且存在举办者与校长"合谋"的道德风险；三是由于监事会等机构的不健全，有时为了提高决策效率，学校的重大决策常不通过理事会审议，往往绕开理事会直接决定，或者避开校长、教职工代表而通过少数理事开会决定。

因此，理事会中的教职工代表、教授代表并没有真正参与或只是名义上参与了学校决策。该治理结构与有限责任公司股东单边控制的法人治理结构非常相似；这就呈现家族式治理的倾向，因此存在举办者单边治理和人治的隐患。

2. 决策机构与校长权力的边界模糊

民办学校实行企业式管理的案例并不少见，董事长或理事长有时处于"越位"状态。更为担心的是，多数出资方或代表本身并不具有丰富的教育教学管理经验与能力，却直接管理日常事务，干预校长的教学、行政职权，"校长负责制"只是一句空话。

以D大学为例，集团公司董事长有一定年限的教育工作经历，对高等教育工作有一定的了解，出资方较为支持校长的工作。但在理事会负责的大政方针与具体事务之间，并没有明确的界限；这也就导致了理事长与校长之间权力边界的模糊，二者之间的关系呈现不确定性。另外，民办学校校长是董事会聘请的，但校长的权益没有法律保障。在《民办教育促进法》等法律法规中，关于如何产生民办学校校长，并没有相应的法律程序。因此，校长与董事长之间的权力配置只有通过双方谈判来解决。假如谈判破裂，处于弱势的校长，往往只能选择退出，校长被雇佣的色彩远比内部管理法人代表的浓厚，也就更谈不上高层管理者的激励机制了。

3. 党组织的作用仍需加强，民主监督机制不健全

《加强关于民办高校党的建设工作的若干意见》等文件的颁布，突出加强党建工作和思想政治工作的重要性，旨在推进民办高校党组织建设，发挥"灯塔""助燃器"的作用，确保社会主义办学方向，保证民办高校稳定运行。以D大学的内部治理架构为例，机构设置基本健全，涵盖了各相关职能部门，也在思想政治工作、校园文化建设等工作中发挥了较大作用。但仍普遍存在人员不足、兼职过多、疲于应付的现象，如党委办公室（纪委办公室）专职人员仅2名，负责纪检、组织、统战及党务管理事务，因此党组织机构仍需加强力量。

另外，D大学在2016年转设后，按照有关规定，成立了工会，但并没有发挥应有的作用，建校16年以来，还没召开一次教职工代表大会和学生代表大会。因此，广大教职工、学生的诉求无法上达，更谈不上参与学校内部治理，民主监督机制亟须健全。

4. 行政权力主导，学术组织功能乏力

大学虽属于科层化组织，但在一定程度上又是一种学术机构。民办高校也呈现学术与行政二元权力的系统结构。这就产生了内部权力配置的协调问题。

按照伯顿·克拉克的观点，学术权力是指在大学组织内部由部分专业人士或者团体拥有的一种权力，这种教授统治类型主要包括：集团统治、个人统治、行会统治等；学术权力的存在，是大学不同于企业或政府的明显特征之一。

而复杂的行政管理事务导致庞杂的行政管理系统，行政权力不时侵入学术权力的固有阵地；特别是在民办高校，"倾斜的二元权力系统"即行政权力强于学术权力的现象具有一定的普遍性，学术委员会的功能发挥乏力。

这一点在D大学的内部治理结构和运行机制中得到验证，在学校章程中，也规定成立学术委员会，但在实际运营中基本上没有发挥作用，也没有构建相应的工作机制、赋予一定的职责。

5. 利益主体参与治理的激励机制与师生权益的保障机制有待完善

借鉴委托—代理理论，从本质上来看，对于民办高校来说，内部治理即是一份委托—代理的契约。但是鉴于契约的不完备等因素，存在代理成本和道德风险的问题。从对D大学的访谈、调研中发现，首先，高层管理人员、教师等利益主体参与治理的积极性、主动性偏低。他们自身缺乏相应的价值追求，同时学校也缺少制度上、物质上或精神上的激励措施以鼓励其参与学校治理，这反映在D大学重要决策的出台过程上，理事长和校长经过联合商议后，就可以制定出台相关的政策。其次，由于民办高校校长的职业特殊性，其更加注重自身的社会声誉，董事会需要采取隐形激励机制来确保代理人与委托人的利益一致；但从现状来看，D大学在对校长的隐形激励机制上并没有采取更多的措施，没有达到预期的效果。另外，民办高校缺乏内部利益相关者的权力制衡机制，师生的权益保障机制有待进一步完善。行政管理人员、教师、学生均拥有各自的权力，理应构建相应的权力发挥平台，但从以D大学为代表的多数民办高校中的内部组织架构来看，大多缺乏对董事会、行政权力的制衡和约束，这也导致上层治理主体对二级单位或部门的绝对主导和控制。教职工代表大会作为重要监督机构，工会负责人并没有经过选举程序，也没有开展具体工作，普通教师参与监督或治理的权力受到限制；而对于学生而言，学校暂未建设学生参与监督治理的机制，在遇到特殊情况时，学生往往通过非常规的渠道争取自身的利益。在D大学的前期，曾发生过毕业生因毕业证的问题集体上访事件，对学校办学声誉造成了一定的负面影响。

二、民办高校内部治理问题的剖析

通过对民办本科高校D大学的案例分析，可以进一步揭示民办高校内部治理面临的难题与挑战。

（一）内部治理结构基本构成

D大学的内部治理结构主要由四部分组成：一是以董事长为代表的投资方，包括学校理事长、理事会核心成员等；二是以校长为首的行政管理人员；三是党委领导下的党团机构；四是以二级学院广大教师、学生为主体的师生员工。这样的结构在民办学校中具有一定的代表性。

（二）治理主体间的互动关系及影响

从我国民办教育的发展历史来看，基于独特国情，照搬或套用国外或其他地区私立高校的办学机制是不适宜的，这也促使我国民办高等教育发展道路具有中国特色，形成由董（理）事会、校长、党委、教职工代表大会等关键要素构成的内部治理结构。但同时，也无法回避一些问题，系统治理的核心是治理过程由谁领导、由谁主导及关键利益主体间如何实现良性互动，这是内部治理的关键。下面将结合实地调研和访谈，就D大学几组典型的治理主体间互动关系及影响进行阐述。

1. 投资方与校长

在 D 大学，集团董事会、理事会主要成员构成了投资方，在学校内部运行机制方面，实行理事会领导下的校长负责制。校长由理事会聘任，与投资方分离，并与其构成委托—代理关系。在分工方面，校长负责学校内部行政事务的管理和学术业务工作，有一定程度的自主权；理事会主要负责外部联系、争取当地和上级政府的支持，集团董事会及董事长仍经营地产项目等；但近几年来，集团董事会委派亲属及代表进入学校理事会，并担任核心成员的角色，分管行政事务中的财务、人事、资产等关键岗位的工作，在形式上构成了对行政事务的直接干预。

在 D 大学的内部治理结构中，投资方与校长有以下几个特征：一是校董分离，避免了家族式管理的弊端；二是投资方与校长构成委托—代理的关系，形式上实现了专家治校、教授治学的目标；三是二者的关系暂时具有一定的稳定性；四是二者关系也具有阶段性，在学校的不同发展阶段，投资方与校长的共同治理产生了几种类型，这里运用二维象限分析法，细化一下 D 大学内部治理结构的类型（见图 8-2），图中横轴表示投资方参与度与控制权大小，纵轴表示以校长为首的行政机构参与度与控制权大小，由此可以看出 D 大学在不同阶段的内部治理的特征或类型。

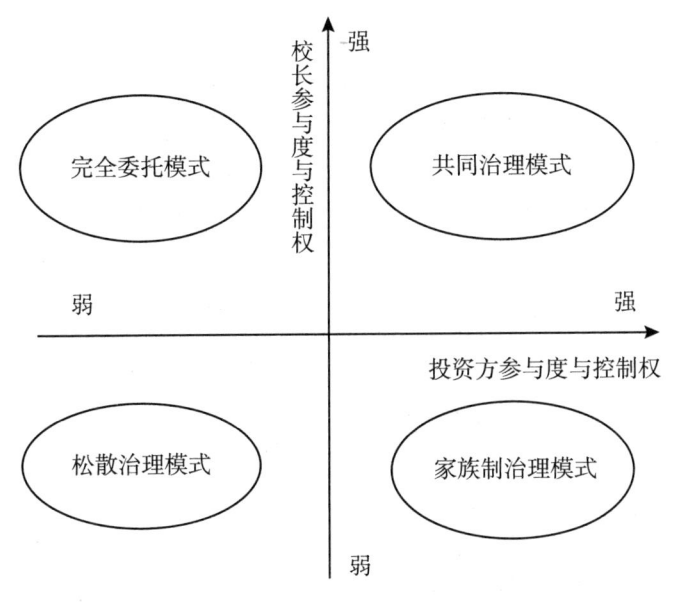

图 8-2 D 大学内部治理模式

作为民办高校内部治理中最为关键的一组互动关系，依据投资方、校长的参与度与控制权的强弱,将二者互动类型分为共同治理、家族制管理、完全委托(或称为 CEO 模式)、松散治理四种类型。事实上,我国民办高校的内部治理结构类型大致可以按照二者之间的关系来划分。D 大学在建校初期属于松散治理模式,规模扩张期主要呈现家族式管理的模式,在目前规范发展时段,在共同治理与完全委托两种模式之间摇摆不定。

这里需要指出的是,在第一种模式中,投资方与校长均高度参与内部治理,但在实际工作中也存在一定的隐患,这主要体现在:作为学校内部事务的主要责任人,投资方与校长的权责边界模糊,导致理事会核心成员并不具备丰富的教育教学背景,但直接干预或主导行政事务,形成对学校发展中核心要素的绝对控制,如财务审批、人事资源配置等。因此,由于信息不对称,现实中存在一定的局部冲突与矛盾,校长办学自主权受到限制、积极性主动性也受到不同程度的影响。

2. 投资方与党委

D 大学的前身是独立学院,党委曾隶属于母体学校党委,2015 年教育部批准转设以后,学校党委转为省委教育工委直接领导管理,并在当年召开党代会,选举产生了第一届委员会和第一届纪律检查委员会。省委组织部选派的党委书记主要负责思想政治教育等工作,确保社会主义办学方向。投资方与党委暂时还没有实现交叉任职,但党委负责人进入学校理事会参与决策。

3. 校长与党委

D 大学在转设之后,按照基层党组织选举条例完成了党代会选举程序。人员组成主要包括:书记 1 名、副书记 1 名、纪委书记 1 名。在工作分工上有一定的交叉,党委宣传部(新闻中心)、学生工作部(学生处)由党委副书记分管;学生处行政事务同时由 1 名副校长分管。从 D 大学目前的运行来看,鉴于分工较为明晰的情况,校长与党委主要是协作互动关系,局部冲突和矛盾的情况较少。

4. 投资方与师生群体

在民办学校的发展初期,投资方依靠对学校有形资产的所有权确立了主导或支配地位,而行政人员的管理能力、教师的学术能力较为欠缺,教师群体所拥有的无形资产和人力资本并不能与投资方讨价还价,因此,也放弃了对学校控制权和治理权的要求,逐步形成"打工"心态。在访谈中,多数教师都有类似的感受。但经过 16 年的发展,教师的学术能力和教育教学能力、中层管理干部队伍的管理能力越来越强,学校对教师群体的依赖度也逐步增强。投资方与教师群体的单向关系有所改变,这从 D 大学教师呼吁召开教职工代表大会的情况可以看出,教师群体和学生的维权意识和主人翁意识在逐步增强。

5. 治理主体互动间的冲突及影响

民办高校内部结构的各个利益主体,基于不同的利益诉求,在工作互动中容易产生冲突，矛盾或冲突的解决方式和效果直接影响治理效率和学校的健康持续发展。下面，以 D 大学的两个冲突案例来简要分析。

（1）案例内容。

案例 1：D 大学行政管理人员与教学岗教师的冲突。在访谈中，还原了这起冲突的来由。冲突源于艺术学院 1 名从事教学工作的教师，在课堂上对学生要求过于苛刻，甚至带有"言语攻击"，当事班级部分同学直接投诉到理事会，学校责成人事部门和艺术学院调查。从对多数学生的采访中，得知该教师在教学过程中的确对学生的要求严格，但至于学生投诉信中所说的"言语攻击"，同学们意见不一致，有的同学也提出了质疑。鉴于在二级学院内部，调查一事对当事教师的正常工作造成很大的影响，学校暂停了该教师的教学工作。最后在人事部门的劝解下，教师提出了辞职；在后期的手续办理中，当事教师对学校的做法很不理解，并与人事部门负责人围绕赔偿事宜产生了矛盾，僵持了大约 1 个多月后，最终学校按照有关法律法规给予了教师一定的补偿。

从此案例可知，基于办学性质的不同，首先，民办学校的学生从一开始就以消费者的心态对待教师，造成师生间沟通的不平等；其次，学校缺少协调机制，没有设立专门的反馈意见的机构，以致冲突事件的发生，并在事件后期导致了教师与行政管理人员的二次冲突。

案例 2：D 大学主管教学的校长与财务处关于采购设备的冲突。事情源于一起实验设备采购，在校长办公会上，因教学工作需要，决定建立某专业实验室，具体由教务处实验设备科牵头，协同财务、资产等部门落实。实验设备科根据教学工作实际，选定了几个厂家的设备，报送给了财务资产部门；财务采购部门在没有与主管教学校长和实验设备科沟通的情况下，以价格等原因，自行降低了设备标准，并进行了安装。但在实际使用过程中，远远达不到教学要求。一方面，主管校长埋怨财务部门在不具备教学实验经验的情况下，直接干预变更办公会的决议，造成资源浪费，并产生教学事故；另一方面，财务部门认为过于超前的仪器标准超过实际需求。该事件最后不了了之。但此事件导致投资方（财务采购部门由出资方代表分管）与主管校长之间不信任的关系。

（2）案例分析。

从 D 大学工作运行中的两个案例可以看出，民办学校内部治理的各个主体均有不同的利益诉求，但因为冲突协调或意见反馈制度的不健全、权责边界的模糊，一些冲突事件没有被及时妥善地处理，对学校内部治理效率和长远发展造成影响。案例 1 中，教师权益没有得到充分的保障，学校利益也受到损失；案例 2 中因投资方、校长的权力边界模糊，又加上董事长亲属或代理人的直接干预，家族制的人治色彩渐渐浓厚，这不仅导致信任危机，还挫伤了行政管理人员的主动性、积极性,产生"离心力",最终可能严重影响民办高校的长远发展。

第三节　民办学校内部治理改革探索及动向研判

近年来,我国民办学校,以及世界主要国家和地区私立大学都在内部治理方面作出了有益探索,这对于进一步优化民办学校内部治理结构、提高治理效能具有重要意义。随着国家政策体系的不断完善、民办学校改革探索的持续深化,民办学校内部治理也呈现出了新的动向。

一、我国民办学校内部治理的改革探索

(一) 内部治理的规则及理念

大学与企业不同,单一利益主体独立控制学校是不太现实的,鉴于大学是典型的利益相关者组织,这需要各利益主体共同治理。特别是内部治理是各相关主体权利配置间的划分和平衡。由于我国民办高校受到"苏联模式"的影响,具有自身特殊的社会、政治、经济、文化等背景,我国民办高校内部治理形成了自身的特色。参照组织理论、委托—代理理论、利益相关者理论等,借鉴世界其他地区私立大学内部治理经验,结合我国民办教育发展的现状,提出以下治理理念:

1. 依法治理

大学作为现代社会的重要部分,在经济社会发展过程中发挥着越来越重要的作用,它需要遵循社会规范,也就是说,民办大学内部治理的机构和运行机制必须要依据我国当前的民办教育法律法规。以《高等学校章程制定暂行办法》[①] 作为纲领性文件,制定本校的学校章程,落实依法治校的总体目标。

回顾我国民办教育的发展历史,《中华人民共和国宪法》首次确认了民办教育的合法地位,经过几十年的蓬勃发展,其间也出现过重规模、轻质量、不规范、办学水平不高等问题,国家通过颁布有关文件,对民办学校管理中的问题进行调整、规范,但直至 2002 年《民办教育促进法》的颁布以及 2016 年对《民办教育促进法》的修订,我国对民办教育支持、规范并重的主体法律网络才基本形成,民办高等教育的发展具备了较为完善的法律保障。

---

① 《高等学校章程制定暂行办法》,教育部门户网,2011 年。

因此，在设计民办高校内部治理结构时，必须要遵照现行法律法规，依照《高等学校章程制定暂行办法》《关于加强民办学校党的建设工作的意见（试行）》等文件要求，完善章程，推进科学治理，保证学校健康可持续发展。

2. 整体治理的理念

与公办高校实施党委领导下的校长负责制不同，若民办高校运用单一的治理手段或贯以统一的模式，也不符合当前的办学实情。特别是随着民办高校的蓬勃发展，办学中新问题不断涌现，也不太可能照搬西方高校或我国公办高校的治理模式。因此，需运用整体性思维或系统论观点来指导我国民办高校内部治理结构的设计和运行，形成具有自身特色的民办教育的发展道路。

在内部治理结构设计上，形成以董（理）事会—校长—党委—教职工代表大会为核心主体的治理结构，运用利益相关者理论，分校—院—系三级建制，明确高校校长、二级学院院长、系主任的权责，融合公办高校、国外私立大学的治理理念，整合校内各利益主体，鼓励治理主体多元化，创新制度设计，形成既遵守国家法律法规、遵循教育规律，又符合我国民办教育发展实情的发展模式。

3. 和谐理念

任何社会的发展必然需要一定的规则和秩序，系统各要素方能各安其位，才能有机整合，形成整体的良性互动和运行。这一规则即为文化，是人类社会生活中深层的核心的东西。在高校内部治理中，以我国传统文化中的和谐文化思想基础为指导，构建主体多元、开放包容、规范有序、运行高效的治理模式，树立师生为本、刚柔并济的理念，创新运行机制，提高效率，保障大学功能的充分发挥；以多元参与、百花齐放、协作共商的规则或理念推进内部治理，为实现民办高校内涵式发展筑牢制度保障。

（二）优化民办高校内部治理结构的基本思路

1. 健全党的组织机构，发挥政治核心作用

《关于加强民办学校党的建设工作的意见（试行）》突出了规范的要求，强调坚持并加强党的领导，做到"三个同步"，坚持社会主义办学方向。

现代大学制度的建设须与所处国家情况适应，加强党的领导，确保社会主义办学方向，这是与我国当前的国情和政治制度保持一致的。有人把"大学自治""教授治校"与党委监督保障相对立，实际上这是一种错误认识；在欧美或西方的大学，即使存在"自治分权"等模式，但无一例外都必须接受教育主管部门的监督、评估指导和领导，并受到内部监督机构如教授会、投资方的制约和监督。世界上也没有一所大学，能与政府、行业、企业脱离关系。因此，民办高校的发展必须坚持党委政治核心作用，发挥党委"灯塔"的功能，构建具有中国特色的民办高校内部治理结构。

2. 制定和完善学校制度，全面落实依法依规治校

国家全面实施依法治国，具体到教育领域，即是依法依规治理，加强制度建设，主要从以下两个方面落实：

（1）制定和完善学校章程。完善大学章程，是建设现代大学制度的突破口，并能促进高校内部治理结构的优化。《关于加强依法治校工作的若干意见》[①] 明确要求，大学章程经教育行政部门审核批准，同时，2010年《教育规划纲要》明确提出各类高校须依法制定和完善本校章程，进一步优化内部治理结构。对民办高校来说，不论是营利性还是非营利性，完善章程的重点在于健全学校董（理）事会或者其他决策机构的运行规则，进一步规范学校决策的程序，使其按照章程自主管理，健全决策机构、行政机构与学术机构相互制衡的运转机制。

（2）确保学校规章制度的合法性。民办学校不仅要遵守国家宏观层面的法律法规，还要遵守《中华人民共和国劳动法》等要求，对于非营利性民办高校要及时修改或废止违反法律法规的管理制度或规定。在制定新的学校规章制度时，须研读国家的各项法律法规，确保符合全国人大制定的法律、国务院制定的行政法规、地方人大制定的地方法规，以及教育部制定的行政规章规定等。

3. 合理配置治理权，明晰权责边界，推行职业校长制度

与公办学校校长由上级行政组织任命不同，民办学校校长对董事会负责，执行董事会通过的决议，负责学校内部行政事务和学术事务，因此，相对公办学校校长来说，民办学校校长所受牵绊较少，管理空间较大。帕金森定律认为，行政组织结构与效率成反比。民办高校的重大事项只需校董事会审批，落实推进的工作效率高。但同时，也存在一些问题，例如，对于所有权和经营权相分离的民办高校，因举办者、校长双方分工的不明确，又因举办者（投资方）控制着人力、财物、资产等这些关键资源，而导致具体管理学校事务的校长可能对学校决策无法形成实质影响，较多地受制于举办者。

在学校内部的权力配置过程中，建议主要从以下两个方面落实：

（1）明晰董事会与校长间的权责边界，探索推行职业校长制度。随着近年来民办高校办学规模的扩大，为实现民办高校的有效管理，许多民办高校实现了投资举办者与管理者之间的分离，形成两者之间的代理关系。但由于高等教育以知识的生产和传播为基本功能，而知识的生产和传播难于观察和计量，也无法单纯像契约经营那样考核经济指标，管理成果很难计量及准确化。按照委托代理理论的阐述，第一，由于民办高校投资方与以校长为首的管理方两者之间的委托代理

---

① 《关于加强依法治校工作的若干意见》，教育部门户网，2002年。

关系，学校须健全法人治理结构，以合理的制度设计来实现所有权与管理权的分离，发挥监督机构的制衡作用，进一步明晰资方与校长的权责边界，从而从制度上保障决策机构的科学合理；第二，民办高校中形成对校长的激励、约束机制的关键是实现投资方（委托人）与校长管理方（代理人）间的共同利益。通过恰当的制度及契约设计，使所有者的收益最大化与校长的收益（包括校长社会声望的提升等收益）最大化相一致，使校长和投资举办者间的利益相关或者相一致，强化民办高校校长的职业化要求，通过控制权激励、荣誉地位激励、情感激励等措施，强化校长的市场经济意识，并主动对接，探索校长职业化制度。

（2）平衡好行政权力与学术权力。民办高校的内部治理不同于公司治理的一个特点是学术机构的存在。教育教学研究工作的开展、对成果的鉴定评价等工作，均非行政管理人员所能解决的，这也是高校的运营管理须以学术管理为重点的原因。但在民办高校内部，二级学院院长虽然拥有绝对的主导权，但其并非像欧美地区私立大学那样，院长由教授会选举产生，我国民办高校二级学院院长或系主任是由学校一级任命聘任的，该聘任机制也客观上导致二级学院院长的学术权力部分附庸于学校行政系统，如一方面大多数民办高校的学术委员会或校务委员会主任由校长兼任，这在顶层设计上就存在执行、监督机构重叠交织，行政权力不可避免地过多介入或干预学术权力；另一方面学术组织形同虚设，并没有发挥应有的学术决策权，但同时，若过于依赖相对较为松散的学术组织，就有可能影响内部行政治理的效率。因此，结合我国民办高校实际，应通过加强学术系统作用，并将学术权力下移至二级学院，和逐步推进校长职业化的方式，方能平衡行政权力与学术权力，从而达到决策、执行、学术监督相互制衡的治理目标，提高各项决策的科学合理性。

4. 完善民主监督，保障师生权益

民主监督是师生员工对学校权力运行活动的监督，旨在维护其合法权益。民主监督机构的设置是建设现代大学制度的内部需求。近些年来，随着经济社会结构的转变和教育体制改革的推进，各利益主体的诉求逐渐多元化，有关深层矛盾也暴露出来，广大教师、学生群体强烈要求参与和监督学校的决策、管理程序，以保证学校的运行照顾到自身的利益，各种矛盾得到合理解决。因此在现代学校制度建设的过程中，必须建立民主监督机制，保证广大教师、学生、民主党派等相关人员参与和监督，推进民主管理，提高学校的内部治理水平。

2016年的民办教育新法新政，对民办学校实行分类管理的政策，在强调分类支持的同时，加强规范治理，这主要包括外部治理和内部治理。因此，建立完善教职工代表大会、学代会制度，保障了师生员工的民主监督权力，这也是落实《学校教职工代表大会规定》等相关文件的要求，特别是非营利性民办高校要参照执行，保障教职工对学校内部治理的知情权、发言权。

在大学这样的利益相关者组织中，大学教师是学校健康持续发展与运行的依靠力量，理应在内部治理结构中占有一席之地。而学生具有教育投入要素和"教育产品"的双角色，其作用固然重要。这些因素决定了教师、学生参与学校内部治理和民主监督的合理性，可以通过完善民办高校教职工代表大会、学代会机构，来构建一个不附庸于行政系统的协调机制和平台，推进民主进程，依法完善监督，维护师生权益。

5. 塑造共同的文化追求，引领内部治理走向完善

参照利益相关者理论，我国民办高校内部治理涉及举办者、校长、教师、学生等多个利益相关者，这些利益主体组成了"契约联合体"或"命运共同体"。因此，优化内部治理结构、提高治理效率的源动力须以各个利益主体的价值认同和追求为前提，才更有可行性和持久性，我们需要从以下三个方面努力营造多元参与、协商共治的文化氛围，塑造共同的文化追求：一是营造民主化管理的氛围，董事会决策层须统一思想，健全教职工代表大会、学代会的工作机构，且独立于行政系统以外，发挥民主监督作用；二是塑造学术自由化的价值认同，在内部治理结构设计中，考虑二元权力的平衡，须下发学术权力，调动二级学院相关利益主体的主人翁意识和主动参与意识，凝聚共识；三是营造协商共治的文化氛围，从学校到二级院系，建立和完善协商共治的激励机制，唤醒各个利益相关者的参与意识，通过协商对话促进公共责任的形成。

通过以上措施，进一步促使各个利益相关者参与内部治理，助力学校发展，这虽在一定程度上降低了决策的效率，但却能较大程度保证决策的科学合理性，也奠定了顺利推进落实决策的基础，实现决策、执行、监督等机构之间的良性互动，营造学术自由、管理民主的协商化氛围，引领内部治理走向完善，为民办高校的长远发展、内涵式发展打下坚实的制度保障、稳定的组织保障。

二、世界主要国家私立大学内部治理的改革探索

明确世界主要国家私立大学内部治理的经验，对于探索我国民办学校内部治理机制的优化之道具有重要意义。

（一）主要经验

1. 美国私立大学的内部治理

美国大学种类较多，包括两年制学院、四年制学院，还有研究型高校。在美国，大学的董事会作为最高决策机构和权力机构，制定有自己的章程，其对董事

会构成、成员的任期、工作职责及范围进行规定。董事会成员主要来自企业高管、社会知名人士、官员等，所聘任的校长以董事会成员的身份参与董事会的工作决策。从20世纪60年代开始，美国大学吸收师生代表或校友代表进入董事会。同时，为了拓宽办学经费的来源，董事会的规模较大，设置主席1人，副主席若干，下设各专门委员会，如投资委员会、学术事务委员等，来处理相应的事务。一般说来，董事并不直接干预学校内部的行政事务工作和学术管理事务，主要职责是：聘任校长、专业审批、决定学费标准、校园建设、学校发展规划等。

由于董事会成员多为校外人士，校长作为学校内部事务（行政事务和学术事务）的最高负责人，对董事会负责；与德国等欧洲大学相比，美国大学校长的权力要更大，但在美国，其要负责筹集资金，并负责协调学校与董事会、政府的关系，内部事务多由常务副校长来承担。在校长与常务副校长的权力分配上，与英国大学的内部分工存在相似之处。

关于二级学院院长和部系主任、各级行政管理人员的任命和聘任，校级层面成立人事委员会，并对校长、副校长和主管领导推荐的人选进行综合考评。一般所推荐的人选要多于空缺的职位数。这种制度安排，体现了美国大学内部的决策机制与制衡机制。同时，在美国的公立和私立大学的内部机构设置中，有校务委员会以及教授评议会，前者主要负责制定学校的政策，校长担任校务委员会主任，该机构由主管校长、学院院长、系主任、行政人员、教授及学生等主体构成；后者作为正式机构代表全体教师对学校中重要决策进行咨询，维护教师、学生的权益。美国的私立大学存在教授治校之传统，涉及师生权益的重要事项需要先经学校的评议会讨论并通过，之后呈报校长批准。该评议会是由来自各二级院系的教师代表及学生代表等构成，主要职责是咨询、参与决策，但在学术事务方面，教授评议会具有主导控制权。这样就保证了学术权力系统运行的相对独立性。

2. 德国大学的内部治理

在第二次世界大战前后，德国大学的内部治理有一个明显的变化，第二次世界大战前以教授治校为主，因第二次世界大战后民主管理的呼声较高，教师、学生都参与了治理。此外，德国大学相对于美国大学来说，州政府的管制程度更高，虽然教职工代表大会是学校的最高领导机构，但选举产生的校长需要经政府任命，选举的常务副校长（兼任总务长）需要对州教育主管部门负责；而负责日常管理事务的终身常务秘书，直接由州政府任命。

在德国，大学内部运行机构分全校教职工代表大会—校务委员会—系务会的三层治理结构，校务委员会是学校的最高管理机构，由校长、教授、管理人员、学生代表组成，其主要职责是提出校长的候选人、选举总务长、批准学校预算、招生计划、决定校内机构设立或撤销、批准教授候选人名单、处理学术科研的一般性问题等。校长作为学校最高行政长官，负责执行校务委员会的决议。系务会作为基层决策机构，由系主任、教授和学生代表组成，主要负责系一级的日常教学科研事务管理。

德国大学学术机构的内部管理仍具有较高的自治权力，多数采用集体领导或轮流担任负责人的方式，来决定学术机构内的所有重要事项，并且教授在该机构中有绝对支配权。因此，德国大学内部治理虽受制于政府，但仍具有高度自治权。

3. 日本私立大学的内部治理

第二次世界大战后日本的高等教育实现了从中央集权到学术自治的过渡，这里主要就日本私立大学的内部治理结构和运行做简要分析。

日本私立大学内部架构主要包括：理事会、监事机构、评议会、学部长联席会议（由校长主持召开）等。日本颁布的《私立学校法》要求投资方、管理方（以校长为首的团队）等代表组成学校的理事会。其主要职责是：制定发展规划、设置或合并组织机构、解散法人、任命各机构的最高负责人等。同时该法律还规定设置监事，以履行监察理事业务、法人财产状况的职责，并负有及时向校评议会报告的职责。

日本私立大学的评议会充当理事长咨询机构的角色，旨在避免理事长独断，由师生员工代表、校友代表及与学校法人无利益关系的社会名流组成，成员数一般是理事会成员数量的两倍。有些私立大学，评议会是作为决议机构来运行的，如早稻田大学，涉及学校资产处理、法人合并或解散等重要事项，须先经过评议会讨论通过方能执行。理事会成员大多与学校利益相关，而评议会中的"外部代表"成员与学校法人没有利益关系，这有利于评议会形成对理事会的制衡或监督。此外，日本私立大学内部负责执行具体事务的管理机构是由学校校长、学部长联席会议、教授会为核心的执行机构；而校长是由教授委员会选举、理事会任命的，其主要职责是通过与教授会、学部长联席会的协作配合，来开展教学科研和行政事务。

学部长联席会议是日本私立大学处理校内事务方面较为重要的机构，由学部长来主持，在决策程序中，采取多数表决通过的机制。教授会的权限包括讨论决定教学方针、人事、预算、课程设置等事项。教授会其中一项重要权力是选举学部长和校长。

（二）借鉴与启示

以上的对比分析，对我国民办学校内部治理体系的优化有如下启示。

1. 以制度明确规定学校的内部治理结构

不论是欧美国家,还是亚洲国家的私立高校,都在不涉及学校微观管理的基础上,通过宏观规定的手段,以法律的形式对内部治理结构和运行机制进行确立。

2. 注重行政权力与学术权力的相对分离

以上各国的私立大学均提倡教学科研为本的学校治理理念,建立了董事会领导下的校长负责制的行政管理体系,同时赋予教授治校的学术权力,平衡行政权力与学术权力,实行不干预教育专家治校的原则。

3. 接受民主监督,避免决策机构的独断专行

不论是美国的教授评议会、德国的教职工代表大会、日本的监事制度,均旨在避免董事会等决策机构的独断,广泛征求内部各利益主体的意见,接受师生员工的监督;这也许会降低决策效率,但科学合理、可行的决策更有利于提高治理效率和学校的长远发展。

三、我国民办学校内部治理的未来动向

近期,在教育部发布《关于民办教育分类管理改革地方配套文件制定工作进展情况的通报》[①] 中,各地出台的配套文件的亮点之一是:完善内部治理结构,加快建设现代大学制度,探索职业校长等。由此可见,在民办高校内涵式发展的道路上,优化内部治理结构是关键,如何进行优化、办学自主权由谁来主导、怎么行使办学自主权等问题在现实中暂时没有得到完全的解决。在我国大学中,依然存在权责不清、有法不依、以言代法等问题,这也影响了大学内部治理的现代化以及现代大学制度的建设进程。

因此,实现治理现代化,坚持依法治校和系统共治是当前民办学校内部治理所须遵循的原则,也是民办高校实现内涵式发展的内在需求。党提出的依法治国的方略,具体落实到教育领域,就是须依法治校,规范办学行为,维护好师生权益,优化育人环境,提高教育质量。这是优化内部治理结构、改善外部环境、实现教育治理现代化的必然要求。

此外,系统共治理论是基于系统论的视角,通过调结构、顺关系,从而整理内部资源,构建一个优化的内部治理结构。在过去的教育改革中,存在将学校看作封闭的独立系统的思维定式,过于关注微观治理或利益相关者的分散治理。事实上,作为社会的一个子系统,其内部各组成部分也存在权利或资源的分配与让

---

① 《关于民办教育分类管理改革地方配套文件制定工作进展情况的通报》,教育部门户网,2018年。

渡，且大学与社会中其他子系统间同样存在着广泛联系，这包括信息、资金、人才等。在大学的内部治理结构中，鉴于从冲突对抗逐步转向包容理解的协作，我们需要从全局、整体的维度来开展研究，结合宏观与微观环境，推进治理现代化。而这正是基于系统论视角研究大学内部治理的意义之所在。

2017年，中共中央颁布了《关于深化教育管理体制机制改革的决定》，高校为扩大办学自主权找到了重要依据，但如何科学有效使用办学自主权，是摆在高校特别是民办高校面前的一个重要课题。

当前教育改革步伐加快，高校面临的情况日益复杂，内部单一主体无法有效化解学校中多元利益主体或利益相关者间的矛盾或冲突，这是各利益相关者参与学校内部治理的现实需要。从学校层面来讲，当务之急是完善内部治理结构、打破权力格局、重新配置学校权力与资源，因为从组织理论的角度来讲，学校的内部治理是决定办学质量以及长远发展的关键因素。学校通过分享治理权力，推进民主参与管理，激发教职员工的主人翁意识、创造性和积极性，实现协作共同治理。

同时，经过40年的发展，民办学校特别是一些非营利性民办学校举办者的办学初衷悄然发生变化，不再一味追求利益回报和办学收益，而更倾向于提高教育质量、提高办学声誉和为社会做贡献。不少民办学校的投资方或举办者逐步意识到教育规律的重要性、大学组织自身的独特性，不断重视师生员工的参与意愿。当前诸多举办者正渐渐超越既往的利益导向思维，摒弃单一的投资理念和发展思路，秉持与学校同生死、共命运的教育情怀，专注于教育质量的提升、社会责任的担当及师生合法权益的保障，这将给我国民办教育带来更大动力，推动民办教育永续发展。[①]

[①] 周海涛、闫丽雯：《我国民办教育发展的动向与思考》，载于《教育发展研究》2016年第17期，第74~78页。

第九章

民办学校教师建设的跟踪与评估

2016年11月7日,新修订的《民办教育促进法》顺利通过,并于2017年9月1日正式生效,为民办教育分类管理改革提供了明确的法律依据。随后,国务院、教育部等相关部门相继出台了一系列配套政策及实施细则,加快了民办教育分类管理的政策落地实施。可以说,民办教育事业进入了全新的发展时期。随着民办教育新法新政的颁布实施,民办学校教师将享受到更多的政策福利。近年来,各地对于落实民办学校教师权益保障、促进教师发展、加强师资队伍建设有哪些新的进展?取得了哪些成效?还存在哪些问题?本章内容在对这些问题进行系统梳理的基础上,系统分析民办学校教师发展制度的未来动向。

第一节 民办学校教师建设实践最新进展观察

教师队伍建设是民办学校改革发展的重要任务,随着分类管理政策体系的不断完善,民办学校教师队伍建设的制度设计也逐渐健全,为民办学校教师队伍建设和教师专业发展创造了良好的制度环境,促使各地民办学校教师队伍建设取得了显著成效。

一、民办学校教师建设实践进展

教师队伍是民办学校可持续发展的重要力量。维护教师合法权益、创造有利的组织环境和社会环境，是建设高素质教师队伍的重要条件。在分类管理制度框架下，各级政府对两类民办学校采取的政策导向有所不同，政府对非营利性民办学校的政策扶持力度更大，对营利性民办学校则是承认其合法性并鼓励发展。在非营利性民办学校师生发展方面，国家和地方政策更多体现在教师权益保障、学生资助、高层次人才引进的支持政策方面。

（一）落实教师同等待遇，促进教师合理流动

1. 完善户籍、保险服务政策

《安徽民办教育实施意见》明确指出在行政区域内工作的民办学校教职工，可以办理落户手续，有稳定居所的登记为家庭户，没有稳定居所的在学校所在地人才交流中心登记集体户。

《辽宁民办教育实施意见》对户籍和保险转移政策也做了相关规定。民办学校教师跨地区的社会保险可以转移和接续，企业单位保险和事业单位保险制度可以对接，缴费年限合并计算。户籍服务政策将根据实际情况进一步调整和完善，以利于教师的合理流动。

《浙江民办教育实施意见》规定，原在编在岗公办学校教师聘任到民办学校工作后，可根据相关规定自愿选择参加事业单位养老保险或企业养老保险。原从事学历教育的公办学校教师若需重新回到公办学校、或其他事业单位工作的，可按照有关规定进行考核聘用，其在民办学校的工龄、教龄连续计算。

《山东民办教育实施意见》规定，民办学校教师考取为公办学校事业编制的，其在民办学校教龄连续计算，两类社保缴费年限合并计算。

2. 健全教师双向合理流动机制

《浙江民办教育实施意见》在探索公办民办教师合理流动政策方面，实行鼓励和规范并举。一方面，要求相关部门不得限制在职公办学校教师聘用到民办学校工作；另一方面，支持公办学校教师通过挂职、支教等方式帮助薄弱民办中小学提高教学质量。但明确规定，支援教师在民办学校累计任教时间不得超过6年。违反规定的需承担相应责任。

《温州市人民政府关于进一步深化综合改革促进民办教育健康发展的实施意见》[①] 对公办学校委派到非营利性和营利性民办学校支教的教师实行差异化政策。委派到非营利性民办学校支教的教师，其事业编制身份、工资、档案关系、社保等均保持不变，期满后返回原单位。委派到营利性民办学校支教的教师，除

---

① 《温州市人民政府关于进一步深化综合改革促进民办教育健康发展的实施意见》，温州市人民政府网，2018年。

工资由民办学校发放外,事业编制身份、社保、档案关系保持不变,支教期满后返回原单位。

《山东民办教育实施意见》支持公民办学校教师合理流动。要求各级政府及相关部门要将公民办学校互派教师、管理人员支教、帮扶工作列入计划,允许公办高校批准教师在民办高校教学并合理取酬。

《河北省人民政府关于鼓励社会力量兴办教育促进民办教育健康发展的实施意见》[1](以下简称《河北民办教育实施意见》)要求各地要坚持公办学校教师和民办学校教师一体规划、一体培养、一体建设。鼓励各地互派公民办学校管理人员和教师,帮助民办学校提高教学质量,提升管理水平,促进民办学校健康持续发展。

《宁夏民办教育实施意见》规定各地可互派公民办学校管理人员和教师,对民办学校进行帮扶和指导。在交流期间,相关人员工资仍由原单位发放,并要求在规定时间内返回原单位。

《省人民政府关于鼓励社会力量兴办教育促进民办教育健康发展的实施意见》[2](以下简称《湖北民办教育实施意见》)明确了湖北省教师双向交流的具体政策。一是在符合国家有关审批程序和管理规定的情况下,公办学校退休领导干部或教师可以到民办学校担任领导或从事教学工作,发挥余热。二是经批准,公办高校教师可在民办高校兼课并合理取酬。

《重庆民办教育实施意见》提出构建对口帮扶机制。建立以校校合作、校企合作等为主要形式的民办教育帮扶机制。公办学校可以发挥其优势,帮助非营利性民办学校提高教学效果和管理水平。在符合国家法律法规和相关政策规定的情况下,公办学校教师可到非营利性民办学校任教。支持国有企业与民办学校之间建立校企合作关系,通过教学科研、管理互动、实习实训等方式,实现资源共享、合作发展。鼓励民办学校之间互相帮扶。

3. 非营利性民办学校享受与公办学校同等的引才政策

《辽宁民办教育实施意见》《上海民办教育实施意见》《天津民办教育实施意见》《安徽民办教育实施意见》等指出非营利性民办学校教师享受当地公办学校同等的人才引进政策。

从以上省份和地市出台的政策来看,浙江省温州市对委派到非营利性与营利性民办学校支教的公办学校教师,制度方面的差异体现在工资支付的来源不同,

---

[1] 《河北省人民政府关于鼓励社会力量兴办教育促进民办教育健康发展的实施意见》,河北省人民政府网,2018年。

[2] 《省人民政府关于鼓励社会力量兴办教育促进民办教育健康发展的实施意见》,湖北省人民政府网,2017年。

到营利性民办学校支教的教师工资由营利性民办学校发放。相关省份支持民办学校教师在所在地安家落户。辽宁、上海、天津、安徽等省份对非营利性民办学校教师施行公办学校教师同等的引才政策，体现了政府支持民办学校稳才、引才举措。相关省份对双向流动的教师从政策细则和具体实施程序上进行了明确规定，公办学校退休领导干部到民办学校任职的限制也已放开，体现出政府的政策导向和制度支持，目的在于解决帮扶、支教教师和管理干部的后顾之忧，鼓励公办学校优秀师资帮助民办学校在师资队伍建设、改进教学效果、提高教学质量等方面提供有力支持，促进民办学校教育教学水平的提高。同时，从政策梳理中也看到，不少省份明确规定了支持、帮扶的学校类型为非营利性民办学校，体现出各地政府重点支持非营利性民办学校，而对于营利性民办学校的支持相对保守。

（二）健全教师专业发展制度，加强师资队伍建设

教学质量是民办学校发展的生命线。教师水平是决定教学质量高低的关键因素，因此，教师的专业发展水平是保障教学质量的前提。各地好的做法体现在以下方面。

1. 政府加大财政投入

《辽宁民办教育实施意见》支持民办教育健康持续发展，积极探索多元化的财政扶持政策，加大对民办学校的扶持力度。通过差额补助、定额补助、项目补助、奖励性补助等方式重点对民办教育公共服务、信息化平台建设、突出贡献的学校和个人、非营利性民办学校的重点项目建设等进行支持和奖励。

《云南省人民政府关于鼓励社会力量兴办教育促进民办教育健康发展的实施意见》[1]（以下简称《云南民办教育实施意见》）完善政府补贴和政府购买服务政策。进一步明确了补贴的项目、对象、标准、用途。明确了政府购买服务的项目、类型、标准、程序、评价体系。对政府补贴和政府购买服务政策的落实起到了积极作用。

《湖北民办教育实施意见》创新对民办学校的支持方式。鼓励各级政府通过成立民办教育福利基金为民办学校的师生提供救助性福利保障。

《陕西省人民政府关于鼓励社会力量兴办教育促进民办教育健康发展的实施意见》[2]（以下简称《陕西民办教育实施意见》）在原有基础上进一步加大对民办教育的财政扶持力度。划拨民办高等教育发展专项资金增加至每年4亿元，重点

---

[1] 《云南省人民政府关于鼓励社会力量兴办教育促进民办教育健康发展的实施意见》，云南省人民政府网，2017年。

[2] 《陕西省人民政府关于鼓励社会力量兴办教育促进民办教育健康发展的实施意见》，陕西省人民政府网，2018年。

用于非营利性民办学校，支持加快内涵建设。

《重庆民办教育实施意见》规定各级政府将民办学校发展资金列入财政预算，并要求根据发展情况逐步增长，主要用于生均公用经费补助、非营利性民办学校实习实训基地建设、师资队伍建设等项目。支持社会资金探索建立公益性民办教育发展基金，用于对非营利性民办学校及师生的奖励。

《温州市人民政府关于进一步深化综合改革促进民办教育健康发展的实施意见》在财政扶持政策方面进一步完善和细化。每年安排民办教育专项资金3 000万元，在原有支持项目的基础上增加了对全市民办学校年度优秀举办者、校长、教师的奖励、教师的培养培训补助。规定每年评选全市民办学校优秀举办者和优秀校长各10名，市财政给予每名1万元奖励；每年评选全市民办学校优秀教师50名，市财政给予每名5 000元奖励；以市政府名义给优秀举办者、校长、教师颁发证书和奖金。

《宁夏民办教育实施意见》规定民办教育发展专项资金重点用于支持非营利性民办学校发展。

2. 规范教师聘任程序

《辽宁民办教育实施意见》将民办学校师资队伍建设工作纳入教师队伍建设整体规划。要求各地加强民办学校师德师风建设、健全各项考核措施、加强教师思想政治工作，全面提升教师素质水平。

《温州市人民政府关于进一步深化综合改革促进民办教育健康发展的实施意见》提出，健全民办学校教师师德建设机制，完善师德规范，引导教师争做"四有"好教师，建立民办学校教师个人信用记录。

《河南省人民政府关于鼓励社会力量兴办教育进一步促进民办教育健康发展的实施意见》[1]（以下简称《河南民办教育实施意见》）对民办学校教师招聘及上岗提出具体要求。严把招聘标准、规范聘用流程、明确教师上岗应具备国家规定的资格证书。

《海南民办教育实施意见》要求民办学校维护教师的合法权益，按劳动法有关规定与聘任教师签订劳动合同，提高教师档案管理水平。

《省人民政府关于支持和规范社会力量兴办教育促进民办教育健康发展的实施意见》[2]（以下简称《贵州民办教育实施意见》）要求贵州省民办学校和相关教育行政部门加强教师的聘任和管理。规定学校与聘任教师必须签订劳动合同，明

---

[1] 《河南省人民政府关于鼓励社会力量兴办教育进一步促进民办教育健康发展的实施意见》，河南省人民政府网，2018年。

[2] 《省人民政府关于支持和规范社会力量兴办教育促进民办教育健康发展的实施意见》，贵州省人民政府网，2018年。

确双方的权利义务，并到相关部门登记备案。所聘教师要具有教师资格。相关教育行政部门做好教师的管理和指导工作，提高教师业务水平，提升教师队伍的稳定性。

3. 加强教师培养培训力度

《辽宁民办教育实施意见》提出要重视民办学校青年教师的培养培训，在资格认定、职务评聘、培养培训、评优表彰等方面享有与公办学校教师同等的权利。努力为提高教师的业务水平创造条件。要求民办学校在学费收入中安排一定比例的资金用于教师的培养培训。同时合理设置岗位结构和岗位数量，实现岗位管理科学化。

《安徽民办教育实施意见》提出，以"稳定队伍、优化结构、提高素质"为原则，努力建设一支规模适当、素质优良、专兼结合的教师队伍。规范教师选聘标准与流程，严把入口关。也要求民办学校在学费收入中安排一定比例的资金用于教师的培养培训。提高教师的业务水平和能力。

《云南民办教育实施意见》规定放宽职称评聘数额。提出在开展职称评审工作时，签订无固定期限劳动合同的民办学校教师在满足评审条件的情况下可不受岗位数额限制。同时要求发挥名师的引领带动作用，帮助青年教师成长。在开展教学活动时要注重校本研修和教学研究，促进教学改进。

《浙江民办教育实施意见》明确在资格认定、职称评审、进修培训、科研课题申请、选优评先方面民办学校教师享有与公办学校教师同等的权利，在国际交流方面也拥有同等的权利。这对于民办学校一直以来较难获得出国审批计划是一项突破。

《上海民办教育实施意见》提出充分发挥第三方教师专业培训机构作用，提高民办学校教师教学科研水平，促进教师专业发展。同时，针对民办学校自身发展特点，引导民办学校形成各具特色的校本研修机制。

《宁夏民办教育实施意见》提出针对职业院校教师培养机制。鼓励教师提升学历层次。要求促进校企之间的合作和交流，建设高水平的"双师型"教师队伍。

《重庆民办教育实施意见》提出构建民办学校教师"国培""市培"和区县培训的三级教师培训体系。积极引导民办学校结合自身特点和发展水平，形成分层分级的校本研修机制，促进教师发展。并明确规定民办学校教师培训经费的支出比例不得低于其教职工工资总额的 2.5%。

4. 建立教师奖励机制

《温州市人民政府关于进一步深化综合改革促进民办教育健康发展的实施意见》提出，每年评选全市民办学校优秀举办者和优秀校长各 10 名，市财政给予每名 1 万元奖励；每年评选全市民办学校优秀教师 50 名，市财政给予每名 5 000 元奖励；以市政府名义给优秀举办者、校长、教师颁发证书和奖金。

《河南民办教育实施意见》鼓励民办学校教师和管理人员积极参与各级、各类专家评委的申报工作，教育项目和资金的评审、评估、评价中应有一定比例的民办教育专家参加。

从以上省份和地市出台的政策来看，政府财政支持教师队伍建设。部分省份通过明确各级民办教育发展专项资金项目内容、建立政府补贴等财政投入方式支持民办学校加强师资队伍建设、维护教师权益。部分省份规范民办学校教师选聘工作。规范民办学校教师选聘程序，严格劳动合同签订标准，严把任教资格，健全教师档案管理制度等成为健全民办学校教师发展的第一关。在师资培训、奖励的具体措施中，有不少政策亮点可供借鉴。例如，合理设置岗位、放宽职称评审名额、支持民办学校教育专家参与评委申报、民办学校教师享有参加国际交流等方面的同等权利、发挥第三方教师专业培训机构作用、限定培训经费最低比例、建立奖励机制等措施具体明确，可操作性强，体现出了当地政府对民办学校教师专业发展的重视和支持。

（三）全面推行人事代理，保障教师合法权益

1. 完善社保分担机制，鼓励依法足额缴纳五险一金

《辽宁民办教育实施意见》要求完善民办学校、个人和政府三方合理分担的社会保障机制，民办学校要按照法律规定为教职工足额缴纳五险一金。

《浙江民办教育实施意见》提出实行专任教师全员人事代理制度。要求民办学校按照法律规定为教职工足额缴纳五险一金，并办理大病保险。同时规定，符合条件的专任教师，可以参加事业单位养老保险并建立职业年金。政府可对为教师办理事业单位养老保险的民办学校进行一定比例的补助。鼓励民办学校在参加基本医疗保险和大病保险基础上，为教师办理补充医疗保险。

《温州市人民政府关于进一步深化综合改革促进民办教育健康发展的实施意见》提出全面实施民办学校教师人事代理制度，健全教师社会保障制度。鼓励民办学校按规定为参加企业职工养老保险的教职工建立企业年金，改善教职工退休后待遇。鼓励民办学校为教师办理健康险等补充医疗保险。同时，温州市创新制度，对登记为事业单位的非营利性民办学校推行编制报备员额制度。即给予非营利性民办学校不高于同类公办学校编制数额标准 50% 的非财政供养民办事业编制报备员额。使部分非营利性民办学校教师实现基本享有公办学校教师的同等待遇。

在《丽水市人民政府关于进一步促进民办教育健康发展的实施意见（征求意

见稿)》[1] 中明确设立社保资金补贴。根据上年度社保资金（和职业年金）缴纳人数及金额，对非营利性民办学校（普惠性幼儿园）教师参加社保和缴纳职业年金的学校承担部分每年给予不低于30%的补助（登记为民办事业单位的学校不低于40%的补助），补助资金专项用于教师社保经费支出。

《安徽民办教育实施意见》规定凡取得相应教师资格证书并与民办学校签订劳动合同的教师，均可参加人事代理。

《山东民办教育实施意见》规定继续推进非营利性民办学校教师与公办学校教师养老保险同等待遇试点，要求财政部门根据试点学校缴费规模进行适当补助。

《宁夏民办教育实施意见》提出推行教职工人事代理制度。明确规定符合人事代理条件的民办学校教职工人事档案统一交由人才服务机构托管。各级人才服务机构按照相关程序和要求开展业务，并建立人事代理人员年度考核制度，推进人事代理工作的规范性和科学性。

《重庆民办教育实施意见》明确规定民办学校未依法履行为教职工缴纳社会保险费的法定义务，不能享受生均公用经费资金和发展专项资金支持的财政扶持政策。

《广西壮族自治区人民政府关于鼓励社会力量兴办教育促进民办教育健康发展的实施意见》[2]（以下简称《广西民办教育实施意见》）提出关注民办学校教师身心健康，鼓励民办学校积极探索重大疾病和贫困教师的救助帮扶机制。

2. 确保工资待遇稳步提升

《中共辽宁省委关于全面深化新时代教师队伍建设改革的实施意见》[3] 要求民办学校应与教师依法签订合同，按时足额支付工资，维护教师基本权益，关心教师的工作和生活，支持高层次人才到民办学校就业和任教。

《湖北民办教育实施意见》要求民办学校教师的基本工资应不低于当地同类公办学校教师的基本工资，并要保持同步增长。

《温州市人民政府关于进一步深化综合改革促进民办教育健康发展的实施意见》明确规定，民办学校教师的基本工资原则上不应低于上年度社会在岗职工年平均工资水平。

《丽水市人民政府关于进一步促进民办教育健康发展的实施意见（征求意见

---

[1] 《丽水市人民政府关于进一步促进民办教育健康发展的实施意见（征求意见稿）》，丽水市人民政府网，2018年。

[2] 《广西壮族自治区人民政府关于鼓励社会力量兴办教育促进民办教育健康发展的实施意见》，广西壮族自治区人民政府网，2018年。

[3] 《中共辽宁省委关于全面深化新时代教师队伍建设改革的实施意见》，教育部门户网，2018年。

稿）》明确设立教师工资补助。普惠性民办幼儿园教师年收入按照幼儿园三级、二级、一级，分别超过当地上一年度所在地全社会单位在岗职工平均工资的110%、120%、130%的，给予幼儿园（教师）工资总额一定补助。

《上海民办教育实施意见》提出鼓励民办学校建立动态工资调整机制，将教师收入与办学的实际效益挂钩，调动教师的工作积极性和主动性，同时提出提高人员经费在学校支出中的比例。

《广东省人民政府关于鼓励社会力量兴办教育促进民办教育健康发展的实施意见》[①]（以下简称《广东民办教育实施意见》）提出支持有条件的地区发放民办学校教师从教津贴。

《重庆民办教育实施意见》提出鼓励民办学校建立教师收入与办学效益挂钩的动态调整机制，研究设立民办学校教职工工资指导标准，连续任职的教职工，寒暑假期间工资应连续发放。

《广西民办教育实施意见》要求民办学校应当保障教职员工寒暑假期间带薪休假权利。民办学校兼职从事党务和思想政治工作的人员，应计算工作量。

3. 改善教职工退休后福利

《辽宁民办教育实施意见》提出鼓励民办学校通过建立补充养老保险、企业年金等方式改善教职工退休后待遇。各级地方政府可视经济状况对办理企业年金的民办学校给予适当补贴。

《贵州民办教育实施意见》提出创新公民办学校教师同等退休制度。通过满足相应条件，如学校办学许可证、逐年考核合格、任教年限、缴纳社保情况等民办学校教师，退休后可享受当地同类公办学校教师退休待遇。

《上海民办教育实施意见》提出鼓励民办学校通过建立年金制度、购买商业保险等补充养老保险方式，改善教职工退休后的待遇，试点对距退休时间较短的专职教师加速年金积累。对实施全日制学历教育的民办学校，将年金制度的建立与落实情况作为拨付民办教育专项资金的重要因素之一。

《浙江民办教育实施意见》提出鼓励民办学校按规定为参加企业职工基本养老保险的教职工建立企业年金，改善教职工退休后待遇。

4. 学校终止办学时优先维护师生权益

《辽宁民办教育实施意见》《浙江民办教育实施意见》等明确规定，民办学校在终止办学时，应清偿受教育者学费等相关费用，发放教职工工资并缴清社会保险，保障师生合法权益，确保有序退出。

[①]《广东省人民政府关于鼓励社会力量兴办教育促进民办教育健康发展的实施意见》，广东省人民政府网，2018年。

在保障教师权益待遇方面，各地亮点较多，部分地区政策操作性强。主要体现在四个方面。一是实行全员人事代理制度。通过将民办学校实施人事代理制度并规范执行作为政府对学校实施奖补的基本条件之一用以督促民办学校规范人事管理。二是通过核定部分事业编制保障教师退休后待遇。三是通过制定民办学校教师基本工资指导线、发放民办学校教师从教津贴等方式保障教师薪酬待遇。四是通过鼓励民办学校办理企业年金、购买商业保险等方式改善教师退休待遇。

从分类管理的角度来看，地方政府对非营利性民办学校教师的权益维护力度更大。一是部分地区民办学校可以按照规定条件获得事业编制，参加事业单位养老保险。二是政府对非营利性民办学校缴纳的社保金额给予不低于30%的财政补助。三是对非营利性民办学校教师养老保险采取与公办学校教师同等待遇的试点工作。

（四）保障民办与公办学校学生同等权益

1. 明确公办与民办学校学生享受同等国家资助政策

《辽宁民办教育实施意见》明确规定民办学校学生在助学贷款、奖助学金、评奖评优、升学就业、社会优待、医疗保险等方面与公办学校学生享有同等权利。对民办学校家庭经济困难学生提高资助比例。

《安徽民办教育实施意见》细化各类民办学校学生资助政策。民办幼儿园就读的家庭经济困难的幼儿、孤儿和残疾儿童同等享受学前教育资助。义务教育阶段民办学校学生同等享受公办学校"两免一补"资金标准。高中教育阶段、高等教育阶段民办学校学生与公办学校学生按规定同等享受助学贷款、奖助学金等国家资助政策。民办高校国家助学贷款借款学生，在校期间利息全部由财政补贴。

《湖北民办教育实施意见》对保障学生合法权益的类别进行了更明确的规定。包括国家助学贷款、国家奖助学金、学费减免、升学、就业、创业、转学、考试、交通优惠、医疗保险、户籍迁移、档案管理、评奖评优、伙食补贴、公务员招考等方面，民办学校学生享受与同类公办学校学生同等权利。

《浙江民办教育实施意见》规定，民办学校学生在评奖评优、升学就业、社会优待、医疗保险、助学贷款、奖助学金等方面与同级同类公办学校学生享有同等权利。依法落实各级各类民办学校学生的资助政策，各级政府要健全民办学校助学贷款扶持制度，督促落实民办学校家庭经济困难学生的资助政策。

《温州市人民政府关于进一步深化综合改革促进民办教育健康发展的实施意见》提出，落实民办学校学生资助政策，具体包括：各级各类民办幼儿园就读的家庭经济困难儿童，包括低保家庭子女、福利机构监护的未成年人、革命烈士子女、五保供养的未成年人以及残疾学生（以下简称"五类生"），按当地公办三级幼儿园保育费标准给予资助。民办义务教育学校就读的学生，除"两免一补"（即免杂费、免课本费，寄宿的"五类生"按生均每生每年小学 1 000 元、初中 1 250 元给予生活费补助）外，家庭经济困难学生，包括低收入家庭子女、福利机构监护的未成年人、革命烈士子女、五保供养的未成年人，享受每生每年 1 000 元农村义务教育学生营养餐。民办学校就读普通高中的学生，"五类生"按当地同类公办学校实际收费标准免除学费、代收费，家庭经济困难学生享受每生每年 2 000 元国家助学金。就读中职学校的学生（艺术类相关表演专业学生除外），按当地同类型同专业公办学校学费标准给予补助，对一、二年级在校涉农专业学生和非涉农专业家庭经济困难学生，给予每生每年 2 000 元国家助学金。

《内蒙古自治区人民政府关于鼓励社会力量兴办教育促进民办教育健康发展的实施意见》[①]（以下简称《内蒙古民办教育实施意见》）明确义务教育阶段民办学校与公办学校同等享受生均公用经费。

陕西省出台的《陕西省营利性民办学校监督管理实施办法》[②] 明确规定在营利性民办学校就读的学生，与同级同类公办学校学生享受同等待遇。

2. 建立健全民办学校助学制度

辽宁、安徽、甘肃、天津、浙江等省份的实施意见规定民办学校要建立健全奖助学金评定、发放等管理机制，应从学费收入中提取不少于5%的资金，用于奖励和资助学生。同时鼓励实施捐资助学的相关优惠政策措施，积极引导和鼓励企事业单位、社会组织和个人面向民办学校设立奖助学金，加大资助力度。

云南、上海、河北、内蒙古、陕西等省份要求各级政府要建立健全民办学校助学贷款业务扶持制度，提高民办学校家庭经济困难学生获得资助的比例。

学校可以有公办和民办之分，民办学校可以有营利性和非营利性之分，但学生受教育的权利不应该有公办和民办之分。[③] 特别是在公共财政对学生受教育权利的支持上，民办学校学生应该得到政府的财政资助。这一点从出台政策的省份中可以看到已经达成共识。各地对民办学校学生权益保障进行了明确的规定，具体体现在民办学校学生享有与公办学校学生同等的国家资助政策，在助学贷款、两免一补、奖助学金、评奖评优、交通优惠、档案管理、升学就业、公务员招考、社会优待、医疗保险等方面与公办学校学生享有同等权利。同时，各地政策中还要求各民办学校要完善助学制度。通过从学费中提取一定额度的资金、建立

[①] 《内蒙古自治区人民政府关于鼓励社会力量兴办教育促进民办教育健康发展的实施意见》，内蒙古自治区人民政府网，2018 年。
[②] 《陕西省营利性民办学校监督管理实施办法》，陕西省教育厅网，2018 年。
[③] 吴华、胡威：《公共财政为什么要资助民办教育？》，载于《北京大学教育评论》2012 年第 10 期，第 43～55 页。

奖助学金等方式对学生进行奖励和资助。

（五）依法保障师生参与管理权，完善师生争议处理机制

《辽宁民办教育实施意见》提出要保障民办学校师生参与民主管理和民主监督的权利，依法落实对学校办学管理的知情权和参与权。完善师生争议处理机制，维护师生的合法权益。

《上海民办教育实施意见》对民办学校师生参与学校民主管理的要求更加具体，要求完善教职工代表大会制度和学生代表大会制度，维护师生的合法权益。

《河南民办教育实施意见》规定严格学籍管理制度，不得利用学籍管理干扰和影响学生的正常流动。用人单位在进行招聘时，对公民办学校学生要公平对待、一视同仁。

《宁夏民办教育实施意见》明确师生维权申诉程序。民办学校与教职工发生劳动人事争议的，可依据《中华人民共和国劳动争议调解仲裁法》申请调解、仲裁，提起诉讼。民办学校侵犯教职工合法劳动权益的，教职工可申请劳动监察部门依法处理。各级人力资源社会保障部门要将民办学校劳动合同签订和社会保险缴纳情况纳入劳动监察范围。民办学校如终止办学，学生要在同类同质的学校中优先安排。

二、民办学校教师建设实践成效

《鼓励社会力量兴办教育若干意见》及《分类登记实施细则》《监督管理实施细则》，充分体现了新修订的《民办教育促进法》的新精神，并进一步明确了今后鼓励和支持民办教育发展的新举措，有利于破解制约民办教育发展的制度"瓶颈"、落实对民办教育的扶持政策、鼓励地方民办教育政策创新、规范对民办教育的依法行政和监督管理。[①] 在规定加强师资队伍建设和维护教师权益的基础上，把教师队伍建设及权益保障等方面政策权限更多地赋予了各级地方政府，为地方政府进行政策创新预留了空间，各地积极贯彻落实并创新实践，出现了不少亮点，取得了一定成效，值得其他地区学习和借鉴。

（一）各地加强教师队伍管理和培训，管理水平显著提高

江苏省南通市[②]教育局对该市民办非学历教育机构的师资问题进行明确和规

---

① 赵姗：《中国民办教育跨入"分类管理时代"》，载于《中国经济时报》2017年2月8日。
② 《培训机构专职教师不少于总数的1/3》，2018年7月4日，http://jyt.jiangsu.gov.cn/art/2018/7/4/art_63798_7729965.html。

范。要求教育培训机构配备符合办学内容和规模的专兼职教师队伍，其中专职教师一般不少于3人且不少于教师总数的1/3。同时，教师必须持有与教学内容相对应的《教师资格证》或相关专业技能资格证书。并进一步强调中小学在职教师不得在教育培训机构任职，外籍教师要持有《外国人工作许可证》、居留证及相关外交资质。

《浙江省民办学校教师队伍建设实施办法》[①] 提出，加强公办学校在编教师到民办中小学任职任教管理，对于符合规定要求并以促进薄弱民办中小学改进为目标，当地政府可派遣一定数量的公办学校在编教师通过挂职或支教等形式进行支持。但派遣的教师数量不得超过该民办中小学校教师总数的20%，且每名支教教师服务年限累计不得超过6年。

浙江省瑞安市积极开展民办学校教师工资、事业养老保险业务培训。培训内容针对民办学校教师享有与公办学校教师同等待遇、参加机关事业单位养老保险的政策依据、事业单位养老保险办理流程、民办学校教师参照公办学校教师建立档案工资的工资构成、工资待遇、计算办法等进行了详细的解读，此次培训是教育局、人力资源和社会保障局联合协作，有效对接，落实民办学校教师依法依规享受公办学校教师待遇的重要举措。[②]

（二）政府资助逐渐推开，师资队伍建设经费不断增加

随着分类管理的积极推进和不断深化，公共财政支持民办学校尤其是非营利性民办学校的发展逐渐推开。

《浙江省教育厅关于印发浙江省公共财政扶持民办教育发展实施办法 浙江省民办学校财务管理办法的通知》[③] 中，明确政府公共财政主要对非营利性民办学校给予支持。逐步建立以"经费标准化"为主要内容，以政府补贴、政府购买服务等为手段的公共财政扶持体系。浙江省丽水市2014～2017年3年间，争取省支持民办教育发展专项资金9 432万元，其中市本级2 707万元。2018年获得省支持民办教育发展专项资金4 739万元，其中，市本级649万元，专项资金将根据当地民办教育发展实际，针对支持民办教育学校发展进行统筹安排。[④] 主要用于民办学校生均经费、社保资金、教师培训培养，以及升等创优、年度优秀举

[①] 《浙江省民办学校教师队伍建设实施办法》，浙江省教育厅网，2018年。
[②] 《我市开展民办学校教师工资、事业养老保险业务培训》，2018年9月14日，http://www.ruian.gov.cn/art/2018/9/14/art_1392344_21239128.html。
[③] 《浙江省教育厅关于印发浙江省公共财政扶持民办教育发展实施办法浙江省民办学校财务管理办法的通知》，浙江省教育厅网，2018年。
[④] 《4 739万元省专项资金支持我市民办教育发展》，2018年9月16日，http://news.lsnews.com.cn/system/2018/01/18/010841487.shtml。

办者、校长奖励、教师奖励等补助。

陕西省自 2012 年开始，为支持民办高等教育健康持续发展设立了民办高等教育发展专项资金，每年财政支持 3 亿元，从 2016 年开始专项资金增加至 4 亿元，主要用于民办高校教学质量提高、师资队伍建设、实验实训基地建设、科研能力提升和办学条件改善等方面。①

广东省深圳市南山区于 2012 年开始设立民办教育专项资金，2013 年起实施"民办学校优化升级"计划，并逐年增加专项经费。② 2012～2016 年投入民办教育专项扶持经费分别为：2 300 万元、3 525 万元、5 200 万元、6 500 万元、6 800 万元。通过政府对民办教育发展的扶持力度不断加大，"让每一所学校都优质，让每一位教师都精彩，让每一个学生都幸福"的教育理念得到深入的贯彻和落实，引导着社会对民办教育的持续关注，支持民办教育优质特色发展。③

江苏省无锡市重视民办教育发展，大力促进形成以政府办学为主体、全社会积极参与、公办教育和民办教育共同发展的格局。无锡市湖滨区大力扶持普惠性民办幼儿园健康发展，有关部门每年设立 200 万元的民办幼儿园专项奖补资金，主要用于奖励考核情况优秀、定期组织园长及保育员培训，用以提高幼儿园教师的专业水平。④

（三）教师福利待遇明显改善，师资队伍渐趋稳定

1. 户籍迁移工作逐渐推开

广东省广州市推进民办学校教师入户工作。⑤ 根据广州市发展改革委《关于印发 2018 年度人口计划的通知》⑥ 的有关要求，2018 年广州市民办学校教师中特殊人才人口计划为 300 人。民办学校教师入户的遴选对象为广州市下辖 11 个区的民办学校教师。只要符合相关年龄、学历、持有相应教师资格证、连续在广州市民办学校任教满 4 年等规定均可申请，同时规定，夫妻双方均在民办学校工作，符合准入基本条件的，可加 30 分。该项政策的出台，对于保障民办学校教师队伍的质量和稳定性起到了积极作用。

---

① 任奉龙：《分类管理背景下民办高校发展的现实困境与对策研究——以辽宁省为例》，载于《中国高等教育评估》2018 年第 2 期，第 50~54 页。

②③ 洪专成：《深圳市南山区民办基础教育管理问题及对策研究》，深圳大学硕士学位论文，2017 年。

④ 《民办教育改革的"无锡探索"更具特色与活力、更具现代化和国际化水平》，2018 年 10 月 12 日，http://jyt.jiangsu.gov.cn/art/2018/10/12/art_57810_7838384.html。

⑤ 《民办学校教师入户工作方案出炉，这些教师可以申请》，2018 年 10 月 28 日，http://m.dayoo.com/201806/28/109459_52217814.htm。

⑥ 《关于印发 2018 年度人口计划的通知》，广州市人民政府网，2018 年。

浙江省温州市出台《民办学校引进高层次人才实施办法》，通过确定若干所公办学校作为引进高层次人才人事关系的挂靠单位，所引进的高层次人才按引进学校所在地公办学校标准参加事业单位社会保险，享受与公办学校教师同等的社保、医疗待遇。选择在温州市落户的，其配偶、子女户籍关系一并随迁。按照子女原就读学校的类型安排温州市同类型学校就读，享受就读地户籍学生同等待遇。这项政策的出台，对于温州市民办学校招聘和留任优秀教师，解决优秀教师后顾之忧是利好之策。

2. 教师社会保障权益维护力度加大

保障民办学校教师合法权益受到广大教师群体的特别关注。相关省份也进行了大胆的制度创新，通过推行编制报备员额制度，破解"编制"瓶颈；通过政府划拨社保补助金的方式，督促民办学校足额缴纳社会保险费；通过要求和鼓励民办学校办理大病保险和补充医疗保险，维护民办学校教师医疗保障权益；通过社保制度创新，探索建立公民办学校教师同等的退休制度。

如温州市作为浙江省实施国家民办教育综合改革试点城市，在保障教师权益方面取得突破性成绩，通过建立以教师资格和人事代理为切入点的社会保障机制，明确规定民办学校教师享受与公办学校教师同等的社保和福利待遇，按照民办事业单位登记管理的民办学校，单位应缴纳的各项保险费由当地财政予以补助50%～100%。

福州外语外贸学院作为全国非营利性民办高等学校联盟发起单位，是福建省民办高校唯一开展机关事业单位养老保险的试点单位，并为参加机关事业养老保险教职工同步建立职业年金，学校董事会共投入200多万元用于补缴2014年10月至2017年12月的职业年金单位部分，使得200多名教职工直接受益。根据测算，今后学校每年将在职业年金部分增加投入近100万元。[1]

3. 工资待遇不断提高

部分地区通过制定最低工资指导线、发放民办学校教师从教津贴，保障教师取得合理收入，提高工资待遇。这些政策措施对于增强教师从教信心，稳定师资队伍起到了积极作用。浙江省温州市规定民办学校教师工资指导线不得低于当地同级同类公办学校教师绩效工资的70%。由于政策环境发生了很大变化，民办学校地位得到提升，政策落实到位，外部环境发生了根本性转变。与之相应，民办学校内部的办学环境也得到了较大改善，温州市人事局2011年统计数据显示，民办学校教师的年流动率基本维持在10%以上，优秀教师年流动率高达40%左右。但2012年以来自工资调整、社保跟进后，民办学校引进人才1 017名，其中

---

[1]《我校为参加机关事业养老保险教职工同步建立职业年金制度》，2018年11月5日，http://www.fzfu.com/view-11-93012cc6e0474b8dafa83b3814af106e.html。

高级职称教师551人，特级教师18人，省名师、名校长18人。① 同时，近2 000名公办学校教师到民办学校应聘任教或支教。② 民办学校优秀教师的流失率大大降低，渐趋稳定，教师招聘呈现出量多质高的局面。

广东省深圳市在2012年出台了《深圳市民办中小学教师长期从教津贴实施办法（试行）》③，为民办中小学教师发放从教津贴。文件规定，在深圳市民办中小学连续任教三年以上、在所在学校连续任教满一个学期以上的专任教师为津贴发放对象。津贴发放标准为：满三年每人每月300元，以后每满一年每人每月增加100元，每人每月津贴发放至1 000元止，不再增加。2015年，深圳市南山区向长期从教的民办中小学教师发放从教津贴736万元，惠及800余名教师。④

湖南省长沙市民达中学⑤多举措，解除教师后顾之忧。一是通过建立"合伙人"制度，鼓励有经济实力的教师成为学校出资人，教师和学校结成同盟体。目前，大约有60余位教师成为出资人，这一群体的扩大，很大程度上稳定了学校的教师队伍。二是学校不仅为教师提供五险一金，还成立"大病医疗救助基金"和"教师退休补贴方案"，为教师提供与公办学校教师同等的医疗和退休保障，解决教师后顾之忧。三是校领导注重人文关怀。主动联系长沙市内的幼儿园和小学，帮助解决孩子求学问题，提升了教师对学校的归属感，安心从教。

广东省东莞市为进一步提升民办学校教师队伍素质，留住优秀人才，稳定教师队伍，鼓励优秀教师在民办学校长期从教，制定《东莞市民办学校教师从教津贴实施办法（2018年修订稿）》，实施民办学校教师从教津贴发放制度。按照从教年限分别发放每月100~500元不等的从教津贴，其中，研究生学历或硕士学位以上的教师，每人每月增发200元；具有教师系列中级职称及以上的教师，每人每月增发100~300元。同时，对符合规定条件的民办学校按照差异化扶持原则予以资金扶持。对学校符合申领从教津贴的教师按照上浮50%的比例增发从教津贴，增发数额按照从教年限每人每月增发50~250元。东莞市某民办中学的苏老师说，以物质激励鼓励外来教师扎根东莞市民办教育的政策令人感动，民办学校教师可以从中感受到市政府真诚而包容的态度。⑥ 对于留住教师能够起到积

---

① 何华兵：《民办教育改革的经验与启示——基于五所民办高校的调研》，载于《广东职业技术教育与研究》2018年第4期，第41~46页。
② 戚德忠、卢志文、董圣足：《温州民办教育发展报告（2010~2015）》，科学出版社2017年版，第6页。
③ 《深圳市民办中小学教师长期从教津贴实施办法（试行）》，深圳市财政委员会网，2012年。
④ 洪专成：《深圳市南山区民办基础教育管理问题及对策研究》，深圳大学硕士学位论文，2017年。
⑤ 《民办中学好教师"留不住"？这所学校走出突围之道》，2018年11月5日，http：//sxdsb.voc.com.cn/NewsDetail/458678.html#。
⑥ 《东莞民办学校教师从教满8年至少可领500元/人·月津贴》，2018年11月2日，http：//news.timedg.com/2018-01/10/20639919.shtml。

极作用。

(四) 全面落实教师发展制度，教师水平显著提升

1. 教师队伍的培养培训力度加大

加大对民办学校教师的培养培训力度，是提升民办学校教学质量，促进教师专业发展的有效途径。

江苏省南京市加强民办学校管理和师资队伍建设，将各民办学校全部纳入地区级教育部门管理，民办学校教师在参加市、区组织的各类教师培训时享受与公办学校教师同等的待遇。2017年教师节前，4位民办学校校长获得全市教育管理者的最高奖"陶行知奖"，体现出市教育局对民办学校教师队伍建设的重视。①

《上海市民办教育"民智计划"管理办法》指出，设立民办教育人才培养专项计划，简称"民智计划"，每年评选10人，每人资助项目经费人民币20万元，项目期限24个月，旨在通过研究民办教育事业发展中的重点、难点问题和前瞻性、引领性问题，指导民办教育实践，着力培养和造就一批"民办教育+"的复合型优秀中青年骨干人才。

江苏省实施"青蓝工程"项目，该项目旨在加强高校中青年骨干教师培养，着力培养造就一批优秀青年骨干教师、中青年学术带头人和优秀教学团队。并对不同类型、不同层次、不同地域的高校，进行分类评议，差别竞争。在同类学校中，要求适当向苏北高校、民办院校倾斜。② 每年该项目面向全省各类高校选拔教科研优秀的教师。其中，优秀青年骨干教师培养对象资助科研经费每人4万元；中青年学术带头人培养对象资助科研经费每人8万～10万元；优秀教学团队资助建设经费每个30万元。由省财政资助50%，所在高校统筹50%，经费一次性核定并下达。

2. 辅导员队伍的培训得到重视

辅导员是开展大学生思想政治教育的重要力量，也是大学生接触时间最多的教师群体。长期以来，辅导员师资力量不足，队伍流失严重，制约着民办学校大学生思想政治工作的有序开展。民办教育新法新政实施以来，辅导员队伍建设工作受到重视，如何实现民办高校辅导员队伍职业化、专业化提上议事日程。如2018年8月26日，上海民办高校辅导员研修基地在上海建桥学院揭牌，这是上海市首家挂牌的民办高校辅导员培训基地，提出对民办高校辅导员队伍建设也要

---

① 潘玉娇：《"分类管理"入法更要落地——访南京市教育局局长孙百军》，载于《中国教育报》2017年9月18日。

② 《2018年江苏高校青蓝工程评审工作在宁召开》，2018年11月3日，http://jyt.jiangsu.gov.cn/art/2018/5/9/art_57807_7633649.html。

与公办高校辅导员同样要求、同样标准、同步支持。研修内容立足于当前民办高校学生工作实际,结合学生工作特点,聚焦在新进辅导员岗前培训,在职辅导员思想政治教育、学生党建、学生日常管理及帮困助学、心理健康教育与危机处理、学生职业发展及就业指导、民办高校辅导员团队文化建设等方面开展专业培训,骨干辅导员交流研修活动,帮助辅导员提升工作效能,增强岗位归属感,提升其职业发展水平。

(五) 营利性民办学校教师待遇有提升空间

2016 年修订的《民办教育促进法》及《监督管理实施细则》,对营利性民办学校从设校要求、审批条件、组织机构、教育教学、财务资产等均作出了详细的规定。其中,明确提出营利性民办学校注册资本数要与学校类型、层次、规模相匹配。无论是个人还是社会组织举办营利性民办学校必须具备相应的经济实力,信用状况良好,无不良记录,所拥有的资产能够满足学校发展建设需要。

以上民办教育新法新政说明,为保障学生的受教育权和教职工的合法权益,国家对举办营利性民办学校的举办者设有严格的准入门槛,正式设立的营利性民办学校都具有相当的经济实力,能够有效保障学校的有序运营。在此基础上,民办学校可以通过市场调节,在取得良好办学效益的前提下,制定有竞争力的薪酬福利制度和人性化的管理办法,吸引、留住优秀教师为学校服务。

第二节 民办学校教师建设实践关键问题评析

新修订的《民办教育促进法》和《鼓励社会力量兴办教育若干意见》以及相关文件对分类管理的主要事项作出了规定,但基于地区经济发展差异,需要各地方政府在制定实施细则上进行制度创新,探索适合本地区发展实际的民办教育发展道路,[①] 但各地对民办教育重视程度、财政实力、管理水平、政策把握能力参差不齐,表现在各地出台的方案及配套文件中有亮点,但更多的仍存在着操作性不强、营利性民办学校教师权益保障政策规定不明确,以及民办学校自身存在管理和支持力度不够、教师各项权益和保障实现起来难度较大等问题。

---

① 景安磊、周海涛:《民办学校教师队伍建设改革的法规保障》,载于《教育与经济》2018 年第 3 期,第 20~23 页。

一、地方政策创新不够,多部门的协同机制有待形成

对目前出台的 24 个省份实施意见中关于师资队伍建设和师生权益维护条款的梳理来看,主要集中在权益保障、师资队伍建设、学生资助权利方面。其中在民办学校如何登记为事业单位法人、加大财政投入的具体措施、三方如何合理分担民办学校教职工社会保障机制、如何有效推进人事代理等事关民办学校教师切身利益的政策措施,多个省份的实施意见基本与《鼓励社会力量兴办教育若干意见》内容相同或相近,存在照搬照抄、避重就轻、不作为的嫌疑,致使教师的权益保障无法有效落实。

非营利性民办学校选择登记为事业单位法人,现实中操作困难。按照《分类登记实施细则》文件规定,批准设立的非营利性民办学校,符合《事业单位登记管理暂行条例》中关于事业单位登记管理规定的,到事业单位登记管理机关登记为事业单位。但《事业单位登记管理暂行条例》中明确规定事业单位的资产来源必须是国有资产,而实际中大部分民办高校的资产都来自企业或个人投资,资产来源不符合登记为事业单位法人的规定。同时,国家对事业编制的使用范围也有严格要求,即事业编制只能用于事业单位,中央机构编制委员会办公室明确规定,只要没有明确为事业单位性质,就不应该使用事业编制,各地在机构编制管理工作中,只能依此行事。非营利性民办学校想要争取法律对其事业法人身份的认定,并依此要求与公办学校在教师权益保障方面一视同仁的政策待遇,仍存在较大困难。[1]

分析原因有两点:一是部分地方政府及行政管理部门对民办教育的思想认识还不统一,"排忧解难""拾遗补缺"这些传统的观念仍然根深蒂固。没有认识到民办教育分类管理是国家教育领域综合改革的"硬任务",是推动民办教育改革创新、满足教育多元化需求、实现教育大众化的重要举措。二是分类管理是一项复杂的系统工程,牵涉面众多,如何有序协调各方资源、平衡各方利益有很大难度,因此存在回避矛盾、站立观望、浅尝辄止的态势。各地政府还是应认清发展形势、抓住发展机遇、勇敢面对挑战、因地制宜出台地方细则。

二、地方政府对教师队伍建设重视程度不高,扶持力度不够

从实践层面看,民办学校在分类管理之前已经发展了几十年,形成了既有的

---

[1] 李虔、卢威:《民办学校分类管理十大未决问题探析》,载于《中国教育学刊》2018 年第 8 期,第 5~12 页。

发展思路和思维定式，有些地方和教育行政管理部门对民办学校教师队伍建设和权益保障认识不足，思想上仍没有建立起大力支持非营利性民办学校，公办、民办学校教师同等法律地位的观念。表现为：一是有些地区积极探索对民办学校教师队伍的扶持，但因地区财政经费所限或政府换届等原因，扶持政策不能一以贯之。如有的地区上届政府连续四年对民办高校每年支持经费1 200万元，主要用于学校师资队伍建设，但政府换届后，支持经费随之取消。因此，对民办教育发展认识不足直接影响地方政府对民办学校政策的走向。

二是公办学校加强在职教师兼课管理。并从中小学延伸至高等学校，从在职教师扩大到退休教师。如某省份出台规定政策，公办高校教师外出兼课必须经所在学校批准同意。还有些省份相关政策规定，公办中小学校长、中层干部退休后三年内不得到民办非企业单位和企业任职取酬[1]。这些政策的出台，对于部分民办高校需要聘请校外兼职教师承担教学任务解决师资相对紧缺问题可以说又设置了障碍。民办中小学校希望聘请退休的公办中小学校专家指导帮扶民办学校发展短期内也难以实现。这些政策的出台，与国家层面所提倡的大力支持民办教育发展，提高民办学校教学质量和教师队伍素质存在着不同的导向。

三是有些地方和教育行政管理部门对民办学校监管手段比较简单、监管方式相对落后、问责对象出现偏差，不能有效维护民办学校教师的合法权益。如对社保费欠缴的民办高校停止该校教师资格认定工作，导致教师不能如期办理教师资格证，影响教师的转正定职，这种因学校欠费行为导致教师本人承担后果的做法，违背了民办教育新法新政赋予教师群体的合法权益，从公办、民办学校教师平等地位的角度看，这也可以理解为政府部门对民办学校歧视性的管理行为。在当前国家大力支持民办教育事业发展，维护民办学校教师合法权益的背景下实在令人遗憾。

三、教师权益保障难以落实，人才流失问题依然严峻

（一）基本权益保障落实不到位

民办教育新法新政推行以来，在多个法律法规中明确规定完善学校、个人、政府合理分担的民办学校教职工社会保障机制；在教师资格认定、职称评聘、培养培训、评优表彰等方面享有与公办学校教师同等的权利。这些法律法规的出台为民办学校加强教师队伍建设带来了政策利好。但是，在实践层面，"公办"

---

[1] 《释放新民促法红利　促进民办教育可持续发展》，载于《人民政协报》2018年7月18日。

"民办"的界限依然存在,"编制"的思想根深蒂固,文件所规定的养老保险、退休待遇等受机制改革路径依赖的影响,短期内难以实现。

(二) 新增的保障权益不易执行

新修订的《民办教育促进法》与旧法相比,增加了"保障教职工的其他合法权益""国家鼓励民办学校按照国家规定为教职工办理补充养老保险"等条款。也就是说,国家要求民办学校除了依法保障教职工的工资和基本社保权益之外,还应依法保障教职工享有其他的合法权益,例如,住房、医疗等待遇。这两方面在大部分省份的规章制度中没有相应的制度设计和体现。鼓励民办学校为教职工办理补充养老保险的表述,含有非强制的意味,即经费充足的民办学校可以为教职工办理补充养老保险,经费不充足的民办学校可以选择不为教职工办理补充养老保险。对于大部分民办高校而言,办学经费主要以学费收入为主的单一模式,在缴纳教职工"五险一金"的基础上,很难再有多余的经费用于办理补充养老保险。即便个别民办学校为了稳定教师队伍,建立了企业年金制度,但是由于教师流动尤其是优秀教师流动问题不可避免,教师流动到新单位,企业年金制度如何对接仍存在问题,因此,制度在制定时缺乏严密的设计,在现实中难以真正落地。

2015 年下半年,广东省深圳市南山区公益性民办学校专任教师月工资约 3 500 元,其中,新河学校初中专任教师月平均工资 3 300 元,世纪星学校初中专任教师月平均工资 3 879 元,与公办学校差距很大。①

(三) 学校承担的五险一金缴纳费用过重

在民办学校办学成本中,社保费用的支出是重要一项。近年,国家社保缴费基数不断上调,本是利民之策,但对于民办学校来说,直接体现为学校承担的"五险一金"总额持续上涨,造成民办学校用人成本持续走高。② 在这种情况下,个别学校通过降低缴费基数、试用期内教职工不予缴纳社保等方式降低用人成本,在很大程度上不利于学校长远发展。因此,政府、个人、学校三方合理分担的社会保障机制亟待出台。

以上这些问题的存在,导致民办学校高层次人才难以引进、优秀人才难以留住的问题依然严峻。民办高校仍然是公办高校、事业单位的人才培养基地,严重

---

① 洪专政:《深圳市南山区民办基础教育管理问题及对策研究》,深圳大学硕士学位论文,2017 年。
② 周海涛、景安磊、刘永林:《助力支持和规范民办教育发展》,载于《教育研究》2017 年第 12 期,第 62~67 页。

影响着民办学校的教学质量和健康有序发展。

四、学校对师资队伍建设认识不足，教师专业发展受限

（一）教师聘任合同性质及签订不规范

《民办教育促进法实施条例（修订草案）（送审稿）》第三十四条规定，民办学校自主招聘教师和其他工作人员，依法签订合同，明确双方的权利和义务，合同中除依法约定必备条款外还需对教师岗位及其职责要求等事项作出约定。也就是说，各级各类民办学校与所聘任的教师签订劳动合同，按照法律规定明确双方的权利和义务。但对于举办义务教育阶段的民办学校，按照《民办教育促进法实施条例（修订草案）（送审稿）》第三十七条规定，教育行政部门应当建立民办幼儿园、中小学专任教师聘任合同备案制度，建立统一档案、统筹规划、统一管理，与公办幼儿园、中小学聘任的教师平等对待。《义务教育法》第三十二条规定，县级人民政府教育行政部门应当均衡配置本行政区域内学校师资力量，组织校长、教师的培训和流动，加强对薄弱学校的建设。从以上条文来看，义务教育阶段的教师无论是民办学校还是公办学校，教师行使着国家的基础教育权，即因公权力因素的介入，教师职务具有天然的公务性质。聘任主体应该是政府，双方签订的聘任合同应为行政合同，但实际当中，合同的聘任主体很不明确，基本以与学校签订劳动合同为主。合同的性质不清晰，直接影响教师合法权益的维护。

承担非义务教育的民办学校（学历教育），聘用的教师来源主要有三类：一是应届毕业的大学生。二是公办学校退休的教师。三是来自企事业单位的专业技术人员。对于应届毕业的大学生，民办学校按照规定与之签订劳动合同。而对于达到退休年龄返聘的教师及来自企事业单位的专业技术人员，聘用协议或劳动合同的签订存在许多不规范、不完善的地方，一旦发生意外，存在不少隐患。

（二）学校对教师发展的重要性认识不够

当前，在民办学校发展过程中，无论是学校举办者还是作为举办者代表的学校的校长，在考虑学校发展规划时，总是优先考虑如何扩建和改善学校硬件设施和条件、如何扩大学校的影响力、如何吸引足够多的生源，但对于如何提高教师工资、如何改善教师福利待遇、如何促进教师专业发展等问题，领导们往往认为不是马上非做不可的事情。

另外，学校文化决定着学校的品质。当学校更多的关注教师的专业成长、社

交情感、学术氛围，会较好地满足其动机需要，促进教师专业发展。当学校更多地强调规章制度、监督检查、指令性领导，则会较少地给教师提供成长和发展的机会。① 因此，学校文化和内部管理是保障具有稳定和发展潜力的教师队伍的前提条件。但一些民办学校仍存在功利主义思想，只注重眼前利益，缺乏长远的目标规划，强调行政权力，忽视学术氛围的营造和教师的专业发展，没有建立起科学、高效、公平的用人、留人机制，对教师的稳定和发展产生了消极影响。② 还有些学校为了缓解学校经济压力，控制办学成本，采取迟发教师工资、欠缴社会保险等侵害教师合法权益的行为，严重影响了民办学校教师的从业信心，加剧了教师队伍的流动性。

应该要认识到，"国家的发展靠教育，学校的发展靠教师"，民办学校要想真正办出品牌、办出特色、提高知名度、获得社会认可，教师是关键因素。

五、营利性民办学校的企业法人性质，降低了教师职业安全感

按照《工商总局、教育部关于营利性民办学校登记管理有关工作的通知》③及《公司法》有关规定，批准设立的营利性民办学校到工商行政管理部门办理登记，也就是说，营利性民办学校的性质为企业，将按照"企业法人"进行登记，成为营利性法人，从传统观念来看，企业就是公司，公司是以"追求利润"为目的的，学校是教书育人之地，公益性本质属性早已深入人心，而设立为营利性民办学校后社会公众更多的是将关注的焦点集中在营利性民办学校的"逐利性"而忽略其公益属性，这种"逐利性"会大大降低公众对举办学历教育的营利性民办学校的信任，进而影响营利性民办学校教师为社会培养人才、为人师表的社会形象。

而且，选择登记为营利性民办学校的教师成为实质上的企业员工，社会保险按照企业标准进行缴纳。虽然，国家层面对营利性民办学校的准入门槛有严格设定和要求，但通过批准的营利性民办学校能否如国家和公众预期的那样在按照法律规定缴纳相关税费后，仍能获得良好的办学效益，还存在不确定因素。因此，在营利性民办学校工作的教师能否得到足额社会保障必然存在一定的风险，无形

---

① ［美］欧文斯等著，窦卫霖、温建平、王越译：《教育组织行为学》，华东师范大学出版社 2010 年版，第 218～219、471 页。
② 王维坤、温涛：《民办高校师资队伍建设的问题与出路——以辽宁省民办高校为例》，载于《中国高教研究》2014 年第 1 期，第 75～78 页。
③ 《关于营利性民办学校登记管理有关工作的通知》，教育部门户网，2017 年。

中增加了从业风险，降低了职业安全感，教师心中产生不良心理预期成为必然，尤其对于优秀的教师，不但面临流向公办学校的可能性，同时也增加了流向非营利性民办学校的风险。拟登记为营利性学校的校长就表示过这种担忧，"分类管理后，在民办高校中分出营利性大学和非营利性大学两类，按照社会现有的认知传统，人们就会认为非营利性大学就是全心全意做教育的、做公益的，而营利性大学就是打着教育的旗号，千方百计赚取金钱、想方设法榨取学生和家长利益的，这些（指社会对营利性大学的上述看法）都对学校后续的招生、人才引进、教师聘任等极为不利。"①

第三节 民办学校教师建设动向研判

教师队伍建设是民办学校健康发展的关键环节，保障民办学校教师的薪酬福利和合法权益，建立科学完善的职业培养培训体系，真正实现实际意义上的公办、民办学校教师同等法律地位和权利，民办教育将会比公办教育更有效地向社会提供优质教育服务。

一、破解编制"瓶颈"，突破非营利性民办与公办学校教师身份壁垒

（一）消除根源性制度障碍，推进事业单位法人登记

"编制"问题，一直是造成民办学校教师不能获得与公办学校教师同等待遇的根本性问题。但这并不应该成为阻碍民办学校教师享有与公办学校教师同等待遇的障碍。原因有二，一是纳税人享受同等的公共服务，而接受教育是每个公民平等的权利，浙江大学吴华教授就指出，学生有平等的受教育权，这是教育公共资源配置的基本理念。在这个基础上建立以学生人数为基准的公共资源配置框架，最大限度淡化公办学校和民办学校的所有制差异，无论公办民办一律按学生人数配置公共教育资源，按学生人数分配财政供养教师编制。② 可以从根源上消

---

① 付玲：《分类管理背景下我国营利性大学发展的机遇与挑战研究》，四川师范大学硕士学位论文，2018 年。

② 王佐书：《中国民办教育发展报告（2013~2014）》，科学出版社 2014 年版，第 183 页。

除民办学校教师的"编制"问题。二是《中华人民共和国教师法》[①]（以下简称《教师法》）适用于在各级各类学校中专门从事教育教学工作的教师，规定教师享受国家规定的福利待遇。因此《教师法》基本精神就是用法律来维护教师的合法权益，保障教师待遇。可以说，公民办学校教师享有同等的社保权利有上位法的支持。

基于以上两点，非营利性民办学校应该登记为事业单位法人，[②]建议制定事业单位登记管理实施细则，消除原则性制度障碍。《分类登记实施细则》规定，正式批准设立的非营利性民办学校，符合《事业单位登记管理暂行条例》等事业单位登记管理有关规定的到事业单位登记管理机关登记为事业单位。在《事业单位登记管理暂行条例》中所界定的事业单位，是指国家为了社会公益目的，由国家机关举办或者其他组织利用国有资产举办的，从事教育、科研、文化等活动的社会服务组织。从政策实现的角度考虑，需要对事业单位举办主体和资产来源进行修订，[③]非营利性民办学校登记为事业单位才具备政策支持和实现的可能性。

（二）完善人事代理制度，保障教师同等权利

落实民办学校教师和公办学校教师同等权利和地位，必须从教师职务岗位特性而非供职单位属性出发，尽快建立健全民办学校人事代理制度，符合我国社会保障制度改革的总体方向。一是在民办学校实施人事代理制度，作为教师职称评审、社会保险、评优评先的前提条件，并开展定期年检，监督民办学校执行落实情况。二是完善人事代理制度相关体系，包括人才流动、薪资待遇、社会保障、专业发展、奖励扶持等在内的一系列配套政策，[④]从制度上保障政策间的相互统一、相互衔接、相互支持的问题。三是做好经费和人员的管理和培训。人事代理业务的经费可从地方民办教育专项经费中列支。明确人事代理工作的办理事项和流程，对相关从业人员进行专业培训，提高工作效率和水平。

[①] 《中华人民共和国教师法》，教育部门户网，2009 年。
[②] 钟秉林：《我国民办高等教育发展若干重要问题探析》，载于《中国高教研究》2011 年第 7 期，第 8~10 页。
[③] 李虔、卢威：《民办学校分类管理十大未决问题探析》，载于《中国教育学刊》2018 年第 8 期，第 5~12 页。
[④] 周海涛、刘永林：《民办学校教师人事代理与流动制度初探》，载于《教师教育研究》2017 年第 4 期，第 20~23 页。

二、加强制度建设,提高师资队伍管理水平

(一)政府层面:建立人事管理制度,实施民办学校教师统一管理

按照分类管理的总体规划和制度设计,非营利性民办学校教师享受公办学校教师同等地位和同等待遇。符合事业单位登记管理办法的民办学校可以登记为事业单位法人,教师按照事业单位社会保险缴纳标准缴纳保险费,退休后待遇与公办学校教师等同。为做好这项政策的落实,建议地方政府制定符合区域实际的民办学校教师人事管理制度,对区域范围内的非营利性民办学校教师面向社会统一招考、统一招聘、统一管理、统一培训。既保证民办学校教师的入口质量,促进合理流动,也便于社保部门的具体操作和管理。对各项社会保险学校缴纳部分,政府部门可根据财政状况按民办学校实际缴纳数额进行补助或以奖代补,这将有利于落实三方合理分担社会保险机制,保障师资队伍的稳定性,推动民办教育事业持续健康发展。

(二)学校层面:保障教师的管理权、知情权和监督权,增强主人翁意识

《鼓励社会力量兴办教育若干意见》明确规定,依法落实民办学校师生对学校办学管理的知情权、参与权,确保师生拥有参与民主管理和民主监督的权利。但现实当中,民办学校教师的知情权、管理权和监督权落实得并不到位。原因有二:一是学校没有建立教师民主管理、民主监督的渠道,即使有也多流于形式,一纸空文。二是教师参与学校管理和监督的意识淡漠。提高教师主动参与学校管理监督的积极性有以下途径:一是强化监督机制。坚持利益相关者共同治理的原则,吸纳教师群体进入监督机构,[1] 同时完善监督职责,确保监督工作的独立、有效开展。二是提高教师权利意识,在学校章程中明确教师参与学校民主决策、民主管理和民主监督的权利。三是畅通参与渠道。建立并完善教职工代表大会、学术委员会、工会、党代会机制,完善相关程序、制定规章制度,为教师行使和维护自身权利提供有效途径。

---

[1] 史少杰、周海涛:《非营利性民办高校内部治理权力制衡分析》,载于《现代教育管理》2018年第1期,第26~29页。

（三）个人层面：明确发展目标，实现个人发展与学校发展相统一

教师队伍建设目标的实现需要政府和学校层面的制度保障，同时，需要教师个人明确发展目标，发挥内源动力，努力实现个人发展目标与学校发展目标的统一和达成。学校的师资队伍建设规划和目标需要通过相关部门不断的宣传和组织学习促使每位教师能够做到深入了解，每位教师能够明确学校对教师的要求、知晓自身所处的发展位置，制定下一阶段需努力的方向，通过上下协同，实现个人发展目标与组织需求协调一致，最终实现共同发展。

三、健全福利保障制度，提高教师工资待遇

提高民办学校教师福利待遇，要加强地方政府和学校内部的制度建设。

（一）地方政府要加大政策扶持力度

建议从以下三点着手：一是从降低民办学校人工成本的角度出发，在不影响教师待遇水平的情况下，合理降低学校"五险一金"缴费占工资总额的比例。探索阶段性下调学校和教职工的社保缴费率和住房公积金缴存比例。[①] 二是各地政府要合理制定本地区教师最低工资指导线。按照试点省份的经验，可设定为地区同类公办学校教师工资总额的70%，学校所在地相对偏远的，最低工资指导线可在此标准基础上适当提高，增强学校对人才的吸引力。三是各地政府可从民办教育发展专项资金中划出一定比例设定民办学校教师津贴。通过该项津贴的发放，提高民办学校教师的收入水平，使民办学校教师的收入达到公办学校教师的同等待遇。在政府扶持经费划拨到学校后，需要加强民办学校财务支出的规范监管和审计，保证教师薪酬待遇的支出。

（二）民办学校要建立薪酬激励机制

具体来说主要应从以下三点着手：

一是建立合理的薪酬福利制度。马斯洛的需要层次理论把需要按照一定的等级划分为五类：生理需要、安全需要、归属和爱的需要、尊重需要、自我实现需要。生理需要、安全需要即衣、食、住、行等方面是人最基本的需要。对教师而

[①] 周海涛、景安磊、刘永林：《助力支持和规范民办教育发展》，载于《教育研究》2017年第12期，第62~67页。

言,满足衣、食、住、行的需要是生活最基本的保障,教师发展需要一定的经济条件作为支撑。近年来,随着公办学校教师待遇大幅提升,民办学校薪酬已不具备竞争优势。在这种情况下,民办学校应本着从教职工立场的角度出发,结合区域经济发展现状及民办学校发展实际科学合理地设计出一套"暖心"的薪酬激励机制,显得尤为重要。民办学校可参照地区公务员和公办学校教师薪资标准,优化薪酬分配机制,积极探索以岗定薪、优劳优酬的薪酬方案,建立如年薪制、议价工资制等向高绩效、高层次人才倾斜的多种薪酬发放制度,在薪酬设计上可以采取目标学校跟随策略或区域领先策略,力争以相对领先的薪酬水平吸引、激励优秀人才长期服务于民办学校。

二是完善内部人事管理相关制度。严格招聘标准和程序、规范各类合同及聘任协议的拟定和签订、严把试用期管理和考核、依法提供各项权益保障。重点做好两个方面:第一,严格招聘环节。民办学校要基于个人价值观与学校组织文化是否契合的原则,通过笔试、面试、试讲、性格心理测试等多角度对面试人员进行考核,考察应聘人员的个人素质、知识结构、能力结构、从业背景、对应聘岗位的需求度等是否满足学校招聘需求和标准,降低因双方沟通不到位、了解不到位导致的离职风险的增加和学校招聘成本的上升,确保从一开始就能够聘到合适人选。第二,规范劳动合同和聘任协议的拟定。严格按照国家法律法规的要求,分门别类地签订行政合同、劳动合同和聘任协议。完善合同条款,明确双方权利和义务。对于退休返聘人员,因双方关系为劳务关系而非劳动关系,考虑到年龄偏大在工作中发生意外的可能性更高,民办学校可为退休返聘人员购买商业保险,降低学校的风险。

三是制定科学的绩效管理与评价体系。绩效管理不同于考核评价,考核评价的前提假设是人存在惰性,其出发点是把人作为实现企业发展目标的手段,而绩效管理基于以人为本的理念,尊重人的全面发展,将个体目标与企业目标协调一致,达到双赢。人力资源管理的关键是要在组织内部建立起竞争机制、激励机制和约束机制,促进组织的高效运营与良性发展。而三大机制的建立均有赖于科学的绩效管理与评价体系。对于民办学校来说,可以借助绩效管理和评价建立具有竞争激励性的薪酬制度,构建学校内部最具潜力的优化组合,实现学校的发展目标。因此,绩效管理与评价是保证学校健康发展的基础和手段。在制定绩效管理和评价体系时,要突出过程管理,通过绩效计划的制订、实施、评估、反馈、激励、培训等过程,实现工作行为与工作结果的管理。① 绩效考评实行定性与定量相结合的评价性考评。考核评价内容首先把握教师的师德规范、合理设计教学和

---

① 胡君辰等:《绩效管理》,四川人民出版社2008年版,第172页。

科研所占比例、实施多样化的考核方法，力争评价体系合理科学，符合实际。

四、加大培养培训力度，提升教师专业水平

（一）加大教师的培养力度

重点是中青年教师、"双师型"素质教师的培养培训。一方面，按照《鼓励社会力量兴办教育若干意见》的精神，各级政府要将民办学校教师队伍建设纳入教师队伍建设整体规划，重视青年教师培养，加大教师培训力度，切实提高民办学校教师的业务水平。另一方面，民办学校要切实将教师的培养培训工作落到实处。第一，严格按照民办教育新法新政要求，明确从学费收入中安排一定比例的资金用于教师的培养培训，并列入年度经费预算。第二，学校相关部门制定师资培养规划，明确师资培养实施计划，可通过调研、座谈等方式了解教师的专业发展需求，有针对性地制定和开展培训项目。第三，以职称晋升通道为抓手，引导教师自我发展。在职称评审制度变革的大环境下，自主权下放、高校自定条件、自主聘任成为下一步的职称评审工作的发展趋势。民办学校可以结合省级部门的评审方案，结合学校办学定位、发展特色和教师多样化的发展需求，有针对性的设计评价类型和评价指标，满足教师的多样化发展需求，调动教师的专业发展积极性，促进学校师资队伍建设和转型。第四，科学合理制定考核评价体系。在教师考核工作中，师德规范是原则性标准、教学业绩是重要考核内容，包括完成的教学工作量、教学获奖、学生竞赛获奖、参与教学改革等，合理考虑科研考核的权重，重点把握好教学与科研的关系，在不影响教学工作的情况下，要让教师明白科研可以有效地促进教学水平的提高。

（二）加强辅导员队伍建设力度

除国家和省级政府重视民办高校辅导员队伍专业化建设外，民办高校自身也要加大对辅导员的职业发展，重点做好以下三方面：一是从思想上高度重视辅导员工作。加强对辅导员的人文关怀和心理疏导，及时疏解辅导员工作中的不良情绪，调动辅导员工作的主动性和积极性。明确辅导员具有教师和干部双重身份。允许专业强、能力强的辅导员参与科研项目申报、参评高教系列职称、作为学校后备领导干部进行培养等多种方式打通辅导员职业发展和晋升通道，解决辅导员后顾之忧，增强职业荣誉感。二是严把民办高校辅导员入口关。辅导员肩负着大学生思想政治教育工作的重任，民办高校的生源结构比较复杂，首先，学生学习

能力不强，学习积极性不高；其次，学生纪律观念淡薄，规约性较差；最后，学生思想活跃、创新意识强。因此，需要辅导员具备较高的专业素养、良好的心理素质和过硬的思想政治素质，拥有一支高水平的辅导员队伍尤为重要。民办高校要按照公办高校选拔辅导员的标准来选择优秀的高校毕业生，从政治面貌、学生干部经历、学生获奖经历、沟通协调能力、语言表达能力等多方面进行公开招考，竞争上岗。三是加强辅导员的培养培训。除参加国家、省级统一组织的辅导员培训项目之外，学校内部要制定辅导员职业发展规划方案。从辅导员岗前培训、晋升渠道、职业发展方向、薪酬福利待遇、考核奖励等多方面进行专业化培训。帮助辅导员制定适合本人的职业发展规划。培训内容应包括：入职培训、常规工作流程培训、大学生心理健康咨询与疏导、大学生团建和党建、国家基本法律法规培训、大学生创新创业项目培训、大学生社会实践等方面的专题培训，推进辅导员队伍的专业化发展。另外，还可以通过邀请地区内外学生工作的专家开展专题讲座，或参加地区外的培训和交流考察，拓宽工作思路、开阔视野、掌握更多的工作方法，提高工作效能。

五、健全制度设计，稳定营利性民办学校教师队伍

（一）加强人事管理制度设计，完善内部管理机制

选择转设为营利性的民办学校需要充分吸纳社会资源，改革学校管理机制，真正建设成为产权明晰、自主经营、自负盈亏、自我发展的市场竞争主体。从师资队伍建设的角度出发，营利性民办学校需要逐步实现人员使用上的全面市场化，提高工作效率，实现精简高效的内部人事管理。加快人事、工资制度改革，充分利用市场竞争的机制和优势，完善招聘、管理、分配制度。对于新聘的教职工，应严格按照劳动法签订劳动合同，规范权利义务，缴纳试用期期间的社会保险等。对于从民办学校分流出去的富余人员，按照劳动法有关赔偿标准进行合理赔付，妥善做好人员安置工作。

（二）做好教师权益保障，稳定教师队伍

面对法人登记方式给营利性民办学校带来的机遇与挑战，为稳定营利性民办学校师资队伍，政府应该出台相关政策，明确规定选择登记为营利性的民办学校，要在企业职工社会养老保险办法的基础上，对教师的权益进行相应的提高和完善，鼓励办理企业年金、购买商业保险、购买商业医疗保险等补充养老保险，

直至实现营利性民办学校教师享有与公办学校教师相当的社保和退休待遇。

(三) 借鉴企业模式，创新办学思路

新修订的《民办教育促进法》规定："民办学校收取的费用应当主要用于教育活动、改善办学条件和保障教职工待遇"，这个规定对于营利性民办高校教师来说是有利的。营利性民办学校的公司化经营理念，通过资本"逐利性"特征吸引社会资本进入，解决过去以学费收取为主要办学资金来源的单一模式，增加办学资金，创造办学收益。按照民办教育新法新政对营利性学校产权制度以及鼓励营利性民办学校建立股权激励机制的规定，学校可以进行股权分解，鼓励教职工持有学校股份，以股份分红的方式对教职工进行激励，不但可以提高教职工待遇，增加师资队伍稳定性，而且有利于统一思想，调动教职工工作主动性创造性，增强凝聚力和归属感。

六、健全师资队伍评价机制，促进政策有效落实

建立健全师资队伍监督评价机制，是落实民办学校教师权益及师资队伍建设的有力保障。一是加强财政性经费的审查和监管。政府划拨的民办教育专项经费、师资队伍建设专项经费等纳入审查和监管范围，重点审查经费使用项目类型、经费使用时间，严格专款专用、禁止挪作他用。二是加强监督评价机制建设。明确督查项目和内容，强化师德师风建设和业务能力建设，建立责任追究制度。建立民办学校教师队伍建设年度报告和年度检查制度，[1] 探索第三方评价机制的建立，实现民办学校教师队伍建设和保障的落地落实。

---

[1] 景安磊、周海涛：《民办学校教师队伍建设改革的法规保障》，载于《教育与经济》2018 年第 3 期，第 20~23 页。

第十章

民办学校资金筹措与使用的跟踪与评估

社会性和市场性是民办学校区别于公办学校的根本属性，民办学校的办学资源主要来源于市场，能否有效筹措资金、科学合理地使用资金，是推动民办学校持续发展的重要动力。民办教育新法新政对民办学校资金筹措与使用作出了系列规定，本章梳理和分析了《民办教育促进法修法决定》实施后，民办学校在资金筹措与使用上的政策变化、具体影响及最新进展，分类探讨了营利性和非营利性民办学校呈现出的关键问题，并从学校、政府、社会三个层面，系统分析民办学校资金筹措与使用的未来动向。

第一节 民办学校资金筹措与使用实践的最新进展观察

随着分类管理改革的持续推进，民办教育发展环境发生了翻天覆地的变化，明确了"营利、非营利"身份定位，清晰了学校法人财产属性与"差别化"政府扶持举措，分类的教育收费管理等在给民办学校发展带来重要机遇的同时，也使民办学校迎来一些挑战。非营利性学校可以获得更多的政府扶持，扫清了捐资办学的障碍，但将面临更严格的政府监管、失去社会资本的青睐等问题；营利性民办学校首次被承认，将会促进更多的社会资本介入，畅通了融资渠道，但其办学成本攀升，"营利"属性会遭遇更多的社会偏见。

一、相关政策变化

（一）差别化的举办者权益政策

民办学校举办者是推动我国民办教育事业发展的重要力量和决定因素。没有举办者的热心办学和资金投入，就很难有民办教育的繁荣和发展。民办教育新法新政从保障民办学校举办者合法权益和历史贡献的角度，作出了一系列的制度设计。非营利性民办学校，举办者不取得办学收益，办学结余全部用于办学；终止办学时，清偿学校债务后的剩余财产可以继续用于其他非营利性学校办学。其中，在《民办教育促进法》公布前（2016年11月7日）设立的民办学校，终止时，有剩余财产的，可以给予出资人相应的补偿或奖励。也就是说，非营利性民办学校的举办者将不再拥有民办学校剩余财产的所有权，但可以获得相应奖励。营利性民办学校，面向市场办学，举办者可以取得办学收益，办学结余依照公司法等有关法律、行政法规处理；终止办学时，学校在清偿债务后，有剩余财产的，也依照公司法的有关规定处理。

（二）差别化的学费收费政策

从目前来看，学费收入是大多数民办学校的主要筹资渠道，相当数量的民办学校完全依靠学费办学，以学养学。从《民办教育促进法实施条例（修订草案）（送审稿）》和《分类管理实施细则》来看，目前已对营利性学校和非营利性学校实行了分类管理。一是收费标准。非营利性民办学校的收费，通过市场化改革试点，逐步实现市场调节价，具体政策由各省级政府根据其办学成本和当地公办教育保障程度、民办学校自身发展情况等因素确定。目前各地出台的收费政策，已表现出分段放开或全面放开收费的积极倾向；而营利性学校则把定价权交给市场，由市场需求来决定价格，具体收费标准由民办学校自己确定；二是收费时限。学历教育的民办学校按照学年或学期收取学费、住宿费和代管费；幼儿园按照学期或月收费；非学历教育民办学校按照授课时间收取。收费项目、收费标准、收费时限都需要向学生明示。为降低市场经营带来的办学风险，部分省份对营利性民办学校采取了风险保证金制度、学费专户监管等措施。

（三）差别化的会计制度

民办学校的会计制度主要依据《中华人民共和国会计法》《中华人民共和国

审计法》《会计从业资格管理办法》等法律法规。分类管理后，营利性民办学校和非营利性民办学校将根据其经营行为的差异，选择不同的会计制度。营利性民办学校（教育机构），依据法律法规规定的管辖权限和其学校规模大小，到工商行政管理部门办理企业法人登记手续，分别采取《中国企业会计准则》或《中国小企业会计准则》；如果上市，则还需要遵循中国证监会对上市企业有关会计报告的规范化要求，在中国内地主板或创业板上市适用的会计准则同上；在中国香港地区主板或创业板上市适用的会计准则主要为《国际财务汇报准则》或《香港财务汇报准则》；在美国主板或创业板上市适用《美国通用会计准则》。[①] 非营利性民办学校，由于各省级政府出台的政策不同，所执行的会计制度也有所差异。符合《民办非企业单位登记管理暂行条例》有关规定的，到民政部门登记为民办非企业单位，执行《民间非营利组织会计制度》；符合《事业单位登记管理暂行条例》有关规定的，到事业单位登记管理机关登记为事业单位，执行《行政事业单位会计制度》或《政府会计制度》。也有一部分从事学历教育在民政部门登记为民办非企业单位的民办学校，为了增加与同层次学校会计信息的可比性，选择执行《行政事业单位会计制度》或《政府会计制度》。对于非营利性民办学校来说，无论执行哪种会计制度，在实务操作中，民办学校资产都要按"举办者投入、社会捐赠、财政拨款、办学积累"等不同收入来源分类登记，单独核算，并在每年的年度审计报告中作为重要事项予以披露，以保证资金来源、使用和管理的公开性和透明度。

（四）差别化的财政扶持政策

财政扶持民办教育是当今各国政府制定教育政策的共识，也是推行教育改革的重要举措之一。分类管理后，我国对民办教育实行差别化的分类扶持政策，主要包括税费优惠和公共财政支持政策。对非营利性民办学校，公共财政给予常态化的支持，逐步建立以政府补贴、政府购买服务、奖助学金和出租、转让闲置的国有资产等为手段的公共财政扶持体系；对办学优异的举办者和管理者，予以奖励和表彰。对于从事学历教育的全日制民办学校，部分省份结合当地同类公办学校实际，正在逐步建立生均公用经费补贴和教师养老保险补贴制度。同时，新政也进一步明确了非营利性民办学校享有和公办学校同等的免税政策和公益事业用地及其建设优惠政策。对营利性民办学校，结合当地经济社会发展需要和教育服务实际，通过税费优惠、政府购买服务等方式给予支持。营利性民办学校按优于

[①] 何周、唐威、谢宝朝：《利益的追逐与价值的维护——民办教育机构 IPO 案例全景解析》，法律出版社 2017 年版，第 90 页。

一般商业企业的税率征收，但具体执行何种税率标准，目前尚不明朗。

（五）差别化的学校转制政策

现有民办学校对营利、非营利选择的关键在于对学校资产的处置。为确保现有学校分类登记能平稳、有序推进，国家及各省、自治区、直辖市政府都出台了实施细则，就现有学校分类登记程序、现有资产处置、过渡期设置等作出了具体规定。现有民办学校选择登记为非营利性民办学校，依法修改学校章程，不需要清算，可以继续办学。现有民办学校选择登记为营利性民办学校需要进行财务清算，依法明确土地、校舍、办学积累等财产的权属，并缴纳相关税费。原有土地为教育划拨用地的，如转为出让方式，需要补缴土地出让金；如转为租赁方式，则需要缴纳租金；原有土地为出让的，则不需要缴纳土地出让金。学校资产（如房产等）在办理过户手续过程中，符合国家和省份有关减免条件的行政事业性收费，可以予以减免。对现有民办学校分类登记的过渡期设置各地不尽相同，一般设置为3～5年。

二、非营利性民办学校资金筹措面临的机遇与挑战

（一）明确产权属性，举办者权益逐步清晰

《民办教育促进法》明晰了非营利性民办学校的法人属性，厘清了举办者的产权界定，坚持非营利性民办学校办学的公益性，举办者投入学校的资产均属于学校法人资产，不能将办学结余用来在出资人或其他相关利益主体中进行分配，终止办学时的剩余财产要统筹用于非营利性学校办学。法人属性决定了民办学校的社会地位、财产来源、投资回报、教职工待遇等诸多切身利益。分类管理的实施消除了非营利性学校的法律地位在政策层面的障碍，为捐资办学的非营利性教育发展扫清了道路，从源头上解决了相关政策难以落实和操作的问题，非营利性学校理应得到与公办学校一样公平的政策待遇。

（二）获得更多政府扶持，办学空间日益扩大

民办教育新法新政破解了长期以来民办教育发展的"瓶颈"，非营利性民办学校与营利性民办学校、公办学校有了身份区别，政府无须担心财政扶持资金的流失，可以放心加大对非营利性学校的投入。重点引导和优先扶持的非营利性办学将会获得更大力度的财政支持和更多的公共资源。同时，还将享受和公办学校

一样的税费优惠政策。这些利好政策会降低非营利性民办学校办学成本,落实教师的基本待遇,使学校运行软环境日趋完善,教师队伍也愈加稳固。一些发展基础良好且不要求合理回报的民办学校可能会借助于国家、地方政府扶持措施进一步拓展办学空间,提高办学水平,增强办学实力和办学特色。

(三) 加强政府监管,竞争环境愈加复杂

随着政府扶持力度的加大,政府必定会加强监管,加大对非营利性学校的介入程度,尤其是在资产管理和财务规范方面,政府会加强对非营利性学校不合理的大额支出和异常流动的干预,加强过程性监管。一方面,隐藏在"合理回报"背后的灰色地带将被消除,通过关联交易等"打擦边球"的手段获得经济回报的现象也将受到监管;另一方面,政府的多头管理、政策设计不周、政府的错位越位监管、地方配套细则不落实等都将会对民办学校带来冲击和影响,竞争环境愈加复杂。

(四) 失去社会资本青睐,办学资金逐渐趋紧

尽管非营利性学校较修法前将获得更多的政府扶持和优惠条件,但从整体看,政府拨款在民办学校经费总额中的占比不高;与公办学校相比,在人员经费、基本建设方面更是缺少政府稳定的、大力度的直接投入和资助。近些年国家持续加大对公办学校的投入,尤其是双一流背景下,国家对公办高校巨额投入,这无疑给在同一办学层次的民办学校带来了巨大压力。同时,与营利性民办学校相比,非营利性民办学校又缺少吸引社会资本的可逐利空间,其非营利性定位将逐渐失去社会资本的青睐和投资,社会资金难以大规模、主动流入,非营利性民办学校办学资金日益趋紧,办学压力不断增大。

三、营利性民办学校资金筹措面临的机遇与挑战

(一) 明确办学身份,激发了社会力量办学热情

分类管理后,我国营利性民办学校的营利性法人属性得以明确,国家首次承认营利性民办学校的投资性质,举办者可以在办学活动中合法地获取办学收益,办学利润和结余可以在学校出资人之间进行分配,充分保护了举办者投入民办学校的资产产权和办学收益,给营利性民办学校提供了更大的自主权和话语权。

营利性学校收益权、剩余财产分配权的确立,办学自主权的扩大充分调动了

举办者的办学积极性，为营利性学校的有效运作和持续发展提供了动力；宽松的财产使用权和处分权可以有效提高学校各类教育资源的使用率，避免浪费现象。同时，营利性学校在工商登记，按企业模式运作，可以将现代企业管理经验引入学校，充分激发办学的活力和动力；营利性民办学校"允许分配办学结余"的特征又能很好满足学校投资者的各种利益诉求，既成就了教育理想，又实现了投资获利，极大激发社会力量办学热情。可以预见，未来将会有更多的社会闲散资金和社会投资者布局教育行业。这必将丰富国内教育资源的多元供给，满足人民群众多样化的教育需求。

（二）借助资本力量，畅通营利性民办学校融资渠道

分类管理为民办学校通过资本市场筹措资金提供了可能，也将改变民办学校的宏观融资环境，教育资产上市和资产证券化时代已经到来。尤其是对于营利性民办学校来讲，上市意味着可以从资本市场直接融资，促使更多社会资源转化为教育资源，这将改变传统的办学经费来源单一、以学养学模式，学校现金流将更为充裕，在应对经营风险方面也更为收放自如、张弛有度。同时，民办学校上市有助于改善法人治理结构，建立完善的管理体制和财务制度，改进业务流程，促进管理水平的大幅提升。经过上市包装，学校的社会影响力和公信力也将进一步提高，会吸引更多的投资者和优秀人才加盟，得到学生和家长的青睐，进而能够形成一种良性的发展模式，进而给民办学校带来更为巨大的效益。

（三）办学成本攀升，营利性学校面临严峻挑战

从目前已公布的政策来看，实施分类管理后，营利性民办学校将面临政府激励政策削减、办学成本攀升、市场竞争力下降等问题。存量学校如果转设为营利性学校，除原有的各项扶持政策和优惠条件不能再享受以外，还需要经过财务清算后，缴纳营业税、土地增值税、企业所得税、个人所得税等种类繁多的高额税费和土地费用；新登记为营利性民办学校需按市场价购置土地，并按照企业标准缴纳各类税费，这些无疑增加了办学的政策成本和税务成本。许多跃跃欲试，想要变更为营利性的存量学校只能望而却步。虽然国家在法律层面认可了民办学校的营利性，但同时也对营利性民办学校（教育机构）设置了更高的门槛，如严格要求土地和校舍面积、仪器设备、师资等。总之，分类管理后，营利性学校将面临巨大的办学成本、更为严格的监管和愈加激烈的市场竞争。

（四）过分强调"营利"属性，营利性学校遭遇社会偏见

分类管理制度对营利性学校登记为"公司"的规定，在一定程度上放大

"营利"属性，这会导致社会、家长对学校产生偏见和歧视。营利性学校在我国是个新生事物，接受需要一个过程。受传统观念的影响，公众对教育事业"营利"是持抵触情绪的，误认为这个学校只是为了"赚钱"，而不是"以培养人为目的"，极大影响了学校的育人形象。此外，营利性学校如果一味追求经济目标，忽视社会价值，那么教育质量将成为营利性学校换取短期收益的牺牲品，严重损害学校名声和受教育者的利益。在资本道路上坚持"教育初心"，实现营利性与公益性的平衡，真正把民办教育做大做强，应该是民办教育"营利性"的核心价值所在。

四、分类管理背景下民办学校融资路径演进

鼓励和吸引社会资金进入民办教育领域是促进民办教育快速发展的有效途径。民办学校要做大做强，树品牌，创优势，走专业化、集团化的发展道路，更好地满足受教育者多元化、高质量的教育需求，这些都离不开资本的支持。在民办教育分类管理背景下，探索符合学校实际的筹资路径，多渠道吸纳社会资金，鼓励金融机构在风险可控前提下开发分别适合营利性和非营利性学校特点的金融产品是突破民办学校筹资困境的有效举措。目前，各级各类民办学校主要的融资路径有：依靠办学积累滚动发展、非教育设施物权抵押、收费权、知识产权等质押（抵押）贷款、融资租赁、众筹私募、资产可抵押债券、PPP模式、上市融资等。这些新型融资模式，将进一步激发教育投融资的创新潜能，提高教育投融资的便捷性，为未来建成高水平民办学校解决资金的后顾之忧。

（一）滚动发展

依靠办学积累、滚动发展筹措资金是目前大多数民办学校的经费筹措路径。20世纪80年代，我国民办教育恢复初期，国家相关法律法规不完善，政府对设立民办学校要求较低。因此，这类学校大多在建校初期没有较大的原始投入，举办者即学校实际经营者，很多是家族式办学，依靠学费、住宿费，逐步积累、滚动发展。这类学校在办学初期规模较小，办学形式灵活多样，涉及的范围广泛，很努力地在夹缝中求生存，力求做大做强，利用规模效应，弥合成本。目前，已经有一部分学校经过长期积累，抓住发展机遇，达到一定办学规模，能初步实现稳健经营，也取得了不错的办学成绩；但也有不少学校由于盲目发展、粗放管理导致办学质量低下、办学声誉较差。黄河科技学院的胡大白校长白手起家，由最初的30元钱起家，滚动发展到现在学校拥有10多个亿的资产、占地面积2 700亩、教学设施完备、在校生万余名的民办高校，已成为依靠办学积累滚动发展民

办学校的典范。

（二）非教育设施物权抵押

非教育设施物权抵押是指民办学校（教育机构）的经营性资产（如学校店面房、领导用车等非教育设施）经过教育行政部门审核、认定以后可以用于民办学校自身债务的抵押或者通过非教育设施抵押来获取银行贷款。从实际情况看，近几年非教育设施物权抵押贷款业务发展缓慢。究其原因，主要有：由于对学校非教育设施的界定比较模糊，大部分学校无法提供非教育设施的独立产权证明，教育行政部门也很难界定，要开展非教育设施物权抵押，银行顾虑较多；民办学校的经营性资产占学校总资产的比例非常小，大部分资产是土地、教学楼、教学仪器设备等教育设施，如果只允许经营性资产（非教育设施）抵押贷款，贷款额度极其有限，根本无法满足民办学校投资贷款的实际需求，未能从根本上解决民办学校融资难的问题。

分类管理实施后，一些地方民办教育政策对融资抵押的规定有了新的突破。如上海市和海南省的规定认为营利性学校的教学设施可以用于融资抵押；海南省和浙江省的规定则认为非营利性学校的教学设施不可以用于融资抵押；辽宁省的规定认为民办学校的固定资产可以用于融资抵押。可以看到，已经出台政策的省份对营利性学校和非营利性学校都进行了区别对待：无论是非营利性学校，还是营利性学校，学校有偿取得的非教学设施均可用于融资担保；非营利性学校的教学设施不可用于融资担保，营利性学校的教学设施可用于融资担保。

（三）收费权、举办权、股权、知识产权质押（抵押）贷款

收费权质押是指民办学校作为债务人，通过将其合法拥有的收费权作为质押（抵押）的标的物，向债权人提供的一种权利质押或向银行申请贷款。民办学校收费权包含学生对民办学校费用的支付关系，包括学校收取费用的权利和学生给付金钱的义务，因此民办学校收费权具有财产权的性质，既可以估价又可以让与。收费权质押是学校以学费、住宿费和考试费等为内容进行的质押。

举办权、股权抵押贷款是指民办学校举办者持有的举办权或出资人按其出资比例所享有的学校股权，经登记注册部门（民政或工商部门）确认后，作为质押（抵押）标的物，向债权人提供的质押（抵押）担保或向银行申请融资。

知识产权质押贷款是指民办学校以合法拥有的专利权、商标权、著作权中的财产权经专业机构评估后，向银行申请贷款的一种融资方式。目前，由于国内银行驾驭知识产权质押的能力不够成熟，知识产权价值不易确定，知识产权变现的可能性不易预测等原因，国内金融机构开展知识产权质押贷款的项目非常少，具

体的操作办法更是缺少。

浙江省温州市2012年出台的民办教育综合改革"1+14"政策，在投融资体制等方面谋求了新突破。根据系列政策规定，温州市民办学校的收费权质押由温州市教育局批准同意后，可以在人民银行的应收账款质押登记系统登记、公示后，予以抵押贷款；民办学校的举办权质押同样需经温州市教育局批准，办理质押登记相关手续后予以抵押；学校的商标权、知识产权和著作权等，则需根据《温州市专利权质押贷款管理办法（试行）》、国家版权局颁布的《著作权质权登记办法》以及国家工商行政管理总局颁布的《动产抵押登记办法》相关规定进行质押登记后，也可用于质押。该办法为行业协会、银行、担保三方搭建了对接平台，将民办学校作为融资授信主体，由银行给予信贷资金支持和现金流管理，民办教育协会提供技术支持和相关信息，由温州教育发展投资集团有限公司提供"一站式"金融综合服务，畅通了民办学校的融资途径，为民办学校发展提供了更多的资金支持。

（四）融资租赁

融资租赁是现代社会中一种特殊的融资方式，目前在我国还处于初级阶段。但随着分类改革的推进，国家将进一步畅通社会资本进入教育领域。融资租赁在很大程度上降低了民办学校在硬件投入上的资金压力，拓宽了民办学校资金筹措渠道。租赁项目主要包括：一是学校基础设施建设项目。随着民办学校招生规模的不断扩张，急需大量资金投入基础设施建设项目中。民办学校可以将体育场所、餐厅、学生公寓等建设项目分块招租，由租赁公司负责出资建设，待建成后再租赁给学校使用，学校每年按一定标准缴纳房屋租金给租赁公司。到一定使用年限后，租赁公司可以将这部分固定资产转卖给学校或者继续租赁，也可将房产无偿转让予学校；二是教学仪器设备更新项目。随着教育技术的迅猛发展，教学内容、教学方式的变化，民办学校的教学仪器、设施也需要不断更新。同样，民办学校可以将这些仪器设备更新项目招租，由租赁公司出资购买，再以租赁的形式交付给学校使用。租赁期满后，学校可以继续租赁或者折旧购买继续使用，租赁公司也可以无偿赠送给民办学校。由于这种租赁方式不会影响承租人的资产负债表，在一定程度上可以降低承租人的资产负债率，但实质上又为承租人提供了基建项目或设备购置所需的费用，而受到广大民办学校的欢迎。

运用这种方式融资，特别需要注意的是，在选择租赁公司的时候要仔细考量，要关注租赁公司的公司资质、信誉程度、运营能力等。融资租赁的过程本来就是一个长期的过程，民办学校除了需要支付租金以外，还有利息、维修费用等支出。融资租赁在很大程度上缓解了目前民办学校办学资金不足的问题，但存在一定财物风险。需要在充分考虑民办学校自身的偿还能力的基础上,适当的使用融资租赁这种方式。

分类管理实施后,也有学者建议,非营利性民办学校可以借鉴民办医疗、养老机构分类管理改革的有关做法和经验,在民办学校存续期间,适当放宽要求,允许以"融资租赁"的方式,适当租赁(借入)部分土地、校舍和设施设备等,以降低存量民办学校的办学成本,鼓励举办者积极办学,提高办学效益。

(五)众筹私募

众筹私募即大众筹资,是利用互联网的传播特性,向网友募集项目所需资金,集中多笔小额资金用来支持某个项目的一种新型筹资模式,具有明显的低门槛、开放性、大众化、交互式和风险分散等特征。项目负责人或创业团队向公众展示他们的项目或创意,争取大家的关注和支持,进而获得项目所需要的资金支持。众筹融资模式作为大数据时代互联网金融模式之一,拥有巨大的发展潜力和市场空间。许多初创企业或团队通过众筹方式获得项目的第一笔启动资金,为今后发展提供了无限可能。但由于其对互联网有较强的依赖性,存在一定的信任风险和合法性风险。同时,由于众筹平台众多且监管不完善,其发展尚有诸多阻碍。

众筹融资模式服务于高校科技产业具有其他模式所不具备的特质。因此,该模式目前在民办高校科技创新和成果转化方面应用较多。借助众筹模式,实现线上线下互动,集聚资源,丰富了筹资渠道,解决了教师科研成果转化的经费问题,也帮助很多民办学校学生实现了他们的创新创业梦想。

(六)资产可抵押债券

资产可抵押债券(ABS)融资,即资产证券化融资或资产支持证券。发起人以自身拥有的流动性不足的但未来具有现金流的资产或资产组合作为基础,通过增信措施,将其打包成流动性强的证券,在证券市场上发行,获得现金支付的方式。首先,发起人将未来产生现金流的资产卖给特设项目的机构,由该机构将其增信,然后在证券市场发行,获得的现金给发起人,并用项目产生的现金流支付本金和利息。债券发行期内,学校资产所有权属于特设项目机构,而运营权、决策权仍然属于学校。债券到期,还本付息后,资产所有权又回归到民办学校手中。民办学校 ABS 模式是一种风险较低的债券,通过债券市场,可以吸引民间资本投入教育领域,在短时间内筹集大量资金用于教育事业,解决民办学校资金短缺问题。[①]

由于目前大部分民办教育机构规模不大，外部信用评级很难达到 AA，直接发债或者是 ABS 融资存在一定困难。但随着分类管理政策的逐步推行，一些市场敏锐度高的专业担保公司开始尝试给资质较优的民办教育企业发行资产证券化产品进行担保，从而使那些原本评级达不到要求的教育机构直接通过 ABS 方式融资。ABS 融资的主要条件包括：一是有足值的抵押物作为担保公司的反担保条件；二是要有明确的资金用途；三是收费权、举办权没有被抵、质押；四是举办者或实际控制人负债率较低，不存在大量民间贷款；五是每学年收费规模在 1 亿元以上（包括学费、住宿费、代管费等）。

（七）与政府（PPP）、企业合作（混合所有制）

PPP（public-private-partnership）模式又称政府和社会资本合作模式。即以制度的形式强调通过政府和社会资本的合作，将社会资本引入民办教育领域，同时引入社会资本的管理技术和科学技术，进行项目建设和后期运营维护，以减轻政府财政支出的压力。实现公共福利是政府的目标，而实现利润追求则是社会资本的目标。基于各自的价值追求，双方需要建立起长期合作伙伴关系。合理利用并积极鼓励社会资本进入民办学校，可以增强民办学校的融资能力，有效盘活教育资源，达到双赢的效果。2008 年，部分奥运场馆的建设就是采用了 PPP 模式。目前在民办高校的运动场馆、图书馆、实训中心、后勤设施建设上有很多成功的范例。PPP 融资模式为分类管理后社会资本和民办学校相结合提供了可操作的模式。例如，四川省德阳市罗江县政府投入财政资金 2 450 万元，在四川工业管理职业学院（民办）校区内建设了体育馆、图书馆、军训基地等，不仅向学校师生开放，而且向德阳市民开放。这种互利互惠的合作模式，政府的投入不以获利为目的，而是为了社会公共福利，其产生的实际效应值得肯定。广义的 PPP 包括 BOT、TOT 等模式。

BOT（build-operate-transfer）即"建设—运营—移交"。BOT 是社会资本参与基础设施建设，提供公众服务的一种方式。在民办医疗或养老机构中使用较多。民办学校与项目公司签订经营权协议，由项目公司负责筹集资金、项目的设计和建设，并在协议约定的期限内，运营其建设的基础设施。为了偿还贷款、收回成本，允许项目公司在运营时收取一定的费用。协议期满后，设施的所有权无偿移交给学校，满足学校发展的需要。TOT（transfer-operate-transfer）即"移交—经营—移交"，即通过出售现有资产项目在一定期限内的现金流量，从而获得

[①] 迟永慧：《我国高等学校投融资改革研究》，对外经济贸易大学博士学位论文，2016 年。

资金来建设新项目的一种融资方式。这类融资模式较适用于民办学校后勤服务的基础设施或项目，包括学生公寓、食堂等。由于只转让经营权，不转让产权和所有权，因此这种方式成本低，操作性强，规避了很多法律和政策上的障碍。

PPP模式可以用来弥补公共融资模式无法完成的缺憾，是民办学校后勤服务设施建设的创新模式，减轻了学校的资金投入、管理负担以及营运风险，提高了基础设施供给的质量和效率。但任何融资都可能带来风险，PPP模式也不例外，它具有风险隐蔽性和潜伏性的特点。它可以帮助民办学校完成在现阶段想做但缺乏资金的项目，而且在现阶段又不会出现直接的经费支出，负债发生于未来，且期限较长，融资风险积聚一段时间后，可能会在未来某一特定条件下爆发。此外，民办学校在PPP模式中发生的负债，在银行征信体系中也难以全面掌握，容易被忽略。因此，PPP模式具有隐蔽性和透明度较低的风险，需要建立和完善相应的风险管理监控体系。

混合所有制，通常是指在同一经济组织中，不同的产权主体相互融合，共同发展，形成新的产权配置结构和经济形式。在混合所有制企业或公司里，其出资人必须具有不同的所有制投资主体。如政府、事业单位、国有企业、私营企业、外资企业、个人等。教育领域的混合所有制具有产权主体多元、治理结构多样、运行机制灵活等特点。教育领域的"混合所有制"最早出现在职业教育领域，但随着分类管理的推进，"混合所有制"融资办学模式的地方探索已掀起新一轮的高潮。目前，混合所有制办学形式主要有：企事业单位与个人共建股份制教育公司、不同属性的资本（国有资本和社会资本）合作办学、在民办高校中引入社会力量共建二级学院、中外教育机构合作办学等。这种融资模式由于权责明晰、共同治理、利益与风险共担，可以有效调动社会力量办学的积极性，但也存在办学动机功利化和办学行为短期化等问题，同时值得关注的是，混合所有制涉及的利益关系比较复杂，有些合作项目的背后可能存在着隐形的关联交易和一定的利益输送。由于我国各级民办学校办学形式多样、教育产权结构复杂、各地、各校间发展不均衡，因此，在教育领域是否能推进"混合所有制"、如何推行"混合所有制"还需要理论界和实践界进一步深入研究和探索。

（八）上市融资

上市融资能筹集大量的资金，满足民办学校发展中对资金的大量需求，也可以发挥市场的淘汰功能，实现资源的优化配置，规范法人治理结构，建立现代企业制度，降低经营风险，是民办学校进入发展快车道的新起点。一旦上市成功，对民办教育机构来说，无疑是一个脱胎换骨的过程，它将极大提升企业的知名度和影响力，通过资本运作手段，能够更快地成为行业领导者。

目前，我国民办教育机构主要采用三种方式实现上市：一是通过资产并购或借壳上市的方式在境内间接上市，登陆 A 股。如勤上光电作价 20 亿收购广州龙文；银润投资 3.5 亿美元收购学大教育；上市公司收购民办教育机构多以现金收购为主，以此规避证监会和交易所的审核。二是新三板挂牌。同 A 股上市相比，新三板门槛更低，手续更简便。其挂牌企业主要集中在教育器材、培训服务等从事教育辅助类工作的领域。如首家学前教育装备挂牌企业亿童文教、首家国内上市的教育培训机构华图教育等；三是采用 VIE 架构（也称"协议控制"）实现海外（境外）上市，即在境外注册的上市实体与境内的业务运营实体相分离，境外的上市实体通过协议的方式控制境内的业务实体，使该运营实体成为上市实体的可变利益实体[1]。采用这种方式可以通过控制协议将运营实体的办学收益以服务费的方式转移至境外上市实体。2006 年新东方采用 VIE 架构在美国成功上市；2014 年枫叶教育也采用此架构登陆港股。但值得关注的是，非营利性民办学校虽然自身不能直接营利，但由于其资产性质良好，现金流稳定持续可预测，且办学的结余率（资本方认为的利润率）较高，近几年，也颇受资本市场的青睐，越来越多的优质非营利性民办学校通过"协议控制"方式（即 VIE 架构）与境内外资本对接。许多学历教育民办学校也开始频频登陆港股市场。如 2016 年的成实外教育，2017 年的民生教育、新高教等。

根据光大证券等券商发布的研究报告对教育行业上市公司进行梳理，截至 2018 年 6 月，共有 272 只教育股（A 股、新三版、港股、中概股），营业总收入 822.42 亿元，同比增长 14.25%；净利润 103.51 亿元，同比增长 13.01%。其中直接经营学历教育的学校类上市公司 15 家，其营业收入和净利润都呈现较快的增长态势。

截至 2018 年 6 月，内地共有 30 家教育企业在美国纽约证券交易所、我国纳斯达克和我国香港联合交易所上市。其中赴美上市的教育中概股 21 家，多以教育培训类企业为主；有 7 家教育机构遇到"水土不服"情况，从纽约证券交易所、纳斯达克退市或被强制摘牌（见表 10 - 1）。

表 10 - 1　　　　　　　美股的教育类企业基本情况

序号	公司名称	主营业务	交易所	上市时间
1	新东方教育集团	语言培训、K12 教辅、留学服务	纽约证券交易所	2006 年 9 月

---

[1] 何周、唐威、谢宝朝：《利益的追逐与价值的维护——民办教育机构 IPO 案例全景解析》，法律出版社 2017 年版，第 90 页。

续表

序号	公司名称	主营业务	交易所	上市时间
2	ATA 公司	考试与测评服务	纳斯达克全球市场	2008 年 1 月
3	正保远程教育	职业类在线教育	纽约证券交易所	2008 年 7 月
4	好未来教育集团	K12 教辅	纽约证券交易所	2010 年 1 月
5	达内科技	IT 培训	纳斯达克全球市场	2014 年 4 月
6	海亮教育	学前教育、K12 教育	纳斯达克全球市场	2015 年 7 月
7	51Talk	在线英语教育	纽约证券交易所	2016 年 6 月
8	博实乐教育	学前教育、K12 教育、语言培训	纽约证券交易所	2017 年 5 月
9	红黄蓝儿童教育	学前教育	纽约证券交易所	2017 年 9 月
10	领语堂教育	学科英语培训	纳斯达克全球市场	2017 年 10 月
11	四季教育	数学教育培训	纽约证券交易所	2017 年 11 月
12	尚德在线教育	在线教育	纽约证券交易所	2018 年 3 月
13	精锐教育	K12 教辅	纽约证券交易所	2018 年 3 月
14	朴新教育	学前教育、K12 教辅、留学服务	纽约证券交易所	2018 年 6 月

资料来源：根据各公司官网整理而得。

截至 2018 年 6 月，在香港地区上市的内地教育机构共 16 家，其中大多以提供学历教育的全日制民办学校为主（见表 10-2）。有些学校更是集学前教育、基础教育、高等教育于一体的大型教育集团。他们在各地有一定影响力，但随着教育版图的扩张，上市成为它们的必然选择。值得注意的是，有 4 家（中国新高教、民生教育、宇华教育、睿见教育）从事学历教育的机构都赶在 2017 年初赴港上市。不难看出，他们是赶在《民办教育促进法》实施前抢滩资本市场，但非营利性教育资产上市的合法性问题将受到质疑。从境外上市教育机构的总体上看，其主营领域已涵盖从学前教育、K12 教育到高等教育、非学历教育等各细分领域、各不同层次的教育。

表 10-2　　　　　　　港股的教育类企业基本情况

序号	公司名称	主营业务	上市时间
1	中国网络教育集团有限公司	职业类在线教育、咨询	2001 年 12 月 5 日
2	神通机器人教育集团有限公司	STEAM 教育	2002 年 11 月 15 日
3	中国创联教育集团有限公司	在线教育服务	2004 年 11 月 18 日

续表

序号	公司名称	主营业务	上市时间
4	中国枫叶教育集团有限公司	K12国际教育	2014年11月28日
5	成实外教育有限公司	学前教育、K12教育	2016年1月15日
6	睿见教育国际控股有限公司	K12教育	2017年1月26日
7	大地教育控股有限公司	海外升学顾问	2017年2月16日
8	中国宇华教育集团有限公司	高等教育、K12教育、学前教育	2017年2月28日
9	民生教育集团有限公司	高等教育	2017年3月22日
10	中国新高教集团有限公司	高等教育	2017年4月19日
11	中国教育集团控股有限公司	高等教育、职业教育	2017年12月15日
12	中国新华教育集团有限公司	职业教育	2018年3月26日
13	中国21世纪集团有限公司	高等教育、K12教育、学前教育	2018年5月29日
14	神州天立教育集团	学前教育、K12教育	2018年7月12日
15	博骏教育有限公司	学前教育、初高中教育	2018年7月31日
16	希望教育集团有限公司	K12教育、职业教育、辅导培训	2018年8月3日

资料来源：根据各公司官网整理而得。

第二节 民办学校资金筹措与使用实践的关键问题评析

分类管理政策实施后，非营利性与营利性民办学校在资金筹措与管理上，都不同程度地存在一些问题。非营利性民办学校面临着资金链脆弱、经费来源单一、政府支持力度不足、社会捐赠制度缺失等问题；营利性民办学校则存在着资本运行风险、教育质量下滑、办学不规范、一旦经营不善会面临被收购或倒闭的风险，需要引起学校、政府、社会各方的重视。

一、民办学校办学经费结构及现状

（一）财政资助

2016年新修正的《民办教育促进法》对民办教育实施了营利和非营利分类管理，但两类民办教育都属于公益性事业，都要遵循教育规律、坚持教育公益性。政府的财政扶持对民办教育事业的发展具有举足轻重的作用，也是促进民办学校健康发展的重要手段。近几年，各级政府对民办学校的财政扶持力度逐渐增大，充分发挥了政府财政资金对民办教育的导向作用。至 2017 年全国已有 20 多个省份设立了民办教育发展专项资金，有些地区按照公办学校生均拨款的一定比例对民办学校给予财政支持；对教职工缴纳社会养老保险给予一定补助（见表 10－3）。例如，宁波市从 2007 年开始，设立民办教育发展专项资金 1 400 万元，到 2017 年专项资金提高至每年 3 000 万元。对市本级实施学历教育的民办学校，按同类公办学校生均事业经费的 1/3 给予补助；对具有专业技术职务的民办学校教师按规定缴纳社会保险的单位缴纳部分，给予 1/2 的补助。[①] 有些省份采用绩效奖补的模式，通过对民办学校办学条件、师资水平、办学质量等不同项目进行评估，根据评估结果，予以不同额度奖励，以奖代补；或者采用项目申报的方式，给民办高校设立专项，对于成功申请到项目的学校给予一定的专项资助。例如，山东省对入选"民办本科高校特色名校建设工程"的高校，由省级财政安排专项资金，每校拨付 1 000 万元建设资金；对入选"民办本科优势特色专业支持计划"的专业，每个专业支持 200 万元。[②] 地方政府财政资金还给了民办学校很多间接资助，如政府对非营利性民办学校的税收减免、土地使用税费减免、贷款贴息等。由于不同地区经济水平和政府财政状况不同，地方财政支持的力度和成效也有所不同。陕西省省级财政则从 2012 年起每年设立 3 亿元专项资金支持民办高校发展；山东省省级财政 2014～2016 年间累计拨付 1.92 亿元支持民办高校，扶持力度明显弱于陕西省。区域公共财政扶持力度的差异直接影响了山东、陕西两省民办高校的发展。山东省多数民办高校办学经费紧张，很多学校只能依靠扩大计划外招生，来维持学校的生存。2017 年，山东省部分民办院校高考录取分降至 170 分，但仍然出现学生未招满现象。陕西省多数民办高校，尤其是民办本科高校都已从外延扩张转向内涵发展，自觉控制招生人数，开始以质取胜、特色发展新阶段。

表 10－3　分类管理背景下各省份民办教育有关财政资助的具体举措

省份	具体做法（措施）
广东	县级以上政府要设立民办教育发展专项资金，资助民办教育发展。各地要建立健全政府补贴制度，探索对民办学校给予经费奖补，要按不低于公办义务教育学校生均公用经费的标准补助民办义务教育学校

---

① 高宏赋：《非营利性民办高校的政府财政支持研究》，载于《江苏高教》2017 年第 11 期，第 36～40 页。

② 《宁波扶持民办中小学校意见出台　提高生均事业费补助》，浙江教育新闻网，http://edu.zjol.com.cn/system/2013/06/26/019428407.shtml。

续表

省份	具体做法（措施）
浙江	各级政府和有关部门要在政府补贴、购买服务、基金奖励、捐资激励等方面对非营利性民办学校给予扶持。同时，通过政府购买服务及税收优惠等方式对营利性民办学校给予支持。将支持民办教育发展的有关资金纳入预算，并向社会公开
安徽	增加支持社会资金和民办学校利用融资工具投入学校项目建设，允许营利性民办学校通过资本市场融资
甘肃	财政扶持民办教育发展的资金要纳入预算，并向社会公开，接受审计和社会监督，提高资金使用效益。健全政府补贴、政府购买服务、助学贷款、捐资激励等制度，明确补贴的项目、对象、标准、用途。普惠性民办幼儿园的奖补资金，从甘肃省学前教育专项资金中安排
云南	县级以上人民政府应当加大公共财政对民办教育的投入力度，并随着民办教育事业的发展，逐步增长。县级以上人民政府应当设立民办教育发展专项资金，用于支持民办学校办学、示范性民办学校的建设、新建和扩建项目贷款贴息和表彰奖励等
上海	（1）各区设立促进民办教育发展专项资金，将扶持资金列入年度同级教育财政预算，并向社会公开，接受审计和社会监督；（2）健全完善市、区两级专项资金的使用和管理办法，优化专项资金支出结构，鼓励、扶持、促进民办学校内涵发展和特色建设，鼓励民办学校开展职业能力培训，加大扶持力度，构建促进发展的公共服务平台，推动民办教育重大改革和发展；（3）探索试点财政资金支持非营利性学校开展教育教学等设施建设；市、区两级政府要明晰补贴的项目、标准、对象、用途等；（4）健全义务教育阶段民办学校的经费扶持机制，对义务教育阶段学校，按照不低于生均公用经费基准定额的标准给予补助；（5）健全外来务工子女学校的办学成本政府补贴制度
河南	加大公共财政对民办教育的扶持力度：（1）年度教育经费安排要统筹考虑公办和民办教育发展需要。要充分发挥财政资金引导和杠杆作用，鼓励民间资金投资教育；（2）对民间资金捐资助学或者办学的，按照捐赠额的一定比例拨付配套资金予以支持；（3）对民间资金一次性投资规模较大的，可给予资金奖励和人才支持；（4）省财政加大对民办教育的支持力度，以鼓励和引导民间资金的投入；（5）市、县级政府要结合本地实际，专门安排资金支持民办教育发展

（二）举办者投入

举办者投入是指民办学校的举办者或出资者（社会组织或个人）对民办教育、学校的各项投入，包括捐资办学和投资办学，投入形式主要包括：资金、实物、知识产权、房屋和土地使用权以及其他财产等多种形式。在中国，社会尚未形成成熟的捐赠文化，投资办学比捐资办学更为普遍。因而投资性资金也是大多数民办学校重要的资金来源，尤其是办学的初始或先期投入部分，投资性资金占据更重要位置。在早期，由于相关法律制度不完善，大多数举办者都是白手起家，初始投入很少，资金大部分来源于银行贷款。学校依靠办学积累滚动发展，举办者后续投入资金有限。近年来，随着经济社会的发展，越来越多的社会力量加入民办教育中，举办者投入的金额也逐年上涨。

（三）事业收入

事业收入是指民办学校开展教育教学、科研、人才培养及其他教学辅助活动依法取得的，不上缴财政专户管理的各项业务收入，主要包括学杂费收入、住宿费收入、教科研收入以及按照有关规定向学生收取的其他费用等。在目前我国民办教育事业收入中，学杂费是收入来源的主要渠道。近年来，随着民办学校筹资渠道多样化的发展，学杂费收入在总经费中所占比例、学杂费收入在事业收入中所占的比例都有所下降，但其依然是目前民办学校最重要的资金来源和经费保障。因此，事业收入在很大程度上保障着教育教学活动的顺利开展，也为校内日常管理提供重要的经费支持。

（四）学校产业（自营）

通过创办校办产业获得收益，走以产养学的道路是许多民办院校，特别是民办职业院校增加办学收入的途径。民办院校结合自身专业特色、教学实训的需要，创办校办产业，不仅可以实现科技成果转化为生产力，而且校办企业创造的收益能在一定程度上缓解民办学校的办学经费困难。在美国有许多学校经营着能够盈利的酒店、医院等，学校从校办企业获得的收入能够补偿很大比例的办学成本。中国的校办产业，在创办初期基本都是学校的全资企业，一旦企业出现经营问题或资金周转困难，就会给学校带来很大的危机。教育部在2006年发文要求规范校办企业，各校成立资产经营有限公司，在资产和管理等方面与学校划分清楚，起到设立"防火墙"的作用，以规避学校作为校办产业股东而承担连带法律责任的风险。近年来，随着大学功能的不断拓展，产学研工作、创新创业工作的深入开展，不少学校与地方政府合作，创办了大学科技园、工业园等，进一步拓展了学校自营项目，形成了自己的产业链。学校校办产业数量和收入均呈上涨趋势。

（五）捐赠收入

受多方面因素的影响，我国民办教育的捐赠收入在教育经费收入来源中占比很少，以民办高校为例，2017年度，社会捐赠3.35亿元，仅占所有经费收入的0.33%，略低于公办高校占比；现阶段民办学校获得捐赠的形式以实物为主，如图书、仪器设备等，也有一些来自海外华侨、少量校友的定向捐赠，如学生奖助学金、创业奖励等，但数额不大（见表10-4）。尽管教育的相关政策、法规一直对捐赠教育事业持提倡和鼓励的态度，但我国社会尚未形成成熟的捐赠文化，民众的财富观念在很大程度上受家族传承心理影响，捐赠意识薄弱。此外，民办学校自身缺乏公信力、政府相关捐赠制度不完善，也是导致捐赠收入太低的主要原因。美国私立高校的捐赠收入一般占所有经费收入的10%左右，私立高校的办学在很大程度上需要依靠捐赠基金，包括现金捐赠、遗产捐赠、信托捐赠和不动产捐赠等多种形式，而且捐赠操作规范，有专业的独立机构来管理和运营。捐赠基金能得到充分、公开的使用。随着民办教育分类管理政策的推行和社会财富传承观念的转变，我们有理由相信，未来会有更多的捐赠者打消顾虑，热心教育事业，将会有更多优质民办学校，尤其是非营利性民办学校获得社会捐赠。

表10-4　　　　　　　　2017年度中国高校教育经费来源情况

	民办高校		公办高校	
	金额（万元）	占比（%）	金额（万元）	占比（%）
学杂费	7 472 863.40	72.95	13 915 446.30	15.55
政府拨款	1 188 351.80	11.60	60 799 987.90	67.94
举办者投入	472 741.70	4.62	—	—
社会捐赠	33 525.40	0.33	438 366.80	0.49
学校自营	789 225.60	7.71	9 503 411.10	10.62
其他收入	285 433.30	2.79	4 834 508.90	5.40
合计	10 242 141.20	100	89 491 721.00	100

注：学杂费为学生学费、代管费收入；政府拨款为国家财政性教育经费拨款；学校自营收入为校办产业收入。

资料来源：《2017年度中国教育经费统计年鉴》。

二、非营利性民办学校筹资存在的问题及原因分析

(一) 资金链脆弱，经费来源单一，对学费过于依赖

当前我国民办学校，尤其是非营利性民办学校大部分依靠学费、住宿费收入来运行，办学经费来源单一，资金链脆弱。如前所述，在我国大部分非营利性民办学校的资金来源中，学杂费收入都占据主导，民办学校对学费的依赖程度很高。这也就导致，民办学校的学生生源成了学校的生命线，生源数量和学费标准将会直接影响学费收入。首先，如果学校因为教育质量、适龄人口、社会观念等原因造成生源萎缩，办学规模缩小，学费收入减少，学校就会面临办学经费紧张，甚至资金链断裂的困难，民办学校的生存和发展就会受到威胁。其次，为了扩大招生，增加学费收入，学校会降低入学标准，采取各种功利手段，想方设法招揽学生，无序竞争，不可避免地会导致学校教育质量下降，造成恶性循环，进而影响学校的可持续发展。最后，在当前经济条件下，居民家庭支付学费的能力毕竟有限，民办学校学费可上涨的幅度和空间不大。如果一些民办学校盲目提高学费标准，势必造成生源枯竭的后果。降低学费在整个学校资金筹措中的比例，减少民办学校对学费的依赖程度，以保障民办教育的健康发展和可持续投入。

(二) 政府支持力度不足，支持方式适切性较差

分类管理后，各级政府对非营利性民办学校的财政支持力度将有所增加，但目前，国家一级财政对民办学校还没有专项资助项目；各省份的地方法规、政策对于财政扶持的规定比较笼统，不明朗；缺乏具体的操作规程，在执行中不同利益主体存在冲突，有些职能部门对民办教育认识存在偏差，导致各地在民办教育财政支持政策的执行中差异性较大；财政资金在民办教育领域发挥的"杠杆作用"不明显。新《民办教育促进法》实施之后，有17个省份（北京市、内蒙古自治区、浙江省等）先后设立了民办教育专项经费，陕西、上海等少数省份支持力度较大，还设立了民办高等教育专项资金，但各地公共财政对民办学校的财政资助一般采取绩效奖补模式，多为专项经费补助或竞争性项目奖励，受当地财政状况影响较大，缺乏持续稳定、常态化的经费资助。相比较国外私立学校，我国对非营利性民办学校的财政投入还是微乎其微的。美国、韩国等发达国家的一流私立大学都享有巨额的政府资助，拨款标准区分不同年级、不同学科专业、不同培养层次，其资助额度不仅不比同级同类公立大学少，甚至远超公立大学。

(三) 社会捐赠制度不完善，捐赠文化缺失

由于经济、法律和文化传统等多方面因素影响，我国的教育捐赠数额比较小，民办教育捐赠事业尚在起步阶段，企业和个人对教育捐赠，尤其是民办教育捐赠积极性不高，社会捐赠文化缺失，捐赠意识薄弱，"留点家产给后代"的想法普遍存在；民办学校本身缺乏吸纳捐赠的实力，办学质量和声誉有待提高，社会认可度比较低，民办学校资金使用透明度不高，缺乏公信力，缺乏监管；政府捐赠制度、免税政策不完善，缺乏捐赠激励；民办学校起步较晚，培养出来的人才尚未达到事业和财富的顶峰时期，校友捐赠培育和校友服务工作不到位；种种原因使得民办学校很难吸引到社会捐赠。在美国、日本等发达国家的私立高等教育中，各类社会捐赠资金在其经费来源比例中占有很大份额，捐赠事业是非常发达的。教育事业是美国慈善机构特别是慈善基金会的传统资助项目，世界上第一家私人基金会卡内基基金会，一直致力于教育事业，早在建立的初期就捐赠了560万美元，超过了当时美国联邦政府1年的教育经费。美国公众和社会对高等教育捐赠的历史比较悠久，捐赠文化浓厚，有很多私人捐赠的著名高校，如斯坦福大学、哈佛大学、耶鲁大学等，社会捐赠对大学的发展具有非常重要的意义。

三、营利性民办学校筹资存在的问题及原因分析

(一) 市场竞争激烈，资本运行存在风险

新法修订前，由于我国营利性民办教育没有获得合法地位，不被法律承认，因此不能在国内上市。不少教育机构（包括为数不少的非营利性民办学校）为了融资，通过搭建VIE构架或借壳上市等途径登陆境内、外资本市场。但由于VIE架构下境外注册的上市实体与境内的运营公司或学校相分离，通过协议进行控制并获得利益，具有复杂性、隐蔽性和短期性等特点，因此，在实际操作中存在着诸多的失范行为和办学风险。境外上市实体会与关联学校签订各种有失公允的合作协议，以各种虚假名义收取管理费、服务费，全部或部分转移所控制学校的办学收益，从而逃避了非营利性民办学校举办者不能"获利"的管制。非营利性学校举办者一方面能获得政府的税收优惠和财政扶持；另一方面通过"协议控股"获得高额利润，这不仅给协议所控制学校的稳定运行带来了很大的政策风险和经营风险，也对民办教育的分类管理政策带来了困扰。目前这一商业模式也导致大量外资绕过我国有关外商投资准入规制，大举涌入教育领域，致使诸多被控制民

办学校的公益性受到损害，同时潜藏的办学风险日益增大。同时，随着美国做空机构的频频出手，以及国内教育机构自身的问题，赴美上市的教育中国概念股企业频频出现"水土不服"症状，上市后企业状况也没有想象的那么美好。所以，近几年不少境外上市的教育机构开始布局回归国内 A 股。

分类管理后，民办教育的各项政策法规正在逐步健全，民办教育新法新政会对各种教育类上市公司和投资并购基金的战略布局产生重要影响，未来教育资产上市的不确定性将逐渐消除，政策会趋向明朗，对教育市场的管理也将逐步规范，资产证券化必将加速。但民办教育机构在资本市场中会面临各种风险，如实施并购中所需承担的市场风险、投资风险、财务风险等。如果民办学校在自身尚未发展成熟的时候，舍本逐末，一味追求规模扩张、追求高收益，而缺乏强烈的质量意识和风险意识，一旦因各种无法预料的因素和经济活动的不确定性，造成股价波动，使实际收益与预期收益发生背离，资金链断裂，不仅会影响上市公司股东和管理层的利益，还会对学校教育教学秩序带来很大的冲击，甚至对社会产生很大的负面影响。

（二）过度追逐利益，影响办学质量

营利性民办学校通过与资本市场联姻来筹措资金，通过并购重组等资本运作手段能更快成为行业领导者，但其办学根本目的还是为了育人，提高人才培养质量，两者联姻是一把"双刃剑"。资本市场是短期行为，希望按市场经济规律办事，需要短期、快速获利；而学校追逐的是价值体系，学生的培养并非一朝一夕，教育具有公益性，需要稳定、可持续投入。如果被资本牵着走，一味地追求放大经济目标，而违背教育规律、忽视社会价值的体现，那样的教育将是死路一条。

部分营利性民办学校的办学者在利益的驱动下，盲目设置专业、贪大求全，甚至在招生过程中实行有偿招生策略、虚假宣传、超能力招生、争抢生源、强化应试导向、滥发学业证书等失范行为，甚至出现挪用学费、抽逃资金等违法或违规套利行为，造成了不良社会影响。上述种种问题，不仅损害了营利性民办学校的公共形象，也损害了教育的公益属性，且不同程度损害了广大受教育者的合法权益。

此外，随着民办教育进入资本市场向广度和深度的推进，部分具备竞争优势的学校必然在教育板块中占据优势地位，快速获利；而大部分学校在有限的市场份额中，难以筹集教育经费，无法解决制约学校发展的"瓶颈"，教育质量更是得不到保证。面对学校激烈的市场竞争，许多学校只有通过减少成本、削减教学条件、扩大招生、滥办班等方式来筹集资金。这种过度追求利益的行为和市场的无序竞争都会损害教育公益性，影响民办学校的办学质量。

（三）经营不善，导致被收购或倒闭

资本市场的一个重要功能是优化资源配置，它通过资本资产价格的波动使资本资源在不同的企业之间分配。投资者借助资本市场的收益和风险机制，使资本流向经济效益好、成长性好的企业，从而促进了企业的发展壮大。虽然从理论的角度看，任何一个投资者要想在股票市场上投资，都必须承担一定的风险，仅愿意获得利益，而不愿意承担风险的愿望是不现实的。但在投资的实际操作过程中，投资者为避免损失，必然会趋利避害，选择风险小、经营业绩好的公司进行投资；而对于前景暗淡，麻烦不断的上市公司，他们往往会采取抛售股票这一最简单的"用脚投票"的方法使自己脱身。如果这种状况发展严重的话，将会导致股东们争相抛售股票，股价大幅跌落。此时，资本市场中来自同行或其他行业的竞争对手就会迅速作出反应，通过大量购进该公司的股票对其实行控股或兼并。一旦上市的营利性民办学校被收购或倒闭，不仅会影响公司股东和管理层的利益，还会波及学生。大量学生不得不因此而重新选择学校，如果安置不当，很可能会对社会产生很大的负面影响，加重了教育的公益性和资本逐利性之间的矛盾，也增加了营利性民办学校在资本市场的风险系数。[①]

案例一：从 2011~2017 年，美国联邦政府启动了对营利性高校持续 5 年多的审查，美国营利性高校倒闭众多，包括几大巨型教育公司的高校。其中，2015 年有 171 所倒闭，2016 年有 350 多所营利性高校倒闭。著名的七大营利性教育集团中的科林斯大学（Corinthian Colleges Group）于 2014 年倒闭，关闭了 100 多个校区，7.5 万名注册学生面临转学或失学。2016 年旧金山法院判决这个已倒闭的大学集团赔偿学生 8.2 亿美元和因非法广告罚款 3.5 亿美元。2016 年，ITT 技术学院（ITT Technical Institute）在十几个州及两个联邦机构对其欺诈招生做出调查后倒闭，关闭了 130 个校区，导致 4 万多名学生失学与 8 000 名雇员失业。2017 年，德锐大学（DeVry University）关闭了 39 个校区，赔偿了 1 亿美元；凤凰城大学（University of Phoenix）也在 2017 年底宣布将关闭 20 个校区。此外，特朗普大学（Trump University）在 2010 年由于欺诈招生被学生上诉而遭到审查关闭，2016 年被法院判决赔偿 2 500 万美元。另据美国联邦教育部调查，大概有 800 所营利性高校不能达到资助资格要求，面临关闭的危险。[②]

案例二：美国计算机学习中心（Computer Learning Center）的倒闭。当大多数公开上市的营利性私立高等教育机构获得丰厚收入和利润时，有一家公司的情

[①] 高晓杰：《美国营利性私立高等教育与资本市场》，广东高等教育出版社 2008 年版，第 201 页。

[②] 吴玫：《美国营利性私立高等教育的新危机》，载于《高等教育研究》2018 年第 4 期，第 92~99 页。

况却恰恰相反。2001年1月，在美国11个州连锁经营25个校园的计算机学习中心被迫申请破产。计算机学习中心是一所授予学位的营利性私立高等教育机构，在纽约证券交易所上市。它的倒闭说明了营利性私立高等教育机构在股票市场运作中所面临的风险。

早在1998~2000年期间，计算机学习中心在年度报告中向联邦证券交易委员会披露了它所面临的诉讼，其中包括伊利诺伊州首席检察官（Attorney General）、以前的学生和股东等。对计算机学习中心的指控主要包括授课质量低下、夸大就业率、设施不足、含糊的招生要求、不能向一些完成课程之前辍学的学生返款、向不合格的学生发放联邦资助、内部高级管理人员利用内幕信息抛售手中股票等。在那三年中，计算机学习中心为平息指控，总计支付了910万美元的罚款、返款。1998年，这些纠纷对利润率产生了极大的负面影响，股票价格从36.86美元骤然跌落至5.97美元。在倒闭之前的2000年10月，其股票还未达1美元。与此同时，银行也将其信贷限额从2 000万美元降至370万美元。随着在办学过程中的问题逐渐增加，它不断受到来自各州、美国教育部和学生的指责，投资者拒绝继续为它提供资金、支付罚款，教育部也废止了它参与学生资助计划的资格。在四面楚歌的情况下，2001年1月25日，计算机学习中心根据《美国破产法》第七章申请保护。2001年3月9日，学校所有的资产被清理。在公司申请破产的同时，计算机学习中心的学生正四处奔波寻找其他方式完成学业。同时，美国教育部、州管理部门、一些地方职业和社区学院也都在尽最大努力，安排计算机学习中心的9 000名学生在其他学院继续学习或帮助学生申请返款。这些补救措施在某种程度上缓解了计算机学习中心破产后给学生带来的压力，但学校破产对学生所带来的负面影响是客观存在的。[1]

第三节 民办学校资金筹措与使用动向研判

坚持精准扶持与规范管理并举，坚持改革创新、加强内涵建设、推进民办学校健康可持续发展、满足人民群众多样化的教育需求，是民办教育改革发展的应有之义。面对教育综合改革的新形势新挑战，一方面要创新体制机制，加大扶持力度，促进各级各类民办学校办出水平、办出特色；另一方面要进一步规范民办学校办学秩序，维持良好的教育生态，全面提高民办教育治理水平。民办学校资

---

[1] 高晓杰：《美国营利性私立高等教育与资本市场》，广东高等教育出版社2008年版，第205页。

金筹措与使用及未来的改革实践，学校、政府、社会将联合发力，民办学校自身将不断提升资金筹措能力、政府将在创造公平发展环境的同时加强监管、社会释放更大活力，为民办教育事业发展作出更大的贡献。

一、学校增强资金筹措能力

民办教育新法新政实施后，民办学校的举办者和管理者应尽快转变理念，学深、学透民办教育的系列政策法规，用足、用好各项政策。营利性、非营利性学校都要挖掘潜力，积极主动地筹措办学资金，规范稳健地用好办学经费。分类管理后的非营利性民办学校不是不能盈利，只是不能分配办学结余，与营利性学校一样，可以通过为社会提供多样化的教育服务来创收。

（一）转变观念，挖掘自身潜力，提升民办学校筹资能力

一是找准办学定位，增强差异化竞争力。民办教育新法新政下，各类民办学校要充分发挥办学自主度高的优势，与市场需求紧密对接，找准自身定位，探索个性化的教育模式，增强与公办学校的差异化竞争力，形成优势互补。立足于适应不同学生的发展需要，民办学校要从师资队伍、课程建设、班级设置、校园文化建设等方方面面实现多样化供给，形成一种与公办学校均衡协调、多元共存、可持续发展的教育生态结构，满足人民群众多样化、差异化的教育需求。

二是提升办学品味，形成一定办学规模。民办学校可以参照国外的先进做法，把资金筹措作为新时期民办学校一项重点工作，设立专门的筹资机构，聘请热心教育的专职人员通过媒体或各种社会活动，积极向社会宣传学校的办学宗旨、办学特色、教学和研究成果等，增强社会各界对学校的了解，提高知名度和办学声誉，树立精品意识，提升办学品位，打造教育品牌。只有这样，民办学校才能在激烈的市场竞争中赢得优势，形成一定的办学规模，增强抗风险能力，增加办学收益。

三是发挥体制优势，提高资金使用效率。民办学校应当兼顾民办特点、充分发挥体制机制优势，激发内在活力，开源节流，向管理要效益。民办学校可以借鉴企业管理成功经验，以师生为导向，充分利用"互联网＋"平台和先进的信息技术，减少层级、简化流程，精简人员，在人性化服务、扁平化管理、精细化运作等方面探索内部管理新路径，提高管理效率和效益，把有限资源用在学校核心业务上。

四是把控资金风险，完善内部监管制度。民办学校资金风险防范和监管是保障学校平稳运行的基础。首先要完善财务制度，包括经费预算管理、日常经费使

用管理、财务审计制度、实时财务风险预警等，明确责任，减少决策风险；其次要完善贷款管理，从学校发展需要和承受能力出发，合理控制贷款规模，主动规避财务风险；最后要建立风险分割制度，建立举办者、学校、校办企业三者之间的风险分割机制，设立防火墙，防止举办者或企业因为其他项目的投资风险影响学校运行。

(二) 开放市场，拓展办学空间，提升区域经济服务能力

面对教育经费有限、资源短缺的先天不足，各级各类民办学校需要结合自身优势，实施开放办学，大力拓展教育市场，扩大发展办学空间。通过服务地方、服务区域经济转型，不断扩大和积聚各类资源，开展多种经营活动，开辟更多收入渠道。

首先，发展校办产业，扩大社会服务。我国的公办高校学校产业发展方面有很多成功的经验，如清华紫光、清华同方、科大讯飞等，对学校发展作出了很大的贡献。美国的高校除课程教育外，很多学校也会通过提供各种服务来获得办学收益，如停车服务、医疗服务、餐饮服务、开设书店等。分类管理后，我国的民办学校更应当积极参与经济社会的各类活动，依据自己的办学优势和特色学科，挖掘潜力、整合资源，创立校办企业、提供各类咨询服务或信息共享，形成新的办学收益增长点，用市场化业务收益来反哺学校公益性业务。一部分学科特色鲜明、有一定影响力的民办高校更应该立足本校优势特色学科，发挥人才优势，鼓励师生创新创业，促进科技成果转化，甚至将其产业化。这些产业收入可以被用来进一步发展学校的教学与科研，在增强大学竞争力的同时实现经费上的自给。

其次，加强和企业的合作，增加社会吸引力。一方面，可以积极争取到企业的经费支持；另一方面，也可以解决学生的就业实践岗位。这是一种校企双赢的模式。在校企双方的合作中，学校以其知识和人才提供相关服务，企业提供资金支持；或者以"订单"培养模式为企业输送对口人才，换取企业的资金支持；也可以积极探索混合所有制，通过技术参股或同建产业园的形式实现学校和企业的共赢。

最后，开拓培训市场也是创收的重要方式之一。教育培训在我国拥有广泛的市场，且准入门槛低，市场潜力巨大。此外，成人教育、自学考试等非全日制学历教育也是重要增收途径。面对规模庞大的培训市场，民办学校应积极行动起来，充分利用这个潜在的市场需求，根据社会大众对教育知识的渴望，集聚民办学校人力、物力，提供高规格、高质量、人性化、多层次的教育服务，积极主动地参与社会教育培训，占领竞争制高点。此外，要放眼海外，积极开展国际交流，走出去办学，通过各种类型的国际教育、合作办学等形式吸引外资，拓展海

外筹资渠道。

（三）鼓励捐赠，开展校友众筹，创设教育基金会

虽然目前我国民办教育处于社会捐赠事业的边缘地带，但随着分类管理的推进和社会捐赠法规政策的健全，未来我国民办学校接受社会捐赠的可能性很大。民办学校要用前瞻性和长远的眼光认识到社会捐赠在学校建设、发展中的重要地位。在美国，学校的办学质量、社会声誉是与捐赠数额多少紧密相连的。办学质量越好，社会认可度越高，就越能够吸引到社会各界的捐赠。因此，"获得捐赠能力"是美国大学评价的重要指标之一。因此，各高校都十分重视捐赠工作，对社会捐赠的管理投入大量的人力、物力和财力，筹款金额都列入学校的年度预算。正如曾任斯坦福大学校长的卡斯帕尔教授来访中国时介绍说，他把全部工作的1/3时间都花在为学校筹资上。可见，对美国校长而言，为学校筹资是一件多么重要的事情。

民办学校要创设教育基金会，设立社会捐赠账户和捐赠热线，建立完善的组织规章，创新基金会运行模式，建立专业化的团队，专业化地运作基金。同时，要在校园内积极培育捐赠文化，积极主动为捐赠者设计各种适合的捐赠方式、途径和用途，实行对捐赠意向的追踪、捐赠落实和款项监督的一条龙管理和服务，增加资金使用透明度，增加捐赠者的信任度，保障捐赠者将自身利益和社会利益交织互惠，从而帮助捐赠者在捐赠行为中实现利他和利己的互动。

校友既是主要捐赠者，也是主要的潜在捐赠者。校友捐赠也是反映学生对教学、对学校满意度的一个间接指标。因此，要重视校友工作，充分调动每一位师生的积极性，鼓励校友反哺母校，为母校的发展出资出力。尽管尚处于发展期的民办学校办学条件、社会声誉不如公办学校，但是，与民办学校共同成长的学生，对母校、老师更有感情，更愿意为母校的发展贡献自己的力量。民办学校要加强校友会的建设，分析校友的捐赠能力和捐赠意愿，利用校庆等重大活动，鼓励校友多回母校看看，与其保持经常性的联系，关心校友个人成长和发展，让校友捐赠成为学校的机制更是一种校园感恩文化。对于向学校捐赠的社会团体、企业或个人，不论捐赠多寡，都应表示尊重，并用各种创新方式予以宣传、纪念和表彰。

二、政府营造良好环境

（一）创设公平的发展环境

新《民办教育促进法》规定了民办教育的具体实施细则由省级人民政府负责

制定，这给地方政府赋予了很大的政策创新空间。在统一的上位法框架内，各地方政府要充分调动积极性和创造力，基于各地实际，探索适合当地民办教育发展的模式和做法。

首先，要倡导公益性办学。民办教育无论是否盈利，只要坚持"教育初心"，坚持公益，依法依规办学，只要能办出让政府放心、人民满意的教育，都是好的教育，都应得到尊重、鼓励和支持。唯有如此，才能真正把民办教育做大做强，丰富国内教育资源的供给，为我国教育事业的改革发展作出积极贡献。

其次，要加大扶持力度，实施差别化分类扶持政策。优化财政扶持资金的结构，充分发挥财政资金的导向和杠杆作用，将拨款投向民办学校发展最需要的领域。对于非营利性民办学校，应重点扶持、优先发展。公共财政应该提供"生均经费＋专项奖补"的直接资助政策，教育财政不是"公办学校"的财政，而应该是"公共教育"财政，分类管理后，理应加大对非营利性民办学校的财政扶持力度，帮助民办学校排忧解难。对于营利性民办学校和教育机构，应正确看待、公平对待；为其留足必要的发展空间，允许盈利，鼓励其通过提供高质量的教育服务和教育产品获得回报和收益。同时，考虑到其提供的教育服务具有正的外部性，成本和收益不完全对称，政府也应该运用税收杠杆，降低税赋，落实各项优惠政策，降低办学成本，解除举办者的后顾之忧，保证其健康发展。

最后，要完善市场机制，营造良好的投资环境。民办教育无论以何种方式、何种类型进入资本市场，都关系到众多投资者或捐资者、举办者和受教育者的利益。为了把教育进入市场的风险降到最低，就必须加强市场自身的法制建设和整治力度，改变目前相关法律缺位、约束软弱的现状，建立规范和严格的市场监管体系，创造公平、公正、公开、透明的市场竞争环境，努力为有意向投身民办教育行业的捐资者、投资者铺好路、把好关。此外，从维护稳定的角度出发，政府部门应提前制定民办教育风险化解预案；对因资本运作而陷入困境的民办学校，政府部门要采取应急救助举措，妥善协调处理善后工作，做好师生安抚和稳定工作，切实保障广大师生的合法权益。

（二）加强日常监督和管理

在分类管理的大框架下，政府部门应该在各自的工作范围内实施对营利性和非营利性民办学校的分类管理，建立办学规范，加强过程性管理，设立负面清单，打造开放、有序的民办教育环境。一是完善财务监管制度，建立财务风险预警和运行状况监测机制，随时关注现金流、负债率等关键性指标，分析潜在风险；可以仿效上海等地的做法，建立学费监管专户和财务审计制度，防范关联交易、杜绝举办者违规套取、转移办学资金的行为。二是完善广告、招生管理，加强民办学校诚信建设，杜绝各类虚假招生宣传及欺诈行为，切实保护受教育者的合法权益。三是完善教育教学督导制度，可以发挥行业协会、教育评估机构、媒体、学者等第三方机构的监督、评估作用，发挥社会组织的自我调节、自我建设和自我发展能力，确保民办学校的规范办学和办学质量。四是完善年度检查制度，根据地方民办教育实际，针对主要问题，合理设置年检标准，尤其是营利性民办学校法人治理结构、年度财务变动情况等方面要加强检查，跟踪上市主体股权结构变化，建立举办者变更行为的前置审查和事后报备等制度，严格限制境外机构控制上市主体，规范学校办学行为。五是建立违规失信惩戒和联合执法机制，加大对各种失范办学行为的查处及惩戒力度，特别是针对举办者抽逃出资、侵害法人财产、挪用办学经费和恶意偷逃税收等行为，要依法严格查处，并追究当事人的法律责任。

（三）建立信息公开机制

依据《民办教育促进法》和民办教育系列新政规定，民办学校要通过学校官方网站、媒体、公共信息平台等渠道建立信息公开制度，对外公布"常规信息"和"重大临时事项"。及时公开、更新办学证照基本信息、教师基本情况、收退费制度、教学规章制度等。如出现重大事件，应以临时报告的形式及时对外披露，保障各利益相关者的知情权；同时，相关部门应建立健全民办学校信息发布及管理平台，向社会公开民办学校的办学情况，包括证照基本信息、日常监督和巡查情况、年度检查评估结果、行政处罚信息等，使学生和家长可以通过权威渠道查找到民办学校的关键信息，让受教育者在了解学校真实信息后作出理性选择。

三、社会多形式参与办学

（一）激发利益相关者参与办学的热情，营造教育捐赠文化

美国如此多的个人与企业愿意把巨大财富直接捐赠或设置基金会资助教育，主要有三个方面的原因：一是校友的回报意识或对教育的热爱；二是个人对金钱的态度，"留钱不如留下好名声"；三是美国的税收制度。美国税收制度对那些为教育等公益事业捐款的人给予优惠待遇，政府制定许多相关的法律，允许他们少缴税或免税，鼓励更多的企业、组织和个人把财富捐赠给学校，充分发挥了税收的杠杆作用。美国征收高额的遗产税，并对非营利性组织的捐赠收入不征税，且

可以将捐赠额从个人所得税的应纳税额中予以扣除。因此,纳税人就会在纳税和捐赠之间进行权衡,选择效用最大化的行为,以此增加捐赠决策。在美国,捐赠已深入人心,很多人甚至将捐赠教育作为一种理财方式。

整个社会要弘扬捐赠文化,培育公民的社会责任感,引导树立新型财富观,积极倡导社会成员弘扬尊师重教、乐于奉献的精神,发扬中华民族的优良传统。通过新闻媒体宣传、政府表彰等方式对捐赠教育行为进行宣传和表彰,对教育捐赠程序、优惠政策及时公布、宣传,以满足捐赠者选择资助对象、资助项目的需要,多项举措合力营造教育捐赠的良好文化氛围。

(二) 重视中介及行业组织建设,发挥社会多方共同治理

随着分类改革的持续推进,民办学校的学校数和学校规模会不断扩大,将呈现数量较多、分布较广的现状,政府的资源和能力毕竟有限,政府应该赋予民办教育的中介机构及行业组织一定的权利,在设置准入、过程监管、质量保障等方面,发挥重要的作用。政府要积极培育教育中介机构,发挥行业协会、教育基金会、学会等各类社会组织在公共治理中的作用,多元主体按照一定的规则发挥各自的特定作用,共同营造民办教育公平竞争、公平有序、富有效率的良好发展环境。以美国为例,美国有多个独立的非营利性教育认证机构,接受民办学校办学质量的评估并确认民办学校所报告情况的可信性。这些认证机构对民办学校的评鉴、管理有一套非常详细的操作规范,这些规范不仅要求教育机构自律,而且认证协会还将定期进行督导,以确认教育机构的自律是否到位。此外,一些国家及地区还通过中介组织对民办学校实施教师资格认证制度。如在教师准入方面,美国一些州政府对营利性大学教师都实行资格证书制度,规定教师任职通常必须持有教师执照,且在学历学位方面有一定要求,具体资格认证工作都交由相关中介机构进行。[①]

[①] 董圣足、刘荣飞:《营利性民办学校治理体系的构建与完善》,载于《教育与经济》2018 年第 6 期,第 15 页。

第十一章

民办教育分类管理政策实施总体效果与展望

民办教育分类管理政策旨在破解民办教育发展"瓶颈",建立营利性与非营利性民办教育的差别化扶持和发展体系,促进民办教育整体提水平、上台阶。2018年8月10日,司法部《民办教育促进法实施条例(修订草案)(送审稿)》的公布,标志着我国民办教育分类管理改革顶层设计基本完成,初步构建起了国家上位法律、行政法规、国务院文件、部门配套政策相衔接的相对完整的制度和实施体系。全国各省级政府也在中央政策导向下,制定了配套政策文件,促使我国民办教育分类管理政策形成了中央和地方紧密配合的一体化政策体系。近些年来,随着分类管理政策在实践中逐渐落实,我国民办教育发展既呈现出了新面貌、新格局,也出现了一些新情况、新问题。本章内容在系统总结民办教育分类管理政策实施正向效应及关键问题的同时,深入分析分类管理政策的未来动向。

第一节 民办教育分类管理政策正向效应观察

民办教育分类管理政策的实施,既化解了民办教育发展难题、激发了办学活力、拓展了发展空间、促进民办教育步入依法依规办学的新阶段,又回应了大众的期盼、满足了社会的需求、调动了社会参与的积极性,也顺应了世界民办教育改革发展的现状与趋势,促使我国民办教育发展步入了全新的历史阶段,呈现出了焕然一新的面貌。

一、明晰民办教育的办学方向

民办教育分类管理政策的核心在于分类管理，旨在通过建立对民办教育的分类扶持体系促进分类发展，为民办学校办学指明了方向。

（一）促使民办学校明确办学定位

分类管理政策要求民办学校在非营利性和营利性之间自主作出选择，明确了学校办学定位。国务院出台的《鼓励社会力量兴办教育若干意见》明确规定，要本着自愿原则，由举办者自主选择举办非营利性或营利性民办学校，依法依规办理登记，通过政策引导实现分类管理。随后，国家又相继出台了《分类登记实施细则》和《监督管理实施细则》两个配套文件，在建立民办教育分类管理制度的基础上，明确了今后进一步鼓励支持和规范民办教育发展的政策举措，这促进了民办学校进一步明确自身未来到底是走非营利性还是营利性道路的办学定位。

（二）提供良好的政策预期

分类管理政策构建了民办教育分类支持体系，为民办学校的不同选择提供了良好的政策预期。在民办学校办学结余的使用上，国家规定非营利性民办学校举办者不能取得办学收益，办学结余全部用于办学，而营利性民办学校举办者可以取得办学收益，办学结余可依据国家有关规定进行分配。在对民办学校的支持上，整体导向是积极鼓励和大力支持社会力量举办非营利性质的民办学校，对非营利性民办学校的扶持主要在政府购买服务、土地划拨、政府补贴、税费减免、基金奖励、捐资激励等方面，对营利性民办学校的支持则主要通过政府购买服务、税收优惠等方式进行。这促使民办学校在选择办学性质之前有了清晰的政策判断，在选择之后也能明确其会享受到的政策优待，有效减少了政策犹豫、担心和恐惧。

（三）引导民办学校明确奋斗目标

分类管理政策的目标在于促进民办教育内涵式发展、提高办学水平，为民办学校指明了奋斗方向。构建适合我国民办教育发展情况的政策体系，破解民办教育发展难题、激发发展活力、提高办学质量，是民办教育分类管理政策调整的核心价值追求。这一价值追求也是未来我国民办教育改革发展的根本任务，民办学校要在分类管理的政策环境下，充分利用政策优势，不断深化体制机制和人才培养模式改革，提高人才培养质量。

二、优化民办教育的整体状态

分类管理政策集中体现了国家高度重视民办教育事业的改革和发展，一系列相关支持和规范民办教育发展的政策措施，有效帮助民办学校化解了发展难题，优化了整体的生存和发展状态。

（一）优化民办教育生存状态

分类管理政策改善了民办教育生存环境，优化了生存状态。民办教育分类管理政策，从法律高度确认了非营利性和营利性民办教育的身份，并将其作为我国整个国民教育体系的重要组成部分予以重视，肯定了民办教育的地位和重要贡献，使民办教育发展有了全新、科学的法律依据；分类管理政策对民办教育实施分类管理的政策措施，在扶持体系上，非营利性民办学校将享有更多与公办学校相同的政策优待，也专门建立了营利性民办学校在土地、税收等方面的扶持体系，整体上改善了民办教育生存大环境，优化了生存状态。

（二）优化民办学校办学状态

分类管理政策破解了民办教育发展阻碍，优化了整体办学状态。分类管理政策对民办学校实施分类管理，促使破解长期困扰民办教育发展的法人属性不清、财产归属不明、支持措施难以落实等难题都能在法律上找到有效的依据。这些"瓶颈"问题的解决，一方面明确了民办学校办学的性质类型，有效拓展了民办学校办学和发展的空间；另一方面有利于两类民办学校各安其位、各行其道，走不同的办学之路，形成多样化的办学模式；另外，分类管理也有利于政府依据不同类型的民办学校性质，有效制定和落实差别化的扶持政策，更好地促进各类民办教育健康快速发展。[1] 这些措施都有效地促进了民办教育整体办学状态的优化。

（三）优化民办教育发展状态

贴合民办教育发展实际的政策体系，有效改善了发展状态。这突出表现在分类管理政策的扶持体系上，在以往的法规制度框架下，民办学校既不能享受政府补贴、税费减免等政策支持，也不能合法合规地获得经济收益，不但制约了民办

---

[1] 柴葳：《民办教育辟出分类管理新路径》，载于《中国教育报》2018年1月2日。

学校的发展，而且影响了民间资金投入教育的积极性。实行分类管理，既能有针对性地制定政府扶持政策（如财政补助、税费减免等），避免"搭便车"现象，最大限度地保障民办教育的公益性；又能从法律层面明确营利性民办学校的法律地位，完善相应的办法，依法保障和规范获取合理回报的行为；同时还能使潜在的捐赠者和出资者打消顾虑，激发他们为教育捐资和投资的积极性。[①] 这些紧密贴合民办学校办学实际的政策措施，从整体上促进了民办教育发展状态的改善。

三、提高民办教育的办学水平

分类管理政策为民办教育发展扫清了障碍，营造了良好的发展环境，促进了办学水平的提升，这主要表现在民办教育社会满意度和民办学校教育教学获得重大奖项的比例显著提升两个方面。

（一）社会各界对民办教育的满意度显著提升

满意度是反映学校教育质量状况的重要因素。近年来，随着国家政策体系的不断完善，民办学校教育改革的不断推进，社会各界对民办教育的满意度也显著提升。在家长满意度上，21世纪研究院发布的《中国教育发展报告（2017）》中显示，接受调查的家长无论是对民办学校整体的教育评价，还是对硬件环境、学校管理、课程体系、课外活动的评价，都高于公办学校。[②] 在学生满意度上，2016年中国高等教育满意度在线调查，对全国48所民办本科院校21 858名在校生的调查显示，学生对民办高校的学习效果、教学工作、专业与课程设置、管理和服务、教学条件保障以及教风和学风等方面很满意或比较满意的比例高达83.6%，其中老师的工作态度和师德师风最受学生认可。[③] 人才最终要服务于经济社会发展，所以用人单位最具发言权，教育部高等教育教学评估中心于2016年对2166家用人单位就满意度进行调查发现，用人单位对民办高校的整体满意度高达87.5%，他们普遍认为民办本科院校毕业生具备扎实的专业知识，较好的团队协作和人际沟通能力，良好的职业道德、职业规范和社会责任意识。[④] 另外，一些民办高校会每年定期开展用人单位满意度调查走访，并将其调查结果在《本科教学质量报告》中发布，从这些学校的调查结果来看，用人单位的整体评价和

---

① 周海涛：《有序推进民办学校分类管理改革》，载于《教育经济评论》2016年第2期，第12~16页。
② 《家长对学校满意度不容乐观民办校评价高于公办校》，搜狐网，2017年4月20日，http://www.sohucom/a/134957060_484992。
③④ 互联网教育中心：《民办教育与公办教育差别在哪里？——〈中国民办本科教育质量报告〉解读》，搜狐网，2017年10月24日，http://www.sohu.com/a/199841001_99950984。

满意度也都处于较高水平。

(二) 民办学校在教育教学成果奖评选中成绩斐然

教育教学成果奖主要用于奖励学校在教学建设、教学改革、人才培养工作中所取得的成绩,能够在很大程度上反映学校的办学水平。以往,民办学校的教育教学成果奖获比例很低,特别是国家级的奖项。近年来,随着分类管理政策的实施,民办学校尤其是民办高校借助政策优势,不断深化人才培养模式改革,学校人才培养、教育教学取得了巨大成就,不仅在省部级奖项中的获奖比例不断提高,而且也有一些民办学校在国家级教育教学成果奖中取得了突破,如黄河科技学院的《民办高校应用型人才培养模式创新与实践——以黄河科技学院为例》项目获得了国家级教学成果二等奖,实现了在国家级教学成果奖上的首次重大突破。①

四、激发民办教育发展的新动能

分类管理政策从优化制度设计的角度,为民办教育创造了良好的发展环境,激发了民办教育发展新动能。

(一) 以优化制度环境保障民办教育发展

长期以来,与公办教育相比,我国民办教育发展缺乏公平的竞争环境和制度保障,社会对民办学校也有诸多歧视,不利于民办教育的发展。分类管理政策从整体上承认了各级各类民办学校的合法地位,通过建立非营利性和营利性民办学校的分类管理体系,鼓励和引导民办学校登记注册为非营利性学校,坚持教育的公益性,从法律的高度明确规定了非营利性民办学校与公办学校相同的事业单位法人性质,以及民办学校与公办学校师生同等的法律地位,有效保障了民办学校的合法权益,营造了公平公正的政策环境,使民办教育真正可以与公办教育开展公平竞争,为民办教育发展提供了更多的可能。

(二) 以加大政策扶持引领民办教育发展

相比较于公办教育,我国民办教育不仅发展时间较短,而且由于办学资金不

---

① 《我校荣获国家教学成果奖二等奖与河南省发展研究奖一等奖》,黄河科技学院网站,2016 年 3 月 1 日,http://www.hhstu.edu.cn/news/contents/78/14522.html。

足与长期不利的政策地位，使得民办教育整体处于弱势地位。民办教育的健康发展，不仅需要国家营造良好的政策环境，更需要加大政策扶持力度，帮助化解发展难题、实现快速发展。分类管理政策建立了分类扶持体系，科学引领民办教育发展。一方面，通过引导民办学校结合实际情况，自愿选择分类登记，走差别化发展道路，更加贴合民办教育市场的实际状况；另一方面，通过对非营利性和营利性民办学校建立差别化的扶持体系，更好地促进民办教育发展。在财政扶持上，对非营利性学校以学校类型为依据，通过差额补助、定额补助、项目补助等方式给予补助，对营利性学校以购买服务的形式给予补助；在税收优惠上，二者整体上享有同等的税收优惠；在土地供给上，非营利性民办学校以行政划拨方式提供土地使用权，营利性民办学校以有偿出让的方式供地；在回报奖励上，非营利性民办学校可提取一定比例的办学结余奖励出资人，营利性民办学校则依法享有相关产权与经济收益，按市场机制获取利润。[①]

五、拓展民办教育发展的空间

分类管理政策在为民办教育发展创造良好制度环境的同时，也鼓励和支持探索新型的办学方式，极大地扩展了民办教育的发展空间。

（一）扩展民办教育办学质量空间

从质量空间上看，分类管理政策以政策引领的方式帮助民办教育破解发展难题，营造良好发展生态，并建立了分类扶持体系，有效激发了民办教育办学和发展活力，促进民办学校全面深化教育教学和人才培养模式改革，推动民办学校开始走内涵式发展道路，为民办教育质量的提升提供了更大的可能性。

（二）丰富民办学校办学类型空间

从办学类型空间来看，分类管理政策承认和允许营利性民办学校的办学形式，鼓励和支持开展集团化办学、中外合作办学等新型办学形式，极大地扩展了民办教育办学类型空间。

1. 承认和允许营利性民办学校办学形式，并建立了监管机制，有效促进了营利性民办学校的健康发展

新颁布的《民办教育促进法》规定，除义务教育阶段不得设立营利性民办学

---

① 朱爱国：《基于分类管理的民办教育差异化扶持政策探究》，载于《新课程研究（上旬刊）》2017年第2期，第46~49页。

校外，"民办学校举办者可以自主选择设立非营利性或者营利性民办学校"。这从法律的高度承认和允许营利性民办学校办学形式的存在与发展，极大地促进了营利性民办教育事业的发展。尤其是近年来随着我国经济的快速发展、社会闲置资金的增多及教育需求的增长，以培训机构为代表的营利性民办学校发展迅速，甚至部分实力较强的培训机构已积极上市、在全球范围内成立了分校、组建了庞大的教育集团。在促进营利性民办教育发展的同时，国家也出台了《监督管理实施细则》，对营利性民办学校的设立、组织机构、教育教学、财务资产、信息公开、变更与终止、监督与处罚等都进行了详细的规定，建立了完善的监管机制，有效保障了营利性民办教育市场的健康发展。

2. 允许集团化办学形式的存在，拓展了民办学校的合法办学类型

《民办教育促进法实施条例（修订草案）（送审稿）》承认了民办学校集团化办学行为，并对集团化办学的资格、条件、责任、行为规范、监管办法等做出了规定，促进了民办教育集团化办学的发展。特别是在近些年来，随着国家政策的完善、民办学校办学实力的增强、人民对优质教育资源需求的增长，促使各地以民办名校资源为核心，展开了对集团化办学的探索和实践。如近年来，深圳南山集团化办学快速发展，已经在全国集团化办学实践中独树一帜，取得了突出的成绩。[①]

另外，国家也积极鼓励和支持民办学校开展中外合作办学实践，这都有效促进了民办学校办学空间的拓展。

六、促进民办教育步入依法办学的良性发展轨道

分类管理政策从中央政策体系到地方配套政策文件，形成了一个完善的政策体系，使民办教育发展有了系统的法律依据，正式步入依法办学的良性发展轨道。教育是一项关乎千秋万代的事业，也是一项真正需要长期经营的事业，只有将其纳入法制化轨道，才能有效保障其健康永续发展。分类管理政策体系是一个完整的政策链条，既使民办学校改革、办学有了政策依据，也给予了地方和民办学校充分的自主权，使政策本身在具有政策刚性的同时，也不缺乏弹性与灵活性，为民办教育发展提供了良好的政策环境。

（一）完善的政策体系，使民办学校办学有据可循

自 2016 年正式开始《民办教育促进法》修订以来，国家紧紧围绕"分类管

---

① 深圳教育通：《集团化办学，做得最好的也许在这里》，搜狐网，2017 年 4 月 5 日，http://www.sohucom/a/132209400_186227。

理"的原则和"支持与规范"的方向,出台了系列相关的政策体系,随着2018年4月《民办教育促进法实施条例(修订草案)(送审稿)》公开征求意见,代表着民办教育分类管理改革国家层面的顶层设计已基本完成,构建起法律、行政法规、国务院文件、部门配套政策相衔接的相对完整的制度和实施体系。这一系列政策措施具体涉及了登记制度、行政管理、优惠政策、促进措施、退出机制等与民办学校办学过程相关的重点领域、关键环节、重要问题,对民办学校办学和发展具有重要指导意义,使民办学校有法可循、有法可依,进入依法依规办学的良性发展轨道。

(二)政策先于改革,为民办教育综合改革指明方向

改革就是革新除弊、破旧立新,是事关事物发展方向的战略问题,特别是在政策体系与改革实践不相适应的情况下,科学有效的改革必须要坚持正确的方向、采用科学的方法、遵循改革的原则。民办教育分类管理改革旨在对民办教育实施分类管理、分类扶持,尤其是允许举办营利性民办学校是一项十分重大的改革举措,涉及法律原则的调整和方式的转换,更需要依法推进。分类管理制度设计先于改革实践,遵循了重大改革必须有法律依据的原则,通过制度设计明确改革方向、改革内容、改革手段、改革程序等改革的关键要素,为后续科学推进民办教育改革提供了依据和方向。

(三)原则性与灵活性统一,实践指导性更强

政策法规具有长期性、稳定性的特点,而民办教育改革实践则具有较强的实时性、动态性,分类管理政策科学处理了中央与地方、法律与实施办法之间的关系,在保持中央政策法律原则性要求的同时,给予地方结合具体情况出台实施办法与配套政策保留了制度空间,这对于平稳推进民办教育分类管理改革,将产生良好的协同作用。

七、调动社会力量参与民办教育的积极性

分类管理政策疏通了社会力量兴办教育的堵点、痛点和难点,激发了社会力量参与办学的活力,促进了民办教育事业的快速发展。分类管理政策体系为社会力量参与办学,营造了良好的政策环境,打下了鼓励和支持的政策基调,尤其是《鼓励社会力量兴办教育若干意见》,对加强党对民办学校的领导、创新体制机制、完善扶持制度、加快现代学校制度建设、提高教育教学质量、提高管理服务

水平等方面都作出了明确规定，调动了社会力量参与民办教育的积极性，畅通了参与渠道与机制，也促进了民办教育的快速发展。

（一）提高社会力量参与民办教育事业的积极性

分类管理政策推进以来，尤其是近年来我国民办教育发展迅速。2016年，全国共有各级各类民办学校 17.1 万所，相比 2012 年增加 3.1 万所，增长 22.2%，占全国学校总数的比例为 33.4%；各级各类民办教育在校学生 4 825.4 万人，比 2012 年增加 914.3 万人，增长 23.4%，占全国学生总数的比例为 18.2%，比 2012 年提高 5.3 个百分点。[①] 2017 年，全国共有各级各类民办学校 17.76 万所，比上年增加 6 668 所，占全国比重 34.57%；招生 1 721.86 万人，比上年增加 81.63 万人，增长 4.98%；各类教育在校生达 5 120.47 万人，比上年增加 295.1 万人，增长 6.12%。[②] 由此可见，社会力量参与民办教育事业发展的高度积极性。

（二）激发社会力量探索新办学形式积极性

随着国家支持社会力量兴办教育政策制度的完善，社会力量也以更大积极性投入到全新办学形式的探索中来。近年来，我国先后开展了企业办学、民筹民办、国有民办、购买服务、联合办学等多种所有制的民办教育改革尝试，在办学方式上形成了吸引捐赠性资金兴办非营利性学校、吸引投资性资金举办营利性学校、支持社会力量举办混合所有制教育的良好格局，特别是开始了集团化办学、中外合作办学等全新办学形式的尝试，并取得了成功。2014 年底以来，全国各地兴起在教育领域探索"混合所有制"的实践，已先后有 10 多个省份在相关政府文件中提出，要积极探索股份制或混合所有制办学形式。[③]

（三）调动全面深化改革、建设高水平民办学校的积极性

分类管理政策破除了民办教育发展阻碍，营造了公平公正、氛围良好的制度环境，使民办学校发展路径未来可期。这有效激发了民办学校全面深化综合改革、建设高水平民办学校的热情，尤其是有教育情怀的举办者，在选择非营利性

[①] 北京高考资讯：《2016 全国高中在校生 39 万人，入学率 87.5%》，搜狐网，2017 年 9 月 29 日，http://www.sohu.com/a/195355752_372471。

[②] 《2017 教育统计公报发布全国共有民办学校 17.76 万所》，中国教育在线，2018 年 7 月 20 日，http://chuzhong.eol.cn/news/201807/t20180720_1617938.shtml。

[③] 董圣足：《教育领域探索"混合所有制"：内涵、样态及策略》，载于《教育发展研究》2016 年第 3 期，第 52~56 页。

办学之路后,能够获得更多国家的政策帮扶,为民办学校发展注入了强大动力,这使得非营利性民办学校关注学校发展、深化综合改革、聚力高水平学校建设的热情进一步高涨。

八、回应社会对民办教育的期待

分类管理政策坚持以"分类管理,分类扶持"为方向,以"支持与规范"为基调,形成了支持与规范民办教育发展完善的政策体系,有效回应了社会各界对民办教育的期待。

(一)回应对民办教育公平办学环境的期待

分类管理政策充分肯定了民办教育的突出贡献和重要地位,全面推进民办教育结合实际情况推进分类管理,将不同层次、不同类别的民办学校都纳入我国整个教育体系中来,尤其是对非营利性民办学校事业单位法人性质的界定,使得非营利性民办学校既可以充分发挥民办学校的制度性优势,又可以享受更多公办学校的政策优惠,整体上为民办教育发展创造了良好的发展环境。

(二)回应国家帮扶民办教育发展的期待

民办教育事业为我国人才培养、经济社会发展作出了突出贡献,是社会主义教育的重要组成部分,以往社会各界尤其是民办教育业界,都认同且期待国家对民办教育的扶持政策。但长期以来,民办学校产权不清、法人属性不明等问题,致使国家很难有效实施扶持措施。分类管理政策对民办教育进行非营利性和营利性的分类管理,有效破除了长期制约民办教育发展的"瓶颈"问题,建立了在税收、土地、财政补助方面的分类扶持体系,致力于促进各类民办教育的快速发展。

(三)回应发挥民办学校办学体制优势的期待

随着国家对民办教育监管的强化,业界一度担忧国家在对民办教育的管理和扶持中,管得过牢、统得过死,使民办教育失去制度灵活的优势。在分类管理政策设计中,中央只坚持政策坚守的基本原则和政策框架的设计,而未做具体的落实办法和详细要求,这为各级政府结合各地和民办学校发展实际情况,制定实施办法和配套政策留下了广阔的空间,消除了业界的担忧。

(四) 回应对民办教育市场规范发展的期待

相比较于公办教育，民办教育多元举办主体的特征使得"规范"成为一个十分关键的问题。分类管理政策始终坚持支持与规范的政策基调，在支持的同时，也对各类民办学校办学规范进行了明确界定，尤其专门出台了《监督管理实施细则》，对营利性民办学校监管办法进行了详细说明，有效规范了民办教育市场的办学行为。

(五) 回应对举办者、师生合法权益保障的期待

分类管理是民办教育制度的重大调整，尤其是选择非营利性民办学校举办者权益，以及选择营利性民办学校师生权益的保障问题，引发了业界的广泛关注。分类管理政策充分体现了对举办者的肯定与尊重，使两类举办者都能从中受益，以公益为目的的举办者可以获得更多的公共资源支持，以营利为目的的举办者可以合法地获取投资受益；分类管理政策也明确规定了民办学校师生与公办学校师生享有同等的法律地位，并对师资队伍建设、福利待遇等方面都作出了规定，有效保障了举办者和师生的权益。

九、满足社会多样化的教育需求

分类管理政策紧密结合民办教育发展实际，有效推动了民办学校分类发展，促进了民办教育规模的扩大和办学质量的提升，尤其是允许营利性民办学校的发展，为提高教育教学质量、探索形式灵活多样的办学形式、满足社会多样化的教育需求作出了重要贡献。

(一) 满足社会基本的教育需求

民办教育满足了社会基本的教育需求，有效缓解了公办教育供给不足的状况，帮助部分适龄人口实现了受教育的权利。公共教育经费投入缺乏造成的教育供给不足，是我国民办教育发展最初的动力，近些年来，尽管国家教育经费投入不断加大，但各级各类教育的地区分布不均衡，尤其是中西部偏远地区的教育供给还相对缺乏。随着社会入学需求的不断扩大、义务教育的深入推进，民办教育依然是缓解公办教育不足状况的重要力量，为更多适龄人口提供了受教育的机会，保障了受教育权利的实现，民办教育依然是当前实现普及九年义务教育的重要依靠力量。另外，由于办学体制的灵活性，民办教育也在很大程度上帮助解决

了进城务工等流动人口子女的受教育问题,保障了这部分人的受教育权。

(二) 满足社会日益增长的多元化教育需求

民办教育作为一种选择性教育,满足了社会日益增长的多元化教育需求,促进了教育质量的提升、教育类型的丰富。

1. 满足社会多样化、差异化的教育需求

近些年来,随着我国经济社会的快速发展,人民群众收入差距的拉大、社会分层的明显化,整个社会也变得更加多元化。这也加速了人民对多元化教育的追求,尤其是中高收入群体的子女,他们不再满足于公办教育单一的教育内容和方式,而更愿意选择条件更好、资源更为丰富、教育教学形式更加灵活多样的学校。在这种背景下,针对各种差异需求的民办学校快速发展,由于办学体制的灵活性,其在办学实践中不断引进高水平师资、深化教学模式改革、优化办学资源条件,形成了众多一位难求的优质民办学校。特别是随着民办教育分类管理政策的出台与完善,这些民办学校办学和发展有了政策依据,也得到了许多政策红利,各种类型和形式的高水平民办学校发展更为迅速,有效满足了社会多元化的教育需求。[1]

2. 促进公办教育满足多样化教育需求能力的提升

分类管理政策促进民办教育快速发展,尤其是非营利性民办学校的发展和办学质量的提高,给公办教育带来了巨大的竞争压力,这也促进了公办教育在教学实践中加快教育教学改革、推进教学实践创新、努力提高教育质量的步伐,促进了公办教育满足社会多样化教育需求能力的提升。另外,在分类管理政策下,民办教育充分利用政策和自身办学体制优势,积极开展办学模式、教学模式、管理模式创新,在推进教育供给侧结构性改革中发挥着越来越重要的作用,也正在以自身改革探索,构建供给导向型的教育体系,激发和引领社会的多样化教育需求。

十、顺应世界私立教育(民办教育)发展的现状与趋势

分类管理政策推进民办教育分类管理,顺应了世界民办教育发展的现状与趋势。民办教育,也就是私立教育,作为一种国际现象,在全球范围内拥有悠久的发展史,21世纪以来,世界私立学校在规模不断扩大的同时,其内涵与外延也得到了极大地丰富与扩展。广义上的私立学校既包括一般意义上的民有民营学校,也包括公办民营、共有托管等其他非公学校。随着经济社会的发展、社会教

---

[1] 佘宇:《民办教育:成就、问题与挑战》,载于《中国经济时报》2015年7月17日。

育需求的多元化，以及市场经济的冲击，在原有非营利性或纯公益性学校为主体的私立教育体系中，逐渐出现了以短期培训起步的、提供学历教育的营利性民办学校，并逐渐成为私立教育体系的重要组成部分。

（一）分类管理是世界私立教育的共同趋势

在此背景下，以"是否营利"对私立学校进行区别划分、分类管理，成为世界主要国家政府管理私立教育的主要趋势。美国主要通过政府奖助、税收优惠、政府管制三大政策，引导市场主体自主选择办学性质；俄罗斯则采取了法律层面不区分营利性与否，而是在实践层面进行实际区分，大胆推进分类管理；法国在法律定义的非营利性私立学校内部，以是否与政府签订协议为标准实施分类管理；澳大利亚采取分层次、分区域的方式放开营利性学校，实行分类管理的区域试点；日本在维持原有非营利性私立学校管理体制的同时，建立营利性私立学校特区实行分类管理。

（二）世界私立教育分类管理的共同特征

尽管这些主要国家分类管理系统特色鲜明、模式不一，但在回应市场需求、激发社会活力、完善管理体系方面又存在着共性特征与趋势。一是通过法律对非营利性或营利性身份进行特别定义，力争确立清晰分类的国家标准；二是模糊了学校公立和私立之分，明确了学校身份的非营利性和营利性之别，将非营利性私立教育纳入广义公共教育体系，建立差别化扶持政策；三是通过非常规资助、间接资助、部分补助、近全额资助等方式，完善涵盖所有私立学校的教育资助政策；四是依托长期性普惠政策、节制短期性激励政策，建立低门槛、便捷化的政策普惠机制；五是淡化行政干预，健全政府购买服务制度；六是以加强第三方为主的监管机制，强化对私立教育市场的管理与监督。[1]

第二节 民办教育分类管理政策实践关键问题评析

随着民办教育分类管理政策的实施，以及分类改革实践的推进，分类管理政策及民办教育办学实践都产生了一些新情况、新问题。分类管理政策体系的不足逐渐显现出来，教育产业化对教育市场的冲击加大，民办教育监管难度增加，营

---

[1] 周海涛等：《民办学校分类管理政策研究》，经济科学出版社2016年版，第86~89页。

利性民办学校发展与义务教育阶段公共教育的压力进一步增大。全面深化民办教育综合改革，深入推进民办教育事业的健康发展，建设公办教育与民办教育有机融合的教育体系，这些问题都是民办教育下一步综合改革的重点领域。

一、民办教育分类管理政策有待继续完善

教育政策与教育实践始终有着密不可分的关系，随着分类管理政策与教育实践的对接落实，政策本身也显现出了一些新问题。出现问题的原因，一方面与政策体系本身的特征有关。完善的教育政策往往是一个完整的政策体系，这需要较长的时间才能形成，而当前民办教育分类管理推进的时间还比较短，有待后续继续完善相关政策体系；另一方面，也与政策和实践关系的紧密性特征有关。科学的教育政策体系一定是紧密结合教育实践的体系，不同地区、不同类型、不同层次的民办学校都有其特有的特征，教育政策体系要完全与民办教育多样化的现实相契合，还有一段很长的路要走。这使得分类管理政策体系在一些重要问题上还未明确、在地方配套政策制定上还未完全落实。

（一）分类登记有待明确操作性的规定

法人属性不清是制约民办教育发展的重要问题，分类管理是破解这一问题的根本举措，而对民办学校进行非营利性和营利性民办学校分类登记，是分类管理、分类扶持的基础和前提。尽管国家已出台了《分类登记实施细则》，地方的实施办法也对两类民办学校设立审批、登记、变更及退出机制等作出了比较具体的规定，但仍有一些现实问题亟待政策回应。一是民办学校登记过渡期到底多久合适。新修订的《民办教育促进法》将规定过渡时间的权限下放到了地方政府，而从各地政府的具体规定来看，时间多设定在 2020~2023 年间，过渡期设置时间最长为 5 年，在这种情况下到底过渡期设多长时间合适，还有待进一步给出操作性的规定或参考。二是民办学校在非营利性和营利性身份之间的转换问题。这个问题主要涉及民办学校一旦在选择非营利性或营利性之后，还能否再次转为其他性质办学的问题，存在着"一旦选定，不可变更""营利可转非营利""非营利可转营利""营利和非营利之间可自由变更"这四种选择，到底哪一种方式既能充分激发民办教育活力，又能方便规范管理，无论是国家政策还是理论研究，都还有待进一步具体化。[①]

---

① 李虔、卢威：《民办学校分类管理十大未决问题探析》，载于《中国教育学刊》2018 年第 8 期，第 5~12 页。

(二) 不同类型民办学校的身份与权益需细化界定

将民办学校合理分为非营利性和营利性两大类,是分类管理的基础和前提,但分类之后如何合理界定不同类型民办学校的身份与权益又成为一个重要问题。关于民办学校的身份,《分类登记实施细则》规定,在登记办法上,正式批准设立的民办学校,依据其符合民办非企业单位登记管理有关规定或事业单位登记管理有关规定的情况,可分别登记为民办非企业单位或事业单位;在办理登记的地方来看,非营利性民办学校在人民政府相关部门登记,营利性民办学校在工商行政部门办理登记;在会计制度上,营利性民办学校要执行《公司法》及有关法律规定的财务会计制度。根据这些规定可以看出,分类管理政策对不同类型民办学校的管理办法是,对非营利性民办学校更加偏向于与公办学校同等,对营利性民办学校更加偏向于以管理公司的办法实施,而无论是非营利性还是营利性民办学校,其根本性质与公办学校和公司都存在较大差距,到底该如何清晰界定不同类型民办学校的身份,还有待探索。关于民办学校的权益,在实际操作上,国家对待不同性质的民办学校分别参照了公办学校和公司的相关标准,但非营利性民办学校能否完全享有公办学校的权益、是否或能够在多大程度上纳入公办学校管理办法、应该保留民办学校哪些特权等问题,以及营利性民办学校能否或能够在多大程度上借鉴公司管理办法实施管理、营利性民办学校与公司相比作为教育的特殊性该如何兼顾等问题,都有待形成具体可操作的实施办法。

(三) 各地配套政策有待完善、具体扶持办法有待明确

分类扶持是分类管理政策的核心,国家现有政策体系对分类扶持的规定,更加偏重于对非营利性民办学校的支持,而对营利性民办学校的支持政策较少。在《民办教育促进法实施条例(修订草案)(送审稿)》中,仅在税收优惠中,明确提出了对营利性民办学校实施相应的税收优惠,而其他处并无专门针对营利性民办学校的扶持政策,且只指出了营利性民办学校享受相应税收优惠"具体办法由国务院财政部门、税务主管部门会同国务院有关行政部门制定",但一直还没有出台相关明确的营利性民办学校税收优惠办法。各地配套政策是有效落实分类管理政策的基础,然而当前各地配套政策制定还存在一些问题。一方面,全国还有部分地方政府未出台相关配套政策措施,分类管理改革推进步伐较慢;另一方面,已经制定相关配套政策的地区,还有待在分类改革实践中落实、检验和修订,尤其要充分考虑当地经济、人口、文化,以及民办教育的发展历史、现实需要等问题,根据具体情况不断完善相关政策体系,在国家相关政策的基本遵循

下，以促进民办教育分类改革、科学发展为核心完善分类管理政策体系。①

二、教育产业化风险对教育的冲击加大

公办教育与民办教育一起构成了我国完整的国民教育体系，二者作为教育的基础性是相同的，且有着不同程度的公益性质，最大的区别在于二者的市场性差异。公办教育由政府提供基本的教育资源，而民办教育的办学要素则主要从市场获得，市场性质十分鲜明，只有保障市场，民办教育才能获得更大的发展空间。为进一步激发市场活力、扩展市场空间，分类管理政策通过政策倾斜与扶持，给予非营利性和营利性民办学校不同的市场属性，有效促进了民办教育市场的拓展与扩大。这在客观上促进了民办教育事业的繁荣发展，但随着民办教育"教育+资本运营"形式的快速发展，如果政府监管力度不够，就非常容易引发教育产业化危机，如当前呈现出了民办学前教育产业化风险突出、正规学校被课外补习绑架、公办中学发展的压力增大、教育角逐资本市场的问题明显等新情况，这都在一定程度上加剧了教育产业化的风险，给我国整个教育事业带来了不利影响。

（一）民办学前教育发展迅猛，产业化风险突出

学前教育的特殊性，致使民办学前教育更为复杂，市场占有率更高。长期以来，由于学前教育办学门槛较低，且未被纳入义务教育体系，所以学前教育阶段成为社会资本投资民办教育的重点领域。近年来，随着国家"二孩"政策的放开，民办教育在学前教育阶段迎来了前所未有的挑战。一方面，巨大的学前教育市场需求使投资者觉察到了商机，大量社会资本融入学前教育行业之中，快速兴建起了一大批民办幼儿园，与此同时，若国家缺乏相应的有效监管，必然会导致学校教育质量下降，扰乱整个教育市场；另一方面，即便是国家教育政策体系到位，但到了具体的学前教育领域，还面临着十分复杂的资本问题，投资者之间的利益博弈非常明显，单纯从教育角度完善相关政策往往很难取得实质性效果，这也使得民办学前教育市场变得更为复杂和混乱，扩大了办学风险。②

（二）课外补习热，正规学校教育面临挑战

教育补习热使学校正规教育面临着巨大的挑战。"不要让孩子输在起跑线上"是典型中国式家长根深蒂固的观念，在这一观念的影响下，多数家长尤其是中上

---

①② 林安琪、李祥：《民办教育分类管理研究述评及问题前瞻》，载于《教育导刊》2017年第6期，第42~47页。

层收入家庭，不仅让孩子上了较好的公办或民办学校，还为其安排满了各种课外补习班。"提前教育"是课外补习的基本模式，这就促使正式的学校教育在教育内容上面临挑战，当教师实施教学时都会发现，绝大部分学生都已掌握了基本内容，使正规学校教育遭受到了课外补习的"绑架"。而且，近年来课外补习市场显著扩大，而且还有无限的挖掘潜力，有进一步扩大的趋势。据统计，目前我国教育培训机构总数约为 20 万家，中小学课外补习市场规模超过 8 000 亿元，上课外补习的学生达 1.37 亿人次，参与补习机构的教师达 700 万~850 万人。① 这使得正规学校教育面临着越来越大的挑战。

（三）民办中学择校竞争激烈，公办中学压力增大

民办中学教育的迅猛发展，使公办中学发展面临巨大压力。随着民办教育扶持政策体系的完善，尤其是不受区域限制的招生政策，使民办中学发展迅猛、办学质量快速提高。从整体上看，义务阶段的公办教育质量逐渐落后于民办教育，民办中学往往成为学生就读选择的主要方向。尽管从全国宏观统计数据来看，初中阶段的民办学校仅占整体的 10% 左右，但在成都、上海等地这一比例一度超过 20%，甚至局部范围内达 30%~40%。这从中考成绩中也能窥见一斑，据统计，2015 年，上海市中考考试成绩前 10 名的学生均毕业于民办学校，平均分都在 570 分以上，而毕业于公办学校的学生成绩最好的也在 560 分以下。统计还发现，2015 年，杭州市 500 分以上的中考考生中毕业于民办学校的超过了 90%。② 在这种形势下，公办中学逐渐被"边缘化"，发展的压力不断增大。

（四）学校教育角逐资本市场，扩大了产业化危机

分类管理政策使投资者看到民办教育市场的巨大潜力，一些学校和教育培训巨头开始角逐资本市场，加大了教育产业化危机。一方面，名校与房地产市场的深度结合是这一轮教育产业化的重要特征。其中，最为典型的现象是超级中学的扩张，如截至 2018 年，衡水中学在全国各地共办了 23 所学校，而这些学校基本上都是其与房地产或者大企业合作办学。其利用提前招生的优势，以高额奖学金攫取高分学生、以优质的待遇网罗优秀教师，在此基础上再以较高的升学率来实现自我循环，促使其在与公办学校的竞争中占据了绝对优势。另一方面，教育培训巨头也开始扩大资本市场占有率。"新东方"和"好未来"作为我国教育培训

---

① 杨东平：《别让补习"绑架"学校教育》，载于《教育家》2017 年第 47 期，第 1 页。
② 杨东平：《新一轮"教育产业化"的特征与治理》，载于《清华大学教育研究》2018 年第 1 期，第 35~38 页。

的两大巨头，2017 年 7 月好未来集团市值达 127.4 亿美元，2018 年第二季度总净收入增幅 66.8%；新东方教育集团 K12 业务营业收入在 2017 年增长 44.2%，占总营业收入的 55%。① 由此可见，这些投资者都将办教育视为一个"圈钱"的事业，强大资本市场介入教育领域，进一步扩大了产业化的危机。

三、民办教育市场监管难度加大

学校教育由于受到内外部诸多不确定因素的影响，会面临一定的风险，尤其是诞生于市场环境之中，经费、师资、生源等都受到市场影响与制约的民办学校，由于市场的多变性和不可控性，使其面临着更大的办学风险，这就需要对民办教育加强监管。在分类管理政策下，我国民办教育事业发展十分迅速，市场占有率不断提高、规模不断扩大、类型越来越多样化，而当前民办教育监管主体力量有限，监管机制也变得越来越复杂、缺乏可操作性办法，所以就整体来看，民办教育市场监管面临着巨大压力，监管难度也越来越大。

（一）民办教育规模扩大、类型更加多样

分类管理政策营造了良好的发展环境、充分激发了市场活力，民办教育规模不断扩大、类型也越来越多样化，使得监管对象在变得更庞大的同时也更加复杂。

在规模上，近年来，各级各类民办学校数量快速增长，民办教育规模前所未有的庞大。《2017 年全国教育事业发展统计公报》显示，全国共有各级各类民办学校 17.76 万所，比上年增加 6 668 所，占全国比重的 34.57%，其中民办幼儿园 16.04 万所，比上年增加 6 169 所，增长 4.00%；民办普通小学 6 107 所，比上年增加 132 所，增长 2.21%；民办初中 5 277 所，比上年增加 192 所，增长 3.78%；民办普通高中 3 002 所，比上年增加 215 所，增长 7.71%；民办高校 747 所（含独立学院 265 所，成人高校 1 所），比上年增加 5 所。另外，有民办的其他高等教育机构 800 余所。②

随着分类管理政策对集团化办学、中外合作办学等新型办学方式的放开，民办学校的类型也逐渐多样化、复杂化，且每种类型的民办学校规模也在不断扩大。目前，我国民办学校的类型主要有捐资举办的民办学校、自然人直接投资举办民办学校、教育股份制民办学校、公私合作制民办学校、民办公助型学校、教

---

① 杨东平：《新一轮"教育产业化"的特征与治理》，载于《清华大学教育研究》2018 年第 1 期，第 35~38 页。
② 《2017 年全国教育事业发展统计公报》，教育部网站，2018 年 7 月 19 日。

育咨询类公司投资举办的民办学校、海外上市公司控制的民办学校、A股上市公司控制的民办学校、新三板挂牌企业控制的民办学校、中外合作举办的民办学校等。① 随着国家政策环境的优化,各类民办教育的规模也在不断扩大。民办教育庞大的规模和复杂的类型,都促使民办教育市场监管难度进一步加大。

(二) 民办教育监管力量有限、缺乏可操作性的办法

相比较于当前民办教育庞大的规模和复杂的类型,监管主体的力量显得比较薄弱,随着国家监管制度的不断完善,监管机制也变得越来越复杂,实践操作难度增加,加大了民办教育市场监管的难度。

以教育行政部门为核心的监管主体,显得监管力量比较薄弱。新颁布的《民办教育促进法》中规定,民办学校内部监管主要以学校理事会、董事会或者其他形式的决策机构为主体,外部监管则主要以教育行政部门及有关部门为主体,这使得监管压力很大,难以有效实施监管。一方面,民办学校内部事务比较繁杂,仅依靠学校董事会、理事会等正式机构的监管,往往只能够对学校宏观上的大方向和重大事务进行监管,而对教育教学和学生管理服务事务则很难事无巨细地做好监管工作,且随着学校办学规模的扩大,这一矛盾会进一步加剧,致使学校内部诸多事务处于无监管的状态,提高办学质量和优质办学服务难以保障。另一方面,追求利润是民办学校办学的一项重要目标,即便是非营利性学校也会从后勤服务等方面获取利润,营利性民办学校更是以营利为核心目标,民办学校外部各方利益盘根错节,要想实现全面、科学、有效的外部监管,仅依靠以教育行政部门为核心的政府相关部门,往往很难取得较好的成效。②

新的民办教育监管办法比较复杂、有待具体化可操作的规定,尤其需要在民办教育监管实践中进一步落实和完善。最新对民办教育监管的办法《民办教育促进法实施条例(修订草案)(送审稿)》中规定"地方各级人民政府应当建立民办教育工作联席会议制度,健全联合执法机制。教育行政部门、人力资源社会保障行政部门、市场监督管理部门应当根据职责会同有关部门建立民办学校年度检查和年度报告制度,健全日常监管机制。"且要定期组织或者委托第三方机构对民办学校的办学水平和教育质量进行评估。这其中仅提出了要建立民办教育工作联席会议制度,而没有细化规定,使得操作难度较大。民办教育监管不仅涉及教育部门,还涉及公安、消防、工商、民政、人事、编办、物价、税务等部门,要

---

① 劳凯声:《民办学校分类管理的问题及其解决途径》,载于《教育学报》2016年第5期,第3~13页。
② 林安琪、李祥:《民办教育分类管理研究述评及问题前瞻》,载于《教育导刊》2017年第6期,第42~47页。

科学统筹各方力量有效开展民办教育监管，需要更加可操作性的规定和办法。另外，还提出要委托第三方机构对民办教育开展评估，但就目前来看，民办教育行业协会在民办教育质量评估上的作用还有待进一步发挥，大学排行榜中关于民办教育排行的社会影响力还有待提高，整体上看，还有待构建和完善民办教育行业协会等第三方力量参与民办教育监管的体制机制。

四、营利性民办学校发展面临的挑战增加

分类管理政策通过对分类管理进行分类扶持，在扶持政策中加大了对非营利性民办学校的扶持力度，将营利性民办学校从民办教育体系中剥离出来，更多接受市场的调节，且规定义务教育阶段不允许设立营利性民办学校，这些都增加了营利性民办学校发展面临的挑战。

（一）营利性办学不能进入义务教育阶段

义务教育阶段营利性民办学校办学之路不被允许。国家出于对义务教育特殊性的考虑，在新修订的《民办教育促进法》中明确规定"不允许义务教育阶段设立营利性民办学校"，直接禁止了社会资本进入义务教育阶段营利性办学之路，后续是否有更加完善的办法使义务教育阶段可以设立营利性学校还未可知，但就目前来看，该政策限制了营利性民办学校在义务教育阶段的发展。

（二）营利性民办学校招生面临较大挑战

生源是营利性民办学校生存和发展的关键，分类管理政策的实施使营利性民办学校招生面临着更大的挑战。近年来，随着我国经济社会的快速发展、教育事业投入的不断增加、学校教育综合改革的持续推进，公办教育事业取得了巨大成就，办学水平、教育教学质量不断提高，人才培养体系也更趋于成熟完善，再受到公办学校学费低廉，以及社会传统"公办好于民办教育"观念的影响，使得绝大多数学生都更愿意选择公办学校就读，选择民办学校就读的意愿较低。加之，随着分类管理政策将民办教育进行分类扶持、分类发展，进一步加大了对非营利性民办学校的扶持力度，这致使营利性民办学校与非营利性民办学校相比更少了一些竞争优势，这都促使营利性民办学校招生面临着越来越大的挑战。

（三）营利性民办学校国家政策支持有落差

国家政策对教育长远发展具有重要影响，特别是民办教育事业发展，国家政

策的影响更大。分类管理政策体系建立在分类基础上，对非营利性民办学校支持力度更大、营利性民办学校支持力度相对较小，使营利性民办学校参与竞争面临挑战。在优惠政策上，两类民办教育除享受同等的基础性优惠之外，特别规定对非营利性民办学校可采取政府补贴、捐资激励等扶持措施，政策优惠力度大于营利性民办学校。在税收政策上，非营利性民办学校适用于公办学校减免政策，而营利性民办学校只享受相应的税收优惠。在土地和资源使用上，非营利性民办学校土地直接由政府划拨，同时地方人民政府出租、转让闲置的国有资产也会优先扶持非营利性民办学校。在教师工资上，政府直接分担部分非营利性民办学校教职工的福利保障资金，支持非营利性民办学校保障教师待遇。这一系列的扶持政策，始终体现着"公益导向"，更多支持非营利性民办学校的发展，而对营利性学校的支持力度较小，致使营利性学校发展面临更大挑战。

五、民办学校办学体制的灵活性可能会受到影响

办学机制灵活是民办教育的重要优势，民办学校可以借助该优势探索多样化的办学形式，采用更加丰富的教学内容和更加灵活的教学方式，以创新人才培养模式，提高人才培养质量，吸引更多优质生源，实现办学模式的良性循环。而随着分类管理政策的实施，既加强了对民办学校教学内容的规定性，也强化了党对民办学校的领导，以及完善了相应的监管机制。这些举措，固然有利于民办教育事业的健康发展，但也在客观上影响到了其办学的灵活性。

（一）教学自主性和灵活性受到了影响

国家加强了对民办学校教学内容的监管，教育教学模式创新难以充分发挥。教学质量是民办学校得以生存的关键，而人才培养模式对教育教学质量具有重要影响，长期以来，民办学校凭借人才培养模式创新，走出了一条与公办学校完全不同的人才培养道路，取得了生存和发展的空间。但国务院《鼓励社会力量兴办教育若干意见》的规定，民办中小学在自主开展教育教学活动之前，要首先完成国家规定的课程，要执行国家课程方案和课程标准。2017年12月，教育部印发的《义务教育学校管理标准》[①]也要求，中小学要全面落实国家义务教育课程方案和课程标准，严格遵守教材、教辅相关规定，确保国家课程的全面贯彻落实。虽然该政策未禁止民办学校重构和探索更加丰富的教学内容体系，构建更加高效的人才培养模式，但由于学校教育时间和精力有限，如果将主要精力用于完成与

---

① 《义务教育学校管理标准》，教育部门网站，2017年。

公办学校相同的教学内容,势必会占用十分有限的时间影响开拓新的教学内容,探索新的教学模式,民办学校在教学上的自主性和灵活性从一定程度上受到了影响。

(二) 管理的自主性和灵活性受到了影响

对民办教育市场进行有效规范和监管,是分类管理政策的重要内容之一,但在国家加强监管的同时,民办学校管理的自主性与灵活性也受到了影响。第一,分类管理政策既构建了民办学校董事会、理事会、教师代表大会等内部监管机制,又构建了教育行政部门为核心的民办教育工作联席会议制度等外部监管机制,使得国家对民办学校的监管前所未有的严密,民办学校办学的方方面面都处于相关部门的监管之下,这使得民办学校内部治理本应有的灵活性在一定程度上受到了干扰。第二,分类管理政策明确规定,要加强民办学校的党建工作,明确党组织在学校内部治理的地位,保证党组织在学校重大决策、监督等关键环节的有效作用,建立党组织班子进入决策层的体制机制。由此可见,为了规范民办学校的办学活动,无论是非营利性还是营利性民办学校,都将面临越来越强的内外部监督。国家加强对民办教育监管的初衷是好的,但如果在监管过程中边界不清、责任不明、盲目用权,势必对民办学校内部治理的灵活性造成负面影响,不利于办学效能的充分发挥。[①]

第三节　民办教育分类管理政策动向研判

以分类管理为基础,坚持分类扶持、分类发展的思路,推进民办教育事业持续健康发展是分类管理政策的主要目标。近年来,随着分类管理政策的逐步落实,民办教育改革发展在取得了巨大成就的同时,也出现了一些新情况新问题。在当前我国全面深化教育综合改革、建设教育强国的大背景下,民办教育分类管理政策未来也将持续强化分类扶持、加强监督管理、优化制度环境,更加关注民办教育重点领域的制度完善,建立健全党的领导机制,强化教育教学质量监控,推进民办教育走内涵式发展之路。

---

① 《分类管理背景下民办国际学校面临三大挑战》,2018 年 9 月 14 日,https://mp.weixin.qq.com/s/x-xbnL60rmUdrXbFxzag8Q。

一、完善分类扶持体系，推进各级各类民办教育共同发展

分类扶持是分类管理政策的主要手段，在当前的政策体系下，分类扶持政策还存在着力度不够大、方式不够明确、重点不够突出等问题。随着分类管理政策体系的不断完善和在民办教育实践中的跟进落实，分类管理政策会继续坚持教育的公益导向，在对非营利性和营利性民办学校已有的财政、土地、税收优惠的基础上，进一步健全政府财政差别化扶持体系，突出对非营利性民办学校的直接财政扶持、营利性民办学校的间接财政扶持，建立不同层次民办学校的差别化扶持体系，引导各级各类民办学校为社会提供更多优质的教育资源服务，更好地满足社会多样化的教育需求。

（一）坚持教育的公益性导向，完善分类扶持体系

无论是公办教育还是民办教育，教育都是一项公益性的事业。从根本上讲，教育公益性共有三层含义，一是教育作为一项公共性事业，是个体全面发展的必备条件，每一个社会成员都与教育具有十分紧密的利益关系；二是教育是一场人力资本投资，教育社会效益会通过促进经济社会发展造福于整个社会；三是教育是一个包容性、动态性的概念，包括所有能够满足社会需要的教育形式。这样看来，教育是整个社会的一项必需品，保持教育的多样性、丰富性是国家重要的战略目标，对教育公益性的理解也要跳出基本公共服务的范畴。① 促进教育多样性发展是分类管理政策的重要目标，政策的完善也必须以公益性导向作为根本遵循，无论什么性质的学校，都要始终把教育的公益性放在首位。由于不同类别民办学校收益权和所有权等方面存在较大差异，非营利性民办学校在办学中体现着更强的公益性，所以加大对非营利性民办学校的支持力度，是完善民办教育分类扶持体系的核心所在。

（二）对非营利性民办学校更多进行直接财政扶持

非营利性民办学校的性质，决定了政府直接财政扶持的基础，当前政府对非营利性民办学校直接扶持的范围和力度都有待拓展。新修订的《民办教育促进法》规定非营利性民办学校的举办者不得取得办学收益，办学结余要全部用于学校办学。这就决定了非营利性民办学校的办学结余不会被出资人或其他相关利益

---

① 《营利性学校同样是公益性事业》，载于《人民政协报》2016年2月23日。

主体分配，而是继续用于学校的持续发展，所有资产均归属于学校名下，而非个人，公共资源投入非营利性民办学校的合理性和安全性能够得到有效保障，具有政府直接扶持的良好基础。从当前我国政府直接财政扶持非营利性民办学校的范围来看，仍主要以专项资金投入和硬件投入为主，且对经费的使用范围有十分严格的界定，全国多数地区往往只允许非营利性民办学校将专项经费用于改善教学条件，而不允许用于人员经费和基础建设费用。随着民办学校办学时间的推移、办学规模的扩大，以及教师建设等软投入的增加，民办学校办学资金需求结构也发生了变化，亟须进一步扩大政府直接财政扶持的范围，增强扶持的精准性。当前，上海市就在这方面率先作出了示范，《上海民办教育实施意见》中就提出了"探索试点政府资金支持符合条件的非营利性学校的教育教学等设施建设"的规定。随着分类管理政策体系的完善，各地政府也都将会对非营利性民办学校的基础建设和教师待遇改善进行直接财政扶持。

（三）对营利性民办学校更多进行间接财政扶持

营利性民办学校同样是坚持公益属性、提供教育公共服务的机构，理应享有国家财政扶持，但由于其办学结余用于利益相关主体分配、归个人所有，这就决定了国家财政不能对其进行直接扶持。教育公共服务是政府主导下惠及全社会与满足社会教育需求的公益性服务，政府是该服务提供的主体，但具体承担的部门则既可以是政府部门，也可以是政府以外的其他组织。这就决定了，无论何种形式的民办学校，其提供的教育都具有公共服务性质，随着社会教育需求的多样化，在政府之外也出现了越来越多的教育服务主体，他们既弥补了政府公共教育资源的不足，也有效满足了社会日益多样化、个性化的教育需求。基于此，国家财政在对非营利性民办学校进行重点扶持的同时，也应对营利性民办学校有所惠及。一方面，要坚持对营利性民办学校的土地、税收优惠政策。根据分类管理政策的相关要求，研究和探索更加清晰可行的营利性民办学校税收减免政策，尤其是对提供学历教育和学前教育的营利性学校，更应降低或减免相关税费；另一方面，要建立健全对营利性民办学校的政府购买服务制度。政府购买服务为国家财政扶持营利性民办学校发展留下了广阔的空间，公共财政可以购买营利性民办学校的课程等各种形式的教育服务和教育产品，实现对营利性民办学校的间接财政扶持，促进营利性民办学校的发展。[①]

---

① 王纾然、何鹏程：《分类管理背景下民办教育财政扶持政策的转向》，载于《教育发展研究》2018年第7期，第16~20页。

（四）对不同层次民办学校的扶持政策有所差别

不同层次民办学校的性质和面临的问题不同，分类管理政策要充分考虑具体情况，对不同层次民办学校采用不同的财政扶持办法。对于义务教育阶段的民办学校来说，由于其全部为非营利性民办学校，公共财政在其他投入之外，还可以参照公办学校生均经费标准直接给予补贴，大力支持义务教育阶段非营利性民办学校的发展。对于非义务教育阶段的民办学校，对民办高校的财政支持比例不宜过大，应通过公共财政扶持，逐渐优化民办高校的筹融资模式和资金结构，促进民办学校办学资金来源的多元化；对民办幼儿园和民办高中的扶持，尽管目前无论是国家政策还是各地的具体实践，都没有形成统一的标准，但对这类民办学校的财政扶持，政府要建立在对其进行非营利性和营利性分类的基础上，再采取直接或间接的公共财政扶持方式，以促进各级各类民办学校共同发展。

二、健全监督管理机制，突出对营利性民办学校的监管

进一步加强监管、规范民办教育发展，是分类管理政策的重要内容，当前民办教育分类管理政策体系中相关的规定还不够具体、明确，操作性有待加强。随着我国民办教育发展政策环境的优化、民办教育规模的扩大和类型的复杂，使得民办教育监管的难度进一步加大，要更加有效地对民办教育实施监管，分类管理政策体系会在进一步完善统一监管机制的同时，强化对营利性民办学校的监管，以促使我国民办教育市场的规范、健康发展。

（一）健全民办学校内外部监管机制

建立健全民办学校内外部协调统一的监管机制，是保障民办教育事业健康发展的重要举措。分类管理政策对健全民办教育内外部监管制度，做出了指导性规定，基本构建了在民办学校内部以董事会、理事会、教职工代表大会等为主体的监管主体，在民办学校外部形成了以教育行政部门为核心的监管主体，初步构建了分类管理政策下的民办教育监管体系。随着民办教育监管机制的不断完善，会逐渐形成结构更加清晰、责权更加明确的监管体系。

在民办学校内部，形成多元主体参与监管的体制机制，提高民办学校的自我监管能力。民办学校是自我监管的第一主体，民办学校能否增强自律、及时化解风险、实现自我管理，是其持续健康发展的关键所在，未来进一步完善民办学校监管机制，必将加强民办学校内部监管制度建设。一方面，建立多元主体监管机

制，提高自我监管和风险防控能力。新修订的《民办教育促进法》规定，民办学校要设立理事会、董事会等形式的管理决策机构，并建立相应的监督机制，民办学校要依法保障教师通过教职工代表大会等形式参与学校民主管理与监督。这使得民办学校内部监管形成了学校层面的董事会、理事会及其他形式的决策机构，以及师生基层的教职工代表大会、学生代表大会等组织形式紧密结合的监管机制。另一方面，形成多种内部管理机制紧密结合的管理体系。一是完善内部治理机制，构建多元主体参与的治理体系，在治理中接受各方监督。民办学校要建立健全董事会领导下的校长负责制，优化董事会结构，吸纳社会人才、教育专家、管理专家、教师和学生等主体的参与，完善董事会议程、规范运行程序、完善运行制度，尤其更多给予党委、校长、师生等的话语权和决策权，在管理决策中接受利益相关主体的监督。二是健全财务管理制度，有效预防和化解财务风险。进一步完善贷款管理和内部审计工作、加强监管力度，尤其要科学制定和设计内部控制的具体制度、政策、措施、方法及程序，且在实践中不断修订、整合和完善该制度，并严格遵照执行，形成完善的财务风险预警系统，加强财务监管力度。三是规范和健全民办学校信息披露制度。对民办学校发展中的学校章程、在读人数、收费标准等常规性事项，以及重大项目批准和实施情况等重大临时事项，都应及时向社会公开，接受社会监督。

在民办学校外部，推动构建以教育行政部门为核心的，其他相关政府部门及社会力量积极参与的外部监管机制，提高民办学校监管的全面性、准确性和科学性。新修订的《民办教育促进法》对教育行政部门及相关部门对民办学校教育教学、教师培训及内部制度建设的责任进行了明确规定，并提出了组织或委托中介机构评估办学水平和教育质量的要求，支持和鼓励社会中介组织为民办学校提供服务。这促使民办学校外部监管主体自然成为教育行政部门及相关部门，以及中介组织等社会力量两个部分。这两部分主体在民办学校外部监管中发挥着不同的作用，以教育行政部门为核心的政府部门是民办学校监管的主要力量，要在完善各项监管制度的同时，推进制度的全面落实。一要完善民办学校年检制度。针对我国各地民办教育发展实际状况，科学设置年检标准，充分发挥年检的发展功能，重视通过年检促进民办学校的自我检查、自我改进、自我发展，建立年检结果公示制度，提高年检的权威性和影响力。二要健全民办学校教育评估制度。根据民办学校发展的主要问题，从教师队伍建设、教育教学质量等方面着手开展评估，促进教育质量的提升；评估中始终坚持保障非营利性和营利性民办学校教师福利待遇，依法保障教师的切身权益。三要强化对民办学校的督导。要监督和促使民办学校建立健全董事会、理事会、校务委员会和监事会制度，形成依法办学、产权清晰、责权明确、管理科学的现代大学制度，科学实施民办学校内部治理。四要促进建立民办学校诚信机制。诚信不仅靠民办学校自律,更需要完善的制度保障,教育行政部门要在诚信管理的同时,健全民办学校信息发布和信用评价制度,加大监督和惩罚力度,促进民办学校诚信办学。五要完善各部门联合执法机制。民办教育管理涉及国家众多相关部门,政府部门之间应紧密结合,共同实施对民办学校的有效监管。充分发挥社会力量的作用,是未来民办教育监管机制改革的重要方向。要探索和构建民办教育行业协会、民办学校排行榜及大众媒体对民办学校的监督机制,充分发挥市场和社会组织的自我调节、自我建设和自我发展能力。①

(二) 突出对营利性民办学校的监管

由于营利性民办学校类型和形式多样,更多接受市场调节,且以营利为主要目标之一,所以整个营利性民办教育市场容易出现比较混乱的局面,如果营利性学校过度强调经济效益,政府监管又不到位、力度不够的话,就容易出现扰乱教育市场,损害人民、社会和国家利益的事。国家早已意识到了这一点,所以随着分类管理政策体系的完善,也出台了《监督管理实施细则》这项专门针对营利性民办学校的监管办法,并明确规定"营利性民办学校应当坚持教育的公益性,始终把培养高素质人才、服务经济社会发展放在首位,实现社会效益与经济效益相统一"。分类管理政策为营利性民办学校发展也营造了良好的政策环境,特别是随着国家二孩政策的放开,营利性民办学校尤其是民办学前教育和 K12 教育培训行业迎来了发展新高潮,为保持民办教育市场的健康发展,国家也会在完善统一的民办学校监管机制的同时,强化对民办学前教育和 K12 教育培训等营利性民办学校的监管。

民办学前教育快速发展、市场潜力巨大、市场化程度较高,且呈现出分散、复杂的格局,营利性民办学前教育是国家加强营利性民办学校监管的重点所在。第一,二孩政策助推市场需求。2016 年,随着全面二孩政策的实施,我国生育率有望小幅提升,二孩及以上出生数量也将达到新高,尤其是过去城市居民计划生育政策执行的比较严格,在二孩全面放开的情况下,预计城市新生儿童人数的弹性更大,而城市家庭正是学前教育消费的主力军,也必将促进营利性民办幼儿教育的快速发展。第二,家庭经济条件改善,且对子女学前教育的重视程度不断提高。随着我国经济社会的快速发展,国民收入整体得到了较大程度地提高,尤其是随着人们教育观念的转变,十分重视子女接受学前教育,并愿意为其投入更多经济资源,这对推进学前教育市场的繁荣发挥了重要作用。第三,民办幼儿园

---

① 周海涛等:《民办学校分类管理政策研究》,经济科学出版社 2016 年版,第 277~288 页。

占据了幼儿园市场的半壁江山，市场化程度较高。据统计，2017年全国共有幼儿园25.5万所，比上年增加1.51万所，其中民办幼儿园16.04万所，比上年增加6 169所，民办幼儿园占比62.90%，且在园人数增速超过公办幼儿园，[①]其中绝大多数民办幼儿园是营利性质。第四，民办幼儿园市场呈分散化、复杂化格局，监管难度较大。我国目前民办幼儿园行业集中程度较低，大多数幼儿园没有品牌，也还未形成集团化办学格局，办园类型和形式多样，监管难度非常大。总之，民办学前教育迎来了发展的新高潮，但监管难度比较大，要有效保障民办教育事业的健康发展，必然要强化对营利性民办学前教育的监管。

K12教育培训机构多为营利性民办教育机构，随着我国市场对K12教育市场刚性需求的扩大，K12教育迎来了快速发展新时期，规范行业秩序、加强行业监管必将成为国家完善监管机制的重要内容。第一，中小学升学压力较大，催生了K12教育的刚性需求。当前，我国学生小升初、初升高及高考的激烈竞争，促使参加K12教育培训成为一个普遍现象，有调查显示84.0%的中产阶级子女都接受过教育培训，目前子女正在接受教育培训的家庭占59.5%，且年级越高，中产家庭子女的课外学习时间越长；在培训花费上，过去一年里，不同家庭在子女课外教育上年花费为10 000元、20 000元、30 000元的分别占78.9%、52.3%和26.6%，[②]由此可见K12教育的巨大市场需求。第二，K12教育培训行业分散、类型复杂多样。当前K12教育培训行业整体较为分散，单个的培训机构数量众多，且类型和形式差异较大，无证办学、乱收费等问题频发，监管难度非常大。分类管理政策要建立在科学分类的基础上，重点加强对营利性民办学校，尤其是培训机构的监管，规范民办教育办学市场。

三、完善治理制度体系，充分释放民办学校发展活力

完善民办学校治理政策体系，实现民办学校自理、自治，激发民办学校办学活力，是分类管理政策的重要着力点。民办学校天然有着办学机制灵活性的优势，但由于国家政策调整针对性不强、民办学校尚未形成完善的治理机制等原因，民办学校办学机制的灵活性未能得到充分发挥，在一定程度上限制了民办学校的发展。随着分类管理政策体系的完善，健全国家政策体系必将进一步完善民办学校内外部治理机制，落实办学自主权，充分释放民办学校办学活力。

---

① 《2017年全国教育事业发展统计公报》，教育部网站，2018年7月19日。
② 《2018年中国民办教育行业发展现状及发展趋势分析》，中国产业信息网，2018年5月10日，http://www.chyxx.com/industry/201801/609562.html。

（一）创新宏观治理方式，建构民办教育良治生态

创新民办教育宏观治理方式，营造良好的外部治理生态，是完善民办教育外部治理机制、释放民办教育办学活力的重要举措。近些年来，随着政府职能转变、教育"放管服"改革的逐步深入，民办学校办学自主权在很大程度上得到了有效维护，但在一定程度上还存在着宏观管理体制不够灵活、政府部门放权力度有待加强、社会参与程度有待提高等问题。分类管理政策坚持构建以政府宏观监管为核心的、市场充分调节和社会积极参与的民办教育外部治理体系，全面落实民办学校办学自主权。在中央政策的导向下，各地政府也在不断完善配套政策体系，推动落实民办学校办学自主权。如浙江省出台了《关于落实民办学校办学自主权实施办法》[1]，其中包括落实招生自主权、实行更加开放的分类定价机制、落实专业和课程设置自主权、落实校长治校这四个关键点，为推动民办学校外部治理机制改革，全面落实民办学校办学自主权提供了坚实的保障，未来民办教育分类政策体系的完善，也必将在更大范围和程度上给予民办学校办学的自主权。第一，坚持将市场导向与适度监管相结合。处理好市场导向和政府监管的关系，有计划地开放准入领域、放松市场管制，激发社会参与办学的积极性，履行好政府的宏观监管职能，监管不越位、不缺位、不错位，以恰当的手段和方式做好宏观监管。第二，全面落实民办学校办学自主权。凡属学校的内部事务都要还权于学校，不能干涉民办学校内部治理和具体的教育教学工作。在收费定价上，逐步形成民办学校自主定价与政府指导价相结合的方式，使其逐步实现由市场自主调节；在招生管理上，建立民办学校自主招生和向政府备案的方式，给予民办学校招生自主权；在专业设置上，鼓励和支持民办学校按照区域产业发展需要，调整专业设置。第三，加快培育社会组织及中介力量。加快推进政府职能转变，积极培育社会中介组织力量，将一些政府不该管、也管不好的事情逐步让渡给第三方组织进行监管，如民办学校办学资质审核、办学质量评估等专业性较强的工作等。[2]

（二）健全法人治理机制，提升民办学校自治水平

健全法人治理机制、提高民办学校自治能力和水平，是完善民办教育治理制度的重要内容。世界私立教育发展经验表明，有效保障民办教育的健康发展，不

---

[1] 《关于落实民办学校办学自主权实施办法》，浙江省教育厅网，2015 年。
[2] 董圣足：《我国民办教育治理制度：变革与创新》，载于《华东师范大学学报》（教育科学版）2017 年第 6 期，第 18～26、152～153 页。

仅需要健全的外部治理机制，还需要完善的学校内部法人治理机制，形成多元参与的共同治理局面。而当前民办学校多存在着办学行为欠缺规范、组织制度不健全、党的建设不到位、教师权益难保障等问题，努力健全法人治理机制是民办学校分类改革的重要任务。分类管理政策指出，民办学校要设立学校理事会、董事会或其他形式的决策机构，通过教职工代表大会、工会等形式实现多元主体参与学校内部治理的良好局面。未来民办教育分类管理政策体系的完善，至少有以下几个着力点：第一，建立独立完整的产权制度。在制度上完全赋予民办学校各种财产权利，包括各种投入所形成的学校资产的占有、使用、处分和收益权等，使民办学校能够独立享有民事权利、承担民事义务。第二，建立民主科学的决策制度。无论是非营利性还是营利性民办学校，都要建立健全董事会、理事会、监事会、校长、师生代表大会等机制，进一步优化决策机制、规范决策程序，形成内外结合、多方参与、程序规范、运行高效的决策体系。第三，建立专业高效的执行制度。完善董事会领导下的校长负责制，加强以校长为核心的行政管理团队执行能力建设，保障校长独立行使教育教学和行政管理权，完善激励与约束机制，提高工作效能。第四，建立多元制衡的监督机制。要在普遍设置监事会等独立内部监管机构的同时，根据实际情况建立起强有力的外部公共问责机制，如完善民办学校独立监事制度和派驻党组织负责人兼政府督导专员制度等。①

四、切实加强党的建设，完善党对民办教育的领导机制

民办教育是我国教育事业的重要组成部分，加强民办学校党的建设、完善党的领导机制，是新时代民办教育事业健康发展的需要，也是民办教育分类管理政策完善的重要方向。从民办教育的根本目标来看，民办教育同样以培养德智体美劳全面发展的社会主义事业建设者和接班人为根本目标，加强党的领导与建设，是民办学校要始终保持社会主义办学方向、获得长远发展的重要保障。从国家政策导向来看，分类管理政策实施尤其是中共十九大以来，以习近平同志为核心的党中央始终坚持全面从严治党，把加强和改进党对中国特色社会主义事业的领导作为一项重要工作推进。民办教育作为社会公共服务的提供者，更应切实加强党的领导。新时代，随着中共中央办公厅《关于加强民办学校党的建设工作的意见（试行）》及分类管理政策体系中关于加强民办学校党建规定的出台，进一步完善党的领导机制、强化党务工作能力、加强和改进思想政治教育工作将成为未来

---

① 董圣足：《我国民办教育治理制度：变革与创新》，载于《华东师范大学学报》（教育科学版）2017年第6期，第18~26、152~153页。

分类管理政策完善的重要着力点。

（一）完善民办学校党的领导机制

完善民办学校党的领导机制是加强党的建设的基础性工作，国家要建立健全民办学校党建工作监管机制，促进民办学校充分重视党建工作，建立健全党的组织、扩大党的工作覆盖面，形成党充分参与、有效监督的内部法人治理机制。《民办教育促进法实施条例（修订草案）（送审稿）》规定，民办学校应当坚持中国共产党的领导，民办学校中党的基层组织要依法参与学校重大决策实施监督，学校党的负责人或代表要进入决策机构和监督机构的程序。这为完善民办学校党的领导机制指明了方向：第一，健全党组织参与学校内部决策与监督的机制。促使民办学校始终坚持党的领导与依法治校的有机统一，把党组织建设纳入学校章程，明确党组织在学校法人治理结构中的地位，保障党在学校重大事务决策、执行、监督各个环节有效发挥作用。建立健全党组织班子进入学校各个层面决策和管理机构的机制，完善党组织与董事会、理事会、监事会等组织的沟通协商制度，强化党组织对学校重要决策实施的监督，充分发挥党对民办学校的领导作用。[①] 第二，完善师生党员全面参与学校内部治理的体制机制。师生党员充分参与是完善党的领导机制的重要内容，民办学校党组织要充分发挥领导作用，形成以党委为核心的学校基层党组织与师生党员充分参与的机制，要通过党委领导下的党代会、团代会、教职工代表大会、工会等集体组织，增强党组织联系师生群众的工作力度，健全党内代表大会制度，为广大师生党员充分参与学校内部治理、监督畅通渠道，形成党组织全面参与民办学校管理和监督的机制。

（二）强化民办学校党务工作能力建设

强化党务工作能力建设是民办学校加强党的建设的关键，提高党务工作能力要在扩大党务工作人员规模的同时，努力提高工作水平。一方面，要加强党务工作人员队伍建设，形成校党委领导下的上下级党组织紧密结合的党务工作机制。在学校层面，要坚持将政治标准放在首位，以政治素质过硬、熟悉党建工作、善于教育与管理、有奉献精神的标准，选优配强选拔民办学校党组织书记，按照相关规定，建立健全党务工作部门，保证党的组织、宣传、纪检等方面都有专门人员负责，根据实际需要配置专职党务工作人员，并使其保持一定的规模与数量，民办教育培训机构也应采取专兼职相结合的办法配备党务工作人员。在基层党组

---

① 薛冰山、陈斌：《抓好党建保障民办学校健康发展》，载于《共产党员（河北）》2017年第13期，第33页。

织建设层面,坚持从民办学校办学实际出发,对党员人数不超过 3 名的,可以采用联合组建、挂靠组建、派入党员教师单独组建等形式建立党组织,对于暂不具备建立党组织条件的,要通过选派党建工作指导员、联络员或共青团组织等方式开展党建工作,条件成熟时及时建立党组织。① 另一方面,要通过优化党员培训和管理机制,提升党员干部党务工作能力。第一,完善党务干部选拔培训机制,构建党务人员晋升激励制度。将院系层面党组织书记的选拔任用工作程序化、规范化,学校中层党务干部任免可在听取学校行政领导意见之后,经党组织会议集体讨论决定,建立党务工作人员专业培训制度,保障党务工作人员的级别待遇,并建立党务工作人员的奖励和晋升机制,激发党务工作人员的工作积极性和热情。第二,实施民主评议党员制度,提高全体党员自我管理能力。全面落实党要管党、从严治党的要求,努力加强党员队伍自身建设,强化党员的教育、管理和监管,建立健全民主评议党员制度,切实改进生活作风、工作作风,提高党员综合素质和自我修养,实行党员管理考核制度,着力构建党员教育管理常态化的体制机制。第三,完善党的组织生活制度,提高党员自我教育能力。严格按照基层党组织建设标准,健全党的组织生活制度,要求全体党员定期参加党的组织生活,规范组织生活的程序、要求和办法,创新组织生活内容和形式,增强组织生活的凝聚力和吸引力,提高组织生活实效,促进党员自我教育能力的提升。②

(三) 加强和改进民办学校思想政治教育工作

加强和改进思想政治教育工作是民办学校加强党的建设的重要保障,全面加强思想政治教育工作,民办学校要加强思想政治教育教师队伍建设,创新思想政治教育工作方式。拥有一支水平过高、素质过硬的教师队伍,是加强思想政治教育工作的前提,民办学校加强思想政治教师队伍建设可以从以下两方面着手:一是强化思想政治理论课教师队伍建设。民办学校要切实加强领导,坚持内外结合、统筹安排,优化教师队伍结构,不断提高教师队伍整体素质和水平。加强教师思想教育,使其充分认识到思想政治教育的重要意义,并专注于思想政治教育工作;加强师德师风和爱国主义教育,塑造教师高尚的职业底色;建立教师继续教育培训机制,不断提高教师思想政治教育理论水平;推进思想政治课程教学改

---

① 薛冰山、陈斌:《抓好党建保障民办学校健康发展》,载于《共产党员(河北)》2017 年第 13 期,第 33 页。
② 程样国、魏芳、黄语素:《民办高校党建工作存在的问题与制度改革》,载于《学校党建与思想教育》2018 年第 17 期,第 52~54 页。

革，创新教学内容和形式，提高思想政治理论课程开设水平。① 二是提高所有学科教师的思想政治教育水平，将思想政治教育贯穿在人才培养全过程。加强任课教师思想政治教育，全面提高教师思想教育水平，促进将思想教育与课程知识教学紧密结合，推进学生知识技能与思想政治理论素养的同步发展、同步提升。创新思想政治教育工作方式，要善于创新多样化的教育教学方式，提高思想政治教育实效。首先，全面推进中国特色社会主义理论体系与人才培养的紧密结合，将思想政治教育贯穿育人的全过程。学校要加强统筹规划，将中国特色社会主义理论体系教育纳入学校人才培养体系，并将其与学科建设、专业建设、课程建设、教材建设、教学体系建设紧密结合，促进思想政治教育和人才培养过程的紧密结合，充分发挥思想政治教育的育人功能。其次，要善于探索灵活多样的思想政治教育方式。将思想政治教育党建、团建、班级建设，以及相关学生集体活动相结合，在具体实践中进行思想政治教育；加强校园文化建设，充分利用宣传、宣讲、文化活动等方式，营造良好的思想政治教育文化环境，实现全方位育人。最后，要充分借助新网络媒体技术，如建立专题网站、微信公众号等，进一步提高思想政治教育的便捷性和时效性。

五、强化教育质量保障，推动民办教育走内涵式发展之路

全面深化改革、努力提高办学水平和人才培养质量，是民办教育的根本使命、学校长远发展的必然要求，也是国家政策的重要导向。民办教育作为我国教育体系的重要组成部分，必须始终坚持以立德树人为根本任务，以培养全面发展的社会主义事业建设者和接班人为根本目标，促进民办教育教学质量和人才培养质量的提升，是民办学校完成根本任务、实现根本目标的必然要求。全面提高教育质量，既需要民办学校不断深化综合改革，形成完善的学校内部教育质量保障体系，也需要健全的外部质量监控体系，有效促进民办学校教育质量的提升。新修订的《民办教育促进法》指出，民办学校要保证教育质量，培养社会主义建设事业的各类人才，教育行政部门及有关部门要依法对民办学校进行督导，组织或委托社会中介组织开展民办学校办学水平和教育质量评估。这为未来分类管理政策的完善指明了方向，要着力加强教育质量保障体系建设，促进民办教育走内涵式发展之路。

教育质量保障体系建设是保障和提高学校人才培养质量的关键，我国当前的

---

① 李虹：《加强新时代高校思想政治理论课教师队伍建设的思考》，载于《思想理论教育导刊》2018年第5期，第111~115页。

民办教育尤其是民办高等教育,已经从规模扩张阶段进入了提高质量的阶段。在这个注重内涵发展的时期,能否构建和形成完善的教育质量保障体系,业已成为民办教育改革发展成败的决定性因素。《民办教育促进法实施条例(修订草案)(送审稿)》指出,民办学校要依法办学、开展教育教学活动,自主管理、保证和提高教育教学质量,教育行政等部门要按照职责分工,定期组织或委托第三方机构对民办学校办学水平和教育质量进行评估,监督民办学校办学状况,支持和鼓励民办教育行业组织开展教育质量评估工作。这一要求将教育质量保障体系分为学校内外部质量保障两方面,这为加强民办学校教育质量保障体系建设提供了基本思路。

(一)构建学校、院系、师生三级内部质量保障体系

内部质量保障体系建设要明确保障的主体、责任和目标,形成不同主体各司其职、有机统一的学校内部质量保障体系。民办学校在提高自身教育质量中发挥着基础和核心作用,加强学校内部质量保障体系建设是质量保障的核心工作。从学校内部不同层级来看,民办学校内部质量保障体系可以分为学校、院系和师生三个层次。学校层面包括校领导及校教学质量管理和监控的常设机构,这个层面的教学质量保障主体,负责学校办学发展规划、人才培养标准和方案的指导、教育教学宏观制度设计与监督落实、教学常规管理、协调涉及教学各部门之间的关系等。院系层面既是教学任务的具体承担单位,又是教学质量监控与评价的实体机构,在院系层面把好质量关是保障学校教育质量的重要措施,院系要做好课程安排、服务,以及课程教学质量的常规监测等工作。师生是学校教育教学过程的直接参与者,提高教师教育教学水平、保证教学质量,促进学生努力学习、保证学习质量,建立健全师生参与教育教学质量保障体系的体制机制,多维度、全过程地监督学校教学状况,是完善学校内部质量保障体系的重要内容。总之,民办学校内部质量保障体系建设,要致力于构建在主管教学校长领导下,依靠校教学督导组或教学指导委员会、教务处等相关部门,统筹院系教学管理单位及师生评价反馈为一体的三级教育教学质量保障体系,对学校教育教学实施全过程监管。一方面,发现教育教学中存在的问题,引导改进教学过程,提高教育质量;另一方面,为社会公众提供质量证据,展现学校教育质量的实际情况,为学校争取更多的办学资源。

(二)形成多元主体参与的外部质量保障体系

在外部质量保障体系建设上,要建立健全调动社会各方参与民办教育质量保障的体制机制,明确主体责任,理顺各方关系,形成质量保障合力。外部质量保

障体系是学校内部质量保障体系能否正常运转的保证，外部质量保障体系建设要以增强民办学校提高质量的使命感和责任感，推动内部质量保障体系完善为目标，形成内外紧密结合的质量保障系统。外部质量保障的主体和责任可分为以下几个部分：一是政府部门。民办教育管理涉及多个政府部门，在这些部门中最为核心的是教育行政部门，外部质量保障体系建设要以教育行政部门统筹为核心，研究和制定民办学校质量保障方针、政策，并组织专家进行评估监测，做好统筹安排。二是社会第三方组织。如民办教育行业协会等，应建立相关制度标准，依法依规对民办学校进行客观、公正、独立的质量评估，形成科学的人才培养质量判断。三是社会媒体组织。如报纸、杂志、学校排行榜等，要充分发挥媒体优势，通过舆论调查、民意测验等方式，对民办学校办学质量进行客观评价。四是用人单位。要与民办学校建立人才使用反馈机制，及时向学校反映人才培养的问题和建议。总之，要根据人才培养目标，建立科学化、多样化的评价标准，形成由政府、社会组织、用人单位等多方参与的学校外部质量保障体系。外部质量保障体系建设，要以为社会提供权威的质量证据、促进内部质量保障体系的完善为主要目标，推动民办学校形成更高水平的人才培养体系和质量保障机制。①

民办学校教育质量保障体系建设，要坚持以内为主、以外为辅、以外促内、协调发展的思路，要分别在完善内部和外部质量保障体系的同时，着力探索和构建内外有机结合的模式，形成质量保障合力，切实保障学校人才培养质量。

---

① 张建新、董云川：《论高等教育的内部质量保障与外部质量保障》，载于《昆明理工大学学报》（社会科学版）2011年第2期，第85~90页。

附录

主要政策文件简称检索

发布日期	发文单位	文件全称	简称
1998年10月25日	国务院	《民办非企业单位登记管理暂行条例》	《民办非企业单位登记管理暂行条例》
1999年12月28日	民政部	《民办非企业单位登记暂行办法》	《民办非企业单位登记暂行办法》
1999年12月28日	民政部	《民办非企业单位名称管理暂行规定》	《民办非企业单位名称管理暂行规定》
2001年10月19日	民政部、教育部	《教育类民办非企业单位登记办法（试行）》	《教育类民办非企业单位登记办法（试行）》
2004年3月5日	国务院	《中华人民共和国民办教育促进法实施条例》	《民办教育促进法实施条例》
2004年6月27日	国务院	《事业单位登记管理暂行条例》	《事业单位登记管理暂行条例》
2006年12月21日	国务院办公厅	《国务院办公厅关于加强民办高校规范管理引导民办高等教育健康发展的通知》	《民办高校规范管理通知》
2007年2月3日	教育部	《民办高等学校办学管理若干规定》	《办学管理规定》

续表

发布日期	发文单位	文件全称	简称
2009年8月27日	第八届全国人民代表大会常务委员会第四次会议	《中华人民共和国教师法》	《教师法》
2010年7月29日	国家中长期教育改革和发展规划纲要工作小组办公室	《国家中长期教育改革和发展规划纲要（2010—2020年）》	《教育规划纲要》
2013年12月28日	第十二届全国人民代表大会常务委员会第六次会议	《中华人民共和国公司法》	《公司法》
2015年4月24日	第十二届全国人民代表大会常务委员会第十四次会议全国人民代表大会常务委员会	《中华人民共和国义务教育法》	《义务教育法》
2015年12月27日	第十二届全国人民代表大会常务委员会第十八次会议	《中华人民共和国教育法》	《教育法》
2015年12月27日	第十二届全国人民代表大会常务委员会第十八次会议	《中华人民共和国高等教育法》	《高等教育法》
2016年2月6日	国务院	《中华人民共和国公司登记管理条例》	《公司登记管理条例》
2016年5月26日	民政部	《民办非企业单位登记管理暂行条例（修订草案征求意见稿）》	《民办非企业单位登记管理暂行条例（修订草案征求意见稿）》
2016年5月26日	民政部	《社会服务机构登记管理条例（修订草案征求意见稿）》	《社会服务机构登记管理条例（修订草案征求意见稿）》
2016年11月7日	第十二届全国人大常委会第二十四次会议	《全国人民代表大会常务委员会关于修改〈中华人民共和国民办教育促进法〉的决定》	《民办教育促进法修法决定》

续表

发布日期	发文单位	文件全称	简称
2016年11月7日	第十二届全国人民代表大会常务委员会第二十四次会议	《中华人民共和国民办教育促进法》	《民办教育促进法》
2017年1月18日	教育部、人力资源社会保障部、民政部、中央编办、工商总局	《民办学校分类登记实施细则》	《分类登记实施细则》
2016年12月30日	教育部、人力资源社会保障部、工商总局	《营利性民办学校监督管理实施细则》	《监督管理实施细则》
2016年12月29日	国务院	《国务院关于鼓励社会力量兴办教育促进民办教育健康发展的若干意见》	《鼓励社会力量兴办教育若干意见》
2017年3月15日	第十二届全国人民代表大会第五次会议	《中华人民共和国民法总则》	《民法总则》
2017年8月31日	国家工商行政管理总局、教育部	《关于营利性民办学校名称登记管理有关工作的通知》	《名称登记管理通知》
2017年10月27日	国家工商行政管理总局	《中华人民共和国企业法人登记管理条例施行细则》	《企业法人登记管理条例施行细则》
2018年8月10日	司法部	《中华人民共和国民办教育促进法实施条例（修订草案）（送审稿）》	《民办教育促进法实施条例（修订草案）（送审稿）》
2018年8月22日	国务院办公厅	《国务院办公厅关于规范校外培训机构发展的意见》	《规范校外培训意见》
2017年9月30日	辽宁省人民政府	《辽宁省人民政府关于鼓励社会力量兴办教育促进民办教育健康发展的实施意见》	《辽宁民办教育实施意见》

续表

发布日期	发文单位	文件全称	简称
2017年10月17日	安徽省人民政府	《安徽省人民政府关于鼓励社会力量兴办教育促进民办教育健康发展的实施意见》	《安徽民办教育实施意见》
2017年11月8日	甘肃省人民政府	《甘肃省人民政府关于进一步促进民办教育健康发展的实施意见》	《甘肃民办教育实施意见》
2017年11月20日	天津市人民政府	《天津市人民政府关于鼓励社会力量兴办教育促进民办教育健康发展的实施意见》	《天津民办教育实施意见》
2017年12月18日	云南省人民政府	《云南省人民政府关于鼓励社会力量兴办教育促进民办教育健康发展的实施意见》	《云南民办教育实施意见》
2017年12月20日	湖北省人民政府	《省人民政府关于鼓励社会力量兴办教育促进民办教育健康发展的实施意见》	《湖北民办教育实施意见》
2017年12月26日	浙江省人民政府	《浙江省人民政府关于鼓励社会力量兴办教育促进民办教育健康发展的实施意见》	《浙江民办教育实施意见》
2017年12月27日	上海市人民政府	《上海市人民政府关于促进民办教育健康发展的实施意见》	《上海民办教育实施意见》
2018年1月2日	内蒙古自治区人民政府	《内蒙古自治区人民政府关于鼓励社会力量兴办教育促进民办教育健康发展的实施意见》	《内蒙古民办教育实施意见》

续表

发布日期	发文单位	文件全称	简称
2018年1月3日	河北省人民政府	《河北省人民政府关于鼓励社会力量兴办教育促进民办教育健康发展的实施意见》	《河北民办教育实施意见》
2018年1月14日	陕西省人民政府	《陕西省人民政府关于鼓励社会力量兴办教育促进民办教育健康发展的实施意见》	《陕西民办教育实施意见》
2018年2月2日	河南省人民政府	《河南省人民政府关于鼓励社会力量兴办教育进一步促进民办教育健康发展的实施意见》	《河南民办教育实施意见》
2018年2月9日	海南省人民政府	《海南省人民政府关于鼓励社会力量兴办教育促进民办教育健康发展的实施意见》	《海南民办教育实施意见》
2018年2月22日	江苏省人民政府	《省政府关于鼓励社会力量兴办教育促进民办教育健康发展的实施意见》	《江苏民办教育实施意见》
2018年2月27日	青海省人民政府	《青海省人民政府关于鼓励社会力量兴办教育促进民办教育健康发展的实施意见》	《青海民办教育实施意见》
2018年4月24日	广东省人民政府	《广东省人民政府关于鼓励社会力量兴办教育促进民办教育健康发展的实施意见》	《广东民办教育实施意见》
2018年5月21日	宁夏回族自治区人民政府	《自治区人民政府关于鼓励社会力量兴办教育促进民办教育健康发展的实施意见》	《宁夏民办教育实施意见》

续表

发布日期	发文单位	文件全称	简称
2018年5月30日	山东省人民政府	《山东省人民政府关于鼓励社会力量兴办教育促进民办教育健康发展的实施意见》	《山东民办教育实施意见》
2018年6月1日	重庆市人民政府	《重庆市人民政府关于进一步促进民办教育健康发展的实施意见》	《重庆民办教育实施意见》
2018年6月29日	江西省人民政府	《江西省人民政府关于鼓励社会力量兴办教育促进民办教育健康发展的实施意见》	《江西民办教育实施意见》
2018年7月2日	广西壮族自治区人民政府	《广西壮族自治区人民政府关于鼓励社会力量兴办教育促进民办教育健康发展的实施意见》	《广西民办教育实施意见》
2018年7月16日	贵州省人民政府	《省人民政府关于支持和规范社会力量兴办教育促进民办教育健康发展的实施意见》	《贵州民办教育实施意见》
2018年8月17日	吉林省委省政府	《省委省政府关于鼓励社会力量兴办教育促进民办教育健康发展的实施意见》	《吉林民办教育实施意见》
2018年9月17日	四川省人民政府	《四川省人民政府关于鼓励社会力量兴办教育促进民办教育健康发展的实施意见》	《四川民办教育实施意见》

参考文献

[1] 陈宏辉：《企业利益相关者的利益要求：理论与实证研究》，经济管理出版社2004年版。

[2] 陈庆云：《公共政策分析》，中国经济出版社1996年版。

[3] 董圣足：《寻找职业校长——民办高校校长职业化问题研究》，科学出版社2014年版。

[4] 方芳、钟秉林：《我国民办高等教育财政支持制度研究》，北京师范大学出版社2016年版。

[5] 高晓杰：《美国营利性私立高等教育与资本市场》，广东高等教育出版社2008年版。

[6] 胡赤弟：《教育产权与现代大学制度构建》，广东高等教育出版社2008年版。

[7] 胡君辰等：《绩效管理》，四川人民出版社2008年版。

[8] 教育部发展规划司、上海市教育科学研究院：《2002年中国民办教育绿皮书》，上海教育出版社2003年版。

[9] [美] 欧文斯等著，窦卫霖、温建平、王越译：《教育组织行为学》，华东师范大学出版社2010年版。

[10] 戚德忠、卢志文、董圣足：《温州民办教育发展报告（2010－2015）》，科学出版社2017年版。

[11] 税兵：《非营利法人解释：民事主体理论的视角》，法律出版社2010年版。

[12] 王佐书：《中国民办教育发展报告（2013－2014）》，科学出版社2014年版。

[13] 徐绪卿：《我国民办高校治理及机制创新研究》，中国社会科学出版社2017年版。

[14] 杨军：《民办高校治理结构研究》，经济科学出版社2017年版。

[15] 应松年：《当代中国行政法（第三卷）》，人民出版社2018年版。

[16] 周海涛等：《民办学校分类管理政策研究》，经济科学出版社2016

[17] 李孝轩:《释放新民促法红利促进民办教育可持续发展》,载于《人民政协报》2018年7月18日。

[18]《营利性学校同样是公益性事业》,载于《人民政协报》2016年3月23日。

[19] 曹秀峰:《营利性民办学校公司制登记管理法律冲突与适用——以〈民法总则〉一般规定为指引》,载于《中国市场监管研究》2018年第3期。

[20] 查明辉:《民办高校"三驾马车"领导管理体制研究》,载于《现代教育管理》2012年第4期。

[21] 柴葳:《民办教育辟出分类管理新路径》,载于《中国教育报》2018年1月2日。

[22] 陈春梅、阙明坤:《美国营利性高校"三合一"监管的路径、问题及启示》,载于《中国高教研究》2018年第9期。

[23] 陈建超:《分类管理背景下福建民办教育发展研究》,载于《教育评论》2016年第12期。

[24] 程样国、魏芳、黄语素:《民办高校党建工作存在的问题与制度改革》,载于《学校党建与思想教育》2018年第17期。

[25] 邓春勤、钱序、王克利、何建平:《定性研究中的抽样技术》,载于《中国社会医学》1995年第4期。

[26] 邓国胜:《〈民办非企业单位登记管理暂行条例〉修订草案征求意见稿的七大突破》,载于《中国社会组织》2016年第13期。

[27] 董圣足、李蔚:《民办高校督导制度的建立与完善》,载于《教育发展研究》2008年第2期。

[28] 董圣足、刘荣飞:《营利性民办学校治理体系的构建与完善》,载于《教育与经济》2018年第6期。

[29] 董圣足:《教育领域探索"混合所有制":内涵、样态及策略》,载于《教育发展研究》2016年第3期。

[30] 董圣足:《民办学校"关联交易"的规制与自治》,载于《复旦教育论坛》2018年第4期。

[31] 董圣足:《我国民办教育治理制度:变革与创新》,载于《华东师范大学学报》(教育科学版)2017年第6期。

[32] 方建锋:《推进民办学校分类管理中面临的瓶颈问题分析》,载于《复旦教育论坛》2018年第2期。

[33] 方建锋:《民办学校收费改革的发展方向与政策建议》,载于《浙江树

人大学报》2017年第6期。

[34] 高宏赋:《非营利性民办高校的政府财政支持研究》,载于《江苏高教》2017年第11期。

[35] 何华兵:《民办教育改革的经验与启示——基于五所民办高校的调研》,载于《广东职业技术教育与研究》2018年第4期。

[36] 胡赤弟:《高等教育中的利益相关者分析》,载于《教育研究》2005年第3期。

[37] 华灵燕:《基于利益相关者的民办高校筹资研究》,载于《国家教育行政学院学报》2008年第7期。

[38] 黄藤:《从办学实践谈民办高校分类管理》,载于《教育经济评论》2016年第2期。

[39] 景安磊、周海涛:《民办学校教师队伍建设改革的法规保障》,载于《教育与经济》2018年第3期。

[40] 鞠光宇:《非营利性私立高校与营利性高校的比较研究——以美国为例》,载于《高教探索》2016年第4期。

[41] 劳凯声:《民办学校分类管理的问题及其解决途径》,载于《教育学报》2016年第5期。

[42] 李福华:《利益相关者理论与大学管理体制创新》,载于《教育研究》2007年第7期。

[43] 李虹:《加强新时代高校思想政治理论课教师队伍建设的思考》,载于《思想理论教育导刊》2018年第5期。

[44] 李曼:《我国民办教育收费管理政策研究——基于18个省市的政策文本分析》,载于《国家教育行政学院学报》2017年第10期。

[45] 李虔、卢威:《民办学校分类管理十大未决问题探析》,载于《中国教育学刊》2018年第8期。

[46] 李虔、卢威:《民办学校集团化办学的规范发展——兼议〈中华人民共和国民办教育促进法实施条例(修订草案)(送审稿)〉相关条款》,载于《国家教育行政学院学报》2018年第9期。

[47] 李虔:《民办高校分类管理政策的可接受性研究》,载于《现代教育管理》2018年第9期。

[48] 李维民:《民办高校选派制度与督导制度研究》,载于《民办教育研究》2007年第3期。

[49] 李玉华、黄詹媛、孔颖:《党政双向进入切实加强民办高校党组织建设》,载于《中国高等教育》2012年第Z2期。

[50] 林安琪、李祥：《民办教育分类管理研究述评及问题前瞻》，载于《教育导刊》2017年第6期。

[51] 潘奇：《新政下民办高校收费管理制度改革走向》，载于《浙江树人大学学报》2018年第1期。

[52] 潘玉娇：《"分类管理"入法更要落地——访南京市教育局局长孙百军》，载于《中国教育报》2017年9月18日。

[53] 骈茂林：《义务教育阶段非营利性民办学校的监管政策走向》，载于《中国教育学刊》2018年第8期。

[54] 任奉龙：《分类管理背景下民办高校发展的现实困境与对策研究——以辽宁省为例》，载于《中国高等教育评估》2018年第2期。

[55] 佘宇：《民办教育：成就、问题与挑战》，载于《中国经济时报》2015年7月17日。

[56] 深圳教育通：《集团化办学，做得最好的也许在这里》，搜狐网，2017年4月5日。

[57] 沈剑光、钟海：《民办学校法人财产权与民办教育分类管理》，载于《教育研究》2011年第12期。

[58] 史少杰、周海涛：《非营利性民办高校内部治理权力制衡分析》，载于《现代教育管理》2018年第1期。

[59] 唐景莉、韩晓萌：《如何做好民办高校党建工作？——访全国人大代表、江苏省委教育工委书记葛道凯，全国政协委员、中国民办教育协会副会长刘林》，载于《中国高等教育》2018年第6期。

[60] 唐诗蕊、魏志春：《供给侧改革背景下民办教育分类管理政策困境与路径》，载于《现代教育管理》2018年第4期。

[61] 王纾然、何鹏程：《分类管理背景下民办教育财政扶持政策的转向》，载于《教育发展研究》2018年第7期。

[62] 王维坤、温涛：《民办高校师资队伍建设的问题与出路——以辽宁省民办高校为例》，载于《中国高教研究》2014年第1期。

[63] 王一涛、金成：《民办高职院校的分类登记与可持续发展》，载于《教育与职业》2018年第5期。

[64] 王一涛：《民办教育分类管理需要解决好五大关系》，载于《华中师范大学学报》（人文社会科学版）2018年第4期。

[65] 王勇：《在民办公益和事业单位间填鸿沟，应向前进还是往后退——专家把脉浙江民办公益机构事业单位法人登记试点》，载于《中国社会组织》2016年第7期。

[66] 邬大光：《中国民办高等教育发展状况分析（上）——兼论民办高等教育政策》，载于《教育发展研究》2001年第7期。

[67] 吴华、胡威：《公共财政为什么要资助民办教育？》，载于《北京大学教育评论》2012年第10期。

[68] 吴华、章露红：《〈民办教育促进法〉修法决定中"补偿奖励条款"研究》，载于《复旦教育论坛》2017年第5期。

[69] 吴华、章露红：《对民办学校分类管理"国家方案"的政策风险分析》，载于《中国高教研究》2015年第11期。

[70] 吴华：《我国民办教育改革与发展的区域特征分析》，载于《教育发展研究》2009年第8期。

[71] 吴玫：《美国营利性私立高等教育的新危机》，载于《高等教育研究》2018年第4期。

[72] 吴维维、蒋涛：《新时期民办高校党的工作机制存在的问题、成因及科学化路径》，载于《经济研究导刊》2018年第20期。

[73] 徐绪卿：《加强顶层设计坚定分类管理促进健康发展》，载于《国家教育行政学院学报》2018年第9期。

[74] 徐绪卿：《加强顶层设计坚定分类管理促进健康发展——对〈中华人民共和国民办教育促进法实施条例（修订草案）（送审稿）〉讨论的几点思考》，载于《国家教育行政学院学报》2018年第9期。

[75] 薛冰山、陈斌：《抓好党建保障民办学校健康发展》，载于《共产党员（河北）》2017年第13期。

[76] 阎凤桥：《民办教育政策推进为何缓慢？——基于组织行为决策视角的考察》，载于《华东师范大学学报》（教育科学版）2017年第6期。

[77] 杨东平：《别让补习"绑架"学校教育》，载于《教育家》2017年第47期。

[78] 杨东平：《新一轮"教育产业化"的特征与治理》，载于《清华大学教育研究》2018年第1期。

[79] 杨炜长：《完善民办高校法人治理结构的现实思考》，载于《高等教育研究》2005年第8期。

[80] 叶姗姗、何杰：《教育政策县域执行的传统路径分析与路径创新》，载于《当代教育科学》2017年第11期。

[81] 余中根：《非营利性民办学校登记为事业单位之法律冲突及其解决路径——以〈民办学校分类登记实施细则〉第7条为视角》，载于《江苏第二师范学院学报》2018年第1期。

[82] 郁建兴、任泽涛：《当代中国社会建设中的协同治理》，载于《学术月刊》2012年第8期。

[83] 张建新、董云川：《论高等教育的内部质量保障与外部质量保障》，载于《昆明理工大学学报》（社会科学版）2011年第2期。

[84] 张利国、林红：《民办学校法人财产权法律性质之我见》，载于《黑龙江高教研究》2012年第8期。

[85] 张利国、石猛：《新政背景下民办学校退出机制的反思与重构》，载于《中国教育学刊》2018年第8期。

[86] 张利国：《论民办高校的产权流动》，载于《高校教育管理》2014年第2期。

[87] 张茂聪：《教育公共性的理论分析》，载于《教育研究》2010年第6期。

[88] 章清、宋斌：《民办高校党建工作的历史回顾与创新发展》，载于《思想理论教育》2008年第23期。

[89] 赵姗：《中国民办教育跨入"分类管理时代"》，载于《中国经济时报》2017年2月8日。

[90] 郑雁鸣：《重庆市民办教育地方法规的需求情况调研报告》，载于《重庆工商大学学报》（社会科学版）2018年第2期。

[91] 中共中央组织部：《中共中央组织部发布2017年中国共产党党内统计公报》，载于《党建研究》2018年第7期。

[92] 钟秉林：《我国民办高等教育发展若干重要问题探析》，载于《中国高教研究》2011年第7期。

[93] 周海涛、景安磊、刘永林：《助力支持和规范民办教育发展》，载于《教育研究》2017年第12期。

[94] 周海涛、刘永林：《民办学校教师人事代理与流动制度初探》，载于《教师教育研究》2017年第4期。

[95] 周海涛、闫丽雯：《我国民办教育发展的动向与思考》，载于《教育发展研究》2016年第17期。

[96] 周海涛：《大力支持和规范民办教育促进民办教育健康发展》，载于《中国高等教育》2018年第5期。

[97] 周海涛：《有序推进民办学校分类管理改革》，载于《教育经济评论》2016年第2期。

[98] 朱爱国：《基于分类管理的民办教育差异化扶持政策探究》，载于《新课程研究（上旬刊）》2017年第2期。

[99] 江苏省教育厅：《民办教育改革的"无锡探索"更具特色与活力、更

具现代化和国际化水平》，2018 年。

[100] 国家统计局：《2017 年全国固定资产投资（不含农户）增长 7.2%》，2018 年。

[101] 江苏省教育厅：《2018 年江苏高校青蓝工程评审工作在宁召开》，2018 年 5 月 9 日。

[102] 中国产业信息：《2018 年中国民办教育行业发展现状及发展趋势分析》，2018 年 5 月 10 日。

[103] 丽水市人民政府：《4 739 万元省专项资金支持我市民办教育发展》，2018 年 1 月 18 日。

[104] 安徽省人民政府：《安徽省人民政府关于鼓励社会力量兴办教育促进民办教育健康发展的实施意见》，2017 年。

[105]《关于加强民办学校党的建设工作的意见（试行）的通知》，北大法律信息网，2016 年。

[106]《2016 全国高中在校生 39 万人，入学率 87.5%》，北京高考资讯，2017 年。

[107]《财政部 国家税务总局关于教育税收政策的通知》，财政部网，2004 年。

[108]《关于建立成都市民办教育工作联席会议制度有关事宜的请示》，成都市人民政府网，2017 年。

[109] 迟永慧：《我国高等学校投融资改革研究》，对外经济贸易大学博士学位论文，2016 年。

[110] 东莞市人民政府：《东莞民办学校教师从教满 8 年至少可领 500 元/人·月津贴》，2018 年 1 月 10 日。

[111]《福建省民办高校督导专员委派及管理办法》，福建省教育厅网，2008 年。

[112] 付玲：《分类管理背景下我国营利性大学发展的机遇与挑战研究》，四川师范大学硕士学位论文，2018 年。

[113]《关于促进民办教育规范特色发展的意见》，广东省教育厅网，2013 年。

[114]《广东省人民政府关于鼓励社会力量兴办教育促进民办教育健康发展的实施意见》，广东省人民政府网，2018 年。

[115]《广西壮族自治区民办学校分类登记实施办法》，广西壮族自治区教育厅网，2018 年。

[116]《广西壮族自治区人民政府关于鼓励社会力量兴办教育促进民办教育健康发展的实施意见》，广西壮族自治区人民政府网，2018 年。

[117]《关于印发2018年度人口计划的通知》,广州市人民政府网,2018年。

[118]《省人民政府关于支持和规范社会力量兴办教育促进民办教育健康发展的实施意见》,贵州省人民政府网,2018年。

[119] 郭丽、茹宁:《大学治理理论及我国大学的治理对策探析》,载于《南昌航空大学学报》(社会科学版)2007年第10期。

[120]《外商投资准入特别管理措施(负面清单)》,国家发展和改革委员会门户网,2018年。

[121] 国家工商行政管理总局:《中华人民共和国企业法人登记管理条例施行细则》,2017年。

[122] 国家税务总局:《中华人民共和国印花税法(征求意见稿)》,2018年。

[123]《海南省民办学校分类登记暂行办法》,海南省人民政府网,2017年。

[124]《海南省人民政府关于鼓励社会力量兴办教育促进民办教育健康发展的实施意见》,海南省人民政府网,2018年。

[125] 何周、唐威、谢宝朝:《利益的追逐与价值的维护——民办教育机构IPO案例全景解析》,法律出版社2017年版。

[126]《河北省人民政府关于鼓励社会力量兴办教育促进民办教育健康发展的实施意见》,河北省人民政府网,2018年。

[127]《河南省人民政府关于鼓励社会力量兴办教育进一步促进民办教育健康发展的实施意见》,河南省人民政府网,2018年。

[128]《黑龙江省人民政府关于促进民办教育发展的若干意见》,黑龙江省人民政府网,2005年。

[129] 洪专成:《深圳市南山区民办基础教育管理问题及对策研究》,深圳大学硕士学位论文,2017年。

[130]《省人民政府关于鼓励社会力量兴办教育促进民办教育健康发展的实施意见》,湖北省人民政府网,2017年。

[131] 互联网教育中心:《民办教育与公办教育差别在哪里?——〈中国民办本科教育质量报告〉解读》,人民网,2017年10月24日。

[132]《江苏省民办非学历教育机构设置和管理办法(修订)》,江苏省教育厅网,2017年。

[133]《关于推进民办教育收费改革的指导意见》,江苏省人民政府,2018年。

[134]《江苏省民办学校分类登记实施细则》,江苏省人民政府网,2018年。

[135]《省政府关于鼓励社会力量兴办教育促进民办教育健康发展的实施意见》,江苏省人民政府网,2018年。

[136]《中共江苏省委教育工委关于进一步加强民办高校党的建设工作的意

见》,江苏省人民政府网,2012年。

[137]《关于进一步促进民办教育发展的决定》,江西省人民政府网,2000年。

[138]《江西省人民政府关于鼓励社会力量兴办教育促进民办教育健康发展的实施意见》,江西省人民政府网,2018年。

[139]《江西省人民政府关于鼓励支持社会力量办学的若干规定》,江西省人民政府网,2000年。

[140]《民办高校规范管理》,江西省人民政府网,2007年。

[141]《中共江西省委、江西省人民政府关于进一步加强和改进民办普通高等学校工作的若干意见》,江西省人民政府网,2007年。

[142]教育部:《2017年全国教育事业发展统计公报》,2018年。

[143]《财政部 国家税务总局关于教育税收政策的通知》,教育部门户网,2006年。

[144]《非营利性民办高校财务监督管理办法》,教育部门户网,2017年。

[145]《高等学校章程制定暂行办法》,教育部门户网,2011年。

[146]《关于加强依法治校工作的若干意见》,教育部门户网,2002年。

[147]《关于民办教育分类管理改革地方配套文件制定工作进展情况的通报》,教育部门户网,2018年。

[148]《关于社会力量办学的若干暂行规定》,教育部门户网,1987年。

[149]《关于引导部分地方普通本科高校向应用型转变的指导意见》,教育部门户网,2015年。

[150]《关于营利性民办学校登记管理有关工作的通知》,教育部门户网,2017年。

[151]《教育部办公厅等四部门关于切实减轻中小学生课外负担开展校外培训机构专项治理行动的通知》,教育部门户网,2018年。

[152]《教育部办公厅关于开展新时代高校党建示范创建和质量创优工作的通知》,教育部门户网,2018年。

[153]《教育法律一揽子修订建议(草案)(送审稿)》,教育部门户网,2012年。

[154]《民办高等学校办学管理若干规定》,教育部门户网,2007年。

[155]《民办高等学校设置暂行规定》,教育部门户网,1993年。

[156]《全国人民代表大会常务委员会关于修改〈中华人民共和国民办教育促进法〉的决定》,教育部门户网,2016年。

[157]《义务教育学校管理标准》,教育部门户网,2017年。

[158]《中共辽宁省委关于全面深化新时代教师队伍建设改革的实施意见》,

教育部门户网，2018年。

[159]《中华人民共和国教师法》，教育部门户网，2009年。

[160]《中央有关部门贯彻实施〈国务院关于鼓励社会力量兴办教育促进民办教育健康发展的若干意见〉任务分工方案》，教育部门户网，2017年。

[161]《关于加快民办教育健康发展的实施办法》，兰州市人民政府网，2018年。

[162]《丽水市人民政府关于进一步促进民办教育健康发展的实施意见（征求意见稿）》，丽水市人民政府网，2018年。

[163]《辽宁省人民政府关于鼓励社会力量兴办教育促进民办教育健康发展的实施意见》，辽宁省教育厅，2017年。

[164] 广州教育：《民办学校教师入户工作方案出炉，这些教师可以申请》，2018年6月22日。

[165]《民办中学好教师"留不住"？这所学校走出突围之道》，载于《三湘都市报》2018年1月2日。

[166]《民办非企业单位登记管理暂行条例（修订草案征求意见稿）》，民政部网，2016年。

[167]《民办非企业单位登记管理暂行条例》，民政部网，1993年。

[168]《社会服务机构登记管理条例（修订草案征求意见稿）》，民政部网，2016年。

[169]《社会服务机构登记管理条例（征求意见稿）》，民政部网，2016年。

[170] 江苏省教育厅：《南通：培训机构专职教师不少于总数的1/3》，2018年7月4日。

[171]《内蒙古自治区人民政府关于鼓励社会力量兴办教育促进民办教育健康发展的实施意见》，内蒙古自治区人民政府网，2018年。

[172] 宁波市教育局：《宁波市非营利性全日制民办学校开展事业单位登记管理暂行办法》，2016年。

[173]《宁夏回族自治区民办学校分类登记实施办法》，宁夏回族自治区人民政府网，2018年。

[174]《自治区人民政府关于鼓励社会力量兴办教育促进民办教育健康发展的实施意见》，宁夏回族自治区人民政府网，2018年。

[175]《省委省政府关于鼓励社会力量兴办教育促进民办教育健康发展的实施意见》，人民网，2018年。

[176] 任奉龙：《海峡两岸民办高校内部治理模式比较研究》，沈阳师范大学硕士学位论文，2016年。

[177]《山东省人民政府关于鼓励社会力量兴办教育促进民办教育健康发展的实施意见》,山东省人民政府网,2018年。

[178] 陕西省教育厅:《关于开展落实新民促法及配套政策专题调研的通知》,2017年。

[179]《关于向高校选派党委负责人(委派督导专员)实施办法》,陕西省教育厅网,2007年。

[180]《陕西省民办高等教育专项资金管理暂行办法》,陕西省教育厅网,2014年。

[181]《陕西省营利性民办学校监督管理实施办法》,陕西省教育厅网,2018年。

[182]《陕西省民办学校分类登记实施办法》,陕西省人民政府网,2018年。

[183]《陕西省人民政府关于鼓励社会力量兴办教育促进民办教育健康发展的实施意见》,陕西省人民政府网,2018年。

[184]《陕西省政府关于进一步支持和规范民办高等教育发展的意见》,陕西省人民政府网,2012年。

[185]《上海市推进民办学校落实法财产权的实施办法》,上海市教育委员会网,2010年。

[186]《上海市民办学校分类许可登记管理办法》,上海市人民政府网,2017年。

[187]《上海市人民政府关于促进民办教育健康发展的实施意见》,上海市人民政府网,2017年。

[188]《深圳市民办中小学教师长期从教津贴实施办法(试行)》,深圳市财政委员会网,2012年。

[189]《四川省民办学校分类登记实施办法》,四川教育网,2018年。

[190]《四川省关于加快发展我省民办教育的若干意见》,四川省人民政府网,2000年。

[191]《四川省民办教育机构分类设置标准(试行)》,四川省人民政府网,2002年。

[192]《四川省社会力量办学管理办法实施细则》,四川省人民政府网,1995年。

[193]《四川省人民政府办公厅关于鼓励社会力量兴办教育促进民办教育健康发展的实施意见》,四川省人民政府网,2018年。

[194]《天津市民办学校分类登记实施办法(试行)》,天津市教育委员会网,2017年。

[195]《天津市人民政府关于鼓励社会力量兴办教育促进民办教育健康发展的实施意见》,天津政务网,2017年。

[196] 王彦慧:《民办高校基层党组织建设研究》,武汉纺织大学硕士学位论文,2014年。

[197]《温州市人民政府关于进一步深化综合改革促进民办教育健康发展的实施意见》,温州市人民政府网,2018年。

[198]《我市开展民办学校教师工资、事业养老保险业务培训》,瑞安教育信息网,2018年9月14日。

[199]《我校荣获国家教学成果奖二等奖与河南省发展研究奖一等奖》,河北大学新闻网,2019年1月3日。

[200]《我校为参加机关事业养老保险教职工同步建立职业年金制度》,福州外语外贸学院官网,2018年5月11日。

[201]《中共中央国务院关于学前教育深化改革规范发展的若干意见》,新华网,2018年。

[202]《分类管理背景下民办国际学校面临三大挑战》,中国民办高等教育发展研究网,2018年9月14日。

[203]《云南省人民政府关于鼓励社会力量兴办教育促进民办教育健康发展的实施意见》,云南省人民政府网,2017年。

[204] 赵旭明:《民办高校治理研究》,中共中央党校博士学位论文,2006年。

[205]《关于落实民办学校办学自主权实施办法》,浙江省教育厅网,2015年。

[206]《现有民办学校变更登记类型实施办法》,浙江省教育厅网,2018年。

[207]《浙江省教育厅关于印发浙江省公共财政扶持民办教育发展实施办法 浙江省民办学校财务管理办法的通知》,浙江省教育厅网,2018年。

[208]《浙江省民办学校财务清算办法》,浙江省教育厅网,2018年。

[209]《浙江省民办学校教师队伍建设实施办法》,浙江省教育厅网,2018年。

[210]《家长对学校满意度不容乐观 民办校评价高于公办校》,搜狐网,2017年4月20日。

[211]《关于加强和改进新形势下高校思想政治工作的意见》,中国共产党新闻网,2016年。

[212]《中共教育部党组关于加强新形势下高校教师党支部建设的意见》,中国共产党新闻网,2017年。

[213]《中共中央关于教育体制改革的决定》,中国共产党新闻网,1985年。

[214]《2017教育统计公报发布 全国共有民办学校17.76万所》,中国教育在线,2018年7月20日。

[215]《关于修改〈中华人民共和国高等教育法〉的决定》,中国人大网,2015年。

[216]《教育法律一揽子修正案(草案)》,中国人大网,2015年。

[217]《中华人民共和国公司法》,中国人大网,2013年。

[218]《中华人民共和国教育法的决定》,中国人大网,2015年。

[219]《中华人民共和国民法通则》,中国人大网,1986年。

[220]《中华人民共和国民法总则》,中国人大网,2017年。

[221]《中华人民共和国企业所得税法》,中国人大网,2007年。

[222]《中华人民共和国宪法》,中国人大网,1982年。

[223]《中华人民共和国宪法》,中国人大网,2018年。

[224]《中华人民共和国义务教育法》,中国人大网,2015年。

[225]《司法部关于〈中华人民共和国民办教育促进法实施条例(修订草案)(送审稿)〉公开征求意见的通知》,中国政府法制信息网,2018年。

[226]《对省级人民政府履行教育职责的评价办法》,中国政府网,2017年。

[227]《关于鼓励社会力量兴办教育促进民办教育健康发展的若干意见》,中国政府网,2017年。

[228]《关于同意建立民办教育工作部际联席会议制度的函》,中国政府网,2017年。

[229]《关于同意建立民办教育工作部际联席会议制度的函工作要求》,中国政府网,2017年。

[230]《国务院办公厅关于规范校外培训机构发展的意见》,中国政府网,2018年。

[231]《国务院关于创新重点领域投融资机制鼓励社会投资的指导意见》,中国政府网,2014年。

[232]《民办教育工作部际联席会议2018年工作要点》,中国政府网,2018年。

[233]《民办学校分类登记实施细则》,中国政府网,2017年。

[234]《事业单位登记管理暂行条例》,中国政府网,2004年。

[235]《营利性民办学校监督管理实施细则》,中国政府网,2017年。

[236]《中华人民共和国慈善法》,中国政府网,2016年。

[237]《中华人民共和国房产税暂行条例》,中国政府网,1986年。

[238]《中华人民共和国房产税暂行条例》,中国政府网,2005年。

[239]《中华人民共和国公司登记管理条例》,中国政府网,2016年。

[240]《中华人民共和国民办教育促进法实施条例》,中国政府网,2004年。

[241]《中华人民共和国增值税暂行条例》,中国政府网,2008年。

［242］《国务院办公厅关于开展国家教育体制改革试点的通知》，中央政府门户网，2010年。

［243］《重庆市民办非学历办学机构的暂行管理办法》，重庆市人民政府网，2014年。

［244］《重庆市民办学校分类登记实施细则》，重庆市人民政府网，2018年。

［245］《重庆市人民政府关于进一步促进民办教育健康发展的实施意见》，重庆市人民政府网，2018年。

［246］《重庆市人民政府关于促进民办教育发展的意见》，重庆市政府网，2018年。

［247］《重庆市人民政府关于进一步促进民办教育健康发展的实施意见》，重庆市政府网，2018年。

［248］Charles. O. Jones, "An Introduction to the Study of Public Policy" Duxbury Press, 1977, P. 139.

［249］Hatch, M. J., Zilber, T., Conversation at the Border between Organization Culture Theory and Institutional Theory. *Journal of Management Inquiry*, 2012, P. 95.

［250］Meyer, J. W., Rowan, B., "Institutionalized Organizations: formal Structure as myth and Ceremony", *American Journal of Sociology*, 1977, pp. 340 – 363.

［251］Meyer, J. W., Scott, W. R. Organizational Environments. Beverly Hills: SAGE, 1983, P. 52.

［252］Peter Mc Caffery, "The Higher Education Manager's Handbook: Effective Leadership and Management in Universities and Colleges (second edition)", New York and London: Routledge and Taylor & Francis Group, 2010, P. 38.

［253］Richard F. Elmore, "Backward Mapping: Implementation Research and Policy Decisions", *Political Science Quarterly*, 1979 – 1980, pp. 608 – 612.

［254］Scott, W. R. Organizations: Rational, Natural, and Open Systems. Englewood Cliffs, N. J.: Prentice Hall., 1981, P. 72.

［255］Terri Kim, "Changing University Governance and Management in the U. K. and Elsewhere under Market Conditions: Issues of Quality Assurance and Accountability", *International Economics*, 2008, pp. 35 – 42.

［256］Vroom V., "Expectancy Theory of Motivation", Management study guide. http://www.managementstudyguide.com/expectancy, 2018 – 11 – 03.

后 记

本书系2016年度教育部哲学社会科学重大课题攻关项目"民办教育分类管理政策实施跟踪与评估研究"（16JZD048）的主要成果，也是目前我国唯一系统跟踪研究民办学校分类管理政策的著作。

从立项到结题历时3年多，基于本书核心观点，向国务院研究室、教育部等提交并获采信的政策咨询报告14份，其中《民间投资进入教育领域堵在哪》获国务院副总理批示，《民办教育"新政"落地需打通最后一公里》（上、下）2份咨询报告获国务委员批示，《规范营利性民办教育机构"上市"的建议》获教育部副部长批示，《关于完善民办教育分类管理税收政策的提案》获民进中央2016年度参政议政优秀成果奖，《关于加强中央财政支持地方普通本科高校转型发展的提案》被采纳为全国政协十三届一次会议党派提案，获民进中央2018年参政议政成果二等奖。《民办学校清产核资势在必行》《同步建立非营利性民办学校监管机制》《降成本需政府和民办学校各尽其力》《统筹破解民办高校用地用房的政策性瓶颈》《我国民办教育改革开放40年发展历程和阶段》《民办教育主要成就和独特贡献》《民办教育总体特征和突出问题》《民办教育基本经验和未来发展建议》8份政策咨询报告，获教育部采信。为落实民办教育分类管理政策配套政策文件的起草和完善提供了直接参考。

基于本书基本观点，直接针对分类管理政策实施后民办教育改革发展中的关键问题，提出"以持续优化制度环境推进民办教育改革发展""落实民办学校自主权""优化教师发展及队伍建设制度""完善学生学习及发展质量保障机制"等系列观点和建议，先后发表学术论文29篇，其中CSSCI文章21篇，《论激发教育服务的消费潜力》等近20篇被国研网全文转载，出版著作6部。这些观点和建议也被同行认同肯定，被部委领导在讲话中采用，为民办教育发展战略选择和分类管理改革提供理论支撑。

本书凝聚了研究团队成员的集体智慧和心血。反复讨论确定框架和提纲后，初稿由我和景安磊、刘永林、闫丽雯、胡万山、李虔、马艳丽、廖苑伶、郑淑超、施文妹、吕宜之、杨高伟、张利国等撰写。全书由我修改、统稿，胡万山、徐珊、吴丽朦、王倩、梁晶晶、李彤等全力参与了部分修改、统稿工作，最后由我定稿。

本书在撰写和出版过程中得到了教育部和许多省份教育部门与民办学校的大力支持，书中也学习借鉴了同行专家的智识慧见，谨向有关单位、专家同行诚挚致谢。

由于能力、见识所限，本书肯定存在一些欠妥之处，恳请读者不吝赐教。

周海涛
2019 年 7 月

教育部哲学社会科学研究重大课题攻关项目成果出版列表

序号	书　名	首席专家
1	《马克思主义基础理论若干重大问题研究》	陈先达
2	《马克思主义理论学科体系建构与建设研究》	张雷声
3	《马克思主义整体性研究》	逄锦聚
4	《改革开放以来马克思主义在中国的发展》	顾钰民
5	《新时期　新探索　新征程 ——当代资本主义国家共产党的理论与实践研究》	聂运麟
6	《坚持马克思主义在意识形态领域指导地位研究》	陈先达
7	《当代资本主义新变化的批判性解读》	唐正东
8	《当代中国人精神生活研究》	童世骏
9	《弘扬与培育民族精神研究》	杨叔子
10	《当代科学哲学的发展趋势》	郭贵春
11	《服务型政府建设规律研究》	朱光磊
12	《地方政府改革与深化行政管理体制改革研究》	沈荣华
13	《面向知识表示与推理的自然语言逻辑》	鞠实儿
14	《当代宗教冲突与对话研究》	张志刚
15	《马克思主义文艺理论中国化研究》	朱立元
16	《历史题材文学创作重大问题研究》	童庆炳
17	《现代中西高校公共艺术教育比较研究》	曾繁仁
18	《西方文论中国化与中国文论建设》	王一川
19	《中华民族音乐文化的国际传播与推广》	王耀华
20	《楚地出土戰國簡册［十四種］》	陈　伟
21	《近代中国的知识与制度转型》	桑　兵
22	《中国抗战在世界反法西斯战争中的历史地位》	胡德坤
23	《近代以来日本对华认识及其行动选择研究》	杨栋梁
24	《京津冀都市圈的崛起与中国经济发展》	周立群
25	《金融市场全球化下的中国监管体系研究》	曹凤岐
26	《中国市场经济发展研究》	刘　伟
27	《全球经济调整中的中国经济增长与宏观调控体系研究》	黄　达
28	《中国特大都市圈与世界制造业中心研究》	李廉水

序号	书名	首席专家
29	《中国产业竞争力研究》	赵彦云
30	《东北老工业基地资源型城市发展可持续产业问题研究》	宋冬林
31	《转型时期消费需求升级与产业发展研究》	臧旭恒
32	《中国金融国际化中的风险防范与金融安全研究》	刘锡良
33	《全球新型金融危机与中国的外汇储备战略》	陈雨露
34	《全球金融危机与新常态下的中国产业发展》	段文斌
35	《中国民营经济制度创新与发展》	李维安
36	《中国现代服务经济理论与发展战略研究》	陈 宪
37	《中国转型期的社会风险及公共危机管理研究》	丁烈云
38	《人文社会科学研究成果评价体系研究》	刘大椿
39	《中国工业化、城镇化进程中的农村土地问题研究》	曲福田
40	《中国农村社区建设研究》	项继权
41	《东北老工业基地改造与振兴研究》	程 伟
42	《全面建设小康社会进程中的我国就业发展战略研究》	曾湘泉
43	《自主创新战略与国际竞争力研究》	吴贵生
44	《转轨经济中的反行政性垄断与促进竞争政策研究》	于良春
45	《面向公共服务的电子政务管理体系研究》	孙宝文
46	《产权理论比较与中国产权制度变革》	黄少安
47	《中国企业集团成长与重组研究》	蓝海林
48	《我国资源、环境、人口与经济承载能力研究》	邱 东
49	《"病有所医"——目标、路径与战略选择》	高建民
50	《税收对国民收入分配调控作用研究》	郭庆旺
51	《多党合作与中国共产党执政能力建设研究》	周淑真
52	《规范收入分配秩序研究》	杨灿明
53	《中国社会转型中的政府治理模式研究》	娄成武
54	《中国加入区域经济一体化研究》	黄卫平
55	《金融体制改革和货币问题研究》	王广谦
56	《人民币均衡汇率问题研究》	姜波克
57	《我国土地制度与社会经济协调发展研究》	黄祖辉
58	《南水北调工程与中部地区经济社会可持续发展研究》	杨云彦
59	《产业集聚与区域经济协调发展研究》	王 珺

序号	书　名	首席专家
60	《我国货币政策体系与传导机制研究》	刘　伟
61	《我国民法典体系问题研究》	王利明
62	《中国司法制度的基础理论问题研究》	陈光中
63	《多元化纠纷解决机制与和谐社会的构建》	范　愉
64	《中国和平发展的重大前沿国际法律问题研究》	曾令良
65	《中国法制现代化的理论与实践》	徐显明
66	《农村土地问题立法研究》	陈小君
67	《知识产权制度变革与发展研究》	吴汉东
68	《中国能源安全若干法律与政策问题研究》	黄　进
69	《城乡统筹视角下我国城乡双向商贸流通体系研究》	任保平
70	《产权强度、土地流转与农民权益保护》	罗必良
71	《我国建设用地总量控制与差别化管理政策研究》	欧名豪
72	《矿产资源有偿使用制度与生态补偿机制》	李国平
73	《巨灾风险管理制度创新研究》	卓　志
74	《国有资产法律保护机制研究》	李曙光
75	《中国与全球油气资源重点区域合作研究》	王　震
76	《可持续发展的中国新型农村社会养老保险制度研究》	邓大松
77	《农民工权益保护理论与实践研究》	刘林平
78	《大学生就业创业教育研究》	杨晓慧
79	《新能源与可再生能源法律与政策研究》	李艳芳
80	《中国海外投资的风险防范与管控体系研究》	陈菲琼
81	《生活质量的指标构建与现状评价》	周长城
82	《中国公民人文素质研究》	石亚军
83	《城市化进程中的重大社会问题及其对策研究》	李　强
84	《中国农村与农民问题前沿研究》	徐　勇
85	《西部开发中的人口流动与族际交往研究》	马　戎
86	《现代农业发展战略研究》	周应恒
87	《综合交通运输体系研究——认知与建构》	荣朝和
88	《中国独生子女问题研究》	风笑天
89	《我国粮食安全保障体系研究》	胡小平
90	《我国食品安全风险防控研究》	王　硕

序号	书名	首席专家
91	《城市新移民问题及其对策研究》	周大鸣
92	《新农村建设与城镇化推进中农村教育布局调整研究》	史宁中
93	《农村公共产品供给与农村和谐社会建设》	王国华
94	《中国大城市户籍制度改革研究》	彭希哲
95	《国家惠农政策的成效评价与完善研究》	邓大才
96	《以民主促进和谐——和谐社会构建中的基层民主政治建设研究》	徐 勇
97	《城市文化与国家治理——当代中国城市建设理论内涵与发展模式建构》	皇甫晓涛
98	《中国边疆治理研究》	周 平
99	《边疆多民族地区构建社会主义和谐社会研究》	张先亮
100	《新疆民族文化、民族心理与社会长治久安》	高静文
101	《中国大众媒介的传播效果与公信力研究》	喻国明
102	《媒介素养：理念、认知、参与》	陆 晔
103	《创新型国家的知识信息服务体系研究》	胡昌平
104	《数字信息资源规划、管理与利用研究》	马费成
105	《新闻传媒发展与建构和谐社会关系研究》	罗以澄
106	《数字传播技术与媒体产业发展研究》	黄升民
107	《互联网等新媒体对社会舆论影响与利用研究》	谢新洲
108	《网络舆论监测与安全研究》	黄永林
109	《中国文化产业发展战略论》	胡惠林
110	《20世纪中国古代文化经典在域外的传播与影响研究》	张西平
111	《国际传播的理论、现状和发展趋势研究》	吴 飞
112	《教育投入、资源配置与人力资本收益》	闵维方
113	《创新人才与教育创新研究》	林崇德
114	《中国农村教育发展指标体系研究》	袁桂林
115	《高校思想政治理论课程建设研究》	顾海良
116	《网络思想政治教育研究》	张再兴
117	《高校招生考试制度改革研究》	刘海峰
118	《基础教育改革与中国教育学理论重建研究》	叶 澜
119	《我国研究生教育结构调整问题研究》	袁本涛 王传毅
120	《公共财政框架下公共教育财政制度研究》	王善迈

序号	书　名	首席专家
121	《农民工子女问题研究》	袁振国
122	《当代大学生诚信制度建设及加强大学生思想政治工作研究》	黄蓉生
123	《从失衡走向平衡：素质教育课程评价体系研究》	钟启泉 崔允漷
124	《构建城乡一体化的教育体制机制研究》	李　玲
125	《高校思想政治理论课教育教学质量监测体系研究》	张耀灿
126	《处境不利儿童的心理发展现状与教育对策研究》	申继亮
127	《学习过程与机制研究》	莫　雷
128	《青少年心理健康素质调查研究》	沈德立
129	《灾后中小学生心理疏导研究》	林崇德
130	《民族地区教育优先发展研究》	张诗亚
131	《WTO主要成员贸易政策体系与对策研究》	张汉林
132	《中国和平发展的国际环境分析》	叶自成
133	《冷战时期美国重大外交政策案例研究》	沈志华
134	《新时期中非合作关系研究》	刘鸿武
135	《我国的地缘政治及其战略研究》	倪世雄
136	《中国海洋发展战略研究》	徐祥民
137	《深化医药卫生体制改革研究》	孟庆跃
138	《华侨华人在中国软实力建设中的作用研究》	黄　平
139	《我国地方法制建设理论与实践研究》	葛洪义
140	《城市化理论重构与城市化战略研究》	张鸿雁
141	《境外宗教渗透论》	段德智
142	《中部崛起过程中的新型工业化研究》	陈晓红
143	《农村社会保障制度研究》	赵　曼
144	《中国艺术学学科体系建设研究》	黄会林
145	《人工耳蜗术后儿童康复教育的原理与方法》	黄昭鸣
146	《我国少数民族音乐资源的保护与开发研究》	樊祖荫
147	《中国道德文化的传统理念与现代践行研究》	李建华
148	《低碳经济转型下的中国排放权交易体系》	齐绍洲
149	《中国东北亚战略与政策研究》	刘清才
150	《促进经济发展方式转变的地方财税体制改革研究》	钟晓敏
151	《中国—东盟区域经济一体化》	范祚军

序号	书 名	首席专家
152	《非传统安全合作与中俄关系》	冯绍雷
153	《外资并购与我国产业安全研究》	李善民
154	《近代汉字术语的生成演变与中西日文化互动研究》	冯天瑜
155	《新时期加强社会组织建设研究》	李友梅
156	《民办学校分类管理政策研究》	周海涛
157	《我国城市住房制度改革研究》	高 波
158	《新媒体环境下的危机传播及舆论引导研究》	喻国明
159	《法治国家建设中的司法判例制度研究》	何家弘
160	《中国女性高层次人才发展规律及发展对策研究》	佟 新
161	《国际金融中心法制环境研究》	周仲飞
162	《居民收入占国民收入比重统计指标体系研究》	刘 扬
163	《中国历代边疆治理研究》	程妮娜
164	《性别视角下的中国文学与文化》	乔以钢
165	《我国公共财政风险评估及其防范对策研究》	吴俊培
166	《中国历代民歌史论》	陈书录
167	《大学生村官成长成才机制研究》	马抗美
168	《完善学校突发事件应急管理机制研究》	马怀德
169	《秦简牍整理与研究》	陈 伟
170	《出土简帛与古史再建》	李学勤
171	《民间借贷与非法集资风险防范的法律机制研究》	岳彩申
172	《新时期社会治安防控体系建设研究》	宫志刚
173	《加快发展我国生产服务业研究》	李江帆
174	《基本公共服务均等化研究》	张贤明
175	《职业教育质量评价体系研究》	周志刚
176	《中国大学校长管理专业化研究》	宣 勇
177	《"两型社会"建设标准及指标体系研究》	陈晓红
178	《中国与中亚地区国家关系研究》	潘志平
179	《保障我国海上通道安全研究》	吕 靖
180	《世界主要国家安全体制机制研究》	刘胜湘
181	《中国流动人口的城市逐梦》	杨菊华
182	《建设人口均衡型社会研究》	刘渝琳
183	《农产品流通体系建设的机制创新与政策体系研究》	夏春玉

序号	书名	首席专家
184	《区域经济一体化中府际合作的法律问题研究》	石佑启
185	《城乡劳动力平等就业研究》	姚先国
186	《20世纪朱子学研究精华集成——从学术思想史的视角》	乐爱国
187	《拔尖创新人才成长规律与培养模式研究》	林崇德
188	《生态文明制度建设研究》	陈晓红
189	《我国城镇住房保障体系及运行机制研究》	虞晓芬
190	《中国战略性新兴产业国际化战略研究》	汪 涛
191	《证据科学论纲》	张保生
192	《要素成本上升背景下我国外贸中长期发展趋势研究》	黄建忠
193	《中国历代长城研究》	段清波
194	《当代技术哲学的发展趋势研究》	吴国林
195	《20世纪中国社会思潮研究》	高瑞泉
196	《中国社会保障制度整合与体系完善重大问题研究》	丁建定
197	《民族地区特殊类型贫困与反贫困研究》	李俊杰
198	《扩大消费需求的长效机制研究》	臧旭恒
199	《我国土地出让制度改革及收益共享机制研究》	石晓平
200	《高等学校分类体系及其设置标准研究》	史秋衡
201	《全面加强学校德育体系建设研究》	杜时忠
202	《生态环境公益诉讼机制研究》	颜运秋
203	《科学研究与高等教育深度融合的知识创新体系建设研究》	杜德斌
204	《女性高层次人才成长规律与发展对策研究》	罗瑾琏
205	《岳麓秦简与秦代法律制度研究》	陈松长
206	《民办教育分类管理政策实施跟踪与评估研究》	周海涛

……